UND
DIE BIBEL
HAT DOCH
RECHT

Werner Keller

UND DIE BIBEL HAT DOCH RECHT

Forscher beweisen
die Wahrheit
des Alten Testaments

ECON Verlag
Düsseldorf · Wien · New York

BILDQUELLEN

CIP-Titelaufnahme der Deutschen Bibliothek
Keller, Werner:
Und die Bibel hat doch recht. –
Düsseldorf; Wien; New York: ECON Verl., 1989
ISBN 3-430-15305-0

Abbildung Haupttitel: Blick vom Ölberg auf den südlichen Bereich des Tempelbergs und die Ausgrabungen vor dem Südabschnitt der herodianischen Mauern. An der Stelle der omajadischen Aqsa-Moschee lag wahrscheinlich der Palast König Salomos.

Der Band enthält 262 Farb- und 72 Schwarzweißabbildungen sowie 30 grafische Darstellungen.

Text- und Bildredaktion: topic GmbH, München-Karlsfeld
Einband- und Buchgestaltung: Klaus Dieter Krön, München
Satz: Fotosatz Skazel GmbH, München
Reproduktionen: Brennerstudio, München
Druck und Bindung: Mohndruck
Graphische Betriebe GmbH, Gütersloh
Printed in Germany
ISBN 3-430-15305-0

Fotos: American Schools of Oriental Research, New Haven, Connecticut (149); Archäologisches Museum, Istanbul (272); Ingrid Asmus, Linz (72, 110, 111, 128); Arthaud-Mikael Audrain (31 l, 36, 120); Aviation Française du Levant (44 l); Günther Baumann, München (178); Antonia Benedek (31, 39); F.S. Bodenheimer (124 u); Erwin Böhm, Mainz (147 l); Werner Braun, Jerusalem (70, 71); Trustees of the British Museum (25 r, 34 o, 37, 106 u, 177 r, 228 r, 262, 265 o, 280); P.J. Cools O.P. (148 u); Volker Eid, Bamberg (129, 137); Ernst Fahmüller, Dachau (16, 17 u, 18 o, 24, 32, 41 r, 65, 72/73, 90, 95, 100 o, 101, 104, 107 ur, 109 u, 112, 113, 116 r, 146, 186, 196, 274, 275, 284, 289 u); Herbert Fasching, St. Pölten (68, 69, 75, 76/77, 80 o, 81, 82/83, 87, 91, 98/99, 105, 122/123, 130, 156/157, 158, 159, 162, 163, 165, 176, 185, 188/189, 194, 197, 201 r, 202/203, 207, 208, 220, 251, 299, 301, Schutzumschlag); Joachim Feist, Pliezhausen (33 o, 61); John Freeman (301); Generaldirektion der Altertümer in Nordsyrien, Aleppo (237); Nelson Glueck (241 r); Ewing Golloway, New York (34 u); Erhard Gorys, Krefeld (168, 182 u, 183, 211, 244, 255); Irak-Museum, Bagdad (15 r, 23); Israel-Museum, Jerusalem (147 r); laenderpress, Erich Lessing (173); Seton Lloyd (56); Archives Photographiques, Musée du Louvre, Paris (14, 15 l, 38, 89 r, 160, 161 u, 229 o, 230, 231 r, 236, 258, 259, 268, 290 r); Foto Marburg (264, 273); Metropolitan Museum of Art, New York (161 o); Middle East Archives, Tel Aviv (121); Werner Neumeister, München (2, 66/67, 77 u, 200, 201 l, 206, 210, 297, 298, Schutzumschlag Rückseite 4); Jean-Louis Nou, Paris (85, 153 o, 214 u, 216/217, 221, 266, 267, 294/295, 296); Oriental Institute of the University of Chicago 30, 167, 277 u); Palestine Archaeological Museum (166); Palestine Exploration Fund (228 l, 229 u); André Parrot (44 r, 45); Hans Pazelt, München (17 o, 20/21, 25 l, 33 u, 53 u, 58/59, 114/115, 134, 150 o, 152, 153 u, 157 o, 214 o, 215, 271, 282, 283, 285, 287, 288, 289 o, 300); Philadelphia University Museum (22); A.H. Philpot (241 l); Paul Popper, London (79); J.B. Pritchard (192, 193, 240); Radio Times Hulton Picture Library (181); Rijksmuseum van Oudheden, Leiden (88); Beno Rothenberg (148 o); Anton Schnell, Germering-Unterpfaffenhofen (9, 18 u, 19, 40, 41 lo, 41 lu, 46, 47, 48, 49, 50, 51, 52, 53 o, 54, 55, 60, 62, 63 l, 64, 80 u, 102, 103, 131, 150 u, 177 l, 182 o, 198, 199, 209, 231 l, 245, 250, 256, 257, 277 o, 278, 292); Achim Sperber, Hamburg (191, Schutzumschlag Rückseite 2); Staatliche Museen zu Berlin (124 o, 265 u); Frank Teichmann, Stuttgart (42/43, 63 r, 74, 76, 84, 94, 119, 125, 126, 127, 132/133, 135, 136, 138, 139, 140/141, 151, 155, 169, 179); Eberhard Thiem, Lotos Film, Kaufbeuren (11, 13, 26/27, 28/29, 35, 89 l, 92/93, 96, 97, 100 u, 106/107, 107 ul, 108, 109 o, 116 l, 117, 142, 143, 144, 145, 170/171, 172, 174, 175, 187, 204, 205, 212, 213, 224, 225, 226, 227, 232/233, 234, 235, 238, 239, 242, 243 r, 246/247, 248, 249, 252, 253, 260/261, 279, Schutzumschlag Rückseite 2); Trustees of Sir Henry S. Wellcome (254, 265 u); G.E. Wright (180 l, 241 m, 273 r).
Zeichnungen, Karten und Pläne: W.F. Albright u. G.E. Wright, The Biblical Archaeologist (219); W. Andrae, Das wiedererstandene Assur (260); A.H. Layard, Niniveh and its Remains (242); C.R. Lepsius, Denkmäler aus Ägypten und Äthiopien (72/73); A. Rowe, The Topography and History of Beth-Shan (180); E. Unger, Babylon, die heilige Stadt (276); Annegrete Vogrin mit Manfred Derler, Graz (70, 164, 190, 193, 244, 251, 255); Joachim Zwick, Gießen (10, 56, 78, 120, 166, 218, 240, 263, 281, 291, 293, 298).

Wenn ein Nicht-Theologe ein Buch über die Bibel schreibt, so ist das ungewöhnlich genug, um billigerweise von ihm eine Erklärung zu erwarten, wieso er sich gerade dieses Stoffes bemächtigt hat.

Mein Interesse als Publizist gilt seit vielen Jahren ausschließlich den Ergebnissen moderner Wissenschaft und Forschung. Im Jahre 1950 stieß ich bei der täglichen Routinearbeit meines Berufes auf die Expeditionsberichte des französischen Archäologen André Parrot und seines Landsmannes Claude Schaeffer über die Ausgrabungen in Mari und Ugarit. In Mari am mittleren Euphrat augefundene Keilschrifttafeln enthielten biblische Namen, durch die bislang für „fromme Geschichten" gehaltene Patriarchenerzählungen unversehens in eine geschichtliche Zeit gerückt wurden. In Ugarit am Mittelmeer waren erstmals die Zeugen der kanaanäischen Baalskulte zutage gekommen. Der Zufall wollte es, daß noch im gleichen Jahr eine Prophetenrolle des Jesajabuches aus einer Höhle am Toten Meer als vorchristlich datiert wurde. Diese – das Wort sei in Anbetracht der kulturellen Bedeutung dieser Funde erlaubt – sensationellen Nachrichten weckten in mir den Wunsch, mich eingehender mit der biblischen Archäologie, jenem jüngsten und weithin so wenig bekannten Gebiet der Altertumsforschung, zu befassen. Ich suchte daher in der deutschen wie in der ausländischen Literatur nach einer übersichtlichen und allgemeinverständlichen Zusammenfassung der seitherigen Forschungsergebnisse; ich fand keine. Denn es gab sie nicht. Nun ging ich selber den Quellen nach und trug – von meiner Frau bei dieser wahren Detektivarbeit tatkräftig unterstützt – in den Bibliotheken vieler Länder zusammen, was an wissenschaftlich gesicherten Forschungsresultaten bisher in Fachwerken über die biblische Archäologie niedergelegt ist. Es wurde immer aufregender, je tiefer ich in das Thema eindrang.

Das Tor in die geschichtliche Welt des Alten Testaments hatte der Franzose Paul-Emile Botta schon im Jahre 1843 aufgestoßen. Bei Grabungen in Mesopotamien sah er sich in Chorsabad unvermutet den Reliefbildern jenes Assyrerkönigs Sargon II. gegenüber, der Israel entvölkert und in langen Kolonnen weggeführt hatte. Feldzugsberichte dieses Herrschers befassen sich mit der in der Bibel gleichfalls geschilderten Eroberung von Samaria.

Seit mehr als einem Jahrhundert graben amerikanische, englische, französische und deutsche Gelehrte im Vorderen Orient, in Mesopotamien und Palästina und in Ägypten. Die großen Nationen gründeten Institute und Schulen eigens für diese Forschungsarbeiten. 1869 entstand der Palestine Exploration Fund, 1877 der Deutsche Palästina-Verein, 1892 die Ecole Biblique der Dominikaner von Saint-Etienne; ihnen folgten 1898 die Deutsche Orientgesellschaft, 1900 die American Schools of Oriental Research und 1901 das Deutsche Evangelische Institut für Altertumskunde.

In Palästina werden in der Bibel oft genannte Stätten und Städte wieder ans Tageslicht gehoben. Auf uralten Inschriften und Baudenkmälern begegnen den Forschern mehr und mehr Persönlichkeiten aus dem Alten und Neuen Testament. Zeitgenössische Reliefs tragen die Abbilder jener Völker, von denen bis dahin nur die Namen Kunde gaben. Ihre Gesichtszüge, ihre Trachten, ihre Waffen nehmen für die Nachwelt Gestalt an. Plastiken und Riesenbilder zeigen die dicknasigen Hethiter, die schlanken, hochgewachsenen Philister, die eleganten Kanaanfürsten mit den von Israel so gefürchteten *eisernen Wagen*, die friedvoll lächelnden Könige des Mari-Reichs – Zeitgenossen Abrahams. Über die Jahrtausende hinweg haben die Assyrerkönige nichts von ihrer unnahbar grimmigen Miene eingebüßt: Tiglatpileser III., aus dem Alten Testament als Pul wohlbekannt, Sanherib, der Lachisch zerstörte und Jerusalem belagerte, Asarhaddon, der König Manasse in Ketten legen ließ, und Assurbanipal, der *große und berühmte Asnaphar* des Buches Esra.

Wie Ninive und Nimrud – das alte Kalach –, wie Assur und Theben, das die Propheten No-Amon nannten, erweckten die Forscher auch das berüchtigte Babel der Bibel mit seinem sagenhaften Turm aus dem Schlummer der Vergangenheit. Archäologen fanden am Nildelta die Städte Pitom und Ramses, in denen Israel verhaßten Frondienst leistete, legten die Brand- und Zerstörungsschichten frei, die den Weg der Kinder Israel bei der Eroberung Kanaans begleiten und in Gibea die Bergfeste Sauls, in deren Mauern der junge David ihm zur Harfe sang; sie stießen in Megiddo auf einen Riesenmarstall des Königs Salomo, der 12 000 Reiter hatte.

Atemberaubend und schier unübersehbar in ihrer Fülle, bringen diese Funde und Entdeckungen eine Wende in der Betrachtung der Bibel. Ereignisse, von denen viele bisher als „fromme Geschichten" galten, nehmen mit einem Mal historische Gestalt an. Oft stimmen die Forschungsergebnisse bis in alle Einzelheiten mit den biblischen Berichten überein. Sie „bestätigen" nicht nur, sie erhellen zugleich auch die historischen Situationen, aus denen das Alte Testament und die Evangelien erwuchsen. Erlebnisse und Geschicke des Volkes Israel sind damit ebenso in eine lebensnahe, bunte Kulisse, in das zeitgenössische Kolorit des Alltags gerückt wie in die politischen, kulturellen und wirtschaftlichen Auseinandersetzungen und Machtkämpfe der Staaten und Großreiche im Zweistromland und am Nil, denen sich die Bewohner des schmalen Zwischenlandes Palästina während mehr als zwei Jahrtausenden nie völlig haben entziehen können.

Weithin galt und gilt die Meinung, die Bibel sei ausschließlich Heilsgeschichte, Glaubensunterpfand für die Christen in aller Welt. Sie ist aber zugleich auch ein Buch tatsächlich stattgehabter Ereignisse. Allerdings entbehrt sie in dieser Hinsicht der Vollständigkeit insofern, als das jüdische Volk seine Geschichte nur im Hinblick auf Jahwe, also unter dem Gesichtspunkt seiner eigenen Schuld und Sühne, schrieb. Doch sind diese Ereignisse historisch echt und mit geradezu verblüffender Genauigkeit aufgezeichnet worden.

Mit Hilfe der Forschungsergebnisse ist so manche biblische Erzählung besser zu verstehen und zu begreifen, als es bisher möglich war. Zwar gibt es theologische Strömungen, für die das Wort und nur dieses allein zählt. „Aber wie soll man es verstehen", erklärt der weltberühmte französische Archäologe André Parrot, „wenn man es nicht in seinen genauen chronologischen, historischen und geographischen Rahmen einfügt?"

Bisher blieb das Wissen um diese ungewöhnlichen Entdeckungen einem kleinen Kreis von Experten vorbehalten. Vor über einem halben Jahrhundert fragte Professor Friedrich Delitzsch in Berlin: „Wozu diese Mühen im fernen, unwirtli-

DANK

chen, gefahrvollen Lande? Wozu dieses kostspielige Umwühlen vieltausendjährigen Schuttes bis auf das Grundwasser, wo doch kein Gold und kein Silber zu finden? Wozu der Wetteifer der Nationen, sich je mehr, je lieber von diesen öden Hügeln für die Grabung zu sichern?" Der deutsche Gelehrte Gustaf Dalman gab ihm in Jerusalem die rechte Antwort darauf, indem er die Hoffnung aussprach, daß eines Tages all das, was bei den Forschungen „erlebt und geschaut, alsdann in wissenschaftlichen Arbeiten sowie praktisch in Schule und Kirche verwertet und fruchtbar gemacht wird". Letzteres gerade aber unterblieb.

Kein Buch in der Menschheitsgeschichte hat je so umwälzend gewirkt, hat die Entwicklung der gesamten westlichen Welt so entscheidend beeinflußt und hat eine so weltweite Verbreitung gefunden wie das „Buch der Bücher", die Bibel. Sie ist heute in weit über tausend Sprachen und Dialekte übersetzt,

und es gibt nach zwei Jahrtausenden noch keine Anzeichen dafür, daß sie ihren Siegeslauf vollendet und etwas von ihrer Anziehungskraft eingebüßt hätte.

Über dem Zusammentragen und der Erarbeitung des Materials, für das ich keineswegs den Anspruch der Vollständigkeit erhebe, kam mir daher der Gedanke, daß es hoch an der Zeit sei, Bibelleser und Bibelgegner, Gläubige wie Zweifler teilhaben zu lassen an den erregenden Entdeckungen der nüchternen Wissenschaft vielfältiger Disziplinen. Angesichts der überwältigenden Fülle der authentischen und gesicherten Forschungsresultate drängte sich mir im Hinblick auf die zweifelnde Kritik, die vom Jahrhundert der Aufklärung an bis heute der Bibel Abbruch tun möchte, immer wieder der eine Satz auf: Und die Bibel hat doch recht!

Hamburg, September 1955. *Werner Keller*

Der Verlag dankt all jenen, die zur Neuausgabe dieses Werks wesentlich beigetragen haben:
den Professoren Dr. Otto Kaiser, Universität Marburg, und Dr. Friedrich Diedrich, Katholische Universität Eichstätt, für die wissenschaftliche Beratung bei der Neubearbeitung;
den Museen und Altertümerverwaltungen für die Erlaubnis, die in ihrer Obhut stehenden Denkmäler abzubilden;
den Fotografen und Bildagenturen für die Überlassung des Bildmaterials.

INHALT

ALS
DIE PATRIARCHEN
KAMEN...

*Gedenke der vorigen Zeiten und hab acht auf die
Jahre von Geschlecht zu Geschlecht. Frage deinen
Vater, der wird dir's verkünden, deine Ältesten, die
werden dir's sagen. Als der Höchste den Völkern
Land zuteilte und der Menschen Kinder voneinander schied, da setzte er die Grenzen der Völker
nach der Zahl der Söhne Israels. Denn des Herrn
Teil ist sein Volk, Jakob ist sein Erbe. Er fand ihn in
der Wüste, in der dürren Einöde sah er ihn...*

5. Mose 32, 7-10

IM „FRUCHTBAREN HALBMOND"

Zieht man von Ägypten aus eine Linie, die über die Mittelmeerländer Palästina und Syrien und weiter, Euphrat und Tigris durch Mesopotamien folgend, bis zum Persischen Golf verläuft, so ergibt sich ein deutlicher Halbmond.
Vor 4000 Jahren barg jener mächtige Halbkreis um die Wüste Arabiens, „Fruchtbarer Halbmond" genannt, aneinandergereiht wie die Perlen einer schimmernden Kette, eine Vielzahl von Kulturen und Zivilisationen. Helles Licht für die Menschheit strahlte von ihnen aus. Hier lag das Zentrum der Zivilisation von der Steinzeit bis zum Goldenen Zeitalter der griechisch-römischen Kultur.
Je weiter sich um 2000 v. Chr. der Blick vom „Fruchtbaren Halbmond" entfernt, um so dunkler wird es, um so spärlicher sind die Anzeichen kulturellen Lebens. Über dem östlichen Mittelmeer steht schon ein heller Schein – auf

Kreta blüht das Reich der Minoerkönige, der Begründer der ersten geschichtlich bekannten Seemacht. Schon streben Siedlungen auf dem griechischen Festland städtische Formen an, und ein zweites Troja steht längst auf den Trümmern des ersten. Auf dem benachbarten Balkan aber hat die frühe Bronzezeit gerade erst begonnen. Auf Sardinien und in Westfrankreich werden die Toten in Grabmälern aus gewaltigen Steinen bestattet. Diese Megalithgräber sind die letzte große Manifestation der Steinzeit.
In Britannien wird das berühmteste Heiligtum der Megalithzeit erbaut, der Sonnentempel Stonehenge, dessen riesenhafter Steinkreis bei Salisbury noch heute eine sagenumwo-

„Eure Väter wohnten vorzeiten jenseits des Euphratstroms..." (Josua 24, 2). Der Euphrat wird zusammen mit dem anderen großen Fluß des Zweistromlandes, dem Tigris, in der Bibel auch als einer der vier Paradiesströme genannt (1. Mose 2, 14). Blick auf den Euphrat bei Dura Europos in Syrien.

Rechts: Der „Fruchtbare Halbmond" wird im wesentlichen von Flußoasen gebildet. Es ist kein Zufall, daß die frühen Hochkulturen potamische, also Flußkulturen, sind. Voraussetzung für die Entwicklung hoher kultureller Leistung ist nicht nur die Fruchtbarkeit des Bodens, sondern auch die Notwendigkeit, die Launen der Natur, wie sie gerade die großen Flüsse bieten, möglichst zu steuern. Ihnen durch Bewässerungssysteme, Dammbauten, Kanalisierung das Optimum an Nutzbarkeit abzuringen übersteigt die Möglichkeiten einer Sippe oder eines Stammes. Dazu bedarf es eines größeren, organisierten Gemeinwesens, eines Staates also. Und dieser erst kann Träger einer Hochkultur werden.

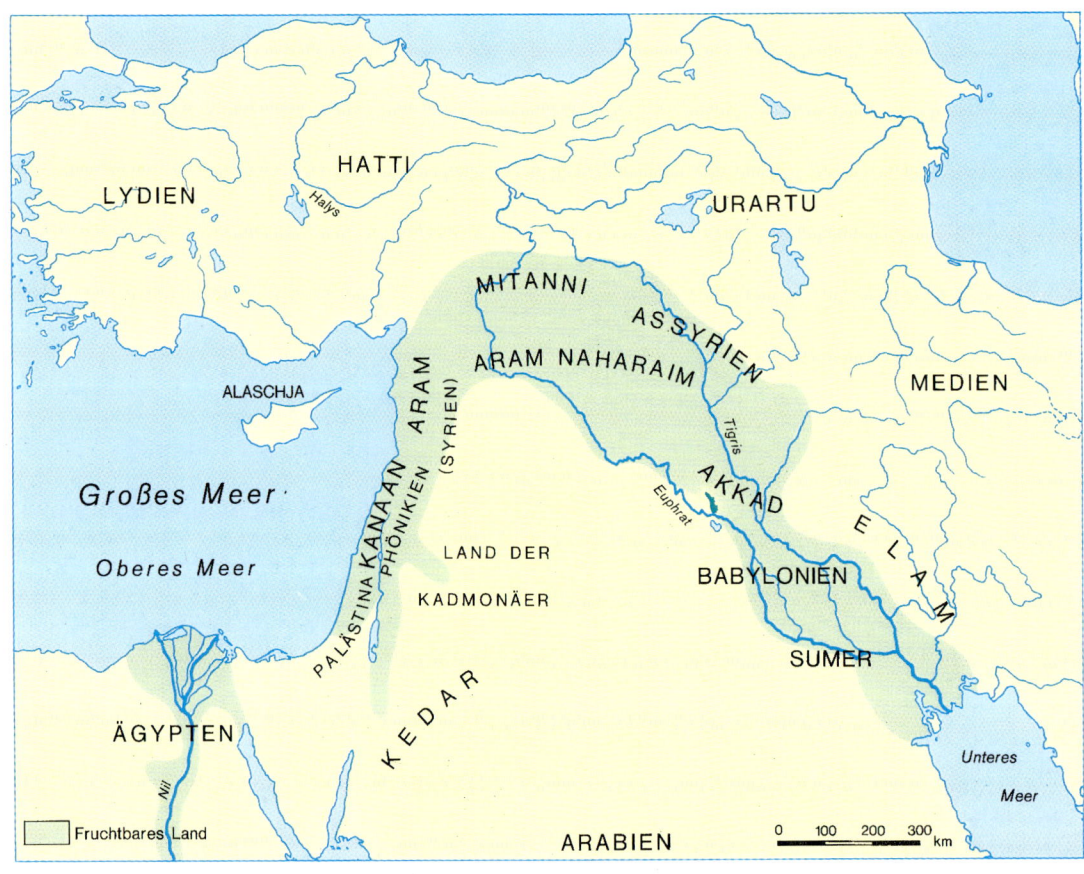

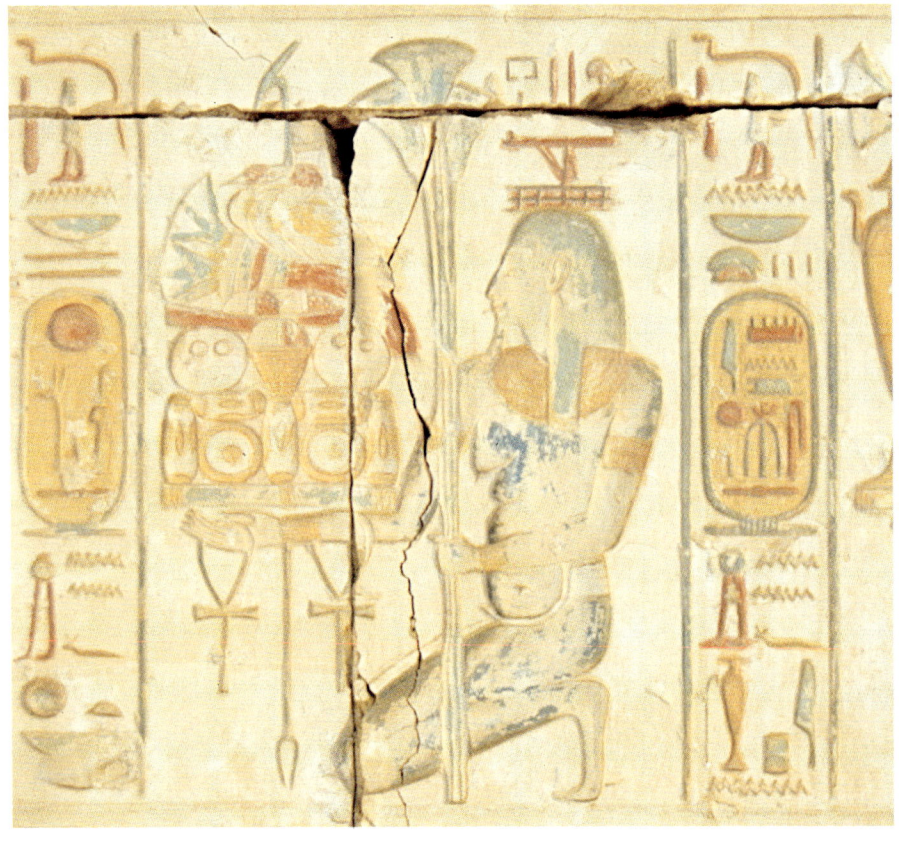

bene Sehenswürdigkeit Englands ist. In Germanien furchen Holzpflüge den Boden.

Zu Füßen des Himalaja verlöscht über dem Industal das einsame Licht einer Kulturinsel. Über China, über den weiten Steppen Rußlands, über Afrika liegt Dunkelheit. Und hinter den Wassern des Atlantiks dämmert der Kontinent Amerika.

Im „Fruchtbaren Halbmond" und in Ägypten dagegen gibt es in buntem Nebeneinander eine geradezu verwirrende Fülle von Kulturen und hochentwickelten Zivilisationen. Seit tausend Jahren sitzen die Pharaonen auf ihrem Thron. Um 2000 v. Chr. hat ihn der Begründer der 12. Dynastie, Amenemhet I., inne. Seine Einflußsphäre reicht von Nubien südlich des zweiten Nilkataraktes über die Sinaihalbinsel bis nach Kanaan und Syrien. Längs der Mittelmeerküste liegen die reichen Seestädte der Phönizier. In Kleinasien steht das mächtige Reich der alten Hethiter vor seiner Gründung. Im Zweistromland zwischen Euphrat und Tigris besteht von etwa 2340 bis 2198 v. Chr. das von Sargon I. begründete Reich von Akkad, dem vom Persischen Golf bis zu den Quellen des Euphrat die kleineren Reiche tributpflichtig sind. Sein Erbe tritt das Reich der 3. Dynastie von Ur an, dessen Herrscher den Titel *König von Sumer und Akkad* führen.

Ägyptens gewaltige Pyramiden, Mesopotamiens mächtige Stufentürme sahen schon Jahrhunderte kommen und gehen. Seit zwei Jahrtausenden liefern künstlich bewässerte Felder in den Stromtälern des Nil, des Euphrat und des Tigris Getreide, Gemüse und die erlesensten Früchte. Überall im „Fruchtbaren Halbmond" und im Pharaonenreich wird die Kunst des Schreibens in Keilschrift und Hieroglyphen geübt, Dichter, Hof- und Verwaltungsbeamte bedienen sich ihrer; für den Handel ist sie längst unentbehrlich geworden. Der lebhafte Güteraustausch, den große Im- und Exporteure des Zweistromlandes und Ägyptens über Karawanenstraßen und Schiffahrtswege vom Persischen Golf bis nach Syrien und Kleinasien, vom Nil übers Meer nach Zypern und Kreta und weiter bis zum Schwarzen Meer abwickeln, spiegelt sich in den tönernen und papyrenen Handelskorrespondenzen wider. Am begehrtesten aus der Fülle kostbarer Handelswaren sind Kupfer aus den ägyptischen Bergwerken im Sinaigebirge, Silber aus den Minen der Taurusberge Kleinasiens, Gold und Elfenbein aus Somaliland in Ostafrika und Nubien am Nilstrom, Purpurfarben aus den phönizischen Städten an der Kanaanküste, Weihrauch und seltene Gewürze aus Südarabien, herrliches Linnen aus ägyptischen Webereien und die wundervollen Vasen von der Insel Kreta.

Unten links: Die Ägypter waren sich sehr wohl bewußt, daß Ägypten „ein Geschenk des Nil" sei, wie Herodot sagt. In den Tempeln ist die Sockelzone – sozusagen als Basis sämtlicher Kultdarstellungen – deshalb immer den Nilgöttern gewidmet, die ihre Gaben darbieten.

Unten rechts: Besonders eindrucksvoll ist der Jenseitstraum des ägyptischen Nekropolenarbeiters Sennodjem, der kaserniert in der Wüstenstadt Deir el-Medina leben und dort auch sein Grab anlegen mußte: Landwirtschaft zu treiben an einem Fluß mit Bewässerungskanälen, mit seiner Frau zusammen im festlichen Kleid zu pflügen, zu säen und zu ernten. Üppige Bäume tragen am Ufer Frucht, Büsche und Blumen blühen, und in der Bucht liegt ein kleines Boot.

Dichtung und Wissenschaft stehen in hoher Blüte. In Ägypten entstehen die erste Unterhaltungsliteratur und weltliche Poesie. Das Zweistromland erlebt bereits seine Renaissance. Philologen in Akkad, dem großen Reich am unteren Euphrat, verfassen die erste Grammatik und das erste zweisprachige Wörterbuch. Die Gilgamesch-Sagen, die Legenden der alten Sumerer von Schöpfung und Sintflut werden auf akkadisch – die Sprache der damaligen Welt – zu Epen von dramatischer Bewegtheit. Ägyptische Ärzte stellen nach Rezeptbüchern ihre Medikamente aus erprobten Heilpflanzen her, die Chirurgen unter ihnen verfügen über anatomische Kenntnisse. Mathematiker im Nilland gelangen auf dem Erfahrungswege zu jenen Seitenberechnungen des Dreiecks, für die erst eineinhalb Jahrtausende später der Grieche Pythagoras den nach ihm benannten Lehrsatz aufstellte. Ingenieure lösen im Zweistromland das Problem der Quadratrechnung aus ihrer Praxis heraus. Astronomen errechnen, obwohl ausschließlich im Dienste der Astrologie, aufgrund exakter Beobachtungen die Bahnen der Planeten.

Friede und Wohlstand müssen diese Welt am Nil, am Euphrat und am Tigris erfüllt haben, denn bisher wurde keine Inschrift aus dieser Zeit gefunden, die von großen kriegerischen Ereignissen berichtet.

Aber es war eine trügerische Ruhe vor dem Sturm. Denn aus dem Herzen des „Fruchtbaren Halbmondes", aus den flimmernden, kargen Weiten der Arabischen Wüste, brach um jene Zeit in gewaltigen Stößen gen Norden und Nordwesten, gen Mesopotamien, Syrien und Palästina, ein Sturm von Völkern und Stämmen semitischer Nomaden los. In unaufhörlichen Wellen brandeten die Amoriter, die „Westlichen", wie ihr Name besagt, gegen die Reiche des „Fruchtbaren Halbmondes".

Das Reich der 3. Dynastie von Ur brach um 1950 v. Chr. unter ihren hartnäckigen Angriffen zusammen. Die Amoriter begründeten eine Reihe von Staaten und Dynastien. Eine von ihnen sollte schließlich zur Vorherrschaft gelangen: die 1. Dynastie von Babylon, das große Machtzentrum von 1830 bis 1530 v. Chr. Ihr sechster König war der berühmte Hammurabi.

Einem jener semitischen Nomadenstämme indessen war es bestimmt, von schicksalhafter Bedeutung für Millionen und Abermillionen in aller Welt bis zum heutigen Tage zu werden. Es war eine kleine Gruppe, vielleicht nur eine Familie, unbekannt und unbedeutend wie ein winziges Sandkorn im Wüstensturm: die Familie des Abraham, Urvater der Patriarchen!

DAS „UR IN CHALDÄA" DER BIBEL

Da nahm Terach seinen Sohn Abram und Lot, den Sohn seines Sohnes Haran, und seine Schwiegertochter Sarai, die Frau seines Sohnes Abram, und führte sie aus Ur in Chaldäa.

1. Mose 11, 31

…und führte sie aus Ur in Chaldäa – so klingt es an das Ohr der Christen seit fast zweitausend Jahren. Ur, ein Name so geheimnisvoll und sagenhaft wie die verwirrend vielen Namen von Königen und Kriegsherren, von mächtigen Reichen, von Tempeln und goldbeladenen Palästen, von denen uns die Bibel berichtet. Niemand wußte, wo Ur lag. Chaldäa deutete zwar auf Mesopotamien. Daß die Suche nach dem biblischen Ur zur Entdeckung einer Kultur führen würde, die weiter in das Zwielicht der prähistorischen Zeit hineinreicht als selbst die ältesten Menschheitszeugnisse Ägyptens, konnte keiner ahnen.

Heute ist Ur eine Bahnstation, 190 Kilometer nördlich von Basra in der Nähe des Persischen Golfs, einer der vielen Halteplätze der berühmten Bagdadbahn. Der fahrplanmäßige Zug hält dort kurz im ersten Morgengrauen. Wenn der Lärm der nach Norden weiterrollenden Räder verhallt ist, umschließt den Reisenden, der hier aussteigt, die Lautlosigkeit der Wüste.

Sein Blick gleitet über das monotone Gelbbraun endloser Sandflächen. Es ist, als stehe er inmitten eines riesigen flachen Tellers, den nur der Schienenstrang durchschneidet. Ein einziger Punkt unterbricht die flirrende, trostlose Weite: In den Strahlen der aufgehenden Sonne leuchtet ein mächtiger Stumpf in mattem Rot auf. Es sieht aus, als hätte ein Titan tiefe Kerben hineingeschlagen.

Den Beduinen ist dieser einsame Hügel wohlvertraut, in dessen Spalte hoch oben die Eulen nisten. Sie kennen ihn seit undenklichen Zeiten und nennen ihn Tell al Muqayyar, „Berg der Stufen". Ihre Vorfahren haben zu seinen Füßen ihre Zelte aufgeschlagen. Wie seit undenklichen Zeiten bietet er willkommenen Schutz vor den gefährlichen Sandstürmen. Zu seinen Füßen lagern sie noch heute mit ihren Herden, wenn die Regenzeit plötzlich Gras aus dem Boden zaubert.

Einst – vor viertausend Jahren – wogten hier weite Weizen- und Gerstenfelder, dehnten sich Gemüsekulturen und Haine von Dattelpalmen und Feigenbäumen, so weit der Blick reichte. Das üppige Grün der Äcker und Beete war von einem schnurgeraden System von

Der 1970 im Amun-Tempel von Karnak ausgegrabene Kopf aus Rosengranit stellt Sesostris III., einen der Pharaonen des Mittleren Reiches, dar. Die innenpolitischen Wirren der „ersten Zwischenzeit" nach dem Zusammenbruch des Alten Reiches hatten Ägypten keinen Atem zu außenpolitischer Aktivität gelassen. Auch als es dem thebanischen Fürsten Mentuhotep Nebhepetre um 2040 v. Chr. gelang, „die beiden Länder zu vereinigen", und mit ihm das Mittlere Reich begann, stand zunächst die innere Stabilisierung des Reiches im Vordergrund. Erst die 12. Dynastie griff über die Südgrenze Ägyptens nach Nubien aus, insbesondere um die dortigen Gold- und Edelsteinlager zu sichern. Nach Vorderasien wurden zunächst keine Feldzüge unternommen, auch wenn programmatisch immer wieder vom „Schlagen der Asiaten" die Rede ist. Man beschränkte sich vielmehr auf eine strenge und befestigte Grenzziehung an der Landenge von Sues, um unkontrollierten Zuzug von Beduinen aus dem Sinai, aus Syrien und Palästina zu unterbinden. Nur Sesostris III. (1878–1841 v. Chr.) unternahm einige Expeditionen nach Vorderasien, die allerdings keine nachhaltigen Erfolge gebracht haben dürften. Ohnehin mag das Feindbild des Asiaten in ägyptischen Darstellungen dieser Zeit trügerisch sein, pflegte man doch mit dem gesamten Vorderen Orient einen intensiven Handel: Langholz und Harze, Halbedelsteine, Silber und Zinn, Kunstgegenstände und Sklaven waren in Ägypten begehrte Waren; bezahlt wurde überwiegend mit nubischem Gold.

Kanälen und Gräben durchzogen, Meisterwerken der Bewässerungskunst. Schon tief in
der Steinzeit hatten die Sachverständigen unter den Bewohnern sich die Wasser der großen Flüsse dienstbar gemacht. Sie leiteten
geschickt und wohldurchdacht das kostbare
Naß an ihren Ufern ab und verwandelten
damit Wüstengebiete in Ländereien mit para-
diesischer Vegetation.

Fast verdeckt von Wäldern schattenspenden-
der Palmen floß damals der Euphrat hier vorbei. Dieser große Lebensspender trug einen
lebhaften Schiffsverkehr bis hinab ans Meer.
Zu jener Zeit schnitt der Persische Golf viel tiefer in das Mündungsgebiet von Euphrat und
Tigris ein. Noch ehe die erste Pyramide am Nil
gebaut wurde, ragte an der Stelle des Tell al
Muqayyar ein Hochtempel in das Blau des
Himmels. Vier mächtige Würfel türmten sich
nach oben verjüngend übereinander, aus Ziegeln gemauert, fast 25 Meter hoch und prächtig in den Farben. Über dem Schwarz der unteren Terrasse mit ihren 62,5 x 43 Meter langen
Seiten leuchteten rot und blau die darüberliegenden Stufen. Auf der obersten Plattform
thronte, beschattet von einem goldenen
Dach, der Hochtempel des Gottes.

Stille lag über dieser Kultstätte, wo Priester
ihren Dienst am Schrein des Mondgottes
Nanna versahen. Das geschäftige Lärmen
einer der ältesten Städte der Welt, der reichen
Metropole Ur, drang kaum je bis hierher.

Im Jahre 1854 strebt dem einsamen roten
Kegel eine Karawane von Kamelen und
Eseln zu, beladen mit einem ungewöhnlichen Gepäck an Schaufeln, Hacken und
Meßgeräten, unter der Führung des britischen
Konsuls in Basra. Mr. J.E. Taylor kommt
weder aus Abenteuerlust noch überhaupt aus
eigenem Antrieb. Ein Auftrag des Foreign
Office führt ihn auf diese Reise, mit der einem
Wunsch des Britischen Museums in London
entsprochen werden soll, den Süden Mesopotamiens – das Land, wo Euphrat und Tigris
vor ihrem Eintritt in den Persischen Golf einander immer näher kommen – nach alten Baudenkmälern zu durchforschen. Taylor hatte
schon in Basra oft von dem eigenartigen,
mächtigen Ziegelhaufen gehört, dem sich
seine Expedition jetzt nähert. Er erschien ihm
als geeignetes Objekt.

Um die Mitte des 19. Jahrhunderts begannen
in Ägypten, Mesopotamien und Palästina
überall Forschungen und Grabungen in dem
plötzlich erwachten Drang, ein wissenschaftlich untermauertes Bild der Menschheitsgeschichte in diesem Teil der Erde zu finden, der
die frühesten Hochkulturen hervorgebracht
hat.

**Die Siegesstele des Königs
Naramsin von Akkad (um
2389–2353 v.Chr.) im
Louvre zeigt den Herrscher
übergroß und im Schmuck
des göttlichen Hörnerhelms
als Triumphator und Reprä-
sentanten eines gewaltigen
Reiches.**

Bis dahin war die Bibel die einzige historische
Quelle für die Welt des Vorderen Orients vor
dem 6. Jahrhundert v.Chr. Sie allein berichtete von Zeiten, die tief in eine dunkle Vergangenheit hineinreichen. Völker und Namen
tauchen in der Bibel auf, von denen selbst die
Griechen und Römer der Antike keine Kunde
mehr hatten.

Scharen von Gelehrten zog es um die Mitte
des vergangenen Jahrhunderts unwidersteh-
lich in die Landschaften des Alten Orients. Voller Staunen vernahmen die Menschen des
„Zeitalters der Wissenschaft" von ihren Fun-

den und Entdeckungen. Was diese Männer an den großen Strömen Mesopotamiens und Ägyptens dem Sand der Wüste in unendlich mühevoller Arbeit wieder entrissen, verdiente mit Recht die Aufmerksamkeit von Millionen und Abermillionen: Hier stieß zum ersten Male die Wissenschaft das Tor in die geheimnisvolle Welt der Bibel auf.

Der französische Konsulatsagent in Mosul, Paul-Emile Botta, ist ein begeisterter Archäologe. 1843 beginnt er in Chorsabad am Tigris zu graben und fördert voller Stolz aus den Trümmern einer über viertausend Jahre alten Metropole den ersten Bibelzeugen ans Tageslicht: Sargon, den sagenhaften Herrscher von Assyrien. *Da der Tartan nach Aschdod kam, als ihn gesandt hatte Sargon, der König von Assyrien*, heißt es Jesaja 20,1.

Zwei Jahre später legt ein junger englischer Diplomat und Ausgräber, Austen Henry Layard, Nimrud (Kalchu) frei, die Stadt, die in der Bibel *Kalach* heißt (1. Mose 10,11) und jetzt den Namen des biblischen *Nimrod* trägt: *Der war der erste, der Macht gewann auf Erden, und war ein gewaltiger Jäger vor dem Herrn… Und der Anfang seines Reiches war Babel, Erech, Akkad und Kalne im Lande Schinar. Von dem Lande ist er nach Assur gekommen und baute Ninive und Rehobot – Ir und Kelach… Das ist die große Stadt* (1. Mose 10,9-11).

Kurze Zeit darauf legen Ausgrabungen unter Leitung des englischen Majors Henry Creswicke Rawlinson, der einer der bedeutendsten Assyriologen wurde, elf Kilometer von Chorsabad entfernt die assyrische Hauptstadt Ninive und die berühmte Bibliothek König Assurbanipals frei. Es ist das *Ninive* der Bibel, dessen Bosheit die Propheten immer wieder rügen (Jona 1,2).

In Palästina widmet sich der amerikanische Gelehrte Edward Robinson in den Jahren 1838 und 1852 der Rekonstruktion der antiken Topographie.

Der Deutsche Richard Lepsius, später Direktor des Ägyptischen Museums in Berlin, registriert auf einer Expedition von 1842 bis 1846 die Baudenkmäler am Nil.

Nachdem der Franzose Jean François Champollion 1822 die ägyptischen Hieroglyphen entziffert hat, wird nach 1850 auch das Rätsel der Keilschrift, unter anderem durch Rawlinson, den Ausgräber von Ninive, gelöst. Die alten Dokumente beginnen zu sprechen!

Wenden wir uns wieder der Karawane zu, die sich dem Tell al Muqayyar nähert. Konsul Taylor läßt zu Füßen des roten Hügels die Zelte aufschlagen. Er hat

weder wissenschaftliche Ambitionen noch Vorkenntnisse. Wo soll er anfangen? An welcher Stelle kann man die Kolonnen der Eingeborenen sinnvoll zum Graben ansetzen? Der mächtige Stumpf aus Ziegelmassen, architektonisches Meisterwerk einer dunklen Vergangenheit, sagt ihm als Bauwerk nichts. Mag sein, daß in seinem Innern etwas schlummert, was sich ins Museum stellen ließe und die Herren in London interessierte. Er denkt vage an eine alte Statue, an Waffen, Schmuckstücke oder gar einen verborgenen Schatz. Er rückt dem seltsamen Stufenturm zu Leibe, läßt ihn Schritt für Schritt abklopfen. Nichts deutet auf einen Hohlraum. Der Riesenbau scheint massiv zu sein. Fast zehn Meter hoch ragt der untere Block steil aus dem Sand empor. An seiner Nordseite führen drei Treppenrampen – zwei an die Wand angelehnte und eine hierzu senkrecht verlaufende – auf die erste Terrasse hinauf, über der sich eine zweite und dritte türmen.

Taylor klettert Stufe auf Stufe ab, kriecht in der Sonnenglut auf allen vieren die Kerben entlang und findet nur zerbrochene Ziegel. Schweißgebadet erklimmt er eines Tages die oberste Plattform; erschrocken stieben ein paar Eulen aus dem verwitterten Gemäuer. Das ist alles.

Dennoch läßt er sich nicht entmutigen. In seinem Bemühen, den Geheimnissen der Ruine auf den Grund zu kommen, faßt er einen Entschluß, den man heute nur tief bedauern kann. Er zieht die Arbeitskolonnen von der Basis ab und setzt sie von der Spitze her an. Was die Jahrhunderte überdauert, was Sandstürmen und Sonnenglut widerstanden hatte, wurde nun das Opfer rastloser Eisenhacken. Taylor befiehlt, die oberste Stufe abzutragen. Das Zerstörungswerk setzt an den vier Ecken gleichzeitig ein. Dumpf polternd stürzen Tag

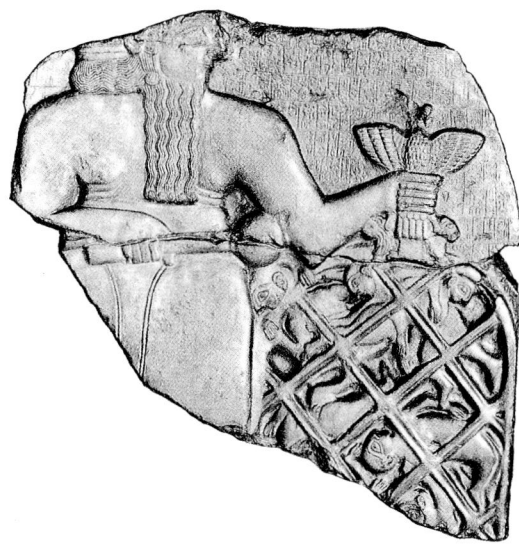

Links: Aus der Zeit um 2500 v.Chr. stammt die „Geierstele", die in mehreren Bruchstücken am Tell Loh entdeckt wurde. Auf dem abgebildeten Fragment hält der Gott Ningirsu ein Netz voll gefangener Feinde. Einer von ihnen hat den Kopf aus den Maschen gestreckt und dürfte sogleich vom Schlag der göttlichen Keule getroffen werden. Die Stele ist ein Siegesdokument des Gottesvogtes Eannatum von Lagasch, der kriegerische Übergriffe aus dem Reich Umma rächte.

Rechts: Eine der ältesten Bildstelen Sumers ist das Fragment der „Löwenjagdstele". Es wurde im Eanna-Heiligtum von Uruk gefunden und wird in die Zeit um 3000 v.Chr. datiert, als sich im Zweistromland die ersten Stadtfürstentümer etabliert hatten. Ein lokaler Machthaber ist es denn auch, der sich hier bei der Jagd darstellen läßt. Vielleicht ist die Szene auch im übertragenen Sinn als Überwindung von Feinden zu deuten, wie sie auf gleichzeitigen Rollsiegeln erscheint.

Plan der Stadt Ur

1 Temenosmauer des
   Nanna-Heiligtums
2 Zikkurat
3 Eingangshof
4 Tempel für Ningal, die
   Gemahlin des Mond-
   gottes
5 Magazin
6 Palast
7 Königsgräber der
   1. Dynastie
8 Königsgräber der
   3. Dynastie
9 freigelegte Wohnviertel
10 Enki-Tempel
11 Hafentempel
12 Palast der Oberpriesterin
   Belschaltinanna
13 Festung
14 Nordhafen
15 Westhafen

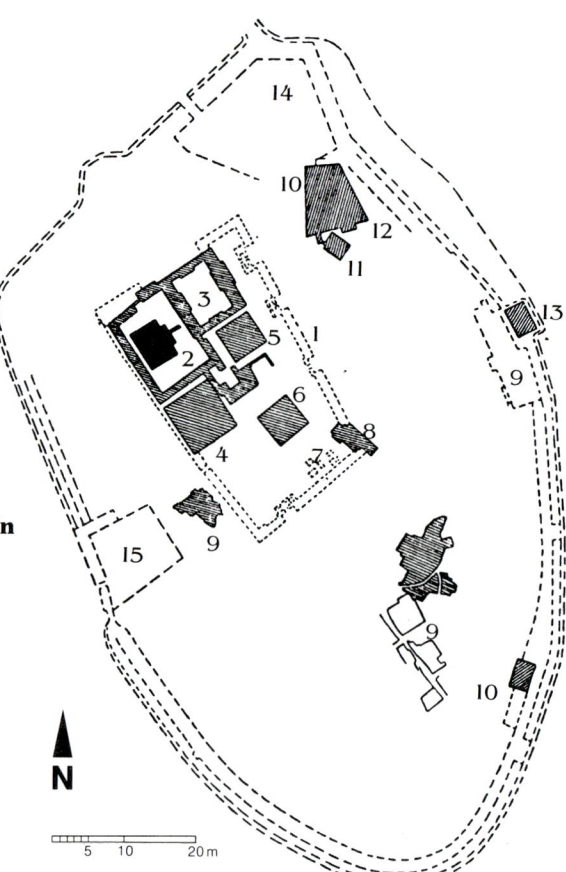

N

5   10   20 m

**Die Mitteltreppe der Zikku-
rat von Ur führte geradlinig
zum Hochtempel des Mond-
gottes Nanna auf der obersten Plattform hinauf.**

um Tag zerschlagene Ziegelmassen in die
Tiefe.

Nach vielen Wochen verstummen plötzlich
hoch oben jäh das laute Geschrei, das Klop-
fen und Klicken der Hacken. Hals über Kopf
hasten ein paar Männer den Kegel hinab und
auf Taylors Zelt zu. In den Händen halten sie
kleine Stäbe, Zylinder aus gebranntem Ton.
Taylor ist enttäuscht. Er hatte mehr erwartet.
Beim vorsichtigen Säubern der Fundstücke
erkennt er, daß die tönernen Rollen über und
über mit Inschriften bedeckt sind – Keilschriftzeichen! Er versteht zwar nichts davon, doch
er ist sehr glücklich. Wohlverpackt reisen die
Zylinder nach London. Aber die Gelehrten an
der Themse machen von diesem Fund wenig
Aufhebens. Was Wunder – in jenen Jahren
blicken die Forscher fasziniert nach Nordmesopotamien, wo am Oberlauf des Tigris aus
den Hügeln von Ninive und Chorsabad
Paläste und Riesenreliefs der Assyrer, Tausende von Tontafeln und Statuen zutage
kommen, die alles andere in den Schatten
stellen. Was bedeuten daneben schon die
kleinen Tonzylinder vom Tell al Muqayyar!
Zwei Jahre noch sucht Taylor unverdrossen,
aber ohne Erfolg auf dem Tell al Muqayyar.
Dann wird er abberufen. Was an unermeßli-
chen Schätzen an diesem Ort schlummert,

wird die Welt erst fast fünfundsiebzig Jahre
später erfahren.

Bei den Wissenschaftlern sinkt der Tell al
Muqayyar wieder in Vergessenheit. Aber ein-
sam wird es trotzdem nicht um ihn. Kaum ist
Taylor abgezogen, stellen sich Scharen von
anderen Besuchern ein. Die angeschlagenen
Wände und vor allem die von den Kolonnen
Taylors zertrümmerte oberste Stufe bieten
jede Menge kostenlosen Baumaterials für die
Araber in dieser Gegend, die Jahr um Jahr
von weither herbeiziehen und ihre Lasttiere
mit Ziegeln beladen.

Vor langen Jahrtausenden von Menschen-
händen geformt, tragen diese noch lesbar die
Namen von Urnammu, dem ersten großen
Bauherrn, und von Nabonid, dem babyloni-
schen Herrscher, der den Zikkurat genannten
Stufenturm restaurierte. Sandstürme, Regen,
Wind und Sonnenglut tun ihr übriges bei dem
Zerstörungswerk.

Als im Ersten Weltkrieg britische Truppen auf dem Marsch nach Bagdad
1915 in der Nähe des alten Bauwerkes
kampieren, ist sein früheres Aussehen so völlig verändert, ist es so flach
geworden, so abgetragen und ausgeraubt in
den Jahrzehnten seit 1854, daß sich einer der
Soldaten ein kleines Bravourstück leisten
kann. Das Profil der ehemals steil gebösten
Stufen ist so völlig verschwunden, daß er auf
einem Maultier bis auf den Gipfel des Stump-
fes reitet.

Ein glücklicher Zufall will es, daß sich unter
den Offizieren der Truppe ein Experte befindet, R. Campbell Thompson vom Intelligence
Staff der Armee in Mesopotamien. Im Frieden
ist er Assistent am Britischen Museum. Fach-
männisch durchstöbert Thompson den
mächtigen Ziegelhaufen, sieht erschrocken
den Verfall. Bodenuntersuchungen lassen ihn
in der Umgebung des Tell weitere Fundstätten vermuten, Ruinen von Siedlungen, die unter dem Wüstensand schlummern. Thompson registriert sorgfältig und berichtet darüber dringlich nach London. Das gibt den
Anstoß, die unscheinbaren und schon fast in
Vergessenheit geratenen kleinen Tonzylinder abzustauben und diesmal mit großem
Fleiß zu prüfen. Die Inschriften enthalten eine
hochinteressante Information und eine
kuriose Geschichte zugleich.

Fast zweieinhalbtausend Jahre vor Konsul
Taylor hatte schon ein anderer an der gleichen Stelle mit dem gleichen Interesse
gesucht und gestöbert! Verehrer des Altertums, berühmter Mann, Herrscher über ein
großes Reich und Archäologe in einer Person,
König Nabonid von Babylon im 6. Jahrhun-

dert v. Chr. Er fand, *die Zikkurat war nun alt.* Aber Nabonid machte es anders als Taylor. *Ich machte die Struktur dieser Zikkurat wieder gut wie in alten Zeiten, mit Mörtel und gebrannten Ziegeln.* Als der altersschwache Stufenturm wiederhergestellt war, ließ er den von ihm aufgefundenen Namen des ersten Erbauers auf eben jene kleinen Tonzylinder stechen. Er hatte, wie der Babylonier aus einer zerbrochenen Inschrift entziffern konnte, König Urnammu geheißen! Urnammu? War der Erbauer des großen Stufenturmes König über das Ur, von dem die Bibel spricht, Herrscher über *Ur in Chaldäa?*

Die Vermutung liegt nahe. Denn seitdem ist der gleiche biblische Name noch mehrfach aufgetaucht. Auch Urkunden, die aus anderen Fundstätten in Mesopotamien geborgen wurden, erwähnen Ur. Es soll, wie die Keilschrifttexte besagen, die Hauptstadt des großen Volkes der Sumerer gewesen sein. Nun erwacht für den verwitterten Tell al Muqayyar brennendes Interesse. Mit den Archäologen des Britischen Museums drängen die Gelehrten des Museums der Pennsylvania University in Philadelphia auf neue Forschungen. Der Stufenturm am unteren Euphrat könnte das

Geheimnis des unbekannten Volkes der Sumerer und des biblischen Ur bergen! Aber erst 1923 kann eine amerikanisch-britische Gruppe von Archäologen aufbrechen. Die beschwerliche Reise auf schwankenden Kamelrücken bleibt ihnen erspart, sie reisen mit der Bagdadbahn. Auf dem Schienenweg treffen auch die Geräte ein, Loren, Schienen, Hacken, Spaten, Körbe.

Die Archäologen verfügen über einen Fonds, der das Umwühlen einer ganzen Landschaft ermöglicht. Sie beginnen die Grabungen planvoll und großzügig. Da große Funde vermutet werden, rechnen sie mit einer Arbeit

Oben: Urnammu, der Gründer der 3. Dynastie von Ur, erbaute in mehreren Städten seines Reiches Tempeltürme, die wahrscheinlich zum ersten Mal die charakteristische Stufenform der Zikkurats aufwiesen. Die Zikkurat von Ur ist bis zur zweiten Plattform erhalten. Stufentürme dieser Art bilden den Hintergrund der biblischen Erzählung vom „Turmbau zu Babel".

Unten: Der spätbabylonische König Nabonid ließ im 6. Jahrhundert v. Chr. das Heiligtum des Mondgottes Nanna in Ur restaurieren. Die dabei angebrachten Inschriften erlaubten die Identifikation des Tell al Muqayyar mit dem biblischen „Ur in Chaldäa", von dem die Wanderung Abrahams ihren Ausgang nahm.

Die Zikkurat von Tschoga Zambil in der Susiana (Süd-iran) wurde um die Mitte des 13. Jahrhunderts v.Chr. von dem Elamierkönig Untasch-gal erbaut. Teilweise restauriert, ragt sie noch in drei Stufen 25 Meter hoch empor (rechte Seite). Ursprünglich waren es fünf Stufen. Die oberste bildete den Tempel des Hauptgottes des einsti-gen Dur Untaschi, Inschu-schinak. Im Unterschied zu den mesopotamischen Vor-bildern führen die Treppen hier nicht offen zur Tempel-plattform, sondern sind in die Stufen eingebaut (rechts). Außer den keil-schriftlichen Urkunden-ziegeln des Stifters (rechts daneben) trugen die Wände glasierte Ziernägel. Glas-plättchen gestalteten die Tempeldecke als Sternen-himmel. Um die Zikkurat fan-den die Ausgräber weitere Tempel (oben).

von mehreren Jahren. Die Expedition leitet Sir Charles Leonard Woolley. Der 43jährige Engländer hatte sich seine ersten Sporen schon auf Forschungsreisen und bei Grabun-gen in Ägypten, Nubien und Karkemisch am oberen Euphrat verdient. Dem begabten, er-folgreichen Mann wird der Tell al Muqayyar die große Aufgabe seines Lebens. Er richtet sein Hauptaugenmerk nicht wie vor Jahr-zehnten der eifrige, aber ahnungslose Taylor auf den Stufenturm. Sein Forscherdrang bemächtigt sich vor allem jener flachen Hügel, die sich zu seinen Füßen aus der weiten Sandebene heben.

Dem geschulten Auge Woolleys ist ihre auffällige Form nicht entgangen; wie kleine Tafelberge sehen sie aus. Oben flach, ihre Hänge fallen fast gleichmäßig ab. Solcher Hügel gibt es unzählige, größere und kleinere, im Vorderen Orient an den Ufern der großen Flußläufe, inmitten fruchtbarer Ebenen, an den Pfaden und Wegen, auf denen seit undenklichen Zeiten Karawanen das Land durchziehen. Niemand hat sie bis heute gezählt. Am Mündungsdelta von Euphrat und Tigris am Persischen Golf bis hinauf in das Hochland von Kleinasien, wo der Fluß Halys sich ins Schwarze Meer stürzt, an den Küsten des östlichen Mittelmeeres, in den Tälern des Libanon, am Orontes in Syrien und in dem Land am Jordan, in Palästina, begegnet man ihnen.

Diese Bodenerhebungen sind die großen, begehrten und bisweilen unerschöpflichen Fundgruben der Archäologen. Sie sind nicht von der Natur geformt, sondern künstliche Gebilde, angehäuft mit der Hinterlassenschaft unzähliger Geschlechter vor uns, mächtige Schuttmassen und Abfallplätze von ehedem, aufgetürmt aus den Überresten von Hütten und Häusern, Stadtmauern, Tempeln oder Palästen. Jeder dieser Hügel gewann ganz all-

mählich, im Laufe von langen Jahrhunderten, ja von Jahrtausenden, seine Gestalt auf die gleiche Art, irgendwann, als Menschen dort eine erste Siedlung schufen. Wurde sie durch Krieg oder Brand zerstört oder von ihren Bewohnern verlassen, kamen Eroberer oder neue Siedler und bauten auf dem gleichen Fleck. Generation nach Generation errichtete so an derselben Stelle ihre Siedlungen und Städte, eine über der anderen. Im Laufe der Zeit wuchsen Trümmer und Schutt unzähliger Wohnstätten Schicht um Schicht, Meter um Meter zu einem Hügel empor. *Tell* nennen die Araber heute solchen künstlichen Berg. Schon im alten Babylon war das gleiche Wort dafür gebräuchlich. *Tell* bedeutet „Haufen". In der Bibel begegnen wir dem Wort im Buche Josua Kapitel 11, Vers 13. Wo bei der Eroberung Kanaans von Städten, *die auf Hügeln standen*, die Rede ist, sind solche *tulul* – das ist die Mehrzahl von *tell* – gemeint. Die Araber vermögen einen Tell genau von natürlichen Bodenerhebungen, die sie *dschebel* nennen, zu unterscheiden.

Jeder Tell ist gleichsam ein stummes Geschichtsbuch. Seine Besiedlungsschichten sind für den Archäologen am ehesten Kalen-

Folgende Doppelseite: Von der einst riesigen Zikkurat der Stadt Dur Kurigalzu östlich von Bagdad blieb kaum mehr als ein 57 Meter hoher, bizarr verwitterter Klotz. Doch läßt sich an der unförmigen Ruine die Bautechnik eines Stufenturmes aus dem 14. Jahrhundert v.Chr. gut ablesen. Der Kern ist aus ungebrannten Lehmziegeln errichtet. Zur besseren Bindung und um den enormen Massendruck aufzufangen, hat man nach jeweils acht bis neun Ziegellagen eine Schilfschicht eingelegt. Als Zuganker gegen das Auseinanderdriften der steil geböschten Wände sind waagerecht 10 Zentimeter starke Schilfseile durch das gesamte Massiv gespannt. Der Verfall des Stufenturms begann vermutlich erst, als Ziegelräuber die hartgebrannten Verkleidungssteine entfernt hatten.

Die dritte Dynastie von Ur wurde gegen 2100 v. Chr. von Urnammu begründet. Mit seinem Namen verbinden sich einige gewaltige Bauprojekte in Ur, darunter auch die Zikkurat des Mondgottes Nanna. Vor diesem Gott opfert Urnammu auf dem Relief einer Stele, die vermutlich als Dokument des Bauwerks anzusehen ist: In dem fragmentarischen Unterteil der Stele folgt der Herrscher dem Mondgott und hat Maurerwerkzeug zur Errichtung des Stufenturms geschultert. Offenbar erhielt zu seiner Zeit der Stufenturm die für die späteren Epochen verbindliche Gestalt.

derblättern vergleichbar, anhand deren er Seite für Seite die Vergangenheit wieder deutlich machen kann. Jede Schicht erzählt von ihrer Zeit, vom Leben, von den Gewohnheiten, der Kunstfertigkeit, Kultur und Zivilisation ihrer Bewohner, wenn man ihre Zeichen zu lesen versteht. Und darin haben es die Ausgräber inzwischen zu staunenswerten Leistungen gebracht.

Steine, behauen oder unbehauen, Ziegel oder Lehmreste bekunden, wie gebaut wurde. Noch im morschen, verwitterten Gestein oder in den Überresten zerstäubter Ziegel lassen sich genau die Grundrisse der Bauten erkennen. Und dunkle Schatten zeigen an, wo einst die Herdstelle ihren wärmenden Schein ausstrahlte. Zerbrochenes Geschirr, Waffen, Haushaltsgeräte und Werkzeuge, die sich überall zwischen den Trümmern befinden, geben weitere Hilfen bei der Detektivarbeit an der Vergangenheit.

Bei Tongefäßen sind heute die verschiedenen Formen, Farben und Muster so genau bekannt, daß die Keramik geradezu zum archäologischen Zeitmesser Nummer eins wurde. Einzelne Scherben, ja bisweilen nur Bruchstücke ermöglichen eine präzise Datierung. Bis ins zweite Jahrtausend v. Chr. zurück liegt die äußerste Irrtumsgrenze der Zeitbestimmung bei höchstens fünfzig Jahren!

Unschätzbares wurde im Verlaufe der ersten großen Grabungen des vergangenen Jahrhunderts zerstört, weil den Scherben, die wertlos schienen, keine Beachtung geschenkt wurde. Sie flogen beiseite; wichtig schienen nur große Monumente, Reliefs, Statuen oder Schätze. So ging viel Wertvolles für immer verloren. Das Vorgehen des Altertumsforschers Heinrich Schliemann ist ein Beispiel dafür. Von brennendem Ehrgeiz besessen, hatte er nur eines im Auge: das Troja Homers zu finden. Kolonnenweise ließ er die Spaten in die Tiefe wühlen. Schichten, die als „Kalender" von großer Bedeutung hätten sein können, wurden als nutzloser Schutt weggeräumt. Endlich holte Schliemann einen köstlichen, von aller Welt hochgepriesenen Schatz aus der Erde. Aber es war nicht, wie er glaubte, der Schatz des Priamos. Der Fund stammte vielmehr aus einer um Jahrhunderte früheren Zeit. Am heißersehnten Erfolg seiner Mühen hatte Schliemann vorbeigegraben, viel zu tief.

Schliemann war als Kaufmann von Hause aus ein Außenseiter, ein Laie. Aber auch die Fachleute machten es anfangs nicht besser. Erst seit der Jahrhundertwende arbeiten die Archäologen nach der stratigrafischen Grabungsmethode, deren Ziel eine Chronologie der Kulturschichten (strata) ist. Von oben beginnend, werden in einem Tell Zentimeter um Zentimeter Boden, jedes kleinste Fundstück, jede Scherbe geprüft. Zunächst werden vertikale Schnitte durch die Aufschüttung gelegt. Sie dienen der Feststellung des sogenannten stratigrafischen Profils. Seine verschiedenfarbigen Schichten bieten sich dem forschenden Auge wie eine aufgeschnittene Torte dar und erlauben dem Kenner eine erste grobe Rückschau in die Geschichte der in sie eingebetteten versunkenen Siedlungen. Nach dieser bewährten Methode geht auch die amerikanisch-englische Expedition im Jahre 1923 am Tell al Muqayyar ans Werk.

In den ersten Tagen des Dezember steigt über den Schutthügeln im Osten der Zikkurat, nur wenige Schritte von der breiten Rampe, auf der einst Priester in feierlicher Prozession dem Schrein des Mondgottes Nanna nahten, eine Staubwolke auf. Vom leichten Wind erfaßt, treibt sie weiter, und bald scheint alles um den alten Stufenturm wie in Dunst gehüllt. Feiner Sand, aufgewirbelt von Hunderten von Spaten, zeigt an, daß die große Grabung begonnen hat.

Von dem Augenblick an, da der erste Spaten in den Boden stößt, liegt über jeder Ausgrabung die Atmosphäre erregter Spannung. Jede Ausgrabung gleicht einer Reise in ein unbekanntes Reich, von der vorher niemand weiß, welche Überraschungen sie bringen wird. Auch Woolley und seine Mitarbeiter hält die Spannung umklammert. Werden wichtige Funde Schweiß und Mühen um diesen Hügel belohnen? Wird Ur ihnen seine Geheimnisse freigeben? Keiner der Männer mag ahnen, daß sie sechs lange Winterhalbjahre, bis zum Frühjahr 1929, von dieser Arbeit in Atem gehalten werden. Ihre Grabung tief im Süden von Mesopotamien wird Stück um Stück jene fernen Zeiten aufscheinen lassen, da aus dem Delta der beiden großen Ströme neues Land wuchs und die ersten menschlichen Siedler sich hier niederließen. Auf ihrem mühseligen Weg der Forschung, der zurückführt bis in die Zeit vor siebentausend Jahren, werden mehr als einmal Ereignisse und Namen konkrete Gestalt annehmen, von denen uns schon die Bibel erzählt.

Das erste, was sie zutage fördern, ist ein heiliger Bezirk mit den Resten von fünf Tempeln, die einst die von König Urnammu erbaute Zikkurat im Halbkreis umgaben. Sie ähneln Festungsbauten, so stark sind ihre Mauern. Der größte, mit einer Grundfläche von 100 x 60 Metern, war dem Mondgott, ein anderer Tempel der Verehrung Ningals, Mondgöttin und Gemahlin des Nanna, geweiht. Jeder Tempel hat einen Innenhof, den eine Flucht von Räumen umschließt. In ihnen stehen noch die alten Brunnen, mit Erdpech abgedichtete lange Wassertröge, und tiefe Messerkerben auf den großen Ziegeltischen lassen erkennen, wo die Opfertiere zerlegt wurden. Auf Feuerstellen in den Tempelküchen wurden sie zum gemeinsamen Opfermahl zubereitet. Selbst Öfen zum Brotbacken waren vorhanden. „Nach 38 Jahrhunderten", vermerkt Woolley in seinem Expeditionsbericht, „konnte man die Feuer wieder anzünden und die älteste Küche der Welt erneut in Betrieb setzen."

Kirchen, Gerichtshöfe, Finanzämter, Fabriken kennen wir nur als streng voneinander getrennte Einrichtungen. In Ur war das anders. Der heilige Bezirk, der Tempelbereich, war nicht ausschließlich der Verehrung der Götter vorbehalten. Außer den kultischen Handlungen oblagen seinen Priestern noch viele andere Aufgaben. Neben den Opfergaben nahmen sie auch den „Zehnten" und die Steuern in Empfang. Indessen geschah das nicht ohne schriftliche Bestätigung. Jede Abgabe wurde auf Lehmtäfelchen notiert – wohl den ersten Steuerquittungen, die Menschen in die Hand bekamen. Die Steuereingänge faßten priesterliche Schreiber in wöchentlichen, monatlichen und jährlichen Memoranden zusammen.

Aus dem frühsumerischen Eanna-Heiligtum von Uruk stammt eine große Alabastervase, deren Gesamthöhe über einen Meter betragen hat. Ihre Reliefs zeigen eine Art Erntedank: Ackerfrüchte und Herden werden zum Schatz- und Vorratsraum des Tempels gebracht. Leider ist die Darstellung der Göttin nicht vollständig erhalten, vermutlich ist es Innin, der die Prozession gilt.

Geprägtes Geld war noch unbekannt. Steuern wurden in Naturalien gezahlt; jeder Bewohner von Ur zahlte auf seine Art. Öl, Getreide, Früchte, Wolle und Vieh wanderten in ausgedehnte Magazine, Leichtverderbliches gelangte in die Verkaufsläden an den Tempeln. Viele Waren wurden in tempeleigenen Betrieben weiterverarbeitet, zum Beispiel in den von Priestern geleiteten Spinnereien. Eine Werkstätte stellte zwölf verschiedene Arten modischer Kleidung her. Aus den in ihr gefundenen Tafeln gingen die Namen der beschäftigten Weberinnen und die ihnen zugeteilten Verpflegungsmengen hervor. Sogar das Gewicht der an jede Arbeiterin ausgegebenen Wollmenge und die Anzahl der daraus gefertigten Kleidungsstücke waren genau vermerkt. In einem Justizgebäude fand man sorgsam aufgestapelt die Niederschriften der Urteilssprüche, nicht anders als in den Geschäftszimmern unserer heutigen Gerichte.

Drei Winterhalbjahre arbeitet die amerikanisch-englische Expedition schon an der Stätte des alten Ur, und noch immer hat dieses einzigartige Museum menschlicher Frühgeschichte nicht alle seine Schätze preisgegeben. Außerhalb des Tempelbezirks erleben die Ausgräber eine weitere Überraschung.

Südlich des Stufenturms wachsen beim Abtragen einer Hügelreihe aus dem Schutt mit einem Male Wände empor, Mauern und Fassaden eng aneinandergedrängt, Reihe um Reihe. Schaufel um Schaufel gibt der Sand ein dichtes Gewürfel von Häusern frei, deren Ruinen teilweise noch drei Meter hoch sind. Zwischen ihnen ziehen sich schmale Gassen hin. Ab und an sind die Straßenzüge von Plätzen unterbrochen.

In vielen Wochen harter Arbeit müssen ungezählte Tonnen Geröll weggeräumt werden, ehe sich den Männern ein unvergeßliches Bild bietet: Vor dem rotleuchtenden Tell al Muqayyar liegt eine ganze Stadt in strahlende Sonne getaucht, nach einem langen Schlaf durch Jahrtausende von unverdrossen schürfenden Forschern wiedererweckt! Woolley und seine Mitarbeiter sind außer sich vor Freude. Denn vor ihnen liegt Ur, *jenes Ur in Chaldäa*, von dem die Bibel spricht!

Und wie bequem haben seine Bürger gewohnt, wie großzügig waren die Häuser gebaut! Von keiner anderen Stadt im Zweistromland sind je so prächtige und komfortable Privathäuser zutage gekommen.

Ihnen gegenüber muten die in Babylon erhalten gebliebenen Wohnstätten bescheiden, ja ärmlich an. Robert Koldewey fand bei den deutschen Ausgrabungen zu Beginn unseres Jahrhunderts nur einfache Lehmbauten, ein-

Die Wohnviertel der einstigen Großstadt Ur sind nur zu einem geringen Teil ergraben. Die Straßen und Gäßchen führen zwischen Häusern hindurch, die sich vielfach um kleine Höfe gruppieren, oft auch kompliziert ineinander verschränkt sind. Dazwischen liegen Werkstätten, Läden, winzige Kultstätten und Heiligtümer, man fand sogar eine Schule. Hier vermutet man den ehemaligen Wohnsitz Abrahams.

stöckig mit drei oder vier Räumen um einen offenen Hof. So hauste also die Bevölkerung um 600 v. Chr. in der vielbewunderten und gepriesenen Metropole des großen Babyloniers Nebukadnezar. Die Bürger von Ur dagegen lebten 1500 Jahre zuvor schon in massiven Gebäuden von Villenformat, meist zweistöckig und mit dreizehn bis vierzehn Räumen. Das untere Stockwerk ist solide aus gebrannten Ziegelsteinen, das obere aus Lehmplatten errichtet, die Wände sind sauber mit Mörtel verputzt und weiß getüncht.

Der Besucher trat durch die Tür in eine kleine Vorhalle, wo die Wasserbecken ihren Platz hatten, in denen Hände und Füße vom Staub gereinigt wurden. Von dort gelangte er in den großen und hellen Innenhof, wo der Boden mit besonders schönem Pflaster ausgelegt war. Um ihn gruppierten sich Empfangsraum, Küche, Wohn- und Personalräume und die Hauskapelle. Über eine steinerne Treppe, unter der sich die Toilette verbarg, stieg er hinauf zu einem Rundgang; von ihm zweigten die Räume der Familienmitglieder und die Gastzimmer ab.

Unter zusammengestürzten Mauern und Wänden kam alles wieder ans Tageslicht, was zur Inneneinrichtung und zum Leben in diesen Patrizierhäusern gehört hatte. Zahllose

Scherben von Töpfen, Krügen, Vasen und beschrifteten Tontäfelchen fügten sich zu einem Mosaik, aus dem sich der Alltag in Ur Steinchen um Steinchen rekonstruieren ließ. *Ur in Chaldäa* war eine mächtige, wohlhabende, farbenprächtige, betriebsame Hauptstadt zu Beginn des 2. Jahrtausends v. Chr.

Woolley kommt von einem Gedanken nicht mehr los. Von *Ur in Chaldäa* soll Abraham einst ausgezogen sein – dann muß er in einem dieser zweistöckigen Patrizierhäuser zur Welt gekommen und aufgewachsen sein. Vorbei an den Mauern der großen Tempel wanderte er durch die Gassen, und hinaufschauend traf sein Blick den mächtigen Stufenturm mit den von Bäumen umstandenen schwarzen, roten und blauen Quadern! „Wir müssen", schreibt Woolley begeistert, „unsere Auffassung von dem hebräischen Patriarchen entscheidend revidieren, wenn wir sehen, in welch anspruchsvoller Umwelt er seine Jugendzeit verbrachte. Er war der Bürger einer großen Stadt und erbte die Tradition einer alten und hochorganisierten Zivilisation. Die Häuser selbst verraten Komfort, ja sogar Luxus. Wir fanden Abschriften von Hymnen aus dem Tempeldienst und zusammen mit ihnen

Neben den unglaublich reichen und kostbaren Funden bot der Königsfriedhof der 1. Dynastie von Ur auch eine schauerliche Entdeckung: Diener, Höflinge und Soldaten sind offenbar ihren verstorbenen Herren ins Grab gefolgt. Der skelettierte Kopf einer der schmuckbeladenen Frauen (oben) erlaubte die eindrucksvolle Rekonstruktion eines Bildes der Lebenden (links). Die Funde sind überwiegend im Irak-Museum zu Bagdad ausgestellt.

mathematische Tafeln. Auf diesen Tafeln waren neben einfachen Additionsaufgaben auch Formeln aufgezeichnet für das Ziehen von Quadrat- und sogar Kubikwurzeln. Und in anderen Texten hatten die Schreiber die Inschriften von Gebäuden der Stadt kopiert und so eine Kurzgeschichte der Tempel verfaßt!"

Abraham – kein einfacher Nomade, Abraham – Sohn einer Weltstadt des 2. Jahrtausends v. Chr.!

Das war eine sensationelle, unfaßbar scheinende Entdeckung. Zeitungen und Zeitschriften bringen Fotografien von dem abgebröckelten alten Stufenturm und den Ruinen der freigelegten Metropole; sie lösen ein ungeheures Aufsehen aus. Staunend wird eine Zeichnung betrachtet, die die Unterschrift „Haus aus der Zeit Abrahams" trägt. Woolley hatte sie von einem Künstler anfertigen lassen. Es ist eine getreue Rekonstruktion nach den Funden. Man blickt in den Innenhof eines

Zu den berühmtesten Beigaben der reich ausgestatteten Schachtgräber im Königsfriedhof von Ur gehört die sogenannte Standarte im Britischen Museum. Der 20,3 Zentimeter hohe und 48,3 Zentimeter breite Holzkasten ist mit Mosaiken aus Muschel, rotem Kalkstein und Lapislazuli geschmückt, die ein historisches Ereignis

schildern. Im unteren Fries
der einen Hauptseite sprengen vier mit einem Lenker
und einem Bewaffneten be-
setzte Wagen über gefallene
Feinde. Im mittleren Bild-
streifen marschieren Krieger
in den Kampf, überwinden
ihre Gegner und führen sie
ab. Oben werden die Gefangenen vor den siegreichen
Herrscher gebracht.

villenartigen Gebäudes, zwei hohe Krugva-
sen stehen auf fliesenähnlichem Pflaster, eine
hölzerne Balustrade mit Geländer schließt im
oberen Stockwerk die Zimmer zum Hof ab.
Die altgewohnte und liebgewordene Vorstellung, wie sie Generationen vorgeschwebt
hatte – Abraham als Patriarch, umgeben von
seiner Sippe und seinen Herden –, sollte
plötzlich falsch sein?
Woolleys Auffassung blieb nicht unwiderspro-
chen. Sehr bald meldeten Theologen und

selbst Archäologen ihre Kritik an. Für Woolleys Auffassung sprach der Vers 31 des 11.
Kapitels im 1. Buch Mose. *Da nahm Terach seinen Sohn Abram und Lot … und führte sie
aus Ur in Chaldäa.* Aber es gibt auch Bibelstellen, die auf einen anderen Ort weisen: Als Abraham seinen ältesten Knecht von Kanaan
ausschickt nach der Stadt Nahors, daß er eine
Frau hole für seinen Sohn Isaak, nennt Abraham diese Stadt Nahors sein *Vaterland*
(1. Mose 24,4) und *seines Vaters Haus* und

seine Heimat (1. Mose 24,7). Nahor lag in Nordmesopotamien. Nach der Eroberung des Gelobten Landes sprach Josua zu dem versammelten Volk: *Eure Väter wohnten vorzeiten jenseits des Stromes, Terach, Abrahams und Nahors Vater* (Josua 24,2). Mit dem Strom ist hier wie auch an anderen Stellen der Bibel der Euphrat gemeint. Die Stadt Ur wurde am rechten Ufer des Euphrat ausgegraben; von Kanaan aus gesehen lag sie diesseits, niemals jenseits des großen Stromes. Hatte

Woolley seine Rückschlüsse allzu voreilig gezogen? Was denn hatte die Expedition zuverlässig ergeben? Wo blieb der Beweis, daß Terach und sein Sohn Abraham in Ur ansässig, daß sie Stadtbewohner waren? „Die frühere Wanderung von Ur in Chaldäa nach Haran hat, außer der Ausgrabung der Stadt selbst, keine archäologische Bestätigung gefunden", erklärte William F. Albright, Professor an der Johns Hopkins University in Baltimore (USA). Der Gelehrte und selbst er-

folgreiche Ausgräber, der zu seiner Zeit als einer der bedeutendsten Kenner der Archäologie Palästinas und des Vorderen Orients galt, fügte hinzu: „Und die merkwürdige Tatsache, daß die griechischen Übersetzer Ur nirgends erwähnen, sondern dafür das natürlichere ‚Land (der Chaldäer)' setzen, könnte bedeuten, daß die Verlegung von Abrahams Heimat nach Ur möglicherweise sekundär und im 3. Jahrhundert v. Chr. nicht allgemein anerkannt war."

Mit Ur war eine der Hauptstädte der Sumerer, die zu den ältesten und bedeutendsten Kulturvölkern des Zweistromlandes gehörten, aus dem Schatten der Vergangenheit getreten. Die Sumerer, das wissen wir, waren keine Semiten wie die Hebräer. Als um 2000 v. Chr. die große Invasion semitischer Nomaden der Arabischen Wüste entquoll, prallte diese im Süden zuerst auf Ur mit seinen ausgedehnten Plantagen und Kanalbauten. Es mag sein, daß die Erinnerung an jene große Wanderung in

Auf der „Friedensseite" der sogenannten Standarte von Ur ist im oberen Fries ein Festmahl dargestellt, bei dem ein Leierspieler und ein Sänger auftreten. Im mittleren Streifen werden Schlachtvieh und Fische herbeigebracht. Der untere Streifen zeigt Tributbringer, die Onager führen und Lasten tragen.

Angst und Schaudern vor einer unbegreiflichen Götterwelt sprechen aus den starren, weitaufgerissenen Augen dieser Betergruppe aus dem Abu-Tempel von Tell Asmar, dem nordöstlich von Bagdad gelegenen einstigen Eschnunna. Die zwölf Votivstatuetten aus Mosulmarmor wurden bei den 1930–36 von der Chicago University durchgeführten Grabungen in einem Versteck unter dem Fußboden des Tempels gefunden.

die Länder des „Fruchtbaren Halbmondes", von der auch Ur berührt wurde, in der Bibel haften blieb. Forschungen und Ausgrabungen in den beiden folgenden Jahrzehnten lassen es so gut wie sicher erscheinen, daß Abraham niemals ein Bürger der sumerischen Metropole gewesen sein kann. Das würde allen Schilderungen widersprechen, die uns vom Leben des Patriarchenvaters überliefert sind: Abraham lebt im Zelt, mit seinen Herden zieht er von Weideplatz zu Weideplatz, von Brunnen zu Brunnen. Er lebt nicht wie ein Weltstadtbürger – er lebt das typische Leben eines Nomaden! Viel höher im Norden des „Fruchtbaren Halbmondes" wird die historische Umgebung dafür auftauchen.

DIE SINTFLUT WIRD AUSGEGRABEN

Und der Herr sprach zu Noah: Geh in die Arche, du und dein ganzes Haus... Denn von heute an in sieben Tagen will ich regnen lassen auf Erden vierzig Tage und vierzig Nächte und vertilgen von dem Erdboden alles Lebendige, das ich gemacht habe... Und als die sieben Tage vergangen waren, kamen die Wasser der Sintflut auf Erden... Und die Sintflut war vierzig Tage auf Erden... Da ging alles Fleisch unter, das sich auf Erden regte... und alle Menschen.   1. Mose 7,1-21

Wenn wir das Wort Sintflut hören, denken wir meist fast augenblicklich an die Bibel und an die Geschichte von der Arche Noah. Diese wundersame Geschichte aus dem Alten Testament wanderte mit dem Christentum um die Welt. So wurde sie zwar die bekannteste Überlieferung von der Sintflut, aber sie ist keineswegs die einzige. In den Völkern aller Rassen gibt es verschiedenartige Überlieferungen von einer ungeheuren Flutkatastrophe. So erzählten sich die Griechen den Flutbericht des Deukalion; schon lange vor Kolumbus hielten in Amerika zahlreiche Erzählungen die Erinnerung an eine große Flut lebendig; auch in Australien, in Polynesien, in Indien, in Kaschmir, in Tibet wie in Litauen werden Geschichten von einer Flut von Generation zu Generation bis zum heutigen Tage weitergereicht. Sollten sie alle nur Märchen, nur Sagen, sollten sie alle erfunden sein?

Die Vermutung liegt nahe, daß sie alle die gleiche weltweite Katastrophe widerspiegeln. Das ungeheuerliche Ereignis muß sich aber in einer Zeit zugetragen haben, in der schon denkende Wesen es erleben, überleben und

Links: Der große Graben im Königsfriedhof von Ur, in dem Sir Leonard Woolley auf die „Sintflut"-Schicht stieß. Oberhalb und unterhalb der nahezu drei Meter starken Lehmschicht fanden sich Spuren menschlicher Besiedlung, aus denen Woolley auf eine Flutkatastrophe um 4000 v. Chr. schloß.

Rechts: Sir Leonard Woolley bei der Grabungsarbeit in Ur.

die Kunde davon weitergeben konnten. Geologen glaubten, das uralte Rätsel von ihrem Fach aus lösen zu können, indem sie auf die Zwischeneiszeiten, die warmen Epochen unserer Erdgeschichte, verwiesen. Viermal stiegen die Spiegel der Weltmeere, als die ungeheuren, zum Teil viele tausend Meter dikken Eispanzer über den Kontinenten allmählich abzuschmelzen begannen. Die wieder frei gewordenen Wassermassen veränderten das Landschaftsbild, überschwemmten tief gelegene Küstengebiete und Ebenen und vernichteten ihre Menschen, ihre Tiere, ihre Pflanzenwelt. Kurzum, alle Deutungsversuche endeten in Spekulationen und Hypothesen. Denkbare Möglichkeiten genügen einem Historiker am allerwenigsten. Er verlangt stets einen eindeutigen, materiellen Beweis. Und den gab es nicht; kein Wissenschaftler, gleich welchen Fachgebietes, hatte ihn antreten können. Eigentlich durch einen Zufall – nämlich bei Forschungen, die auf ganz andere Dinge gerichtet waren – schien sich ein Beweis für die Sintflut wie von selber anzubieten. Und das geschah an einer Stätte, die wir schon kennengelernt haben: bei den Ausgrabungen in Ur.

Seit sechs Jahren durchforschen amerikanische und englische Archäologen schon das Land am Tell al Muqayyar, das mittlerweile einer einzigen riesigen Baustelle gleicht. Wenn die Bagdadbahn hier für einen Augenblick hält, staunen die Reisenden die hochgetürmten Halden aus abgeräumten Sandmassen an. Güterzüge voller Erdreich wurden bewegt, genau durchsucht, durch Siebe geschüttelt, jahrtausendealter Müll wie kostbares Gut behandelt. Beharrlichkeit, Sorgfalt, Mühe und Fleiß von sechs Jahren hatten eine stattliche Ausbeute erbracht. Den sumerischen Tempeln mit Magazinen, Fabrikationsstätten und Gerichtshöfen, den villenartigen Bürgerhäusern waren von 1926 bis 1928 Funde von solchem Prunk und Glanz gefolgt, daß alle vorherigen daneben verblaßten.

In einem 15 Meter hohen Schuttkegel südöstlich des Nanna-Heiligtums hatte der Spaten den Königsfriedhof von Ur freigelegt. Die Schachtgräber der 1. Dynastie gleichen richtigen Schatzkammern, denn sie sind gefüllt mit allem Kostbaren, was Ur einst besaß. Goldene Trinkschalen und Becher, wundervoll geformte Kannen und Vasen, Geschirr aus Bronze, Mosaikreliefs aus Perlmutter, Lapislazuli wie die sogenannte Standarte im Britischen Museum und Silberwerk umgeben zu Staub zerfallene Tote. Harfen und Lyren lehnen an den Wänden. Ein junger Mann, *Held des Landes Gottes*, wie eine Inschrift von ihm sagt, trug einen Goldhelm. Ein Goldkamm, mit Blüten aus Lapislazulisteinen verziert, schmückte das Haar der schönen Sumererin Puabi. Schönere Dinge hatte nicht einmal das berühmte Grab des Tutanchamun enthalten. Dabei sind die Königsgräber von Ur mehr als tausend Jahre älter als jenes!

Aber neben den Kostbarkeiten enthielten die Grüfte noch einen Aspekt, dem Menschen unserer Tage mit Schaudern gegenüberstehen. In den Grabkammern tauchten Gespanne auf; die Gerippe der Zugtiere waren noch angeschirrt, jeder der großen Wagen mit kunstvollem Hausrat beladen. Das gesamte Gefolge hatte offenbar die Fürsten in den Tod begleitet, wie die festlich gekleideten und geschmückten Skelette, von denen sie umgeben waren, vermuten ließen. Zwanzig enthielt das Grabmal der schönen Puabi, andere Grüfte bargen bis zu siebzig Skelette.

Was mochte sich hier einst abgespielt haben? Nicht die geringste Spur deutet darauf hin, daß hier Menschen einem gewaltsamen Tode geopfert worden waren. In feierlichem Zuge scheint das Gefolge mit von Stieren gezogenen Schatzwagen den Verstorbenen in die Gruft geleitet zu haben. Und während von außen das Grab vermauert wurde, betteten sie innen den toten Gebieter zur letzten Ruhe. Dann nahmen sie eine Droge, sammelten sich ein letztes Mal um ihn und starben freiwillig – um ihm auch in einem anderen Dasein weiter dienen zu können!

Zwei Jahrhunderte lang hatten die Bewohner von Ur in diesen Grabstätten ihre Fürsten beigesetzt. Bei der Öffnung der untersten Grabkammer sahen sich die Forscher aus dem 20. Jahrhundert n. Chr. in die Zeit 2800 Jahre v. Chr. versetzt.

Die im irakischen Tiefland am unteren Euphrat ansässigen Araber bewohnen bis heute Häuser, die nach uralter Tradition aus Schilfrohr geflochten werden.

Mit dem Herannahen des Sommers 1929 neigt sich die sechste Grabungskampagne am Tell al Muqayyar ihrem Ende zu. Woolley hat seine einheimischen Helfer noch einmal am Königsfriedhof angesetzt. Er möchte sicher sein, ob die Erde unter dem am tiefsten gelegenen Königsgrab für die nächste Grabungsperiode weitere Entdeckungen bereit hält.

Nachdem die Grabfundamente abgetragen sind, lassen ein paar hundert Schaufelstiche bereits erkennen, daß immer noch Schuttschichten darunterliegen. Wie tief in die Vergangenheit mögen die stummen Zeitmesser zurückreichen? Wann mag unter diesem Hügel auf jungfräulichem Boden eine allererste Siedlung entstanden sein? *Das* will Woolley wissen! Langsam, sehr vorsichtig läßt er, um Gewißheit zu haben, Schächte ausheben, steht dabei, prüft sofort die ausgehobenen Schichten. „Fast sogleich", schreibt er später in seinem Bericht, „wurden Entdeckungen gemacht, die unsere Vermutungen bestätigten: Direkt unter dem Boden eines Königsgräber wurden in einer Schicht verbrannter Holzasche zahlreiche Tontafeln gefunden, die mit Schriftzeichen eines viel älteren Typs als die Inschriften der Gräber bedeckt waren. Nach den Schriftzeichen zu schließen, konnten die Tafeln ungefähr dem 30. Jahrhundert v. Chr. zugesprochen werden. Sie mußten also zwei bis drei Jahrhunderte älter sein als die Grabkammern."

Immer tiefer werden die Schächte, immer neue Schichten mit Scherben von Krügen, Töpfen und Schalen kommen herauf. Den Forschern fällt auf, daß die Keramik merkwürdigerweise unverändert bleibt. Sie sieht genauso aus wie die Fundstücke aus den Königsgräbern. In langen Jahrhunderten wäre also die sumerische Zivilisation keinen bemerkenswerten Veränderungen unterworfen gewesen. Ungewöhnlich früh mußte sie demnach eine hohe Entwicklungsstufe erreicht haben.

Als nach langen Tagen einige Arbeiter Woolley zurufen: „Wir sind auf dem Grund!", läßt er sich, um sich selbst zu vergewissern, auf den Boden des Schachtes hinab. Tatsächlich brechen in der Tiefe schlagartig die Besiedlungsspuren ab. Auf unberührtem Boden ruhen letzte Bruchstücke von Haushaltsgeräten, hier und da sind Brandspuren vorhanden. „Endlich!" ist Woolleys erster Gedanke. Sorgfältig prüft er den Boden der Schachtsohle und stutzt: Das ist ja Lehm, reiner Lehm von der Art, wie er sich nur durch Ablagerungen im Wasser bildet! Lehm an dieser Stätte? Woolley sucht nach einer Erklärung; das konnte nur Schwemmsand sein, Anhäufun-

gen von Sinkstoffen aus dem Euphrat von einst. Diese Schicht mußte entstanden sein, als der große Strom sein Delta weit in den Persischen Golf hinausschob, genauso wie er es noch immer tut: In einer Breite von 25 Metern wächst Jahr für Jahr neues Land an seiner Mündung ins Meer hinein. Als Ur seine erste Blütezeit erlebte, floß der Euphrat hier so dicht vorbei, daß sich der große Stufenturm in seinen Wassern spiegelte und man vom Hochtempel auf den Golf hinaussehen konnte. Auf dem Lehmboden des alten Deltas mußte die erste Behausung entstanden sein. Messungen auf dem Gelände und noch einmal sorgsam angestellte Berechnungen lassen Woolley schließlich zu einem ganz anderen Ergebnis und damit zu einem neuen Entschluß kommen.

„Ich sah, daß wir viel zu hoch waren. Es war kaum anzunehmen, daß die Insel, auf der die erste Siedlung gebaut wurde, so weit aus der Marsch geragt haben konnte."

Der Schachtboden, wo die Lehmschicht beginnt, liegt viele Meter über dem Stromspiegel, Sinkstoffe vom Euphrat können es also nicht sein. Was bedeutet aber dann diese merkwürdige Schicht? Wodurch war sie entstanden? Darauf weiß auch keiner seiner Mitarbeiter eine schlüssige Antwort. Also werden

sie weitergraben, den Schacht tiefer treiben. Gespannt schaut Woolley zu, wie von neuem Korb auf Korb aus der Grube wandert und der Inhalt sofort untersucht wird. Immer tiefer senken sich die Spalten in die Schicht, ein Meter, zwei Meter – es bleibt reiner Lehm. Nach nahezu drei Metern ist genauso plötzlich, wie sie begann, die Lehmschicht zu Ende. Was mag nun kommen?

Schon die nächsten Körbe, die hinaus ans Tageslicht wandern, geben eine Antwort, von der sich keiner der Männer je hätte träumen lassen. Sie glauben ihren Augen nicht zu trauen. Sie hatten reines, jungfräuliches Erdwerk vermutet. Aber was sich ihnen jetzt im grellen Sonnenschein darbietet, ist erneut

Oben: Bei Kurna vereinigen sich Euphrat und Tigris zum Schatt el-Arab. Die Palmenhaine an seinen Ufern bilden das größte geschlossene Dattelanbaugebiet der Erde.

Unten: Die Hochwasserwellen des Euphrat hinterlassen mächtige Schlammablagerungen, die von der Sommerhitze zu knochenharten Schollen ausgedörrt werden.

Seit Urzeiten wird auf dem Euphrat ein „Guffa" genannter Bootstyp benutzt. Diese runden Boote werden aus Weiden geflochten und entweder mit Asphalt – dem „Erdharz" oder „Pech", das Noah für die Arche benutzte –, abgedichtet (unten) oder mit Tierhäuten bespannt. Auf einem Relief aus dem Palast des Assyrerkönigs Sanherib (704–681 v.Chr.) in Ninive ist eine solche mit Fellen bezogene, von vier Männern geruderte Guffa dargestellt (oben).

Rechte Seite: Die Euphratmarschen sind der Schauplatz von Kämpfen, die ein Relief aus dem Sanherib-Palast in Ninive schildert.

Schutt, wieder Schutt, Abfälle von einst, darunter zahlreiche Tonscherben. Unter einer fast drei Meter starken Lehmablagerung ist man von neuem auf menschliche Siedlungsreste gestoßen. Aussehen und Technik der Keramik haben sich auffallend verändert. Oberhalb der Lehmschicht waren Krüge und Näpfe offensichtlich auf der Töpferscheibe gedreht, diese hier sind dagegen noch von Hand geformt. Wie sorgfältig auch der Inhalt der Körbe unter der wachsenden Spannung der Männer gesiebt werden mag: Nirgendwo sind Metallreste zu entdecken. Das primitive Werkzeug, das zum Vorschein kommt, besteht aus geschlagenen Feuersteinen. Das muß die Steinzeit sein!

An diesem Tage tickt ein Telegraf in Mesopotamien die unerhörteste Nachricht in die Welt, die wohl je die Gemüter der Menschen erregt hat: „Wir haben die Sintflut gefunden!" Der überwältigende Fund in Ur bildet die Schlagzeile der Presse in den USA und England.

Die Sintflut – das schien die allein mögliche Erklärung für die mächtige Lehmablagerung unter dem Hügel von Ur, die eindeutig zwei Besiedlungsschichten trennte. Das Meer hatte seine unbezweifelbaren Spuren als Überreste von kleinen Seetieren im Lehm hinterlassen. Woolley muß sich so schnell wie möglich Gewißheit verschaffen; ein – wenn auch unwahrscheinlicher – Zufall könnte ihn und seine Männer genarrt haben. 300 Meter vom ersten Schacht entfernt läßt er einen zweiten Schacht ausheben. Die Spaten legen das gleiche Profil frei: auf der Töpferscheibe geformte Keramik – Lehmschicht – Scherben handgeformter Tongefäße.

Um jeden Zweifel aus dem Weg zu räumen, läßt Woolley schließlich noch einen Schacht dort in die Schuttmassen treiben, wo die alte Siedlung auf einem natürlichen Hügel lag, also in Schichten, die erheblich höher lagen als das Lehmbett.

In etwa gleicher Tiefe wie in den beiden anderen Schächten hören auch hier die auf der Töpferscheibe gedrehten Gefäße auf. Darunter folgen handgeformte Tontöpfe. Es ist genau, wie Woolley vermutet und erwartet hatte. Nur fehlt hier natürlicherweise die trennende Lehmschicht. „Ungefähr 16 Fuß (5 Meter) unter einem Ziegelpflaster", notiert Woolley, „das wir annähernd sicher auf 2700 v.Chr. datieren konnten, waren wir in den Ruinen jenes Ur, das vor der Flut bestanden hatte."

Wie weit mag sich die Lehmschicht erstrecken? Welche Gebiete können von der Katastrophe erfaßt gewesen sein? Eine regelrechte Pirsch auf die Spuren der großen Flut setzt nun auch an anderen Stätten in Südmesopotamien ein. Andere Archäologen entdecken bei Kisch, südöstlich des alten Babylon, dort wo sich Euphrat und Tigris in weitem Bogen einander nähern, einen weiteren gewichtigen Anhaltspunkt. Sie stoßen ebenfalls auf eine aus Sinkstoffen bestehende Schicht, allerdings ist sie hier nur etwa einen halben Meter stark. Mit Hilfe von Stichproben läßt sich allmählich der Bereich der gewaltigen Flut abstecken. Nach Woolleys Ansicht hat die Katastrophe nordwestlich vom Persischen Golf ein Gebiet in einer Ausdehnung von 630 Kilometer Länge und 160 Kilometer Breite verschluckt. Wenn man die Landkarte betrachtet, war es nur, wie wir heute sagen würden, „ein lokales Ereignis" – für die Bewohner dieser Flußniederung aber war das einst ihre ganze Welt.

Nach zahllosen Forschungen und Deutungsversuchen ohne konkretes Resultat war längst die Hoffnung aufgegeben worden, je das große Rätsel *Sintflut* zu lösen, das in ferndunkle Zeiträume zurückzuweichen schien, zu denen sich der Mensch nie würde vortasten können. Nun hatte Woolleys und seiner Männer rastlose und unbeirrte Arbeit ein auch für die Wissenschaftler überwältigendes Ergebnis erbracht. Eine große Flutkatastrophe, die an die Sintflut der Bibel, von Skeptikern häufig als Märchen oder Sage abgetan, erinnert, hatte nicht nur stattgefunden, sie war obendrein ein Ereignis in historisch greifbarer Zeit.

Zu Füßen des alten Stufenturmes der Sumerer, in Ur am Unterlauf des Euphrat, konnte man auf einer Leiter in einen schmalen Schacht hinabsteigen und die Hinterlassenschaft einer ungeheuren Flutkatastrophe – eine fast drei Meter starke Schicht aus Lehm – in Augenschein nehmen und mit der Hand betasten. Und an dem Alter der Schichten

In der Bibliothek Assurbanipals in Ninive wurden die Keilschrifttafeln des Gilgamesch-Epos entdeckt. Nur noch gewaltige Ruinenhügel verraten den Ort, wo sich einst die im Jahre 612 v.Chr. von den Medern und Chaldäern zerstörte Hauptstadt Assyriens erstreckte.

menschlicher Besiedlungen, an denen man wie an einem Kalender die Zeit ablesen kann, läßt sich auch bestimmen, wann die große Flut hereinbrach: Es geschah um das Jahr 4000 v.Chr.!

EIN FLUTBERICHT AUS ALTBABYLONIEN

Da sprach Gott zu Noah: Das Ende alles Fleisches ist bei mir beschlossen, denn die Erde ist voller Frevel von ihnen; und siehe, ich will sie verderben mit der Erde. Mache dir einen Kasten von Tannenholz und mache Klammern darin und verpiche ihn mit Pech innen und außen. Und mache ihn so: Dreihundert Ellen sei die Länge, fünfzig Ellen die Breite und dreißig Ellen die Höhe... Und er soll drei Stockwerke haben, eines unten, das zweite in der Mitte, das dritte oben... Und Noah tat alles, was ihm Gott gebot. 1. Mose 6, 13–22

Um die Jahrhundertwende, lange bevor Woolley Ur entdeckte, hatte ein Fund größtes Aufsehen erregt, der heftige Diskussionen um die Heilige Schrift auslöste.

Aus dem Dunkel des Alten Orients war eine uralte, geheimnisvolle Erzählung aufgetaucht: ein Heldenepos, in 300 Vierzeilern auf zwölf massigen Tontafeln eingekerbt, das die wundersamen Erlebnisse des sagenhaften Königs Gilgamesch besang.

Der Text war erstaunlich: Gilgamesch erzählte – genau wie die Bibel – von einem Menschen, der vor und nach einer gewaltigen Flutkatastrophe gelebt habe.

Woher stammte dieses großartige und merkwürdige Epos? Bei Ausgrabungen in den fünfziger Jahren des vergangenen Jahrhunderts hatten englische Forscher jene zwölf Tontafeln zusammen mit über 20 000 anderen Texten auf Ton wohlgeordnet in den Ruinen der Bibliothek zu Ninive gefunden, die als die berühmteste des alten Orients gilt. Im 7. Jahrhundert v.Chr. ließ König Assurbanipal sie hoch über den Ufern des Tigris im alten Ninive erbauen. Heute ragen auf der anderen Seite des Stromes die Bohrtürme von Mosul in den Himmel.

Ein unermeßlich kostbarer Schatz für das Britische Museum trat wohlverpackt die weite Reise von Ninive nach England an. Indessen offenbarte sich der Wert erst Jahrzehnte später, als man imstande war, die Texte zu entziffern. Vorerst gab es keinen Menschen auf der Welt, der sie lesen konnte. Aller Mühe zum Trotz blieben die Tafeln stumm. Kurz vor 1900 beginnen die alten Texte in den nüchternen Arbeitsräumen des Britischen Museums nach zweieinhalbtausendjähriger Pause eine der schönsten Dichtungen des Alten Orients wieder neu zu erzählen, singen sie den Assyriologen zum erstenmal das Epos des Gilgamesch. Es ist in Akkadisch, der Diplomatensprache des Vorderen Orients im zweiten vorchristlichen Jahrtausend, niedergeschrieben. Die Fassung, in der es in der Bibliothek zu Ninive stand, erhielt es durch einen Dichter, der wahrscheinlich im 12. Jahrhundert v. Chr. lebte. Zahlreiche weitere Tontafelfunde, nicht nur in sumerischer und akkadischer, sondern auch in hethitischer und churritischer Sprache, belegen die weite Verbreitung der Gilgamesch-Dichtungen.

Ihr Held hat als König eines sumerischen Reiches, dessen Hauptstadt das südbabylonische Uruk war, sehr wahrscheinlich wirklich gelebt, vermutlich während der sogenannten frühdynastischen Zeit in der ersten Hälfte des dritten vorchristlichen Jahrtausends.

Erschüttert vom Tod seines Freundes Enkidu, will Gilgamesch dem Todesschicksal entgehen. Er begibt sich auf eine lange, abenteuerliche Reise zu seinem Vorfahren Utnapischtim, von dem er das Geheimnis des ewigen Lebens zu erfahren hofft, weil jenem die Götter Unsterblichkeit verliehen hatten.

Auf der Insel angekommen, auf der Utnapischtim lebt, klagt Gilgamesch ihm seine Todesfurcht und fragt ihn *nach Tod und Leben.* Utnapischtim erzählt Gilgamesch, so berichtet die Keilschrift der 11. Tafel aus der Bibliothek von Ninive, daß er einst in Schurupak am Ufer des Euphrat wohnte und ein treuer Verehrer des Gottes Ea war. Als die Götter den Beschluß faßten, die Menschheit durch eine Flut zu vernichten, warnte Ea seinen Verehrer Utnapischtim und gab ihm diesen Befehl:

Mann aus Schurupak, Sohn des Ubaratutu! Reiß nieder dein Haus, baue ein Schiff, laß fahren Reichtum, suche das Leben! Hab und Gut verachte, das Leben rette! Führe allerlei Lebenssamen in das Schiff hinauf! Das Schiff, das du bauen sollst – seine Maße seien wohl abgemessen.

Wir alle kennen die wundervolle Erzählung, die nun folgt. Denn was der sumerische Utnapischtim erlebt haben will, berichtet uns die Bibel von Noah.

Da sprach Gott zu Noah: ...Mache dir einen Kasten von Tannenholz...Und du sollst in die Arche bringen von allen Tieren, von allem Fleisch, je ein Paar, Männchen und Weibchen, daß sie leben bleiben mit dir.

(1. Mose 6,13–19)

Um des leichteren Vergleichs willen sei nebeneinandergestellt, was Utnapischtim von seinem großen Erlebnis berichtet und was uns die Bibel von der Sintflut und Noah überliefert.

Utnapischtim baut nach dem Befehl des Gottes Ea das Schiff, dessen Maße und Gestalt er genau beschreibt:

Am fünften Tag entwarf ich seine Gestalt.	*Und mache ihn so: Dreihundert Ellen sei die Länge, fünfzig Ellen die Breite und dreißig Ellen die Höhe.* (1. Mose 6,15)

Die 11. Tafel des Gilgamesch-Epos aus der Bibliothek Assurbanipals in Ninive enthält den Sintflutbericht Utnapischtims (Britisches Museum, London).

Seine Grundfläche betrug ein „Feld" (etwa 3 600 Quadratmeter). Je zehnmal zwölf Ellen hoch waren seine Wände. Ich gab ihm sechs Stockwerke. Teilte seine Breite siebenfach.

Und er soll drei Stockwerke haben, eines unten, das zweite in der Mitte, das dritte oben.
(1. Mose 6,16)

Sein Inneres teilte ich neunfach.

...und mache Kammern darin.
(1. Mose 6,14)

Sechs Sar Erdpech schüttete ich in den Brennofen.

...und verpiche ihn mit Pech innen und außen.
(1. Mose 6,14)

Als Utnapischtim den Schiffbau vollendet hat, feiert er ein üppiges Fest. Er schlachtet Rinder und Schafe und bewirtet seine Helfer *mit Most, Feinbier, Öl und Wein..., als ob es Flußwasser wäre.*

Alles, was ich hatte, lud ich auf an allerlei Lebenssamen. Ich brachte ins Schiff hinauf meine ganze Familie und Sippe; Vieh des Feldes, Getier des Feldes, alle Handwerker brachte ich hinauf.

Und er ging in die Arche mit seinen Söhnen, seiner Frau und den Frauen seiner Söhne vor den Wassern der Sintflut. Von den reinen Tieren und von den unreinen, von den Vögeln und von allem Gewürm auf Erden gingen sie zu ihm in die Arche paarweise, je ein Männchen und Weibchen, wie ihm Gott geboten hatte.
(1. Mose 7,7-9)

Ich trat ins Schiff und verschloß mein Tor.

Und der Herr schloß hinter ihm zu.
(1. Mose 7,16)

Sobald ein Schimmer des Morgens erglänzte, stieg vom Fundament des Himmels schwarzes Gewölk auf. Adad toste darin...
Adads Wut dringt bis zum Himmel; alles Helle in Finsternis verwandelnd.

Und da die sieben Tage vergangen waren, kamen die Wasser der Sintflut auf Erden ... an diesem Tag brachen alle Brunnen der großen Tiefe auf und taten sich die Fenster des Himmels auf.
(1. Mose 7,10-11)

Die Götter werden von der Flut in Schrecken versetzt und flüchten hinauf in den höheren Himmel des Gottes Anu. Sie *kauern wie Hunde... jammern... klagen... sitzen da und weinen* – eine Schilderung, die eines Homer würdig ist!

Sechs Tage und Nächte geht der Wind, die Sintflut, der Südsturm vernichtet das Land.

Als der siebente Tag kam, wurde der Südsturm, die Sintflut, im Kampfe niedergeschlagen, den er wie ein Heer gekämpft hatte.
Es beruhigte sich das Meer und wurde still, der Orkan, die Sintflut hörte auf.

Und die ganze Menschheit war zu Lehm geworden. Gleichförmig wie ein Dach war die Flur geworden.

Und die ganze Menschheit war zu Lehm geworden... Utnapischtim, der Noah der Sumerer, berichtet, was er selbst erlebt haben will. Babylonier, Assyrer, Hethiter und Churriter, die diese Worte übersetzten, einander vorlasen oder erzählten, haben wohl ebensowenig wie die modernen Assyriologen, die sie aus den Keilschrifttafeln entzifferten, sich träumen lassen, daß sie reales Geschehen wiedergaben!
Heute wissen wir, daß die Fluterzählung der 11. Tafel des Gilgamesch-Epos im altbabylonischen Atramchasis-Epos ihren Vorläufer hat, dem der Bericht eines Augenzeugen zugrunde gelegen haben muß. Nur ein Mensch, der die trostlose Hinterlassenschaft einer solchen Katastrophe selbst gesehen hat, vermag sie so eindringlich treffend zu schildern.
Die große Lehmschicht, die alles Lebende wie mit einem Leichentuch zudeckte und das Land *gleichförmig wie ein Dach* machte, mußte einer mit eigenen Augen gesehen haben, der „noch einmal davongekommen"

Und die Sintflut war vierzig Tage auf Erden, und die Wasser wuchsen...
Und das Gewässer nahm überhand und wuchs so sehr auf Erden, daß alle hohen Berge unter dem ganzen Himmel bedeckt wurden.
(1. Mose 7,17–19)
Da gedachte Gott an Noah ... und ließ Wind auf Erden kommen, und die Wasser fielen. (1. Mose 8,1)

Und die Brunnen der Tiefe wurden verstopft samt den Fenstern des Himmels, und dem Regen vom Himmel ward gewehrt. Da verliefen sich die Wasser von der Erde und nahmen ab nach hundertundfünfzig Tagen.
(1. Mose 8,2–3)
Da ging alles Fleisch unter, das sich auf Erden regte ... und alle Menschen.
(1. Mose, 7,21)

war – auch die präzise Schilderung des großen Sturmes spricht für diese Annahme. Utnapischtim berichtet ausdrücklich von einem Südsturm, was genau der geographischen Situation entspricht. Der Persische Golf – das Meer, dessen Wasser der Sturm über das flache Land warf – liegt südlich vom Mündungsgebiet von Euphrat und Tigris. Bis ins Detail werden zugleich charakteristische Witterungsvorgänge, Erscheinungen einer außergewöhnlichen Turbulenz in der Atmosphäre beschrieben: Aufsteigen schwarzen Gewölks unter Tosen; am hellen Tage wird es plötzlich finster; das Brausen des Südsturmes, der die Wasser vor sich hertreibt.
Ein Meteorologe erkennt sofort, daß hier der Ablauf eines Wirbelsturmes, eines Zyklons, geschildert wird. Die moderne Wetterforschung weiß: In den tropischen Zonen sind die Küstengebiete, die Inseln im Meer, vor allem aber die angeschwemmten Flußniederungen einer besonderen Art alles verheerender und vernichtender Flutwellen ausgesetzt, deren Ursache die oft von Erdbeben und Sturmgüssen begleiteten Wirbelstürme sind. An der Küste Floridas, im Golf von Mexiko und im Pazifik besteht heute ein weitverzweigter, mit allen technischen Errungenschaften ausgestatteter Warndienst. Aber den Menschen in Südmesopotamien im Jahre 4000 v.Chr. wäre selbst ein moderner Warndienst kaum von Nutzen gewesen. Zuweilen haben die Wirbelstürme Auswirkungen von Sintflutformat. Noch aus jüngster Vergangenheit gibt es ein Beispiel dafür.
Im Jahre 1876 brach ein solcher Wirbelsturm unter furchtbaren Gewittern über die Bucht von Bengalen herein und nahm Richtung auf die Küste, auf die Mündungen des Ganges. Bis zu 300 Kilometern von seinem Zentrum entfernt wurden die Masten der Schiffe auf dem Meer zersplittert. Vor der Küste war gerade Ebbe. Die zurückweichenden Wasser wurden von der hohen und breiten Zyklonenwelle erfaßt. Eine Riesenwoge bäumte sich auf. Sie brach in das Gangesgebiet ein, und über 15 Meter hoch jagten die Meeresfluten bis weit ins Land. 141 Quadratmeilen wurden unter ihnen begraben, 215000 Menschen fanden den Tod.

Utnapischtim erzählt dem erschütterten Gilgamesch, was geschah, als die Sintflutkatastrophe ein Ende genommen hatte:
Ich öffnete das Luftloch, da fiel Licht auf mein Antlitz.

Nach vierzig Tagen tat Noah an der Arche das Fenster auf, das er gemacht hatte. (1. Mose 8,6)

Linke Seite: Die 4,70 Meter hohe Kolossalfigur des „Helden mit dem Löwen" aus dem Palast des Assyrerkönigs Sargon II. (721–705) in Chorsabad (Dur Scharrukin) gilt als Darstellung Gilgameschs (Louvre, Paris).

Unten: Fragment einer Keilschrifttafel mit einem Textstück des Gilgamesch-Epos, das 1955 in Megiddo in Palästina gefunden wurde.

Uruk, das von Nimrod gegründete biblische Erech, war die Königsstadt Gilgameschs, der die fast zehn Kilometer lange Stadtmauer erbaut haben soll. In der Mitte des Stadtgebiets liegt der Eanna-Bezirk der Muttergöttin Innin mit der von Urnammu errichteten Zikkurat, die im Gegensatz zu Ur keine Stufenform hatte, sondern aus einer einzigen Terrasse von 55 Metern Länge und 14 Metern Höhe bestand.

Am Berge Nisir legte das Schiff an. Der Berg Nisir faßte das Schiff und ließ es nicht wanken.

Am siebzehnten Tag des siebenten Monats ließ sich die Arche nieder auf das Gebirge Ararat.

(1. Mose 8,4)

Altbabylonische Keilschrifttexte beschreiben sehr genau, wo der Berg Nisir zu suchen ist: zwischen dem Tigris und dem unteren Zabfluß, wo die wild zerklüfteten Gebirgsketten Kurdistans jäh aus den flachen Uferlanden des Tigris aufsteigen. Der angegebene Landungsplatz entspricht durchaus dem Verlauf der aus dem Süden eingebrochenen großen Katastrophe. Wir hören von Utnapischtim, daß seine Heimatstadt Schurupak war. Sie lag nahe dem heutigen Farah inmitten des flachen Schwemmlandes, wo Euphrat und Tigris in weitem Bogen auseinanderstreben. Eine Flutwelle vom Persischen Golf mußte ein Schiff von hier genau zum Kurdistangebirge verschlagen!

Aber der *Berg Nisir* des Gilgamesch-Epos hat nie die Wißbegierigen gelockt, nach dem Verbleib der Arche zu forschen. Statt dessen wurde das *Gebirge Ararat* der biblischen Überlieferung das bevorzugte Ziel serienweiser Expeditionen. Der Ararat liegt in der östlichen Türkei, nahe der iranisch-sowjetischen Grenze. Sein mit ewigem Schnee bedeckter Kegel ragt 5165 Meter auf.

Im vergangenen Jahrhundert, viele Jahre bevor der Archäologe erstmals seinen Spaten in mesopotamischen Boden grub, nahmen die ersten Expeditionen ihren Weg zum Ararat. Den Anstoß hatte eine Hirtengeschichte gegeben.

Zu Füßen des Ararat liegt das kleine Armenierdorf Bayzit, dessen Bewohner sich seit Generationen von dem merkwürdigen Erlebnis eines Berghirten erzählen, der eines Tages auf dem Ararat ein großes Holzschiff gesehen haben wollte. Ein türkischer Expeditionsbericht aus dem Jahre 1833 schien die Hirtengeschichte zu bestätigen. Er erwähnt nämlich einen hölzernen Schiffsbug, der zur Sommerzeit aus dem Südgletscher rage.

Der nächste, der ihn gesehen haben will, ist Dr. Nouri, Erzdiakon für Jerusalem und Babylon. Dieser rührige geistliche Würdenträger unternahm 1892 eine Entdeckungsreise zu den Quellen des Euphrat. Zurückgekehrt, berichtete er von einem Schiffswrack im ewigen Eis: „Das Innere war voller Schnee; die Außenwand zeigte eine dunkelrote Naturfärbung." Im Ersten Weltkrieg meldet ein russischer Fliegeroffizier namens Roskowizki, er habe von Bord seines Flugzeuges an der Südflanke des Ararat „die Reste eines bedeutenden Schiffswracks" gesichtet. Mitten im Krieg entsandte Zar Nikolaus II. sogleich eine Erkundungsgruppe. Sie soll das Schiff nicht

nur gesehen, sondern sofort fotografiert haben. Alle Beweise hierfür verschwanden angeblich bei der Oktoberrevolution.

Im Zweiten Weltkrieg wurden gleich mehrere Luftbeobachtungen gemeldet, und zwar von einem Sowjetpiloten und vier amerikanischen Fliegern. Sie riefen den amerikanischen Historiker und Missionar Dr. Aaron Smith aus Greensborough, einen Sintflutexperten, auf den Plan. In jahrelanger Arbeit hat er eine vollständige Literaturgeschichte der Arche Noah zusammengetragen. 80000 Werke in 72 Sprachen gibt es über die Sintflut, von denen 70000 das sagenhafte Schiffswrack erwähnen.

1951 suchte Dr. Smith zwölf Tage lang mit vierzig Begleitern vergeblich an der Eiskappe des Ararat. „Wenn wir auch keine Spur der Arche Noah fanden", erklärte er später, „so ist mein Vertrauen zur biblischen Darstellung der Sintflut nur bestärkt worden. Wir werden wiederkehren."

Angeregt durch Dr. Smith erstieg 1952 der junge französische Grönlandforscher Jean de Riquer den Vulkanberg. Auch er kehrte unverrichteter Dinge zurück. Dessen ungeachtet wurden weitere Expeditionen für den Berg Ararat ausgerüstet.

Auf der Suche nach dem berühmtesten Schiff der Menschheit gelingt es dem Franzosen Fernand Navarra in der Morgenfrühe des

6. Juli 1955 am Gipfel des Berges überraschenderweise, aus Eismassen drei Stücke eines Holzbalkens zu bergen. Ihr Alter konnte auf mindestens 5000 Jahre bestimmt werden – doch ob es sich tatsächlich um eine Spur der biblischen Arche handelt, vermag natürlich niemand zu sagen.

Keine Überlieferung aus der Frühzeit Mesopotamiens stimmt so weitgehend mit der Bibel überein wie der Flutbericht im Gilgamesch-Epos. An einigen Stellen finden wir sogar einen fast wörtlichen Gleichklang. Doch bleibt

Links oben: Einige Tempel des Eanna-Bezirks von Uruk stammen noch aus frühsumerischer Zeit.

Links unten: Die dem obersten Himmelsgott Anu geweihte Hochterrasse mit dem „Weißen Tempel" ist neben dem Eanna-Bezirk das zweite bedeutende Heiligtum Uruks.

Rechts: Ein aus Formziegeln gestalteter Fries von wasserspendenden Berggöttern zierte einst die Fassade des Innin-Tempels von Uruk, der im 14. Jahrhundert v.Chr. erbaut wurde. Teile der Fassade sind in den Museen von Berlin und Bagdad rekonstruiert.

Folgende Doppelseite: Der schneebedeckte Berg Ararat im Osten der Türkei.

ein bedeutsamer und sehr wesentlicher Unterschied. Die uns vertraute Geschichte aus dem 1. Buch Mose kennt nur einen Gott. Verschwunden ist die bizarr anmutende und primitive Vorstellung eines von Gottheiten übervölkerten Himmels, von denen viele allzu menschliche Züge tragen, die weinen und jammern, die sich fürchten und wie Hunde ducken.

Das Gilgamesch-Epos entstammt dem gleichen großen Lebensraum im „Fruchtbaren Halbmond", in dem auch die Bibel entstand. Durch den Fund der Lehmschicht bei Ur ist erwiesen, daß dem altbabylonischen Flutbericht ein historisches Ereignis zugrunde liegt; eine Flutkatastrope um 4000 v. Chr. in Südmesopotamien ist archäologisch gesichert. Aber ist jene babylonische Flut identisch mit der Sintflut, die uns die Bibel überliefert hat?

ABRAHAM LEBTE IM REICH VON MARI

Und der Herr sprach zu Abram: Geh aus deinem Vaterland und von deiner Verwandtschaft und aus deines Vaters Hause in ein Land, das ich dir zeigen will. 1. Mose 12,1

Das Vaterland, von dem hier die Bibel spricht, ist *Haran. Terach,* sein Sohn *Abram,* seine Schwiegertochter *Sarai* und sein Enkel *Lot,* so heißt es bei 1. Mose 11, 31, *wohnten daselbst.*

Die Luftaufnahme (links) zeigt den weitläufigen Palast des Königs Zimrilim von Mari. Zentrum der Anlage sind die beiden großen Höfe, die von Norden zugänglich waren und zu einem Thronsaal und einem Heiligtum gehörten. Auch die anderen Räume – insgesamt hat man 260 gezählt – gruppieren sich um Höfe. Die besonders stark befestigte Nordwestecke der Anlage wird als Wohntrakt des Herrschers angesehen, zu dem wohl auch der Arbeitsplatz der Palastschreiber gehörte. Im Südteil des Palastes erhielten sich die Magazine mit den großen Vorratskrügen (rechts). Das Keilschriftarchiv barg ein Zimmer zwischen den beiden großen Höfen.

Was *Haran* in Wirklichkeit bedeutete, war bis ins 20. Jahrhundert unbekannt. Über die Frühgeschichte des Landes am mittleren Euphrat, in dem Haran einst lag, wußte man nichts.

Ein zufälliger Fund führte erst im Jahre 1933 zu Ausgrabungen, die auch hier zu einer großen Entdeckung und zu aufregenden Erkenntnissen führten. Sie rückten den biblischen Ort Haran und das Leben des Patriarchen unversehens in eine historische Umgebung.

Auf der Linie zwischen Damaskus und Mosul, wo diese den Euphrat schneidet, liegt die unbekannte kleine Stadt Abu Kemal. Da Syrien nach dem Ersten Weltkrieg unter französischer Mandatsverwaltung steht, ist hier eine französische Wachtruppe stationiert.

Über der breiten Euphratniederung liegt im Hochsommer 1933 eine brütende, alles lähmende Hitze. Leutnant Cabane, der Stand-

ortoffizier, vermutet wieder einmal einen Streit, den er unter den Arabern schlichten soll, als er in das Dienstzimmer gerufen wird. Er kennt das alles bis zum Überdruß. Aber diesmal scheint die Aufregung im Büro einen anderen Anlaß zu haben. Was er schließlich über den Dolmetscher erfährt, ist folgendes: Die Leute hatten einen Angehörigen bestatten wollen. Auf einem abgelegenen Hügel, dem Tell Hariri, schaufelten sie das Grab. Da sei ein Toter aus Stein hervorgekommen! Vielleicht ein Fund, für den sich das Museum in Aleppo interessieren könnte, überlegt Leutnant Cabane. Auf alle Fälle endlich einmal eine kleine Abwechslung in dem unendlich eintönigen Einerlei auf diesem gottverlassenen Wachtposten.

Noch ohne die Abendkühle abzuwarten, fährt er sofort mit einem Auto zum Tell Hariri hinaus, der ungefähr elf Kilometer nördlich von Abu Kemal nahe am Euphrat liegt. Die Araber führen ihn einen Hang hinauf, wo in einer flachen Erdmulde die zerbrochene Statue

Links: Am Fuß der Treppe zum Heiligtum des Zimrilim-Palastes fanden die Ausgräber die Statue eines Mannes mit togaähnlichem Gewand. Die Inschrift auf der Schulter dieser fast lebensgroßen Figur aus schwarzem Stein weist sie als Bildnis des Statthalters Ischtupilum aus, der vermutlich um 2200 v. Chr. amtiert hat.

Rechts: Die Statuette des Königs Lamgi-Mari, der noch vor der Mitte des 2. Jahrtausends v. Chr. regiert haben dürfte, wurde im Ischtar-Tempel von Mari gefunden. Name und Rang sind auf der rechten Schulter eingeritzt, über die linke Schulter zieht sich das zottige Kultgewand. Die Hände sind im Gebetsgestus gefaltet.

gestern die Gemüter bewegt hat. Cabane ist kein Fachmann, aber er erkennt augenblicklich: Die Steinfigur muß sehr alt sein. Am nächsten Tag wird sie von französischen Soldaten nach Abu Kemal geschafft. Bis lange nach Mitternacht brennt an diesem Tage Licht in der kleinen Kommandantur. Cabane verfaßt einen ausführlichen Bericht über den Fund an die zuständige Dienststelle, an Henry Seyrig, den Direktor der Altertümerverwaltung in Beirut, und an das Museum in Aleppo. Monate vergehen, nichts geschieht. Die Sache scheint unwichtig oder längst vergessen zu sein. Endlich kommt Ende November aus Paris eine Nachricht vom Louvre-Museum. Cabane traut seinen Augen kaum und liest die ungewöhnliche Botschaft immer wieder. In wenigen Tagen wird hoher Besuch aus Frankreich kommen: André Parrot, ein bekannter Archäologe, und mit ihm vier Assistenten, darunter ein Architekt.

Am 14. Dezember wimmelt es auf dem Tell Hariri wie in einem Ameisenhaufen. Die

Rechts oben: Der Thron- oder Audienzsaal im Palast des Zimrilim von Mari war nur von einem großen Zeremonialhof her über eine halbrund vorspringende Freitreppe zu betreten. Die Fragmente der Wandbemalung zeigen den König bei Kulthandlungen; ein Herrscher dieser Zeit hatte immer auch eine hohepriesterliche, wenn nicht halbgöttliche Funktion.

Links und rechts unten: Da in Mari zwar Palast- und Tempelbauten ergraben

wurden, die Wohnstadt aber nahezu unerforscht geblieben ist, müssen Hausmodelle Aufschluß über die Behausungen der Städter geben. Einen mehrfach wiederkehrenden Typus zeigt das turmähnliche Haus im Museum von Aleppo (links), dessen scheinbar doppelgeschossiger Trakt keine Zwischendecke hat. Der niedrigere Raum ist vom „Turm" durch eine Fensterwand getrennt. Wesentlich altertümlicher mutet das Rundhaus im Museum von Damaskus an (rechts). Die Tradition dieses frühdynastischen Modells wurzelt zweifellos in der Vorgeschichte. Im Zentrum des Rundbaues liegt ein quadratischer Raum (oder Hof?) mit Feuerstelle und Bänken, umgeben von vier kleinen Zimmern mit Nebenkammern, deren eine gedeckt, aber mit Rauchabzug versehen ist.

Archäologen haben mit ihrer Detektivarbeit begonnen. Zunächst wird der ganze Hügel genau vermessen, bis ins Detail fotografiert, mit Echogeräten abgetastet, Bodenproben werden entnommen und begutachtet. Darüber vergehen der Dezember und die ersten Wochen des neuen Jahres. Der 23. Januar 1934 wird der entscheidende Tag.

Beim vorsichtigen Graben am äußersten Rande des Tell kommt aus dem Schutt eine kleine, zierliche Figur zum Vorschein, die auf der rechten Schulter einen eingestochenen Text aufweist. Fasziniert beugen sich alle zu ihr nieder.

„Lamgi-Mari bin ich … König … von Mari … der große … Issakku … der seine … Statue … der Ischtar … verehrt." Langsam, Wort für Wort, tönt dieser Satz in die lautlose Runde.

Prof. Parrot übersetzt ihn aus der Keilschrift. Ihm und seinen Mitarbeitern wird dieser Augenblick unvergeßlich bleiben. Eine fast unheimliche Szene und wohl einmalig in der an Überraschungen und Abenteuern so reichen Geschichte der Archäologie!

Der regierende Herrscher und König hat die Fremden aus dem fernen Paris feierlich begrüßt und sich selbst vorgestellt. Gleichsam, als wolle er ihnen höflich den Weg weisen in sein Reich von einst, das unter ihm noch im tiefen Schlaf liegt und von dessen Glanz und Mächtigkeit die Gelehrten aus Paris in diesem Augenblick noch nichts ahnen können.

In Stein gehauen, eine wundervolle Plastik, so steht König Lamgi-Mari vor Parrot. Eine achtungheischende breitschultrige Gestalt auf einem Sockel. Aber dem Antlitz fehlt der unglaubliche Hochmut, der für die Bildnisse anderer Herrscher aus dem Alten Orient so typisch ist, der Assyrer, die ohne Ausnahme grimmig und böse dreinschauen. Der König von Mari lächelt. Er trägt keine Waffen, seine Hände sind andachtsvoll übereinandergelegt. Gleich einer Toga eine Schulter frei lassend, bekleidet ihn ein Fransenrock.

Kaum jemals ist eine Grabung auf Anhieb, beim ersten tastenden Versuch, so von Erfolg gekrönt wie diese. Unter diesem Hügel muß Mari schlummern, die königliche Stadt.

Aus vielen alten Inschriften aus Babylonien und Assyrien ist die Königsstadt Mari längst den Wissenschaftlern ein Begriff. Ein Text will sogar wissen, Mari sei die zehnte Stadt gewesen, die nach der Sintflut gegründet wurde.

Die Großoffensive der Spaten auf den Tell Hariri hat ihren Startschuß.

Von großen Pausen unterbrochen, erstrekken sich die Arbeiten von 1933 bis 1939. Während der längsten Zeit des Jahres macht die tropische Hitze jeden Einsatz unmöglich. Nur in den kühleren Monaten der Regenzeit, von Mitte Dezember bis Ende März, kann gearbeitet werden.

Für ein noch unbekanntes Kapitel der Geschichte des Alten Orients bringen die Grabungen am Tell Hariri eine Fülle neuer Entdekkungen. Noch ahnt niemand, welch engen Zusammenhang die Funde in Mari auch mit ganz vertrauten biblischen Personen haben werden.

Jahr für Jahr wartet der Expeditionsbericht mit neuen Überraschungen auf. Im Winter 1933/34 ist ein Tempel der Göttin der Fruchtbarkeit, Ischtar, freigeschaufelt. Drei königliche Verehrer der Ischtar haben sich durch Statuen in dem mit Mosaik aus schimmernden Muscheln ausgelegten Heiligtum verewigen lassen: Lamgi-Mari, Ebin-il und Idi-Narum. In der zweiten Grabungsperiode stößt der Spaten auf die Häuser einer Stadt. Mari ist

gefunden! Wie groß auch die Genugtuung über den Erfolg ist, weit größere Aufmerksamkeit, ja Staunen erregen die Mauern eines Palastes, der ungewöhnlich groß gewesen sein muß. Parrot berichtet: „69 Säle und Höfe konnten wir freilegen. Ein Ende ist noch nicht abzusehen." 1600 Keilschrifttafeln, sorgsam in einem der Säle aufgestapelt, enthalten Wirtschaftsberichte.

Der Fundbericht über die dritte Kampagne 1935/36 vermerkt, daß bisher 138 Säle und Höfe entdeckt, die Außenmauern des Palastes indessen immer noch nicht erreicht sind. Eine Korrespondenz auf 13000 Tontafeln harrt der Entzifferung. In der vierten Kampagne werden ein Tempel des Gottes Dagan und eine Zikkurat, der typisch mesopotamische Stufenturm, freigegraben. Im Palast sind 220 Säle und Höfe zu übersehen, und 8.000 weitere Tontafeln gesellten sich zu den vorherigen.

Als im fünften Winterhalbjahr nochmals vierzig Säle vom Schutt befreit werden, liegt endlich der Palast der Könige von Mari in seiner ganzen Größe vor Parrot und seinen Helfern. Fast zehn Morgen Grundfläche bedeckt die-

Der Blick in das imposante Gemäuer des Zimrilim-Palastes von Mari zeigt noch originales Mauerwerk von fünf Metern Höhe. Daß auch die Innenwände so massig sind, erklärt sich aus der überwiegenden Verwendung von ungebrannten Ziegeln. Zu den großen Schätzen, die man aus den Ruinen barg, zählt das Tontafelarchiv von etwa 25000 Texten. Es berichtet nicht nur von den Waren, die über Mari gehandelt wurden und über das weitverzweigte Handelsnetz von Anatolien bis in die Golfländer, sondern auch über die Karawanen und nomadischen Hirtenstämme der „Patriarchenzeit". Angaben über die Lage von Brunnen und Oasen und sogar Proviantlisten für bestimmte Wegstrecken schildern anschaulich den Alltag auf den Handelsrouten.

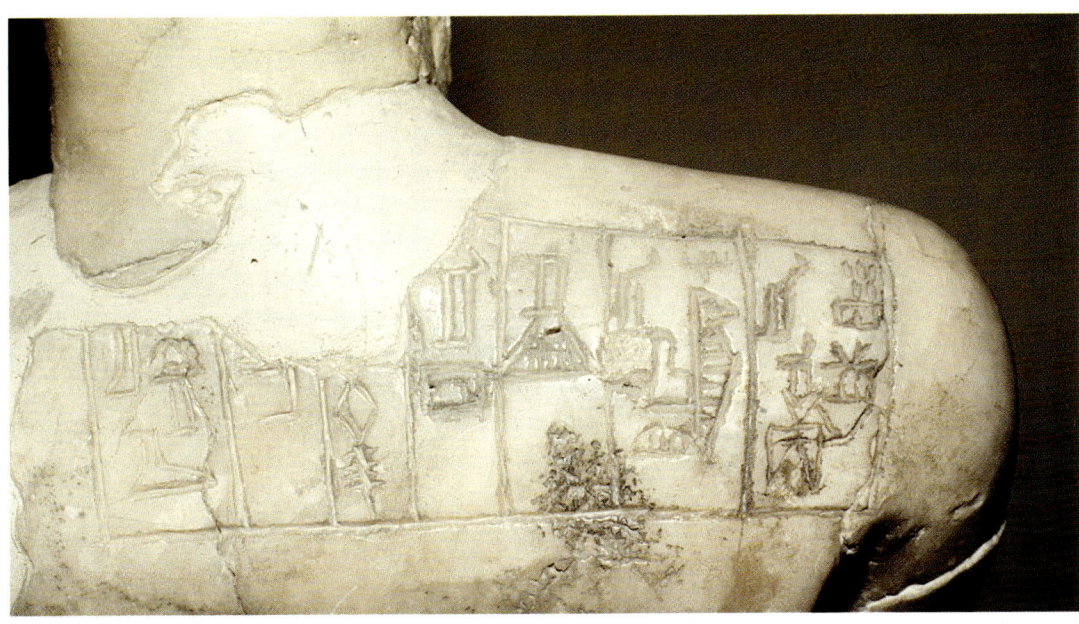

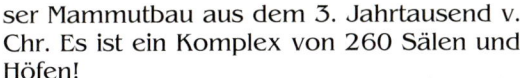

ser Mammutbau aus dem 3. Jahrtausend v. Chr. Es ist ein Komplex von 260 Sälen und Höfen!

Lastwagenkolonnen wären erforderlich, um allein die aus den Palastarchiven geborgenen Keilschrifttafeln – fast 25 000 Dokumente – fortzuschaffen. Damit sind selbst die großen Tafelfunde von Ninive in den Schatten gestellt. Denn die berühmte Bibliothek des Assyrerkönigs Assurbanipal umfaßte „nur" etwa 22 000 Tontexte.

Um ein anschauliches Bild über den Mari-Palast zu gewinnen, wird ein Flugzeug angefordert. Im Tiefflug über den Tell Hariri entstehen die Aufnahmen, die bei der Veröffentlichung in Frankreich geradezu ungläubiges Staunen erregen. Dieser Palast war um 2000 v. Chr. eine der großen Sehenswürdigkeiten der Welt, das Juwel der Architektur des Alten Orients. Von weit her kamen Reisende, um ihn zu bewundern. *Ich habe Mari gesehen*, schrieb begeistert ein Handelsmann aus der Seestadt Ugarit.

Der letzte König, der hier residierte, hieß Zimrilim. Die Heere des berühmten Hammurabi von Babylon unterwarfen um 1700 v. Chr. das Reich von Mari am mittleren Euphrat und zerstörten die große Metropole. Die Mauerwälle wurden abgetragen, die Tempel geplündert, der Königspalast gebrandschatzt. Seither war die Stadt ein Trümmerfeld.

Unter den eingestürzten Decken und Wänden standen noch die Kohlebecken der babylonischen Krieger, des Brandkommandos, das den Palast in Flammen aufgehen ließ.

Aber sie haben ihn nicht völlig zerstören können. Bis zu fünf Meter hohe Mauern blieben stehen. „Und die Installationen des Palastes",

schreibt Prof. Parrot, „in den Küchen und in den Badesälen könnten noch jetzt, vier Jahrtausende nach der Zerstörung, in Betrieb gesetzt werden, ohne daß es einer Reparatur bedürfte." In den Badezimmern fand man die Wannen, in den Küchen die Kuchenformen, ja, auf den Öfen noch die Kohlen!

Der Anblick der majestätischen Ruine ist ein überwältigendes Erlebnis. Ein einziges Tor im Norden sicherte eine leichtere Überwachung und bessere Verteidigung. Wenn man eine Vielzahl von Höfen und Passagen durchschritten hat, steht man in dem großen, lichtdurchfluteten Innenhof. Er war der Mittelpunkt des offiziellen Lebens und der Verwaltung des Königreiches zugleich. Der Herrscher empfing im angrenzenden Audienzsaal – groß genug, um Hunderten von Menschen Platz zu bieten – seine Beamten, die Kuriere und Abgesandten. Weite Flure führten zu den Privatgemächern des Königs.

Ein Flügel des Palastes diente ausschließlich religiösen Zeremonien. Er beherbergte auch einen Thronsaal, auf den eine herrliche Treppe hinwies. Durch mehrere Säle zog sich ein langer Prozessionsweg bis zur Palastkapelle, in der das Kultbild der lebenspendenden Göttin stand. Dem Gefäß in ihren Händen entquoll unablässig das „Lebenswasser".

Der gesamte Hofstaat lebte unter dem Dach des Königs. Minister, Verwalter, Sekretäre und Schreiber hatten ihre eigenen geräumigen Quartiere.

Es gab ein Auswärtiges Amt und ein Handelsministerium im großen Verwaltungspalast des Mari-Reiches. Allein mehr als hundert Be-

Linke Seite und oben links: Im Ischtarat-Tempel von Mari fanden die Ausgräber 45 Bruchstücke aus Gipsstein, die in mühseliger Kleinarbeit zu einer fast einen Meter hohen Figur zusammengesetzt werden konnten. Die im Museum von Damaskus aufbewahrte Weihestatue stellt einen der frühen Könige von Mari aus der Zeit vor 2500 v. Chr. dar; die Inschrift auf der Schulter (oben links) nennt ihn Ikunschamagan. Seine Brauen und Pupillen sind mit dunklem Steatit eingelegt, die Augäpfel bestehen aus Muschelschale.

Oben rechts: Der quadratische Hof im Palast des Zimrilim war einem Heiligtum vorgelagert, das vermutlich der Ischtar geweiht war. Auf diese Göttin beziehen sich jedenfalls die Fragmente von Wandmalereien, mit denen die Wände dekoriert waren. Der Männerkopf im Museum von Aleppo gehört zu einer Opferprozession mit Stieren. Die um 1800 v. Chr. entstandenen Malereien sind in einer Art Aquarelltechnik auf Gipsputz ausgeführt; die Farbpalette beschränkt sich auf Schwarz, Weiß und verschiedene Ockertöne.

Zahlreiche Anordnungen über den Ausbau von Kanälen, Schleusen, Dämmen, Ufer-böschungen lassen erkennen, daß der Wohl-stand des Landes großenteils auf dem weit-verzweigten Bewässerungssystem beruhte, das von staatlichen Ingenieuren ständig über-wacht und sorgsam instand gehalten wurde. Zwei Tafeln enthalten ein Verzeichnis von 2000 Handwerkern mit vollem Namen und Zunftangehörigkeit.

Das Nachrichtensystem „Mari" funktionierte so schnell und vorbildlich, daß es den Ver-gleich mit der modernen Telegrafie nicht zu scheuen braucht. Wichtige Botschaften wur-den mittels Feuerzeichen von der Grenze Babyloniens bis hinauf in die heutige Türkei – das sind mehr als 500 Kilometer – in wenigen Stunden signalisiert.

Mari lag am Schnittpunkt der großen Karawa-nenstraße von West nach Ost und von Süd nach Nord, und so nimmt es nicht wunder, daß der Güteraustausch, der von Zypern und Kreta bis nach Kleinasien und Südmesopota-mien reichte, auch eine lebhafte Im- und Exportkorrespondenz auf Ton bedingte. Aber die Tafeln künden nicht nur von den Din-gen des Alltags. Sie berichten ebenso ein-prägsam von den Kulturen, von Neujahrs-prozessionen zu Ischtar, Leberorakeln und Traumdeuterei. Fünfundzwanzig Gottheiten wurden in Mari verehrt. Eine Liste von Opfer-schaften, die Zimrilim stiftete, führt die Be-wohner des Götterhimmels namentlich auf. Aus zahllosen tönernen Einzelberichten gewinnt so die Nachwelt vom Mari-Reich das Bild eines meisterhaft organisierten und ver-walteten Staatswesens des 18. vorchristlichen Jahrhunderts.

Die Bewohner von Mari waren längst seßhaft gewordene Amoriter und – friedliebend. Ihnen lagen religiöse und kultische Dinge, Handel und Wandel am Herzen; Eroberungen, Heldentum, Waffenlärm galten ihnen nicht viel. Ihre Gesichter, wie sie uns von Statuen und Gemälden heute noch ansehen, strahlen heitere Gelassenheit aus.

Dabei waren sie keineswegs frei von militäri-schen Sorgen für die Verteidigung und Siche-rung ihres Landes. Denn an ihren Grenzen lebten semitische Nomadenstämme, für die die fetten Weiden, die Gemüse- und Getreide-felder im Mari-Reich eine stete Verlockung bedeuteten. Sie drangen immer wieder über die Grenzen, zogen mit ihren Herden in wei-ten Teilen des Landes umher und beunruhig-ten die Bevölkerung. Man mußte vor ihnen auf der Hut sein. Daher waren zur Überwachung und zum Schutz an der Grenze Beobach-tungsposten eingesetzt. Alles, was vorfiel, wurde unverzüglich nach Mari gemeldet.

Im Bereich des Kulthofes im Palast des Zimrilim von Mari wurde die 142 Zentimeter Im Bereich des Kulthofes im Palast des Zirimlim von Mari wurde die 142 Zentimeter hohe Statue einer wasser-spendenden Göttin gefun-den, die heute zu den Schät-zen des Museums von Aleppo gehört. Sie ist aus weißem Stein, die Augen waren einst eingelegt, das Haar zeigt noch die Spuren rötlicher Bemalung. Das wel-lenförmige und mit Fischen gravierte Gewand deutet symbolisch auf das leben-spendende Element. Zudem ist das Spendegefäß in den Händen der Göttin mit einem Wasserrohr im Inne-ren der Figur verbunden. Von einem Hochbehälter gespeist, dürfte also einst aus dem Becher Wasser gesprudelt sein. Die Kultsze-nen in den Wandmalereien des Hofes zeigen ähnliche Motive.

amte waren damit beschäftigt, die nach tau-send Tafeln zählende ein- und ausgehende Regierungspost zu erledigen.

Wundervolle Wandmalereien gereichten dem Palast zu besonderem Schmuck. Bis in unsere Zeit hinein haben die Farben kaum etwas von ihrer Leuchtkraft eingebüßt. Es scheint, als seien sie erst gestern aufgetragen worden. Und doch sind es die ältesten Gemälde aus dem Zweistromland – tausend Jahre älter als die vielgerühmten Farbfresken in den Pracht-bauten assyrischer Herrscher zu Chorsabad, Ninive und Nimrud.

Größe und Herrlichkeit dieses einzigartigen Palastes entsprachen dem Reich, das von ihm aus regiert wurde. Über Jahrtausende hinweg haben die Palastarchive die Kunde davon für uns bewahrt.

Nachrichten, Aktennotizen, Regierungsver-ordnungen, Rechenschaftsberichte, vor vier-tausend Jahren von wohlbestallten Hof-schreibern mit emsigen Griffeln in Ton geritzt, müssen mit unendlichem Fleiß wieder zum Leben erweckt werden. In Paris bemühen sich Prof. Georges Dossin von der Universität Lüt-tich und eine Schar von Assyriologen um die Entzifferung und Übersetzung. Jedes Doku-ment enthält ein Mosaiksteinchen authenti-scher Geschichte des Mari-Reiches.

Unten: Aus dem Ischtar-Tempel von Mari stammt eine ganze Reihe von etwa elf Zentimeter hohen, flachen Relieffigürchen aus Muschelmaterial. Sie bildeten zweifellos die Einlagen eines Frieses, den man sich ähnlich der sogenannten Standarte von Ur vorzustellen hat. Außer den lang berockten Kriegern mit Streitaxt gehören zu dem Triumphzug auch Gefangene sowie ein Wagen. Die Arbeit wird in die erste Hälfte des 3. Jahrtausends v.Chr. datiert.

Links: Aus dem Ischtar-Tempel von Mari stammt die kleine Sitzfigur eines Sängers im Museum von Damaskus. Das Material ist heller Gipsstein, die Augen bestehen aus Muschelmaterial und Lapislazuli, die Haare sind schwarz eingefärbt. Die 26 Zentimeter hohe Gestalt sitzt mit überkreuzten Beinen auf einem Kissen und hielt vielleicht ein Saiteninstrument in den Händen. Die Bruchstelle an der Brust läßt darauf schließen. Die Weihinschrift an die Göttin Ischtar nennt den Namen: Urnansche, Sänger des Königs Iblulil von Mari. Die Fundschicht und der Stil der Statuette lassen darauf schließen, daß der priesterliche Hofmusikant seinen Dienst um 2700–2600 v.Chr. versehen hat.

Die Grabungen am Tell Mardich, südlich von Aleppo, werden noch einige Jahrzehnte dauern. Der Blick über einen Teil des Stadtareals des alten Ebla (oben) streift über unberührtes Weideland von der „Akropolis" bis zu einem der Stadttore (rechte Seite unten). Auch von der Oberstadt, die mindestens drei Paläste sowie die Heiligtümer (rechte Seite oben) trug, ist bislang nur ein Bruchteil erforscht. Sondierungen ergaben eine sechsfache Schichtenfolge, die von 3500 bis 60 v.Chr. reicht. Eine besondere Glanzzeit dürfte die Handelsstadt zwischen 2400 und 2250 v.Chr. erlebt haben. Die Reste der prachtvollen Ausstattung des Palastes G belegen das ebenso wie ein umfangreiches Tontafelarchiv, das über weitreichende Wirtschaftsverbindungen detaillierten Aufschluß gibt. Noch ringen freilich die Übersetzer mit der Sonderstellung der eblaitischen Sprache und der eigenartigen Variante der altsumerischen Schrift, die man dem eigenen Idiom hatte anpassen müssen.

In Paris entziffern Assyriologen eine Tontafel aus den Mari-Archiven. Verwundert lesen sie eine Meldung von Bannum, einem Offizier der Steppenpolizei:
Sage meinem Herrn: Dieses von Bannum, deinem Diener. Gestern brach ich von Mari auf und verbrachte die Nacht in Zuruban. Alle Benjaminiten steckten Feuersignale an. Von Samanum bis Ilum-Muluk, von Ilum-Muluk bis Mischlan, alle Orte der Benjaminiten im Terqa-Distrikt antworteten mit Feuersignalen. Und bis jetzt bin ich nicht sicher, was diese Signale besagten. Jetzt versuche ich, es herauszubekommen. Ich werde meinem Herrn schreiben, ob es mir gelingt oder nicht. Laß die Wachen der Stadt von Mari verstärken und laß meinen Herrn nicht aus dem Tor hinausgehen.
In diesem Polizeirapport vom mittleren Euphrat aus dem 19. Jahrhundert v.Chr. taucht ein aus der Bibel bekannter Stammesname auf: *die Benjaminiten.*
Von ihnen ist häufig in den Tontafeln von Mari die Rede. Die Benjaminiten scheinen den Herrschern von Mari so viel Kopfzerbrechen, ja große Sorge bereitet zu haben, daß sogar Regierungsperioden nach ihnen benannt sind.

In den Mari-Dynastien trugen die Regierungsjahre keine Zahlen, sondern wurden nach besonderen Ereignissen bezeichnet, zum Beispiel dem Bau und der Einweihung neuer Tempel, der Errichtung großer Sperrmauern zur Verbesserung der Bewässerungsanlagen, der Ausbesserung der Uferbefestigung am Euphrat oder nach Volkszählungen. Dreimal erwähnen die Zeittabellen auch die Benjaminiten:
Das Jahr, da Iahdulim nach Hen ging und seine Hand auf die Steppe der Benjaminiten

legte, heißt es aus der Regierungszeit des Mari-Königs Iahdulim: *Das Jahr, da Zimrilim getötet hat den dawidum der Benjaminiten,* und: *Das zweite Jahr, da Zimrilim getötet hat den dawidum der Benjaminiten* aus der Regierungszeit des letzten Mari-Herrschers Zimrilim.

Ein umfangreicher Briefwechsel von Gouverneuren, Statthaltern und Verwaltungsbeamten dreht sich allein um die eine Frage: Soll man es wagen, die Benjaminiten zählen zu lassen?
Im Mari-Reich waren Erhebungen unter der Bevölkerung nichts Ungewöhnliches. Sie lieferten die Unterlagen für die Besteuerung und für die Einberufung zum Militärdienst. Das Volk wurde distriktsweise zusammengetrommelt und jeder Wehrpflichtige namentlich erfaßt. Das dauerte immerhin einige Tage, und die Regierungsagenten verteilten Freibier und Brot.
Die Verwaltungschefs im Mari-Palast hätten auch die Benjaminiten allzu gern erfaßt. Die landeskundigen Distriktsbeamten haben jedoch große Bedenken. Sie warnen und raten ab, denn sie kennen die noch nicht seßhaften und rebellischen Stämme besser. *Zu dem Vorschlag einer Benjaminiten-Zählung, über den Du mir schreibst,* beginnt Samsi-Addu sein Schreiben an Iasmah-Addu in Mari. *Die Benjaminiten sind für eine Zählung nicht geeignet. Tust Du es, so werden ihre Brüder, die Raabbayi, die auf dem anderen Ufer des Flusses wohnen, es hören. Sie werden unzufrieden mit ihnen sein und nicht in ihr Land zurückkehren. Nimm auf keinen Fall eine Zählung bei ihnen vor!*
So kamen die Benjaminiten um Freibier und Brot und damit um Steuerabgaben und Militärdienst.
Von solchen Volkszählungen weiß auch das Alte Testament zu berichten. Schon Mose soll vor dem Aufbruch ins Gelobte Land am Sinai auf Befehl des Herrn eine Zählung aller waffenfähigen Männer über zwanzig Jahre, nach ihrer Stammeszugehörigkeit getrennt, durchgeführt haben (4. Mose 1–2). Als David eine entsprechende Erhebung der wehrfähigen Männer anordnet, erscheint dies nicht nur seinem Vetter und Heerbannführer Joab als bedenklich, sondern erregt Gottes Zorn und gilt fortan als Wurzel und Anzeichen königlicher Hybris (2. Samuel 24).
Die Israeliten liebten die Freiheit über alles. Musterungen und damit die Aussicht auf Einberufungen waren ihnen verhaßt. Noch im Jahre 6 n.Chr. führt die Volkszählung des Landpflegers Coponius fast zu offenem Aufruhr.

In Paris weckt die Erwähnung der *Benjaminiten* Vermutungen und Erwartungen in einer bestimmten Richtung. Nicht zu Unrecht, denn auf anderen Keilschrifttafeln begegnen den Assyriologen in Berichten von Gouverneuren und Statthaltern des Mari-Reiches nach und nach eine ganze Anzahl wohlvertraut klingender Namen der biblischen Geschichte, Namen wie *Peleg* und *Serug*, *Nahor* und *Tarach* und… *Haran!*
Dies ist das Geschlecht Sems, heißt es im 1. Buch Mose, Kap. 11, 10–26. *Peleg war 30 Jahre alt und zeugte Regu… Regu war 32 Jahre alt und zeugte Serug… Serug war 30 Jahre alt und zeugte Nahor… Nahor war 29 Jahre alt und zeugte Terach… Terach war 70 Jahre alt und zeugte Abram, Nahor und Haran.*
Namen von Vorvätern Abrahams tauchen aus dunkler Zeit als Namen von Städten in Nordwestmesopotamien auf. Sie liegen im *Padan Aram*, der Ebene von Aram. In ihrer Mitte liegt *Haran*, das im frühen 2. Jahrtausend v.Chr. eine blühende Stadt gewesen sein muß. *Haran*, die Heimat des Patriarchenvaters Abraham, die Heimat des hebräischen Volkes, ist hier zum erstenmal in zeitgenössischen Texten urkundlich bezeugt. Etwas oberhalb im selben Balichtal lag die Stadt mit dem uns gleichfalls vertrauten biblischen Namen *Nahor*, die Heimat Rebekkas, der Frau Isaaks.
Abraham war alt und wohlbetagt, und der Herr hatte ihn gesegnet allenthalben. Und er sprach zu dem ältesten Knecht seines Hauses, der allen seinen Gütern vorstand: Lege deine Hand unter meine Hüfte und schwöre mir bei dem Herrn, dem Gott des Himmels und der Erde, daß du meinem Sohn keine Frau nehmest von den Töchtern der Kanaaniter, unter denen ich wohne, sondern daß du ziehest in mein Vaterland und zu meiner Verwandtschaft und nehmest meinem Sohn Isaak eine Frau… So nahm der Knecht zehn

Die beiden Reliefs aus Ebla zeigen ein Tierkampfmotiv, das sich seit dem 3. Jahrtausend in ganz Mesopotamien großer Beliebtheit erfreute und auch im Gilgamesch-Epos erscheint: Ein bärtiger Held von göttlicher Kraft besiegt Löwen, Stiere oder Fabelwesen, gelegentlich nimmt er selbst deren Maske an (links).

Kamele von den Kamelen seines Herrn und hatte mit sich allerlei Güter seines Herrn und machte sich auf und zog nach Mesopotamien, zu der Stadt Nahors (1. Mose 24,1–10). Die biblische Stadt *Nahors* ist unversehens in eine geschichtlich überschaubare Umgebung gerückt. Abrahams Knecht zog hinaus ins Reich der Könige von Mari. Der unmißverständliche Auftrag seines Herrn, wie ihn die Bibel überliefert, beweist eine genaue Kenntnis Nordmesopotamiens wie auch Nahors.

Patriarchengeschichten der Bibel nicht – wie oft und gern angenommen wurde – „fromme Legende" sind, sondern Ereignisse und Schilderungen aus einer datierbaren historischen Zeit.

DIE GROSSE REISE NACH KANAAN

So nahm Abram Sarai, seine Frau, und Lot, seines Bruders Sohn, mit aller ihrer Habe, die sie gewonnen hatten, und die Leute, die sie erworben hatten in Haran, und zogen aus, um ins Land Kanaan zu reisen.

1. Mose 12,5

Der Weg von der Patriarchenheimat Haran nach dem Lande Kanaan führt mehr als 1000 Kilometer weit nach Süden. Den Balich abwärts geht es bis zum Euphrat, von dort weiter auf einer jahrtausendealten Karawanenstraße über die Oase Palmyra, das biblische *Tadmor*, nach Damaskus und ab da in südwestlicher Richtung zum See Genezareth. Es ist eine der großen Handelsstraßen, die seit jeher vom Euphrat zum Jordan führen, von den Reichen Mesopotamiens nach den phönizischen Seestädten am Mittelmeer und nach dem fernen Nilland Ägypten.

Wer in unseren Tagen Abrahams Weg reisen will, muß die türkisch-syrische und die syrisch-israelische Grenze passieren. Eine Autofahrt vom oberen Euphrat nach Palästina bedeutet vor allem im Frühjahr ein wundervolles Erlebnis.

Die erste größere Stadt, die Abraham auf seinem Wanderweg berührt haben muß, steht noch heute: Damaskus. Die uralte Stadt mit ihren engen Gassen und dunklen Basargängen, mit ihren Moscheen und den Überresten römischer Bauten liegt inmitten einer weiten, fruchtbaren Ebene. Wenn die Araber vom Paradies sprechen, so denken sie an Damas-

Nach den in der Bibel angegebenen Daten hat Abraham 645 Jahre vor dem Auszug der Kinder Israel aus Ägypten seine Heimat Haran verlassen. Diese wanderten unter Moses Führung im 13. Jahrhundert v.Chr. durch die Wüste nach dem Gelobten Land. Abraham müßte demnach um 1900 v.Chr. gelebt haben. Damals waren nach den Aussagen der Palastarchive Haran und auch Nahor blühende Städte. Die Dokumente aus dem Mari-Reich liefern erstmals den Beweis, daß die

Aus Ebla stammt auch die Reliefreihe betender Gestalten im Kultrock (oben). Das kleine Fabelwesen (rechts oben), ein Wisent mit menschlichem Gesicht, besteht aus einem Holzkern, der mit Goldblech verkleidet wurde, das Haar ist aus Steatit. Die Funde aus Ebla werden im Museum von Aleppo gezeigt.

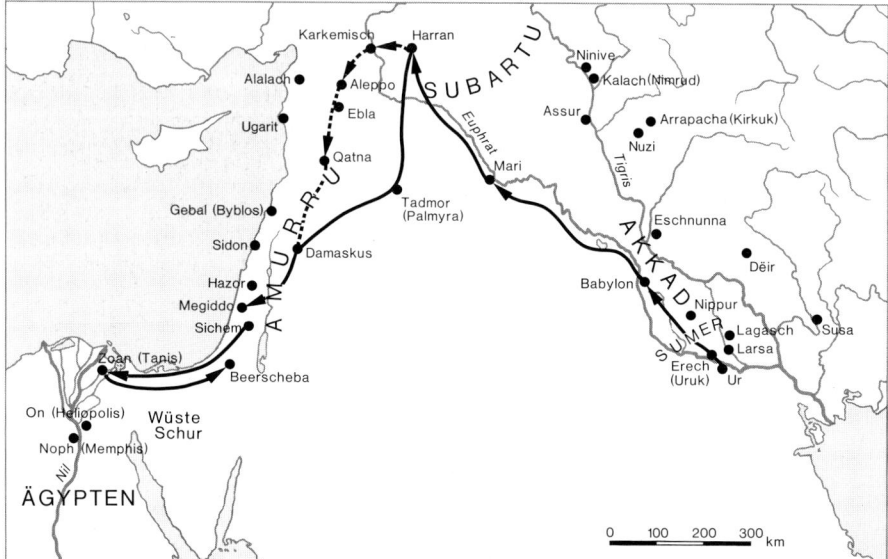

die Fruchtbarkeit schenkt. Hier steigt aus der flachen, blühenden Ebene steil und mächtig der berühmte Hermon 2750 Meter hoch in den Himmel. Den Flanken dieses Gebirgsrükkens im Süden entsprudeln auch die Quellen des Jordan. Beide Länder weithin sichtbar überragend scheint die Natur ihn als riesigen Grenzstein zwischen Syrien und Palästina gesetzt zu haben. Auch in der brütendsten Sommerhitze bleibt seine Gipfelkette mit Schnee bedeckt. Der Eindruck ist um so gewaltiger, als weiter links vom Weg das Grün der Äcker verschwindet. Eintönige graubraune Hügel, nur durchzogen von Trockentälern, wellen sich bis zum fernen flimmernden Horizont, wo die gluthauchende Wüste Syriens beginnt – die Heimat der Nomaden. Eineinhalb Stunden geht die Fahrt immer leicht bergan. Seltener werden nun die Äcker und Haine. Das Grün wird mehr und mehr vom Sandgrau der Steppe aufgesogen.

Hinter einem Hügelrücken taucht unvermittelt das Bergland von Galiläa auf. Wenige Minuten später ist die Grenze erreicht. Syrien bleibt zurück. Die Straße führt über eine kleine Brücke. Unter ihren Bogen schießt ein reißendes, schmales Flüßchen dahin. Das ist der Jordan; wir sind in Palästina, im Staat Israel. Nach zehn Kilometern Fahrt zwischen dunklen Basaltfelsen glitzert leuchtend blau der See Genezareth aus der Tiefe herauf. Auf diesem stillen See, an dem die Zeit stehengeblieben zu sein scheint, predigte einst von einem Boot aus Jesus vor dem kleinen Kapernaum. Hier hieß er Petrus die Netze werfen und den großen Fischzug tun. Weitere zwei Jahrtausende zuvor weideten an seinem Gestade vielleicht die Herden Abrahams. Denn sein Weg führte am See Genezareth vorbei.

Kanaan ist der schmale, gebirgige Landstreifen zwischen der Mittelmeerküste und den Rändern der Wüste, von Gaza im Süden bis hinauf nach Hamath im Norden an den Ufern des Orontes. Kanaan ist das „Land des Purpurs". Den Namen verdankt es einem im Altertum hochbegehrten Produkt des Landes. Schon in frühester Zeit gewannen die Bewohner aus einer Meeresschnecke – *Murex trunculus* –, die bei ihnen heimisch war, das berühmteste Färbemittel der antiken Welt, den Purpur. Er war so selten, so schwierig zu gewinnen und daher so teuer, daß nur die Reichen ihn bezahlen konnten. Purpurfarbene Kleider galten überall im Alten Orient als Zeichen hohen Ranges. Die Griechen nannten die Purpurfabrikanten und -färber an der Mittelmeerküste Phönizier und ihr Land Phönizien (*Phoinike*), was in ihrer Sprache „Land des Purpurs" bedeutete.

Oben: Ein Bauerndorf hat sich in den Ruinen des alten Haran eingenistet.

Unten: Abrahams Wanderungen von Ur nach Haran und durch Palästina nach Ägypten.

Rechte Seite: Statuette eines bärtigen Opferträgers aus Mari aus dem frühen 2. Jahrtausends v. Chr.

kus. Welcher Ort am Mittelmeer könnte sich wohl mit dieser Stadt messen, die jeder Frühling mit einer unvergleichlich bunten Blütenpracht überschüttet! In zahllosen Gärten und an den Feldrainen vor ihren Mauern schwelgen Aprikosen- und Mandelbäume in Rosa. Blühende Bäume säumen auch die allmählich sanft ansteigende Straße, die nach Südwesten führt. Fruchtbare Äcker wechseln mit Olivenhainen und ausgedehnten Maulbeerplantagen. Hoch oben, zur Rechten der Straße, entspringt der Fluß el Barada, der dem Land

Unten: In den Dörfern am oberen Euphrat wohnen die Bauern in bienenstockförmigen Häusern, die es bereits in der Antike hier gab.

Vorhergehende Doppelseite: Der Name wie auch die Ruinen der Stadt Palmyra mit ihren fast endlosen Kolonnaden stammen aus der griechisch-römischen Zeit. Unter dem Namen Tadmor wird die Siedlung jedoch schon im 19. Jahrhundert v. Chr. erwähnt. Ein Jahrhundert später steht sie in der Liste der Handelspartner von Mari. Unter demselben Namen kennt sie auch die Bibel. Der Assyrerkönig Tiglatpileser I. zählt sie zu den aramäischen Städten, und unter dieser Herrschaft scheint Tadmor auch seine erste große Blütezeit erlebt zu haben, die sich archäologisch freilich bislang noch nicht ausreichend bestätigen ließ.

Das Land Kanaan ist auch die Wiege zweier Dinge, deren Wirksamkeit wahrhaft die Welt bewegte: des Wortes Bibel und unseres Alphabets! Eine phönizische Stadt stand Pate bei dem griechischen Wort für „Buch": Aus Byblos, der Seestadt in Kanaan, wurde *biblion* und daraus später „Bibel". Im 9. Jahrhundert v. Chr. übernahmen die Griechen aus Kanaan die Buchstaben unseres Alphabets. Der Teil des Landes, der die Heimat des Volkes Israel werden sollte, wurde später von den Römern nach dessen ärgsten Feinden benannt: Der Name Palästina stammt von *Pelischtim*; so hießen die *Philister* des Alten Testaments. Sie wohnten im südlichsten Teil der Küste Kanaans.

Ganz Israel von Dan bis Beerscheba (1. Samuel 3,20), so beschreibt die Bibel die Ausdehnung des Gelobten Landes, das ist von den Jordanquellen zu Füßen des Hermon bis zu den Hügeln westlich des Toten Meeres, bis zum „Mittagsland", zum Negev.

Schaut man auf den Globus, ist Palästina nur ein winziges Fleckchen auf unserer Erde, ein schmaler Strich. Das alte Reich Israels ist heute bequem an einem einzigen Tag längs seiner Grenzen mit einem Auto zu umfahren. 230 Kilometer von Norden nach Süden lang, 37 Kilometer an der schmalsten Stelle breit, insgesamt rund 25 000 Quadratkilometer groß, entspricht es der Größe der Insel Sizilien. Nur für wenige Jahrzehnte seiner bewegten Vergangenheit ist es größer gewesen. Unter seinen vielgerühmten Königen David und Salomon reichte das Staatsgebiet bis zum Roten-Meer-Arm bei Ezjon-Geber im Süden und im Norden weit über Damaskus nach Syrien hinein. Der heutige Staat Israel (in den Grenzen von 1967) ist mit 20 720 Quadratkilometern um ein Fünftel kleiner als das Reich der Väter.

Nie blühten hier Handwerk und Industrie und brachten Erzeugnisse hervor, die die übrige Welt begehrt hätte. Von Hügeln und Gebirgsketten durchzogen, deren Gipfel bis über 1000 Meter hoch aufragen, im Süden und Osten von Steppe und Wüste umgeben, im Norden von den Bergen des Libanon und Hermon, im Westen von der flachen, hafenfeindlichen Küste begrenzt, erscheint Palästina wie eine arme Insel zwischen den großen Reichen am Nil und Euphrat, an der Grenze zweier Kontinente. Östlich vom Nildelta endet Afrika. Nach einer trostlosen Wüstenregion von 150 Kilometern Breite beginnt Asien, und an dessen Schwelle liegt Palästina.

Wenn es im Verlauf seiner wechselvollen Geschichte stets von neuem in die großen Weltaffären hineingezogen wird, so verdankt es das dieser Lage. Kanaan ist das Verbindungsglied zwischen Ägypten und Asien. Die bedeutendste Handelsroute der Alten Welt führt durch dieses Land. Händler und Karawanen, einwandernde Stämme und Völker ziehen diesen Weg, auf dem ihnen später die Heere der großen Eroberer folgen. Ägypter, Assyrer, Babylonier, Perser, Griechen und Römer machten nacheinander Land und Bewohner zum Spielball ihrer wirtschaftlichen, strategischen und politischen Interessen. Den Riesen am Nil bewegten Handelsinteressen, als er schon im 3. Jahrtausend v. Chr. als erste Großmacht seine Fühler nach dem alten Kanaan ausstreckte.

Wir brachten vierzig Schiffe, beladen mit Zedernstämmen. Wir bauten Schiffe aus Zedernholz, ein „Lob der zwei Länder"-Schiff von 50 Meter Länge und aus Meruholz zwei Schiffe, 50 Meter lang. Wir machten die Türen des Königspalastes aus Zedernholz, heißt es im ältesten Holzimportbericht der Welt um 2550 v. Chr. Die Angaben über diesen Holztransport unter Pharao Snofru sind in eine Tafel aus hartem schwarzen Diorit gemeißelt, die im Archäologischen Museum zu Palermo aufbewahrt wird. Dichte Wälder bedeckten damals die Hänge des Libanon. Das edle Holz ihrer Zedern und Meru, einer Koniferenart, war als Bauholz hochwillkommen.

Schon Jahrhunderte vor Abraham blühten an der Küste Kanaans Import und Export. Das Nilland tauschte Gold und Gewürze aus Nubien, Kupfer und Türkise aus den Bergwerken des Sinai, Leinen und Elfenbein gegen Silber vom Taurus, Lederwaren aus Byblos, bemalte Vasen aus Kreta. In den Großfärbereien der Phönizier ließen die Wohlhabenden ihre Stoffe purpurn färben. Für die Damen bei Hofe erstanden sie ein herrliches Lapislazuliblau – blaugetuschte Augenlider waren die große Mode – und Stibium, das von der Damenwelt hochgeschätzte Kosmetikum zum Wimperntuschen.

In den Seestädten Ugarit (Ras Schamra) und Tyros ließen sich ägyptische Konsuln nieder, die Seefeste Byblos wurde ägyptische Kolonie, Pharaonendenkmäler entstanden, und phönizische Prinzen nahmen ägyptische Namen an.

Bieten die Küstenplätze ein Bild international geschäftigen, einträglichen, ja üppigen Lebens, so beginnt schon wenige Kilometer landeinwärts eine Welt krassen Gegensatzes. Die Berge am Jordan sind ein ewiger Unruheherd. Nomadenüberfälle auf die seßhafte Bevölkerung, Aufruhr und Fehden unter den Städten reißen nicht ab. Da sie auch den Karawanenweg längs der Mittelmeerküste gefährden, müssen ägyptische Strafexpeditionen die Störenfriede zur Raison bringen. Die Grab-

inschrift des Ägypters Uni vermittelt uns eine Vorstellung davon, wie eine solche Strafexpedition um 2250 v. Chr. beschaffen war. Der Militärkommandant Uni erhält von Pharao Phiops I. Befehl, gegen asiatische Beduinen, die in Kanaan eingefallen waren, ein Heer zu sammeln. Über den Feldzug berichtet er:
Seine Majestät bekriegte die asiatischen Sandbewohner, und Seine Majestät sammelte ein Heer: im ganzen Südlande südlich von Elephantine ... im Nordlande überall ... und inmitten der Jertet-Nubier und Mazoi-Nubier und Jenam-Nubier. Ich war es, der für sie alle den Plan machte... Die Disziplin der vielfarbigen Streitmacht wird ausdrücklich gelobt; dabei erfahren wir, was es damals an begehrenswerten Dingen in Kanaan zu plündern gab: *Keiner von ihnen raubte... Sandalen von einem, der des Weges kam... Keiner von ihnen nahm Brot von irgendeiner Stadt; keiner von ihnen nahm jemandem eine Ziege fort.* Unis Bericht meldet stolz einen großen Erfolg und enthält nebenbei wertvolle Aufschlüsse über das Land: *Das Heer des Königs kehrte wohlbehalten heim, nachdem es das Land der Sandbewohner verwüstet hatte ...*

nachdem es seine Festungen zerstört hatte ... nachdem es seine Feigenbäume und Weinstöcke umgehauen hatte ... nachdem es eine große Menge ... als Gefangene fortgeführt hatte. Seine Majestät sandte mich fünfmal, um das Land der Sandbewohner bei jedem ihrer Aufstände mit diesen Truppen zu durchziehen...
So kamen die ersten Semiten – in Ägypten verächtlich Sandbewohner genannt – als Kriegsgefangene in das Land der Pharaonen. Chu-Sebek, Adjutant des ägyptischen Königs Sesostris III., läßt vierhundert Jahre später einen Kriegsbericht in einen Denkstein meißeln, der in Abydos erhalten blieb: *Seine Majestät zog nach Norden, um die asiatischen Beduinen niederzuwerfen... Seine Majestät gelangte zu einer Gegend mit Namen Sekmem... Dann fiel Sekmem zusammen mit dem elenden Retenu...*
Die Ägypter bezeichneten das Land von Palästina und Syrien als *Retenu. Sekmem* ist die biblische Stadt Sichem, die erste Stadt in Kanaan, welche die biblische Erzählung mit Abraham verbindet: *...und Abram durchzog das Land bis an die Stätte bei Sichem, bis zur*

Der Euphrat entsteht aus den beiden Quellflüssen Karasu und Murat-Suyu im Hochland Ostanatoliens und durchschneidet dann in tiefen Schluchten den östlichen Taurus nach Süden, wo er das syrisch-irakische Tafelland quert.

Die nordsyrische Stadt Aleppo besteht seit dem frühesten Altertum. In der ersten Hälfte des 2. Jahrtausends v. Chr. war sie Hauptstadt des einflußreichen Staates Jamchad. Die Zitadelle bewahrt Spuren aus allen Epochen ihrer langen Geschichte.

Eiche More; es wohnten aber zu der Zeit die Kanaaniter im Lande. Da erschien der Herr dem Abram und sprach: Deinen Nachkommen will ich dies Land geben. Und er baute dort einen Altar dem Herrn, der ihm erschienen war (1. Mose 12,6–7).

Während des Mittleren Reiches gelangte ganz Kanaan unter die Oberhoheit der Pharaonen. Dank der Archäologen besitzt die Welt ein einmaliges Dokument aus dieser Epoche, ein Kleinod antiken Schrifttums. Der Verfasser: ein gewisser Sinuhe aus Ägypten. Ort der Handlung: Kanaan. Zeit der Handlung: zwischen 1971 und 1928 v. Chr., unter Pharao Sesostris I.

Sinuhe, ein Vornehmer, der bei Hofe verkehrt, wird in eine politische Intrige verwickelt. Er fürchtet um sein Leben und emigriert nach Kanaan:

Als ich meine Füße nach Norden richtete, kam ich zu der Fürstenmauer, die errichtet ist, um die Beduinen fernzuhalten und die Sandwanderer niederzuwerfen. Ich duckte mich nieder in einem Gebüsch, aus Furcht, die Wache auf der Mauer, die gerade Dienst hatte, möchte

mich sehen. Erst am Abend machte ich mich wieder auf den Weg. Als es hell wurde ... als ich zum Bittersee gekommen war, fiel ich nieder. Durst überkam mich, und meine Kehle glühte. Ich sagte: So schmeckt der Tod! Als ich aber mein Herz erhob und meine Glieder zusammenraffte, hörte ich das Gebrüll von Herden und erblickte Beduinen. Der Anführer von ihnen, der in Ägypten gewesen war, erkannte mich. Da gab er mir Wasser und kochte mir Milch, und ich ging mit ihm zu seinem Stamm. Was sie mir taten, war gut.

Sinuhes Flucht ist gelungen. Er hat die große Sperrmauer an der Grenze des Pharaonenreiches heimlich passieren können, die genau dort verlief, wo heute der Sueskanal liegt. Diese *Fürstenmauer* ist damals schon einige hundert Jahre alt. Ein Priester erwähnt sie bereits 2650 v. Chr.: *Man wird die Fürstenmauern bauen, die die Asiaten nicht nach Ägypten eindringen lassen. Sie bitten um Wasser ... um ihrem Vieh zu trinken zu geben.*

Später werden die Kinder Israel diese Mauer noch oft passieren; es führt kein anderer Weg nach Ägypten. Nach der Erzählung 1. Mose 12, 10 ff. ist Abraham der erste von ihnen gewe-

**Links: Damaskus, die Haupt-
stadt Syriens und seit jeher
eines der bedeutendsten
Zentren des Orients, liegt
am Osthang des Antilibanon
inmitten einer vom Fluß
Barada bewässerten Oase.**

**Oben: Steile Schluchten
durchfurchen die Golan-
höhen östlich des Sees
Genezareth.**

Byblos galt in der Antike als älteste Stadt der Welt, und in der Tat dürfte es als Hafen- und Handelsstadt schon gegen Ende des 4. Jahrtausends v.Chr. eine wichtige Rolle gespielt haben. Die intensivsten Kontakte pflegte Byblos jahrtausendelang mit Ägypten, denn hier wurde das kostbare Zedernholz aus dem Libanon verschifft. Auch Salomo bezog aus Byblos Bauholz für den Tempel in Jerusalem. Die phönizische Mischkultur weist hier besonders starke ägyptische Einflüsse auf, am bemerkenswertesten im sogenannten Obeliskentempel des Gottes Reschef (unten), in dessen Hof mindestens zwanzig kleine Obelisken standen.

sen, der sie erblickte, als er während einer Hungersnot ins Nilland zog.

Sinuhe setzt fort: *Ein Land gab mich weiter an das andere. Ich kam nach Byblos und gelangte nach Kedme und verweilte dort anderthalb Jahre. Ammi-enschi, der Fürst von Ober-Retenu, nahm mich zu sich. Er sagte zu mir: „Du hast es gut bei mir und hörst*

ägyptisch reden." Das sagte er aber, weil er wußte, wer ich war. Ägypter, die bei ihm waren, hatten ihm von mir erzählt.

Was der ägyptische Flüchtling in Nordpalästina erlebt, erfahren wir bis in die Einzelheiten des täglichen Lebens.

Ammi-enschi sagte zu mir: „Gewiß, Ägypten ist schön, aber du sollst hier bei mir bleiben, und was ich dir tun werde, wird schön sein." Er setzte mich über alle seine Kinder und verheiratete mich mit seiner ältesten Tochter. Er ließ mich in seinem Lande auswählen unter dem Erlesensten, was ihm gehörte, und ich wählte ein Stück, das an der Grenze eines anderen Landes lag. Es war ein schönes Land mit Namen Jaa. Feigen gab es darin und Weintrauben und mehr Wein als Wasser. Sein Honig war reichlich und zahlreich sein Öl, und alle Arten von Früchten hingen auf seinen Bäumen. Weizen gab es darin und Gerste und allerlei Herden ohne Zahl. Viel kam mir zu durch meine Beliebtheit. Er machte mich zu einem Fürsten seines Stammes in dem erlesensten Teil seines Landes. Ich hatte Brot als Tageskost und Wein als etwas Alltägliches, gekochtes Fleisch und gebratene Gänse; dazu noch das Wild der Wüste, das man in Fallen für mich fing und das man mir brachte außer dem, was meine Jagdhunde erbeuteten … und Milch in allerlei Zubereitung. So verbrachte ich viele Jahre, und meine Kinder wurden starke Männer, ein jeder der Bezwinger seines Stammes.

Der Bote, der von Ägypten nordwärts zog oder südwärts zum Hofe reiste, verweilte bei mir; ich beherbergte jedermann. Ich gab dem Durstigen Wasser; ich brachte den Verwirrten auf den Weg und schützte den Beraubten.

Wenn die Beduinen auszogen, um die Fürsten der anderen Länder zu bekriegen, so beriet ich ihren Feldzug. Denn der Fürst von Retenu ließ mich viele Jahre der Anführer seiner Krieger sein, und in jedem Lande, zu dem ich zog … erbeutete ich seine Herden, führte seine Leute fort und raubte ihre Vorräte. Ich tötete die Leute in ihm mit meinem Schwert und meinem Bogen durch mein Vorgehen und meine klugen Anschläge.

Von den vielen Erlebnissen unter den *Asiaten* scheint ein Zweikampf auf Leben und Tod Sinuhe zutiefst beeindruckt zu haben, den er bis ins einzelne schildert. Ein *Starker von Retenu* verhöhnte ihn eines Tages in seinem Zelt und forderte ihn heraus. Er war sicher, Sinuhe töten zu können und damit dessen Herden und Besitztümer zu erbeuten. Doch Sinuhe, als Ägypter von Jugend an ein geübter Bogenschütze, tötet den *Starken*, der mit Schild, Dolch und Speeren antritt, durch einen Schuß in den Hals. Die Beute aus diesem Zweikampf macht ihn noch reicher und mächtiger. Im hohen Alter endlich packt ihn die Sehnsucht nach seinem Vaterland. Ein Brief des Pharaos Sesostris I. ruft ihn zurück: *Mach Dich auf, nach Ägypten zu ziehen, damit Du den Hof wiedersiehst, an dem Du aufgewachsen bist, und die Erde küssest an den beiden großen Toren … Gedenke des Tages, an dem man Dich begraben und Du zur Ehrwürdigkeit eingehen wirst. Man wird Dich in der Nacht mit Öl ausstatten und mit Mumienbinden von der Göttin Tait. Man wird Dir das Geleite geben am Tage der Bestattung. Der Sarg wird aus Gold sein und sein Kopf aus Lapislazuli, und Du wirst in die Bahre gelegt. Rinder werden Dich ziehen und Sänger vor Dir herschreiten, und man wird Dir den Zwergentanz tanzen an der Tür Deines Grabes. Man wird die Opfergebete für Dich rezitieren und wird schlachten an Deinem Opferstein. Deine Säulen werden aus Kalkstein gemauert sein, inmitten derer der Königskinder. Es soll nicht geschehen, daß Du im Fremdlande stirbst und daß Asiaten Dich bestatten und daß man Dich in ein Schaffell einhüllt.*

Sinuhes Herz jauchzt. Er entschließt sich sofort zur Rückkehr, vermacht seine Habe seinen Kindern und setzt seinen ältesten Sohn als *Führer seines Stammes* ein. So war es bei den semitischen Nomaden Brauch. So war es bei Abraham und seinen Nachkommen. Es war das angestammte Recht der Patriarchen, das später Gesetz in Israel werden sollte. *Und mein Stamm und alle meine Habe gehörten nun ihm, meine Leute und alle meine Herden, meine Früchte und alle meine Dattelpalmen. Da zog ich nach Süden.*

Bis zu den Grenzforts Ägyptens geben ihm Beduinen das Geleit, von dort begleitet ihn eine Abordnung des Pharaos zu Schiff in die Hauptstadt südlich von Memphis.

Welch ein Gegensatz! Aus einem Zelt in den Königspalast, aus dem einfachen, bedrohten Leben zurück in die Sicherheit und den Luxus einer Weltstadt mit höchster Zivilisation. *Da fand ich Seine Majestät auf dem großen Thron in der Halle von Silbergold. Dann wurden die Königskinder herbeigeführt. Seine Majestät sagte zu der Königin: "Sieh den Sinuhe, der als Asiat wiederkommt und zum Beduinen geworden ist!" Sie stieß einen lauten Schrei aus, und die Königskinder kreischten alle auf einmal. Sie sagten zu Seiner Majestät: "Das ist er nicht wirklich, mein Herr König." Seine Majestät sagte: "Er ist es wirklich!"*

Ich wurde in ein Prinzenhaus gebracht, berichtet Sinuhe begeistert, *in dem es herrliche Dinge gab und auch ein Badezimmer … es waren darin vom Schatzhaus Kleider aus Königsleinen, Myrrhen und feinstes Öl; Beamte des Königs, die er liebt, waren in jedem*

Oben: In Ägypten wächst kein brauchbares Langholz; die Sykomore ist zu krumm, die Palme ein Faserbaum. Für Schiffbau, Häuser und Paläste, ja sogar für gerade Sargbretter war man seit frühester Zeit auf Importe angewiesen. Das begehrteste Balken- und Brettholz lieferte die Libanonzeder. Ägypten zahlte nahezu jeden Preis dafür, und die phönizischen Küstenstädte – allen voran Byblos – wurden reich davon. Brach der rege Handel aus politischen Gründen ab, empfand Ägypten den Holzmangel als tiefes Unglück. „Man fährt nicht mehr nach Byblos, was sollen wir tun, um Zedern für unsere Mumien zu bekommen?" klagte man während der verheerenden Wirtschaftskrise der „ersten Zwischenzeit". Auch die Hethiterinvasion brachte den Phönizienhandel zum Erliegen. Es ist bezeichnend, daß König Sethos I. in Karnak als wichtigste Folge seines Kanaanfeldzugs das Schlagen von Zedernbäumen darstellen läßt.

Folgende Doppelseite: Blick über den See Genezareth nach Magdala und Tiberias.

Gemach; und jeder Koch tat seine Pflicht. Man ließ die Jahre an meinem Leib vorübergehen. Ich wurde rasiert und mein Haar gekämmt… Ich wurde in feines Linnen gehüllt und mit dem feinsten Öl des Landes gesalbt. Ich schlief wieder auf einem Bett… So lebte ich, vom König geehrt, bis der Tag des Abscheidens herankam.

Der Sinuhe-Bericht existiert nicht nur in einem Exemplar, eine erstaunliche Anzahl davon wurde aufgefunden. Er muß ein vielbegehrtes Werk gewesen sein und hat daher mehrere „Auflagen" erlebt. Nicht nur im Mittleren, auch im Neuen Reich Ägyptens hat man sich daran erfreut, wie die Abschriften beweisen. Sozusagen ein „Bestseller", der erste der Welt, und ausgerechnet über Kanaan!

Die Forscher, die ihn um die Jahrhundertwende wieder aufstöberten, ergötzten sich zwar genauso daran wie die Zeitgenossen des Sinuhe vor viertausend Jahren, hielten ihn aber für eine gut erfundene Erzählung, nach ägyptischer Art übertrieben und bar aller Realität. Wir wissen heute, daß der Ägypter einen Tatsachenbericht über das Kanaan der Patriarchenzeit schrieb. Den Hieroglyphentexten über ägyptische Feldzüge verdanken wir die ersten Zeugnisse über Kanaan. Sie stimmen mit dem überein, was auch Sinuhe schildert. Andererseits weist der Bericht des vornehmen Ägypters an einigen Stellen fast wortgetreue Übereinstimmung mit oft zitierten Bibelversen auf. *Denn der Herr führt dich in ein gutes Land*, heißt es in 5. Mose 8,7. *Es war ein schönes Land*, sagt Sinuhe. *Ein Land*, fährt die Bibel fort, *darin Weizen, Gerste, Weinstöcke, Feigenbäume. Gerste gab es darin und Weizen, Feigen gab es darin und Weintrauben*, erzählt Sinuhe. Und wo es in der Bibel heißt: *Ein Land, darin Ölbäume und Honig wachsen, ein Land, da du Brot genug zu essen hast*, sagt der ägyptische Text: *Sein Honig war reichlich und zahlreich sein Öl.*

Die Darstellung, die Sinuhe von seiner Lebensweise bei den Amoritern gibt, im Zelt, von seinen Herden umgeben und in Kämpfe mit übermütigen Beduinen verwickelt, die er von seinen Weideplätzen und seinen Brunnen vertreiben muß, entspricht der biblischen Schilderung vom Leben der Patriarchen. Auch von Abraham und seinem Sohn Isaak wird berichtet, daß sie in Streitigkeiten um ihre Brunnen verwickelt sind.

Kanaan ist um 1900 v. Chr. nur dünn besiedelt. Eigentlich ist es ein rechtes Niemandsland. Hier und da ragt inmitten bestellter Felder eine Trutzburg auf. Nahe gelegene Abhänge sind mit Reben

Bei den 1958 begonnenen Ausgrabungen in dem Ruinenhügel Azor bei Jaffa fand Jean Perrot zahlreiche Ossuarien aus der Kupfersteinzeit. Die meisten dieser Knochenbehälter aus gebranntem Ton haben die Form von Häusern und erlauben so Rückschlüsse auf die Bauweise des 4. Jahrtausends v. Chr. in Kanaan. Holz spielte beim Hausbau offensichtlich eine wichtige Rolle. Balken bildeten das Fachwerk der Fassade, andere trugen das Dach und stützten die Seitenwände.

oder mit Feigen- und Dattelbäumen bepflanzt. Die Bewohner leben in ständiger Alarmbereitschaft. Denn die wie Inseln weit verstreut liegenden kleinen Stadtsiedlungen sind das Ziel verwegener Nomadenüberfälle. Unberechenbar plötzlich sind die Nomaden da, metzeln alles nieder, schleppen das Vieh und die Ernte fort. Genauso plötzlich verschwinden sie wieder, unauffindbar in den weiten Sandebenen im Süden und Osten. Unablässig schwelt der Kampf zwischen den seßhaft gewordenen Ackerbauern und Viehzüchtern und den räuberischen Stämmen, die kein festes Haus kennen, deren Dach ein Zelt aus Ziegenhaar ist, irgendwo draußen unter dem weiten Himmel der Wüste.

Am Nil werden in den zwanziger Jahren merkwürdige Scherben gefunden; die Hauptfunde stammen aus Theben und Sakkara. Unter den

Die magischen Ächtungstexte enthalten Städtenamen wie Jerusalem (1. Mose 14,18), Askalon (Richter 1,18), Tyros (Josua 19,29), Hazor (Josua 11,1), Beth-Schemesch (Josua 15,10), Aphek (Josua 12,18), Achsaph (Josua 11,1) und Schechem (Sichem). Ein überzeugender Beweis, daß die in der Bibel genannten Orte schon im 19. und 18. Jahrhundert v. Chr. bestanden haben. Denn aus dieser Zeit stammen die Vasen und Statuetten. Von zweien dieser Städte heißt es, daß Abraham ihnen einen Besuch abgestattet hat. Er kommt zu Melchisedek, dem *König von Salem* (1. Mose 14,18) nach Jerusalem. Wo Jerusalem liegt, ist bekannt. Doch wo soll der Ort Sichem gelegen haben?

Im Herzen von Samaria liegt ein weites, flaches Tal, über dem die hohen Bergkuppen des Garizim und des Ebal stehen. Gut bestellte Felder umrahmen das kleine Dorf Askar. In seiner unmittelbaren Nähe wurden am Fuß des Garizim im Tell el-Balata die Ruinen von Sichem aufgefunden.

Es ist das Verdienst des deutschen Alttestamentlers Ernst Sellin; in zweijährigen Grabungen kamen 1913 und 1914 Schichten aus ältester Zeit zutage.

Sellin stößt auf Mauerreste aus dem 19. vorchristlichen Jahrhundert. Nach und nach ergeben sie das Bild einer mächtigen Umfassungsmauer mit starken Fundamenten, alles aus groben Feldsteinen aufgeschichtet, unter denen sich Brocken von fast zwei Metern Durchmesser befinden.

Auch die Überreste eines Palastes schälen sich aus den Trümmern. Der viereckige enge Hofraum, von wenigen dickwandigen Räumen umschlossen, verdient den Namen Palast kaum. Ein Tempel, dessen Eingang zwei Türme flankierten, schließt sich daran an. So wie Sichem sahen in der ersten Hälfte des 2. Jahrtausends v. Chr. alle Städte Kanaans aus, deren Namen wir so oft gehört haben und vor denen die Israeliten sich zuerst so fürchteten. Eine ganze Reihe dieser Städte wurde inzwischen ausgegraben. Jahrtausende waren sie versunken, nun stehen sie plastisch vor unserem Auge, darunter Städte, deren Mauern die Patriarchen gesehen haben könnten: Bethel und Mizpa, Gerar und Lachis, Geser und Gath, Askalon und Jericho.

Die Städte Kanaans waren Trutzburgen, Zufluchtsstätten vor kriegerischen Ereignissen, sei es bei Überfällen plötzlich auftauchender Nomadenstämme, sei es bei Feindseligkeiten der Kanaanäer untereinander. Aus mächtigen Steinen aufgetürmte Umfassungsmauern umschließen stets nur eine kleine Fläche. Zwar hatte manche dieser Stadtfesten

behutsamen Händen von Sachkennern fügen sich die Bruchstücke wieder zu Vasen und Statuetten, an denen die Beschriftung das erstaunlichste ist. Der Text wimmelt von bedrohlichen Flüchen und Verwünschungen wie: *Tod* sollten sie bringen *bei jedem schlechten Wort und Gedanken, bei jeder Verschwörung, bei bösem Streit und Planen.* Solche und andere Unfreundlichkeiten waren vorzugsweise an die Adresse von ägyptischen Hofbeamten und Vornehmen, aber auch an Herrscher in Kanaan und Syrien gerichtet.

Einem alten Aberglauben zufolge sollte im gleichen Augenblick, in dem die Vase oder Statuette zerschmettert wurde, auch die Kraft des Verwünschten zerbrechen. Häufig waren selbst die Familie, das Gefolge, ja der Wohnsitz des Verfluchten in den Bann einbezogen.

Mit einer aus mächtigen Quadern gefügten Umfassungsmauer umgab König Herodes der Große den traditionsreichen Ort des Terebinthenhains zu Mamre, an dem Abraham sein Zelt aufschlug und einen Altar errichtete.

vielleicht schon damals eine Wasserversorgung, aber es waren keine Städte, in denen eine zahlreiche Bevölkerung ständig hätte wohnen können. Im Vergleich mit den Palästen und Metropolen in Mesopotamien oder am Nil erscheinen sie winzig. Die meisten Städte Kanaans hätten bequem im Palast der Könige von Mari Platz gefunden.

In Tell el-Hesi (vielleicht das biblische Eglon) umschloß die Befestigung nur einen halben Hektar, in Tell es-Sakarije (Aseka) knapp vier Hektar und in Tell el-Safi (Gath) fünf Hektar. Tell el-Mutesellim (Megiddo) war einschließlich der Unterstadt ungefähr doppelt so groß. Geser, an der Straße von Jerusalem nach Jaffa, umfaßte neun Hektar bebauter Fläche. Selbst in Jericho umfaßte der innere Festungsgürtel, die eigentliche Akropolis, nur eine Fläche von 2,35 Hektar. Dabei war Jericho eine der stärksten Festungen des Landes. Lediglich an der Küste gab es in Kanaan größere Orte: Akko erreichte 20 Hektar, Askalon sogar 55 Hektar.

Erbitterte Fehden der Stammesherren waren an der Tagesordnung. Es fehlte eine ordnende Hand. Jeder Herr befehligte in seinem Gebiet. Niemand befahl ihm, und er tat, was ihm beliebte. Die Bibel nennt die Stammesherren *Könige*; was Macht und Unabhängigkeit anbelangt, so hat sie recht.

Zwischen dem Stammesherrn und seinen Untertanen bestand ein patriarchales Verhältnis. Innerhalb der Mauer lebten neben dem Oberhaupt Patrizierfamilien, Abgeordnete des Pharaos und reiche Händler. Sie allein wohnten auch in festen Häusern, die, um einen offenen Hof angeordnet, vier bis sechs Räume aufwiesen. Patrizierhäuser mit einem zweiten Stockwerk waren verhältnismäßig selten. Die übrige Bevölkerung – Handwerker, Gefolgsleute, Knechte und Leibeigene – wohnte in einfachen Hütten meist außerhalb der Mauern.

Seit Urväter Zeiten begegnen sich in der Ebene von Sichem zwei Paßwege. Der eine führt ins reiche Jordantal hinunter. Der andere zieht sich über die einsamen Höhen nach Süden bis Bethel und weiter über Jerusalem hinab zum Negev, dem *Mittagsland* der Bibel. Wer diesem Weg folgt, begegnet im zentralen Hügelland von Samaria und Juda nur einigen wenigen Ansiedlungen: Sichem, Bethel, Jerusalem und Hebron. Wer den bequemeren Weg wählt, findet die größeren Städte und bedeutenderen Festungen der Kanaanäer in den satten Talgürteln der Jesreelebene, im fruchtbaren Küstenland vor Juda und inmitten der üppigen Vegetation des Jordantals.

5 10 15m

N

Die biblische Erzählung läßt Abraham für seine erste Erkundungsreise durch Palästina den einsamen und beschwerlichen Weg wählen, der über die Höhen nach Süden weist. Denn hier boten bewaldete Berghänge den Landfremden Unterschlupf und Versteck und den mitgeführten Herden auf den Lichtungen reiche Weide. Hier oben haben sich später die in das Land einwandernden Sippenverbände niedergelassen, aus denen die kräftigsten Stämme des Volkes Israel werden sollten. Mochten für sie auch die fruchtbaren Täler der Ebene eine stete Verlockung sein, so waren sie doch auf lange Zeit den kanaanäischen Stadtfürsten mit ihren Streitwagen nicht gewachsen.

ABRAHAM UND LOT IM PURPURLAND

Es kam aber eine Hungersnot in das Land. Da zog Abram hinab nach Ägypten, daß er sich dort als ein Fremdling aufhielte; denn der Hunger war groß im Lande. 1. Mose 12,10

Dem trockenen Wüstensand Ägyptens verdankt die Nachwelt die Bewahrung einer ansehnlichen Reihe von Hieroglyphentexten über die Einwanderung semitischer Familien in das Nilland befinden. Der schönste und anschaulichste Beweis aber ist ein Bild.

Auf halbem Wege zwischen den alten Pharaonenstädten Memphis und Theben, 300 Kilometer südlich von Kairo, liegt am Nil inmitten grüner Felder und Palmenhaine die kleine Ansiedlung Beni Hasan. Hier landet 1890 der Engländer Percy A. Newberry mit dem offiziellen Auftrag, einige alte Felsgräber zu erforschen. Die Finanzierung der Expedition hat der Egypt Exploration Fund übernommen.

Die Grabmäler liegen am Ausgang eines Wüstentales, wo sich auch die Überreste alter Steinbrüche und ein Felstempel befinden. Eines davon war die letzte Ruhestätte des Gaufürsten Chnumhotep. Hieroglyphen bewahren den Namen des Toten. Er war der Beherrscher dieser Nilgegend, die einst Gazellengau hieß, und lebte unter Pharao Sesostris II. (1878–1840 v.Chr.).

Newberry läßt den Zugang von Sand und Geröll befreien und gelangt in einen mächtigen Felsensaal. Säulen in Form von Papyrusbündeln stützen die Decke. Von den Wänden leuchten auf einem dünnen Kalkbewurf Gemälde in prächtigen Farben. Sie schildern Szenen aus dem Leben des Fürsten, erzählen

von Ernte, Jagd, Tanz und Spiel. An der nördlichen Wand, unmittelbar neben einem überlebensgroßen Bildnis des Fürsten, entdeckt Newberry einen Fries mit fremdartigen Gestalten. Sie tragen andere als die bei den Ägyptern übliche Kleidung, sie sind von heller Haut und haben scharfgeschnittene Profile. Zwei ägyptische Beamte stellen offenbar die fremde Gruppe dem Gaufürsten vor.

Hieroglyphen auf einem Schriftstück in der Hand des einen Ägypters geben die Erklärung: *Sandbewohner* sind es, Semiten! Ihr Häuptling heißt Abischai. Mit 36 Männern, Frauen und Kindern seiner Sippe ist Abischai in Ägypten eingetroffen. Er hat dem Gaufürsten Geschenke mitgebracht, von denen das für die Fürstin bestimmte Antimon – die Wimperntusche der Ägypterinnen – besonders erwähnt wird.

Abischai ist ein echt semitischer Name. Nach der Eroberung Kanaans durch Josua taucht der Name auch in der Bibel auf: *Da hob David an und sprach zu Ahimelech, dem Hethiter, und zu Abischai, dem Sohn der Zeruja, dem Bruder Joabs* (1. Samuel 26,6). Der Abischai der Bibel war also der Bruder Joabs, des Feldherrn und Vetters Davids, unter dem Israel ein Großreich war.

Der Künstler, den Chnumhotep mit der Ausschmückung seiner Grabstätte beauftragte, hat die *Sandbewohner* mit einer Sorgfalt dargestellt, die sich auch der kleinsten Besonderheit liebevoll annahm. Das lebensnahe und ungemein eindrucksvolle Bild erweckt den Eindruck, als habe diese semitische Familie nur einen Augenblick innegehalten und als müßten die Männer, Frauen, Kinder und Tiere plötzlich weiterziehen. Abischai, an der Spitze des Zuges, grüßt in leichter Verneigung den Fürsten mit der Rechten, während die Linke mit dem Hirtenstab einen Steinbock führt.

Der Hirtenstab war für die Nomaden so bezeichnend, daß ihn die Ägypter in ihrer Bilderschrift als Namenszeichen für diese Fremdlinge verwendeten.

Auch die Tracht ist der Art wie der Farbe nach gewissenhaft dargestellt. Viereckige Wolltücher, die bei den Männern bis zum Knie, bei den Frauen bis zur Wade reichen, sind auf einer Schulter zusammengebunden. Sie bestehen aus leuchtend bunten Streifen und dienen als Mantel. Erinnert das nicht an den berühmten *bunten Rock*, den Jakob, sehr zum Ärger der anderen Söhne, seinem Liebling Josef schenkte? (1. Mose 37,3). Das Haar der Männer ist zum Spitzbart gestutzt. Den Frauen fällt das tiefschwarze Haar offen auf Brust und Schultern. Ein schmales weißes Stirnband hält es zusammen. Die kleine Locke vor dem Ohr scheint ein modisches

Die 1969 begonnenen Ausgrabungen in Tel Beerscheba (linke Seite unten) erbrachten unter anderem Reste einer israelitischen Königsburg mit Magazinen neben einem monumentalen Stadttor (unten rechts im Plan). Aus der Zeit um 2000 v.Chr. stammt das kanaanäische Elfenbeinfigürchen, das wohl kultische Funktion besaß (oben).

Zugeständnis gewesen zu sein. Die Männer tragen Sandalen, die Frauen dunkelbraune Halbstiefel. In kunstvoll genähten Behältern aus Tierhäuten führen sie ihre Wasserrationen mit sich. Pfeil und Bogen, Wurfhölzer und Speere dienen ihnen als Waffen. Selbst ihr Lieblingsinstrument haben sie auf die weite Wanderung mitgenommen. Einer der Männer spielt auf der achtsaitigen Lyra. Auf diesem Instrument sind nach den Anweisungen der Bibel auch einige Psalmen Davids zu begleiten: *Vorzusingen auf acht Saiten,* heißt es vor den Psalmen 6 und 12.

Wie die Semitenkarawane auf dem Grabgemälde in Beni Hasan kann man sich auch Abraham und seine Sippe bei ihrem Zug nach Ägypten vorstellen. Als sie die ägyptische Grenze erreichten, muß sich eine ähnliche Szene abgespielt haben. Denn genau wie bei dem Gaufürsten Chnumhotep wurden an allen Grenzforts die Personalien der Fremden aufgenommen.

Es war also nicht anders als heute, wenn man in ein fremdes Land reist. Man kannte zwar noch keine Pässe, aber Formalitäten und Bürokratie machten schon damals dem Auslandsreisenden das Leben schwer. Wer nach Ägypten wollte, mußte seinen Personen-

stand, den Grund des Kommens und die vermutliche Dauer des Aufenthalts angeben. Alle Daten wurden dann von einem Schreiber säuberlich mit roter Tinte auf Papyrus gezeichnet und dann durch Boten dem Grenzoffizier weitergereicht, der darüber entschied, ob eine Zuzugsgenehmigung erteilt werden könne. Doch lag diese nicht etwa in seinem eigenen Ermessen. Verwaltungsbeamte und Pharaonenhof erließen jeweils genaue Richtlinien, sogar darüber, welche Weidegegend einwandernden Nomaden zuzuweisen war.

In Hungerszeiten war für die Nomaden aus Kanaan Ägypten das Land der Zuflucht und

Hoch über dem Nil haben sich die Fürsten des Antilopengaues zur Zeit der 11. und 12. Dynastie bei Beni Hasan ihre Felsgräber angelegt (rechts). Die ausgemalten großen Hallenräume (links) dienten dem Totenkult, die Grabschächte liegen tief unter dem Boden.

oft die einzige Rettung. Wenn in ihrer Heimat der Boden verdorrte, bot das Land der Pharaonen stets genügend fruchtbare Weiden. Dafür sorgte der Nil mit seinen regelmäßigen jährlichen Überschwemmungen.

Indessen lockte der sprichwörtliche Reichtum Ägyptens oft genug auch räuberische Nomaden an, verwegene Banden, denen nichts an den Weideplätzen lag, denen es vielmehr die vollen Kornkammern und prunkvollen Paläste angetan hatten. Häufig konnten sie nur mit Waffengewalt wieder vertrieben werden. Als Schutz gegen solche unerwünschten Eindringlinge und um die Grenzen besser kon-

Oben: Den Ägyptern galten nur Ägypter als „richtige Menschen", Ausländer wurden notorisch als „elend" bezeichnet. Besonders mißtrauisch begegnete man den „Sandwandlern", den vorderasiatischen Nomaden, die in Notzeiten oft um Weide- und Wasserrechte im östlichen Nildelta baten. Seit dem Mittleren Reich kontrollierte man den Grenzverkehr an der Landenge von Sues sehr strikt, die Personalien von fahrenden Händlern, Hirten oder Arbeitsuchenden wurden streng überprüft. Qualifizierte Arbeitskräfte, wie zum Beispiel asiatische Weberinnen, oder auch Kaufleute mit exotischem Angebot bekamen auf schriftlichen Antrag eine Aufenthaltserlaubnis, ihre Wege im Land wurden jedoch weiterhin überwacht. Diese Beobachtung oblag den jeweiligen Gaufürsten. Fürst Chnumhotep hat in seinem Felsgrab zu Beni Hasan die Einreise einer Semitenkarawane in den Antilopengau an die Wand malen lassen: Der Oberjägermeister überreicht seinem Dienstherrn das Einreisegesuch des „Fremdlandfürsten Abischai" und seiner 37köpfigen Sippe, die Augenschminke importieren will – in Ägypten ein äußerst gesuchter Artikel. Die Semiten sind mit ihren bunten Webgewändern, dem scharfen Gesichtsschnitt und der gepflegten Haar- und Barttracht genau geschildert.

trollieren zu können, wurde im 3. Jahrtausend v.Chr. mit dem Bau der mächtigen *Fürstenmauer* begonnen, einer Kette von Grenzforts und Wachttürmen. Nur im Dunkel der Nacht konnte der ortskundige Ägypter Sinuhe sie heimlich passieren. Auch sechs Jahrhunderte später, zur Zeit des Auszugs aus Ägypten, war die Grenze scharf bewacht. Mose führte die Kinder Israel nach Süden zum Roten Meer, wo es keine Mauer mehr gab. Nach der Rückkehr aus Ägypten, *zwischen Bethel und Ai*, trennen sich Abraham und Lot. *Und das Land konnte es nicht ertragen, daß sie beieinander wohnten; denn ihre Habe*

war groß, und sie konnten nicht beieinander wohnen. Und es war immer Zank zwischen den Hirten von Abrams Vieh und den Hirten von Lots Vieh. Da sprach Abram zu Lot: Laß doch nicht Zank zwischen mir und dir und zwischen meinen und deinen Hirten; denn wir sind Brüder. Steht dir nicht alles Land offen? Trenne dich doch von mir! Willst du zur Linken, so will ich zur Rechten, oder willst du zur Rechten, so will ich zur Linken (1. Mose 13,6–9).

Indem die biblische Erzählung Abraham zum Stammvater der Israeliten, Ismaeliter und Edomiter, seinen Neffen Lot zum Stammvater der Moabiter und Ammoniter macht, sucht sie die unterschiedlichen Verwandtschaftsverhältnisse Israels zu seinen Nachbarvölkern zu erklären.

Abraham läßt Lot die Wahl. Unbekümmert, wie Jüngere oft sind, entscheidet sich Lot für den besseren Teil, die Gegend am Jordan. Sie war *wasserreich, bis man gen Zoar kommt,* und mit einer üppigen tropischen Vegetation gesegnet, wie der *Garten des Herrn, gleichwie Ägyptenland* (1. Mose 13, 10).

Von den bewaldeten Hügelketten im Herzen Palästinas zieht Lot hinab nach Osten, wandert mit seiner Sippe und seinen Herden im Jordantal gen Süden und baut seine Hütte schließlich in Sodom. Im Süden des Toten Meeres lag hier eine der fruchtbarsten Ebenen, das *Tal Siddim, wo nun das Salzmeer ist* (1. Mose 14,3). Fünf Städte zählt die Bibel in diesem Tal auf: *Sodom, Gomorra, Adma, Zebojim und Zoar* (1. Mose 14,2). Sie weiß auch von einem kriegerischen Ereignis aus der Geschichte dieser fünf Städte: *Und es begab sich zu der Zeit des Königs Amrafel von Schinar, Arjochs, des Königs von Ellasar, Kedor-Laomers, des Königs von Elam, und Tidals, des Königs von Völkern, daß sie Krieg führten mit Bera, dem König von Sodom, und mit Birscha, dem König von Gomorra, und mit Schinab, dem König von Adma, und mit Schemeber, dem König von Zebojim, und mit dem König von Bela, das ist Zoar* (1. Mose 14,

73

Linke Seite: Im Wadi Araba südlich von Sodom.

Rechte Seite: Blick von der Wüste Negev über das Wadi Araba zum Transjordanischen Hochland, auf dessen Plateau der alte „Königsweg" verläuft.

1–2). Zwölf Jahre lang waren die Könige im Tal von Siddim dem König Kedor-Laomer tributpflichtig gewesen. Dann hatten sie sich dagegen aufgelehnt. Kedor-Laomer bat drei ihm verbündete Könige um Waffenhilfe. Eine Strafexpedition sollte die Aufsässigen an ihre Pflicht erinnern. Bei dem Kampf der neun Könige unterliegen die Könige der fünf Städte im Siddimtal, ihre Residenzen werden gebrandschatzt und geplündert.

Unter den Gefangenen der fremden Könige befindet sich auch Lot. Er wird von seinem Onkel Abraham wieder befreit. *Als nun Abram hörte, daß seines Bruders Sohn gefangen war, wappnete er seine Knechte, dreihundertundachtzehn, in seinem Hause geboren, und jagte ihnen nach bis Dan und teilte seine Schar, fiel des Nachts über sie her mit seinen Knechten und schlug sie und jagte sie bis nach Hoba, das nördlich der Stadt Damaskus liegt. Und er brachte alle Habe wieder zurück, dazu auch Lot, seines Bruders Sohn, mit seiner Habe, auch die Frauen und das Volk* (1. Mose 14,14–16).

Unter den Bewohnern jenes Landstrichs ist bis in unsere Tage eine Erinnerung an diese Strafexpedition lebendig geblieben. Sie spiegelt sich in dem Namen eines Weges, der östlich des Toten Meeres nach Norden bis weit über das alte Land Moab hinausführt. Die Noma-

den in Jordanien kennen ihn sehr gut. Unter den Eingeborenen heißt er merkwürdigerweise der „Königsweg". In der Bibel begegnen wir ihm wieder, hier jedoch *Landstraße* oder auch *gebahnte Straße* genannt, auf der die Kinder Israel auf ihrem Zug ins *Gelobte Land* durch Edom wandern wollen (4. Mose 20,17–19). Nach der Zeitenwende haben die Römer den Königsweg benutzt und ausgebaut. Teile davon gehören heute zum Straßennetz des Staates Jordanien. Vom Flugzeug aus deutlich erkennbar, durchzieht der alte Pfad als dunkler Streifen die Landschaft.

Nach der Erzählung von Abrahams Gastfreundschaft (1. Mose 18) folgt die Schilderung des Untergangs von Sodom und Gomorra:

Und der Herr sprach: Es ist ein großes Geschrei über Sodom und Gomorra, daß ihre Sünden sehr schwer sind... Da ließ der Herr Schwefel und Feuer regnen vom Himmel herab auf Sodom und Gomorra ... und vernichtete die Städte und die ganze Gegend und alle Einwohner der Städte und was auf dem Lande gewachsen war. Und Lots Weib sah hinter sich und ward zur Salzsäule ... und siehe, da ging ein Rauch auf vom Lande wie der Rauch von einem Ofen (1. Mose 18,20; 19,24–28).

Die unheilvolle Wucht dieser biblischen Erzählung von der göttlichen Bestrafung unverbesserlicher Sündhaftigkeit hat wohl zu allen Zeiten die Gemüter der Menschen tief beeindruckt. Sodom und Gomorra wurden zum Sinnbild der Lasterhaftigkeit und der Gottlosigkeit, zum Vergleich, wenn von völliger Vernichtung die Rede ist. Immer von neuem muß sich die Phantasie der Menschen an dem unerklärbaren schreckensvollen Vorgang entzündet haben, wie zahlreiche Berichte aus alten Zeiten erkennen lassen. Merkwürdige und ganz unglaubliche Dinge sollen sich am Toten Meer, dem *Salzmeer*, ereignet haben, wo sich der Bibel zufolge die Katastrophe abgespielt hat.

Während der Belagerung von Jerusalem im Jahre 70 n. Chr. verurteilte, so lautet eine Überlieferung, der römische Feldherr Vespasian Sklaven zum Tode. Er machte kurzen

Prozeß mit ihnen, ließ sie mit Ketten zusammenbinden und in das Meer bei den Moabbergen werfen. Doch die Verurteilten ertranken nicht. Wie oft man sie auch ins Meer warf, immer wieder trieben sie wie Korken an Land. Der unerklärliche Vorgang beeindruckte Vespasian so, daß er die armen Sünder begnadigte. Flavius Josephus, der zuletzt in Rom lebende jüdische Geschichtsschreiber, erwähnt wiederholt einen *Asphaltsee*. Griechen berichteten von giftigen Gasen, die überall an diesem Meer aufgestiegen sein sollen. Und die Araber erzählen sich, vor langen

Links: Eine der drei Jordanquellen entspringt bei der biblischen Stadt Dan. Der junge Fluß durchströmt hier einen Naturpark.

Rechts: Der Jordan in Obergaliläa.

Zeiten habe kein Vogel das andere Ufer erreichen können. Beim Überfliegen der Wasserfläche seien die Tiere plötzlich tot in die Tiefe gestürzt.

Diese und ähnliche überlieferten Geschichten waren zwar bekannt, doch bis in die Mitte des 19. Jahrhunderts fehlte jede genauere Kenntnis von dem geheimnisvoll seltsamen Meer in Palästina. Kein Wissenschaftler hatte es je gesehen und erforscht. Im Jahre 1848 ergreifen die Vereinigten Staaten die Initiative und rüsten eine Expedition nach dem rätselhaften Toten Meer aus. Vor dem Küstenstädtchen

Links: Bei einer der drei Jordanquellen im Hermongebirge quillt das Wasser aus einer Grotte, die von den Griechen dem Gott Pan geweiht wurde. Herodes der Große errichtete hier dem Kaiser Augustus einen Tempel, und sein Sohn Philippus erhob den Ort, dem er den Namen Cäsarea Philippi gab, zur Hauptstadt seines Reiches.

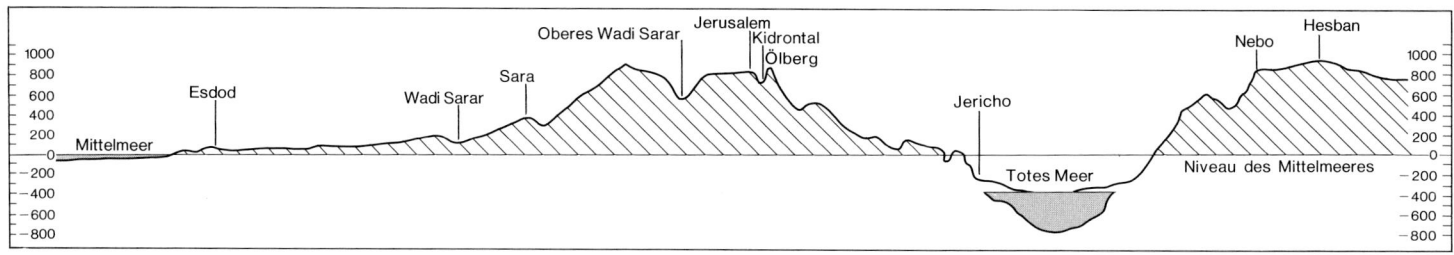

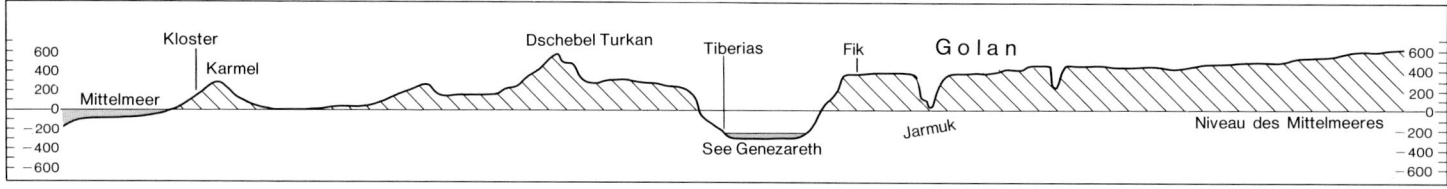

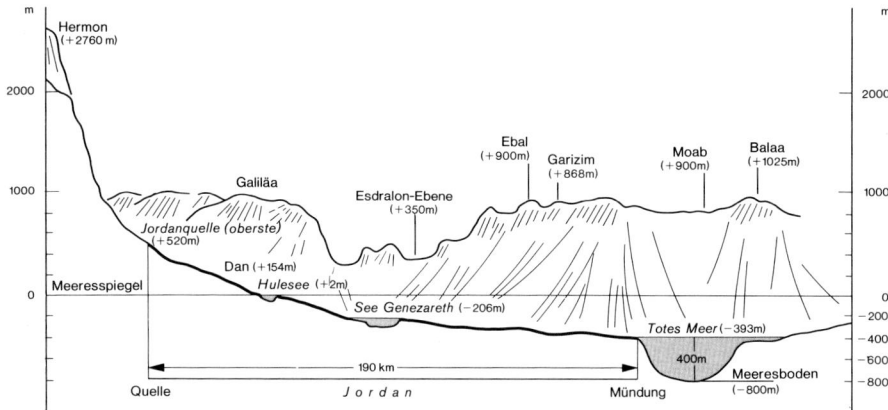

Oben: Zwei Querschnitte durch den Aufbau Palästinas.

Unten: Der Jordan durchläuft von den Quellen am Hermongebirge bis zur Mündung im Toten Meer auf einer Strecke von 190 Kilometern ein Gefälle von 913 Metern.

Rechte Seite: Zwischen den kahlen Bergen von Palästina und dem Ostjordanland schlängelt sich der Jordan vom See Genezareth in endlosen Windungen durch das „Zor", das „Dickicht des Jordan" (Jeremia 12, 5), zum Toten Meer.

Akka, knapp 15 Kilometer nördlich von Haifa, ist an einem Herbsttag des Jahres 1848 der Strand schwarz von Menschen, die gespannt ein ungewöhnliches Manöver verfolgen.

W. F. Lynch, Marineoffizier und Chef der Expedition, hat von einem draußen vor Anker liegenden Schiff zwei Metallboote an Land bringen lassen, die nun sorgfältig auf hochrädrigen Karren festgezurrt werden. Mit einem langen Zug von Pferden bespannt, bricht der Treck auf. Nach drei Wochen ist unter unbeschreiblichen Mühseligkeiten der Transport über das Hochland von Südgaliläa geschafft. In Tiberias werden die beiden Boote wieder zu Wasser gebracht. Von Lynch auf dem See Genezareth angestellte Höhenmessungen lösen die erste große Überraschung auf dieser Reise aus. Zunächst glaubt er an einen Irrtum, aber die Kontrollmessungen bestätigen das Resultat. Die Oberfläche des aus der Jesusgeschichte weltbekannten Sees Genezareth liegt 208 Meter unter dem Mittelmeerspiegel! In welcher Höhe mag der Jordan, der diesen See durchfließt, entspringen?

Tage später steht Lynch oben an einem Hang des schneebedeckten Hermon. Aus den Überresten von Säulen und zerbroche-

nen Toreingängen schält sich das kleine Dorf Baniyas. Ortskundige Araber führen ihn durch dichtes Oleandergebüsch zu einer von Geröll halbverschütteten Höhle in der steilen Kalksteinwand des Hermon. Gurgelnd schießt aus ihrem Dunkel klares Wasser ins Freie. Das ist eine der drei Jordanquellen. Die Araber nennen den Jordan Nahr esch-Scheri'a el-Kebine, „Großer Fluß". Hier lag das alte Panion, hier baute Herodes dem Augustus zu Ehren einen Tempel des Pan. Muschelförmige Nischen sind neben der Jordanhöhle in den Felsen getrieben. „Priester des Pan" ist in griechischer Schrift noch deutlich zu lesen. An der Quelle des Jordan wurde zur Zeit Jesu der Hirtengott der Griechen verehrt, hob der bocksfüßige Pan die Flöte an die Lippen, als wolle er dem Jordan zu seiner weiten Reise ein Lied aufspielen. Nur fünf Kilometer westlich von dieser Quelle lag das biblische Dan, der häufig genannte nördlichste Ort des Landes. Auch dort sprudeln klare Quellwasser aus dem Südhang des Hermon. Ein dritter Quellbach schießt aus einem höher gelegenen Tal herab. Die Talsohle liegt wenig oberhalb Dans 500 Meter über dem Meeresspiegel.

Wo der Jordan 20 Kilometer südlich den kleinen Hulesee erreicht, hat sich das Bett bereits bis auf zwei Meter über dem Meeresspiegel gesenkt. Dann stürzt der Fluß die wenig mehr als zehn Kilometer steil hinab zum See Genezareth. Auf seinem Lauf von den Hermonhängen bis hierher bewältigt er auf einer Strecke von nur 40 Kilometern 700 Meter Höhenunterschied.

Von Tiberias aus fahren die amerikanischen Expeditionsteilnehmer in den beiden Metallbooten die endlosen Windungen des Jordan hinab. Allmählich wird die Vegetation spärlicher, nur an den Ufern wuchert noch dichtes Gestrüpp. Unter der tropischen Sonne taucht zur Rechten eine Oase auf: Jericho. Bald darauf sind sie am Ziel. Zwischen fast senkrecht abfallende Felswände gebettet liegt vor ihnen die in der Sonne gleißende riesige Wasserfläche des Toten Meeres.

Das erste ist ein Bad. Die Männer, die hineinspringen, haben das Gefühl, als würden sie wieder herausgehoben, als hätten sie Schwimmwesten angelegt. Die alten Berichte haben also nicht gelogen. In diesem Meer kann niemand ertrinken. Die sengende Sonne trocknet die Haut der Männer fast augenblicklich. Die dünne Salzkruste, die das Wasser auf ihren Körpern zurückgelassen hat, läßt sie ganz weiß erscheinen. Keine Muschel, kein Fisch, kein Tang, keine Korallen – auf diesem Meer hat nie ein Fischerboot geschaukelt. Hier gibt es weder Früchte des Meeres noch Früchte des Landes. Denn trostlos kahl sind auch die Ufer. Mächtige Ablagerungen verkrusteter Salze bilden den Strand, und die Felswände darüber funkeln in der Sonne wie Diamanten. Die Luft ist von beißenden Gerüchen erfüllt. Es riecht nach Petroleum und Schwefel. Ölige Flecken von Asphalt – die Bibel nennt es *Erdharz* (1. Mose 14,10) – treiben auf den Wellen. Selbst der leuchtend blaue Himmel und die allmächtige Sonne können der feindlich anmutenden Landschaft kein Leben einhauchen.

22 Tage kreuzen die Boote der Amerikaner auf dem Toten Meer. Sie nehmen Wasserproben, machen ihre Analysen, und immer wieder geht das Senkblei in die Tiefe. Die Mündung des Jordan, das Tote Meer, liegt 392 Meter unter dem Meeresspiegel! Gäbe es eine Verbindung zum Mittelmeer, so würden der Jordan und der 105 Kilometer entfernte See Genezareth verschwinden. Ein gewaltiges Binnenmeer würde sich bis fast zum Ufer des Hulesees hinauf erstrecken!

„Wenn ein Sturm durch den Felsenkessel dahinbraust", vermerkt Lynch, „so schlagen die Wellen wie Hammerschläge an die Bootswände; aber die Schwere des Wassers bringt es mit sich, daß sie sich in kurzer Zeit beruhigen, nachdem der Wind aufgehört hat."

Aus dem Expeditionsbericht erfährt die Welt zum erstenmal zwei erstaunliche Tatsachen. Das Tote Meer reicht 400 Meter in die Tiefe; der Meeresboden liegt demnach etwa 800 Meter unter dem Mittelmeerspiegel. Das Wasser des Toten Meeres enthält rund 30 Prozent feste Bestandteile, größtenteils Chlornatrium, das ist Kochsalz. Die Weltmeere dagegen enthalten 3,3 bis 4 Prozent Salz. Der Jordan und viele kleinere Flüsse münden in das 76 Kilometer lange, 17 Kilometer breite Becken, das keinen einzigen Abfluß aufweist. Unter der glutenden Sonne verdunsten Tag für Tag auf der Meeresoberfläche 8 Millionen Kubikmeter Wasser. Was die Zuflüsse an chemischen Stof-

fen mit sich führen, bleibt in dem 1292 Quadratkilometer großen Becken zurück.

Erst nach der Jahrhundertwende erwacht mit den Ausgrabungen im übrigen Palästina auch das Interesse an Sodom und Gomorra. Forscher begeben sich auf die Suche nach den verschollenen Städten, die in biblischer Zeit im *Tal Siddim* gelegen haben sollen.

Am äußersten Südostzipfel des Toten Meeres wurden die Überreste einer größeren Siedlung ausfindig gemacht. Heutzutage noch wird die Stätte Zoar genannt. Die Forscher frohlocken, denn *Zoar* war eine der fünf reichen Städte im Tal Siddim, die den vier fremden Königen die Tributzahlungen verweigert hatten. Aber die sogleich vorgenommenen Probegrabungen bringen nur Enttäuschung. Damit bleibt ungeklärt, ob Zoar mit dem biblischen Ort gleichen Namens identisch ist.

Die Datierung der zutage kommenden Ruinen weist sie als Reste einer Stadt aus, die im frühen Mittelalter hier blühte. Von dem alten Zoar des Königs von Bela (1. Mose 14,2) und seinen Nachbarresidenzen findet sich keine Spur. Dabei deuten mancherlei Anzeichen in der Umgebung des mittelalterlichen Zoar auf eine dichte Besiedlung des Landes in sehr früher Zeit.

Großes Aufsehen erregte die 1975 begonnene Ausgrabung des nordsyrischen Tell Mardikh. Der italienische Gelehrte Giovanni Pettinato fand hier Ebla, eine Stadt des 3. Jahrtausends v. Chr. mit einer hohen Kultur und einer für damalige Verhältnisse enorm differenzierten Gesellschaftsstruktur. In den Texten des reichen Tontafelarchivs von Ebla entzifferte Pettinato neben anderen Namen, die aus der Bibel vertraut sind, auch die Namen der Städte Sodom, Gomorra, Adma und Zebojim am Toten Meer.

Wie eine Landzunge ragt am Ostufer des Toten Meeres die Halbinsel el-Lisan weit ins Wasser hinein. Der arabische Name bedeutet „die Zunge". Die Bibel erwähnt sie bei der Aufteilung des Landes nach der Eroberung. Die Grenzen des Stammes Juda werden genau umrissen. Dabei gibt Josua von der Grenze im Süden eine ungemein charakteristische Schilderung: Bei der Beschreibung des dem Stamm Juda zugeteilten Gebiets heißt es: *Seine Südgrenze ging vom Ende des Salzmeers, von seiner südlichen Spitze, und geht dann südwärts vom Skorpionensteig und geht weiter nach Zin…* (Josua 15,2).

Bei dieser Landzunge verläuft der Boden unter dem Wasserspiegel in einem mächtigen Knick, der das Meer gleichsam in zwei Teile scheidet. Zur Rechten der Halbinsel senkt sich

Oben: Blick von der Judäischen Wüste auf das Tote Meer, dessen Spiegel rund 400 Meter unter dem des Mittelmeers liegt.

Unten und rechte Seite: Das Tote Meer heißt in der Bibel „Salzmeer". Aufgrund der starken Verdunstung besitzt es einen Salzgehalt von über 26 Prozent, der jede Art von Leben im Wasser unmöglich macht und an den Ufern mächtige Salzablagerungen entstehen läßt.

Folgende Doppelseite: Blick über das Tote Meer zum Transjordanischen Hochland.

der Boden steil in eine Tiefe von fast 400 Metern. Zur Linken der Landzunge bleiben die Wasser merkwürdig flach. Messungen ergaben im Südbecken nur Tiefen zwischen 15 und 20 Metern.

Geologen fügten diesen Beobachtungen eine weitere hinzu, die Ursache und Ablauf der biblischen Erzählung von der Vernichtung Sodoms und Gomorras erklären könnte.

Die amerikanische Expedition unter Lynch hatte 1848 die erste Kunde von dem gewaltigen Gefälle des Jordan auf seinem kurzen Weg durch Palästina gebracht. Was sich im Sturz des Flußbettes bis tief unter den Spiegel der Weltmeere abzeichnet, ist, wie erst weitere Forschungen ergaben, ein einzigartiges geologisches Phänomen. „Es mag auf der Oberfläche eines anderen Planeten etwas geben, was dem Jordantal gleichkommt, auf dem unseren nicht", schreibt der Glasgower

Hebraist George Adam Smith in seinem Werk „Die historische Geographie des Heiligen Landes". „Kein anderer Teil unserer Erde, der sich nicht unter Wasser befindet, liegt tiefer als 100 Meter unter dem Meeresspiegel."

Das Jordantal ist nur ein Teil eines mächtigen Risses in unserer Erdkruste. Der Verlauf dieser Erdspalte wurde inzwischen genau erkundet. Sie beginnt viele hundert Kilometer von den Grenzen von Palästina hoch im Norden, zu Füßen der Taurusberge in Kleinasien. Im Süden verläuft sie vom Südufer des Toten Meeres über die Wüste Araba zum Golf von Akaba und endet erst jenseits des Roten Meeres in Afrika. An vielen Stellen dieser Riesensenke sind Zeichen ehemaliger Vulkantätigkeit nachweisbar. Der Erdeinbruch legte die

vulkanischen Kräfte frei, die längs der Spalte überall in der Tiefe schlummern. Im oberen Jordantal erheben sich noch heute die Krater erloschener Vulkane, in den Bergen von Galiläa, auf dem Hochland von Jordanien, an den Ufern des Jabbok, am Golf von Akaba lagern über dem Kalkboden große Lavafelder und mächtige Basaltschichten. Seit undenklichen Zeiten werden die Gebiete an dieser Senke von Erdbeben immer wieder heimgesucht. Sie sind wiederholt bezeugt, auch die Bibel berichtet davon.

Versanken Sodom und Gomorra, als – begleitet von Erdbeben und Vulkanausbrüchen – vielleicht ein Stück des Grabenbodens noch etwas einbrach? Erweiterte sich das Tote

Rechts: Schafherde in den Bergen der Judäischen Wüste oberhalb des Toten Meeres.

Links: Südlich der Judäischen Wüste erstreckt sich der Negev, „trockenes, versengtes Land", wie der Name besagt. In der Bibel heißt diese Wüste „Mittagsland" oder „Südland".

Meer damals nach Süden hin, und wurde das *Tal Siddim* zum See?

Je näher man dem Südende des Toten Meeres kommt, um so öder und wilder wird die Gegend, um so unheimlicher und bedrückender die Szenerie der Bergwelt. In ewigem Schweigen stehen die Berge, deren zerrissene Steilwände senkrecht ins Meer abfallen und unten in kristallenem Weiß starren. Auf beklemmende Weise hat die beispiellose Katastrophe ihren Stempel dieser Gegend unvergänglich eingeprägt. Nur selten zieht ein Nomadentrupp durch eines der schroff zerklüfteten Täler landeinwärts.

Wo die ölig schweren Wasser im Süden enden, bricht an beiden Ufern auch die bedrückende Felskulisse jäh ab, um einer bittersalzigen Marschniederung Platz zu machen. Der rötliche Boden ist von zahllosen Rinnsalen durchzogen und wird dem unachtsamen Wanderer leicht gefährlich. Weit schwingt die Sumpfniederung gen Süden zum Wüstental des Wadi Araba, das bis zum Roten Meer reicht.

Westlich von Südufer, in Richtung auf das biblische *Mittagsland*, den Negev, dehnt sich ein Hügelrücken 45 Meter hoch und 15 Kilometer lang von Norden nach Süden. Über seinen Hängen liegt bei Sonnenlicht ein Funkeln und Glitzern wie von Diamanten. Es ist ein sel-

tenes Naturphänomen. Der größte Teil dieses kleinen Gebirges besteht aus reinen Salzkristallen. Die Araber nennen ihn Dschebel Usdûm, ein Name, in dem sich das Wort Sodom erhalten hat. Viele Salzblöcke sind vom Regen ausgewaschen und von den Höhen herabgestürzt. Sie haben seltsame Formen, einige stehen aufrecht wie Statuen. In ihren Umrissen vermeint man wahrhaftig plötzlich menschliche Gestalten zu erkennen. Die befremdlichen Salzstatuen erinnern lebhaft an die Erzählung der Bibel von Lots Frau, die wegen ihres Ungehorsams zur Salzsäule erstarrte. Und alles, was in der Nähe des Salzmeeres liegt, überzieht sich noch heute in kurzer Zeit mit einer Kruste aus Salz.

IM REICHE DER PHARAONEN

*Josef wurde hinab nach Ägypten geführt, und
Potifar, ein ägyptischer Mann, des Pharao
Kämmerer und Oberster der Leibwache, kaufte ihn
von den Ismaelitern, die ihn
hinabgeführt hatten.
Und der Herr war mit Josef, so daß er ein Mann
wurde, dem alles glückte…
Und weiter sprach der Pharao zu Josef:
Siehe, ich habe dich über ganz Ägyptenland gesetzt.*

1. Mose 39,1; 41,41

JOSEF IN ÄGYPTEN

Die Erzählung von Josef, der von seinen Brüdern nach Ägypten verkauft wird und sich später als Großwesir mit ihnen versöhnt, ist unstreitig eine der schönsten Geschichten der Weltliteratur! *Und es begab sich danach, daß seines Herrn Frau ihre Augen auf Josef warf und sprach: Schlafe bei mir! Er weigerte sich aber…* (1. Mose 39,7–8). Da ihr Mann nach Hause kam, sprach sie: *Der hebräische Knecht, den du uns hergebracht hast, kam zu mir herein und wollte seinen Mutwillen mit mir treiben* (1. Mose 39,17).

„Ben Akiba" – schmunzelten die Ägyptologen gleich beim ersten Studium der Übersetzung des Papyrus Orbiney. Was sie da aus Hieroglyphen entzifferten, war eine vielgelesene Geschichte aus der Zeit der 19. Dynastie mit dem diskreten Titel *Das Märchen von den zwei Brüdern.*

Es waren einmal zwei Brüder… Der Name des älteren war Anubis, der jüngere hieß Bata. Anubis besaß ein Haus und ein Weib, und sein jüngerer Bruder lebte bei ihm, als ob er sein Kind wäre. Er trieb die Herde aufs Feld und führte sie abends heim und schlief mit dem Vieh im Stall. Als es Zeit zum Pflügen wurde, da pflügten die beiden Brüder zusammen auf dem Acker. Einige Tage waren sie auf dem Felde, und sie hatten Mangel an Korn. Da schickte der ältere seinen jüngeren Bruder fort: „Lauf und bring uns Korn aus der Stadt." Sein jüngerer Bruder fand die Frau seines älteren Bruders, wie sie gerade frisiert wurde. Da sagte er zu ihr: „Steh auf und gib mir Korn, damit ich aufs Feld laufe. Denn mein Bruder hat gesagt: Mach mir schnell und halte dich nicht auf!" … Er belud sich mit Korn und Spelt und ging mit dieser Last hinaus… Da sagte sie zu ihm: „Du hast große Kraft in dir! Ich sehe ja täglich deine Stärke… Komm! Laß

Die gewaltigen Pyramiden von Gize mit den Gräbern der Könige Cheops, Chephren und Mykerinos wurden zu Wahrzeichen des Pharaonenreiches.

uns eine Stunde uns niederlegen! – Das möge
dir angenehm sein. Und ich will dir auch
schöne Kleider machen." Da wurde der Jüng-
ling zornig wie ein Panther des Südens ...
wegen der schlimmen Rede, die sie zu ihm
gesagt hatte. Aber er sagte zu ihr: „Was ist das
für eine große Schande, die du zu mir gesagt
hast. Sage das nicht wieder zu mir! Dann will
ich es auch keinem sagen..." Dann hob er
seine Last auf und ging auf das Feld ... Die
Frau fürchtete sich aber wegen der Rede, die
sie gesprochen hatte. Sie holte Fett und richtete sich zu wie eine, die von einem Frechen
mißhandelt ist. Ihr Mann ... fand seine Frau
daliegen, krank durch Gewalttat... Da sagte
ihr Mann zu ihr: „Wer hat mit dir geredet?" Sie
antwortete ihm: „Niemand ... außer deinem
jüngeren Bruder. Als er gekommen war, um
Korn ... zu holen, fand er mich allein dasitzen
und sagte zu mir: ‚Komm, laß uns eine Stunde
niederliegen! Binde deine Haare auf...' Aber
ich hörte nicht auf ihn. ‚Bin ich denn nicht
deine Mutter? Und ist dein älterer Bruder nicht
wie ein Vater zu dir?' So sagte ich zu ihm. Da
fürchtete er sich und schlug mich, damit ich
es dir nicht mitteilen sollte. Wenn du ihn nun
am Leben läßt, dann werde ich sterben." Da
wurde sein Bruder wild wie ein Panther des
Südens. Er ließ sein Messer schleifen... um
seinen jüngeren Bruder zu töten...

Die Geschichte einer Ehebrecherin, eingebet-
tet in ein ägyptisches Märchen, als Vorbild
der biblischen Josefsgeschichte? Über das
Für und Wider stritten Gelehrte anhand des
Papyrus Orbiney noch lange nach der Jahrhundertwende. Über den Aufenthalt Israels in
Ägypten dagegen fehlte – von der Bibel abgesehen – jegliche Spur. Historiker wie Theo-
logieprofessoren sprachen von der „Josefs-
legende". Gerade aus einem Lande wie Ägypten konnte man eine zeitgenössische Dokumentation über das Geschehen erhoffen, ja
erwarten, von dem die Bibel berichtet. Zumindest was Josef anbetrifft. Denn er soll Großwesir des Pharaos und damit ein im Nilland
großmächtiger Mann gewesen sein.

Kein Staat des Alten Orients hat uns seine
Geschichte so getreu überliefert wie Ägypten.
Bis um das Jahr 3000 v.Chr. können wir bei-
nahe lückenlos die Namen der Pharaonen zurückverfolgen, kennen wir die Reihenfolge
der Dynastien aus dem Alten, dem Mittleren
und dem Neuen Reich. Bei keinem anderen
Volk wurden die bedeutsamen Ereignisse, die
Taten der Herrscher, ihre Feldzüge, ihre Tem-
pel- und Palastbauten wie auch Literatur und
Dichtung so genau aufgezeichnet.

Aber diesmal blieb Ägypten den Forschern
alle Antwort schuldig. Nicht genug, daß sie
nichts über Josef fanden, sie entdeckten auch

Das Relief aus dem Grab
Haremhabs in Sakkara bei
Memphis zeigt Syrer und
Libyer als Bittsteller vor
einem hochgestellten ägyptischen Beamten. Sie sind
niedergekniet oder haben
sich niedergeworfen; einer
liegt auf dem Bauch, ein
anderer sogar auf dem Rük-
ken (Rijksmuseum van Oud-
heden, Leiden).

aus seiner Zeit viel weniger Dokumente und
Monumente als in den vorhergehenden Jahrhunderten. Die Aufzeichnungen reißen um
1650 v.Chr. schlagartig ab. Erst 1575 v.Chr.
tauchen wieder aussagekräftige zeitgenössische Zeugnisse auf. Wie ist das Fehlen fast
jeder Kunde über eine solche Zeitspanne
zu erklären?

Unfaßbar Ungeheuerliches bricht um
1650 v.Chr. über das Nilland herein.
Plötzlich, wie ein Blitz aus heiterem
Himmel, jagen Krieger auf pfeilschnel-
len Wagen ins Land, ganze Kolonnen, in
Staubwolken gehüllt; an den Grenzforts
dröhnt Tag und Nacht das Trampeln der Hufe,
es hallt durch die langen Straßen der Städte,
über Tempelplätze und die prunkvollen Höfe
der Pharaonenpaläste. Und noch ehe die
Ägypter es begreifen können, ist es geschehen: Ihr Land ist überrumpelt, überrannt,
besiegt. Der Riese vom Nil, der nie zuvor in
seiner Geschichte fremde Eroberer sah, liegt
gefesselt am Boden.

Mit einem Blutbad beginnt die Herrschaft der
Eroberer. Die Hyksos, semitische Stämme
aus Kanaan und Syrien, kennen kein Erbar-
men. Mit dem Schicksalsjahr um 1650 v.Chr.
endet die dreizehnhundertjährige Herrschaft
der Dynastien. Das Mittlere Reich der Pharaonen zerbricht unter dem Ansturm des asiatischen Volkes, der „Herrscher fremder Länder". Das bedeutet der Name Hyksos.
Die Erinnerung an diese politische Katastrophe blieb im Volk am Nil lebendig, wie

und durch eine Besatzung von 240 000 Männern, die er dorthin verlegte, um sie zu halten. Dorthin ging Salatis jeden Sommer, zum Teil, um sein Korn zu sammeln und seinen Soldaten die Löhne zu zahlen, und zum Teil, um seine bewaffneten Männer zu trainieren und damit den Fremden Furcht einzujagen.

Man vermutet, daß Auaris mit Tell el-Daba im Ostdelta des Nil identisch ist, wo eine Hyksosfestung ergraben und ein kanaanäischer Tempel wurden.

eine von dem ägyptischen Geschichtsschreiber Manetho, der in der Ptolemäerzeit lebte, erhalten gebliebene eindringliche Schilderung beweist: *Da war ein König von uns mit Namen Timaios. In dessen Regentschaft geschah es. Ich weiß nicht, warum Gott mit uns unzufrieden war. Da kamen überraschend Männer unbekannter Geburt aus den östlichen Landen. Sie hatten die Kühnheit, einen Feldzug in unser Land zu machen, und sie unterwarfen es mit Gewalt, leicht, ohne eine einzige Schlacht. Und als sie unsere Herrscher unter ihre Gewalt gebracht hatten, brannten sie barbarisch unsere Städte nieder, zerstörten die Tempel der Götter. Und alle Einwohner wurden grausam behandelt, denn sie erschlugen einen Teil und führten die Kinder und Frauen von anderen in die Sklaverei. Schließlich ernannten sie einen der Ihren zum König. Sein Name war Salatis, und er lebte in Memphis und machte sich Ober- und Unterägypten tributpflichtig und errichtete Garnisonen an Orten, die am geeignetsten für ihn waren ... und als er in dem saïtischen Gau eine Stadt fand, die für seine Zwecke geeignet war, die östlich vom Arm des Nil bei Bubastis lag und die auch Auaris genannt war, baute er sie wieder auf und machte sie sehr stark durch Mauern, die darum errichtet wurden,*

Links: Der aus Vorderasien nach Ägypten übernommene Wagen hatte dort zunächst wenig praktische Bedeutung, eignete sich aber für repräsentative Ausfahrten des Königs. Prunkwagen, wie sie dabei benutzt wurden, haben sich im Grab Tutanchamuns erhalten. Es spricht für die außerordentliche Stellung des ägyptischen Josef, wenn ihn der König auf „seinem zweiten Wagen" fahren ließ.

Rechts: Anläßlich hoher Tempelfeste verlieh der Pharao vom „Erscheinungsfenster" aus „Lobgold" an seine verdienten Beamten. Goldene Halskragen, Würdestäbe, Siegelringe und Armbänder waren Würde- und Machtzeichen der Beamtenhierarchie. Das Relief von einer Stele des Marmin, Wächters des königlichen Harems, zeigt eine solche Ehrung durch König Sethos I. (Louvre, Paris).

Die biblische Josefsgeschichte und der Aufenthalt der Söhne Jakobs, der von Jahwe den Namen Israel erhielt, in Ägypten sind mutmaßlich in die Zeit turbulenter Zustände am Nil unter der Herrschaft der landfremden Hyksos gefallen. Es nimmt daher nicht wunder, wenn uns davon keine zeitgenössische ägyptische Kunde überkam. Dennoch gibt es mittelbare Argumente für die Echtheit der Josefsgeschichte. Die Bibeldarstellung des historischen Hintergrundes ist echt, echt bis ins Detail ist auch das ägyptische Kolorit. Die Ägyptologie bestätigt es.

Gewürze und Spezereien bringen die Ismaeliter, nomadische Kaufleute, nach Ägypten mit, wo sie Josef verkaufen (1. Mose 37,25). Nach solchen Dingen herrscht im Nilland rege Nachfrage. Man braucht sie bei den Gottesdiensten, wo die herrlich duftenden Kräuter in den Tempeln als Räucherwerk verbrannt werden. Den Ärzten sind sie für die Heilung der Kranken unentbehrlich, und Priester verlangen nach ihnen, wenn sie die vornehmen Toten einbalsamieren.

Potifar heißt der Ägypter, an den Josef verkauft wird (1. Mose 37,36). Das ist ein überaus charakteristischer Name des Landes. Auf ägyptisch lautet er *Padi-pa-Re*, „der vom Gott Re Geschenkte".

**Oben: Arabische Hirtenno-
maden am Nil mit ihren typischen dunklen Ziegenhaar-
zelten.**

**Rechte Seite: Zu den frucht-
barsten Gebieten Ägyptens
zählt die riesige Oase
Fayum. Sie liegt in einer
Landsenke unter dem Mee-
resspiegel und wird vom sogenannten Josefsfluß
(rechts unten) bewässert.
Dieser wird oft als „Kanal"
bezeichnet, ist aber ein
natürlicher Seitenarm des
Nil. Bevor die Könige des
Mittleren Reiches um 1800
v. Chr. seine Wassermassen
regulierten, hatte er das
abflußlose Fayum alljährlich
in einen gewaltigen See verwandelt, der von Krokodilen
wimmelte.**

Josefs Erhebung zum Vizekönig von Ägypten
ist in der Bibel sozusagen protokollecht wiedergegeben. Er wird mit den Insignien seines
hohen Amtes bekleidet, erhält den Ring, das
Siegel des Pharaos, ein kostbares Leinen-
gewand und eine goldene Kette (1. Mose
41,42). Genauso haben ägyptische Künstler
auf Wandbildern und Reliefs diese feierliche
Amtshandlung dargestellt.

Als Vizekönig besteigt Josef den *zweiten
Wagen* des Pharaos (1. Mose 41,43). In der
Hyksoszeit kam der schnelle Kriegswagen
nach Ägypten. Seine „Luxusausführung" ist
der Prunkwagen, wie wir ihn aus dem Grab
Tutanchamuns und zahlreichen Darstellun-
gen aus der Zeit des Neuen Reiches kennen.
Der mit auserlesenen Pferden bespannte
Zeremonienwagen war der damalige Rolls-
Royce der Staatenlenker. Der erste Wagen
gebührte dem Herrscher, im *zweiten Wagen*
nahm der höchste Beamte des Reiches Platz.
Josef nimmt eine standesgemäße Frau zur
Ehe (1. Mose 41,45); ihr Name *Asenat* bedeutet „der Göttin Neith gehörig". Damit wird er
der Schwiegersohn eines einflußreichen Man-

nes, des *Potifera*, Priester des Sonnengottes
Re in Heliopolis. Heliopolis ist das biblische
On, etwas nördlich vom heutigen Kairo am
rechten Nilufer gelegen.

Dreißig Jahre ist Josef alt, als er sich an-
schickt, *durch ganz Ägyptenland* zu ziehen
(1. Mose 41,46). Mehr sagt die Bibel nicht darüber. Aber eine Stätte im Nilland hat bis heute
den Namen Josef bewahrt.

Als „ägyptisches Venedig" preist man die
Stadt Medinet el-Fayum. In den üppigen, rei-
chen Gärten der riesigen Oase Fayum gedei-
hen Orangen, Mandarinen, Pfirsiche, Oliven,
Granatäpfel und Weintrauben. Diese köstli-
chen Früchte verdankt das Fayum dem 334
Kilometer langen Wasserlauf, der das Nilwas-
ser herüberführt und diese Gegend, wo sonst
Wüste wäre, in ein Paradies verwandelt. Bahr
Yusuf, „Josefskanal", heißt dieser Nilarm nicht
nur bei den Fellachen, sondern unter diesem
Namen ist er auch in ganz Ägypten bekannt.
Im Volk geht die Erzählung, der biblische
Josef, in den arabischen Legenden der „Gro-
ße Wesir" des Pharaos, habe ihn
angelegt.

Oben: Das Grab des Menena in Schech Abd el-Kurna auf der thebanischen Westseite erfreut sich ob seiner reizenden Genreszenen bei den Touristen großer Beliebtheit. Der Grabbesitzer war Katasterbeamter und Vorsteher der königlichen Domänen. Da im Nilland die alljährliche Überschwemmung sämtliche Ackergrenzen verwischte, mußten die Felder jedesmal neu vermessen werden. Nach ihrer Größe und der Ergiebigkeit der Nilflut wurden die Abgaben errechnet, die als Naturalien in die königlichen Vorratsspeicher geliefert werden mußten. Ganz links erscheint Menena in höfischem Gewand und mit Schreibzeug, von seinen Gehilfen begleitet, auf dem Getreidefeld eines Bauern, der ihm zuallererst Geschenke und Erfrischungen anbietet. Zur Vermessung dient ein Seil mit Knoten im regelmäßigen Abstand. Auch die Ernte muß überwacht werden, damit keiner der Bauern und Erntehelfer etwa eine Garbe beiseite schaffe. Am wichtigsten aber ist die genaue Erfassung der Getreidemenge. Mit Maßscheffeln wird das Korn von einer Seite auf die andere gehäuft. Für den aufgeblähten Beamtenapparat Ägyptens ist bezeichnend, daß vier Mann scheffeln und acht das Ergebnis notieren.

Die Bibel schildert Josef als geschickten Organisator, der als Großwesir dem ägyptischen Volke in schweren Zeiten mit Rat und Tat beisteht, in Jahren des Überflusses Vorsorge trifft für Jahre des Mangels. So läßt er Korn einsammeln und in Getreidespeichern für Zeiten der Not aufbewahren.

Als nun die sieben reichen Jahre um waren im Lande Ägypten, da fingen an die sieben Hungerjahre zu kommen, wie Josef gesagt hatte. Und es ward eine Hungersnot in allen Landen, aber in ganz Ägyptenland war Brot (1. Mose 41,53–54).

Jahre der Trockenheit, Mißernten und Hungerperioden sind mehrfach in den Nillanden bezeugt. In ältester Zeit, zu Beginn des 3. Jahrtausends, soll nach einer Felsinschrift der Ptolemäerzeit beispielsweise eine siebenjährige Hungersnot gewesen sein. König Djoser läßt dem in Elephantine an den großen Nilkatarakten regierenden Gaufürsten folgende Botschaft überbringen: *Ich bin sehr besorgt wegen derer, die im Palaste sind. Mein Herz ist in großer Sorge über das Unglück, weil der Nil während der Dauer von sieben Jahren nicht gekommen ist. Es gibt wenig Feldfrüchte, es mangelt an Kräutern, es fehlt an allem Eßbaren. Jedermann bestiehlt seinen Nächsten... Die Kinder weinen, die jungen Leute schleichen einher. Der Alten Herz ist gebeugt, ihre Schenkel sind gelähmt, auf der Erde sitzen sie. Die Hofleute sind ratlos. Die Vorratskammern wurden aufgemacht, aber ... alles, was dagewesen, war aufgezehrt.*

Von den Getreidespeichern, die es schon im Alten Reich gab, wurden Überreste gefunden. In vielen Grabmälern befanden sich kleine Nachbildungen aus Ton. Anscheinend hatte man auch für die Toten an mögliche Hungerjahre gedacht.

Als aber Jakob sah, daß Getreide in Ägypten zu haben war, sprach er zu seinen Söhnen: Was seht ihr euch lange an? Siehe, ich höre, es sei in Ägypten Getreide zu haben; zieht hinab und kauft uns Getreide, daß wir leben und nicht sterben. Da zogen hinab zehn Brüder Josefs, um in Ägypten zu kaufen (1. Mose 42,1–3).

Das ist der Anlaß zur großen Reise, die zum Wiedersehen mit dem verkauften Bruder und zum Einzug der Israeliten in Ägypten führt. Der Vizekönig holt seinen Vater, seine Brüder und seine Verwandten ins Land. *Alle Seelen des Hauses Jakobs, die nach Ägypten, waren siebzig... Und Jakob sandte Juda vor sich her zu Josef, daß dieser ihm Goschen anwiese* (1. Mose 46,27–28). Der Vizekönig hatte für den Grenzübertritt die höchste Genehmigung eingeholt, und was die Bibel berichtet, entspricht vollkommen den Richtlinien der Regierung, durch Hunger vertriebenen Nomaden den Übertritt auf ägyptisches Gebiet zu gestatten.

Der Pharao sprach zu Josef: Es ist dein Vater und sind deine Brüder, die zu dir gekommen sind. Das Land Ägypten steht dir offen, laß sie am besten des Ort des Landes wohnen, laß sie im Lande Goschen wohnen, und wenn du weißt, daß Leute unter ihnen sind, die tüchtig sind, so setze sie über mein Vieh (1. Mose 47,5–6).

Ein Grenzbeamter schreibt seinem Vorgesetzten: *Eine andere Angelegenheit zur Mitteilung an meinen Herrn, und zwar: Wir haben den Durchzug der Beduinenstämme von Edom durch die Festung des Menephtha in Zeku nach den Sümpfen von der Stadt Per Atum ... gestattet, um sie und ihre Herden in der Besitzung des Königs, der guten Sonne jedes Landes ... am Leben zu erhalten...*

Per Atum, das hier im Hieroglyphentext auftaucht, ist das Pitom der Bibel im Lande Goschen, eine der späteren Frontstädte Israels in Ägypten (2. Mose 1,11).

Auf solcherart Fälle ist die ägyptische Grenzpolizei wie die höhere Beamtenschaft bis hin-

Links: Schon aus den frühesten Zeiten des ägyptischen Staates haben wir archäologische Zeugnisse von großen Getreidesilos zur Vorratshaltung. Sie galt nicht nur der Nahrungssicherung übers Jahr und dem Saatgetreide, sondern auch Notzeiten, in denen die Nilflut ausblieb. Auch die Darstellungen an Grabwänden des Alten Reiches sowie Holzmodelle der 11. Dynastie bestätigen die Bedeutung dieser Maßnahmen. Spätestens seit dem Neuen Reich übertrug man die Vorratswirtschaft zumindest teilweise den großen Tempeln. Auf ihrem sakrosankten Areal wurden weitläufige Magazine angelegt, wie sie zum Beispiel im Bezirk des Totentempels Ramses' II. in Theben-West noch gut erhalten sind. Gab es nach etlichen fetten Jahren Überschüsse, die die Kapazitäten der Silos zu sprengen drohten, konnte Getreide an notleidende Beduinen verkauft oder anderweitig exportiert werden. Ägypten verdiente dabei gut, und die Tempelwirtschaft florierte. Die biblische Josefsgeschichte weiß um diesen Sachverhalt und die bedeutende Stellung des zentralen Organisators.

auf zum Hofe geeicht. Das geht nach bewährter Verwaltungsschablone: Bittsteller um Weideland, Flüchtlinge aus Ländern, in denen Hungersnot herrscht, werden aufgenommen und fast stets in das gleiche Gebiet eingewiesen. Es liegt am Delta, am rechten Ufer des Nil im biblischen *Lande Goschen*. Vom Delta aus regieren auch die Hyksos.

Die Söhne Israels müssen sich im Lande Goschen sehr wohl gefühlt haben. Es war – genau wie es die Bibel beschreibt (1. Mose 45, 18; 46,32; 47,3) – außerordentlich fruchtbar und das Weideland ideal für die Viehzucht.

Als der alte Jakob stirbt, geschieht etwas mit ihm, was in Kanaan, in Mesopotamien wie bei seiner Sippe unbekannt und ungebräuchlich und daher für seine Angehörigen sehr bemerkenswert ist: Sein Leichnam wird einbalsamiert, also nach ägyptischem Brauch mumifiziert und in Binden gewickelt.
Und Josef befahl seinen Dienern, den Ärzten, daß sie seinen Vater zum Begräbnis salbten. Und die Ärzte salbten Israel, bis vierzig Tage um waren; denn so lange währen die Tage der Salbung. Und die Ägypter beweinten ihn siebzig Tage (1. Mose 50,2–3).

Über einen Zeitraum von 400 Jahren, in denen sich das politische Antlitz des „Fruchtbaren Halbmondes" völlig verändert, schweigt nun die Bibel. In diesen vier Jahrhunderten gehen gewaltige Verschiebungen im Völkergefüge vor sich. Sie unterbrechen die mehr als tausendjährige Geschichte der semitischen Reiche an Euphrat und Tigris. Jäh wird die große Kulturinsel des Vorderen Orients aus ihrem Eigenleben herausgerissen. Fremde Völker und Kulturen branden aus fernen, bisher unbekannten Ländern der Erde herein. Sie erlebt den ersten Zusammenstoß mit der übrigen Welt. Ägypten schüttelt die Fremdherrschaft der Hyksos ab, und die Pharaonen der 18. Dynastie errichten das glanzvolle Neue Reich. Die Ouvertüre zum Wiedererwachen des Riesen am Nil beginnt mit einem merkwürdigen Motiv: dem Gebrüll von Nilpferden.

Zum *Prinzen der Südstadt*, so kündet der Papyrus Sallier I im Britischen Museum, kommt der Gesandte des Hyksoskönigs Apophis aus Auaris. Die *Südstadt* ist Theben, ihr Prinz ist der Ägypter Sekenenre, tributpflichtig den fremden Eroberern im Delta. Erstaunt fragt der Prinz den Beauftragten der asiatischen Besatzungsmacht: *„Warum hat man dich nach der Südstadt gesandt? Wie kamst du dazu, die Reise zu machen?"* Der Bote antwortete ihm: *„König Apophis – langes Leben, Wohlstand und Gesundheit sei ihm! – läßt dir sagen: Beseitige den Teich der Nilpferde im Osten deiner Stadt, denn sie lassen mich nicht schlafen. Tag und Nacht ist ihr Lärm in meinen Ohren."* Da war der Prinz der Südstadt für eine Weile wie vom Donner gerührt, denn er wußte nicht, was er dem Gesandten des Königs Apophis – langes Leben, Wohlstand und Gesundheit sei ihm! – zur Antwort geben sollte. Schließlich sagt der Prinz: *„Nun gut, euer Herr – langes Leben, Wohlstand und Gesundheit sei ihm! – wird etwas über diesen Teich im Osten der Südstadt hören."* Der Gesandte aber läßt sich so nicht abspeisen. Er wird deutlich: *„Die Angelegenheit, in der er mich hierher schickte, muß ausgeführt werden!"* Der Prinz der Südstadt versucht nun auf seine Weise, den energischen Gesandten umzustimmen. Er ist in der uralten Taktik des Sektfrühstücks von heute, das freundliche Atmosphäre und Wohlwollen schaffen soll, wohlbewandert. Zeitgemäß und auf seine Art läßt er den borstigen Hyksosbeauftragten *mit guten Dingen versorgen, mit Fleisch und Kuchen…* Ohne Erfolg! Denn als jener abreist, hat er ein prinzliches Versprechen auf Papyrus in der Satteltasche: *„Alles, was du mir gesagt hast, werde ich tun. Sage ihm das."* Da rief der Prinz der Südstadt seine obersten Be-

Auch im fruchtbaren Ägypten gab es keine Garantie für satte Bäuche. Zwar überliefern die offiziellen Chroniken keine Katastrophen, doch gibt es genügend Hinweise auf Notzeiten. Nicht immer war die Nilüberschwemmung, die allein die Fruchtbarkeit des nahezu regenlosen Landes bedingt, ausreichend; dann war die Ernte knapp. Fiel die Flut einmal ganz aus, kam die Not, und geschah dies mehrmals hintereinander, wurde sie bitter. Ein frühes Dokument solchen Elends ist ein um 2300 v. Chr. entstandenes Relief vom Aufweg zur Pyramide des Königs Unas in Sakkara. Es zeigt bis auf die Knochen ausgemergelte Gestalten, die schwach und hinfällig am Boden hocken. Ihnen wird freilich geholfen; des Königs Vorratswirtschaft bewährt sich. Auch mancher Gaufürst konnte sich rühmen: „Es gab keinen Hungrigen zu meiner Zeit. Als Hungerjahre eintraten, erhielt ich die Leute am Leben…" Die organisierte Vorratswirtschaft Ägyptens kam auch den asiatischen Nachbarn zugute, wenn dort Not herrschte. Allerdings hatten sie keine milden Gaben zu erwarten, sondern zu bezahlen.

Bei Herodot, dem „Vater der Geschichte", der im 5. Jahrhundert v. Chr. Ägypten bereist hat, können wir nachlesen, wie genau diese Beschreibung dem ägyptischen Brauch entspricht. Josef wird später auf die gleiche Art bestattet.

Unter den ägyptischen Pharaonen hätte nie ein *Sandbewohner* Vizekönig werden können. Nomaden züchteten Esel, Schafe und Ziegen, und nichts war den Ägyptern verächtlicher als Kleintierhalter. *Denn alle Viehhirten sind den Ägyptern ein Greuel* (1. Mose 46,34). Nur bei den landfremden Hyksos hatte ein „Asiate" die Chance, zum höchsten Funktionär des Staatswesens aufzusteigen. Unter den Hyksos gab es wiederholt Beamte semitischen Namens. Auf Skarabäen aus der Hyksoszeit wurde der Name *Jakob-her* einwandfrei entziffert. „Und es ist nicht unmöglich", so lautete das Urteil des großen amerikanischen Ägyptologen James Henry Breasted zu Beginn des 20. Jahrhunderts, „daß ein Führer der Jakobstämme von Israel für eine Zeitlang in diesen dunklen Zeiten im Niltal die Herrschaft gewonnen hatte. Ein solches Ereignis würde überraschend gut zu dem Eindringen israelitischer Stämme nach Ägypten passen, das auf jeden Fall um diese Zeit stattgefunden haben muß."

400 JAHRE SCHWEIGEN

So wohnte Israel in Ägypten im Lande Goschen, und sie hatten es inne und wuchsen und mehrten sich sehr. 1. Mose 47,27

amten zusammen, wie auch jeden höheren Soldaten, den er hatte, und er wiederholte ihnen jene Botschaft, die ihm König Apophis – langes Leben, Wohlstand und Gesundheit sei ihm! – gesandt hatte. Da schwiegen sie einer wie alle eine ganze Zeit... Hier bricht der Papyrustext ab. Der Schluß der Erzählung fehlt leider, doch wir können aus anderen zeitgenössischen Zeugnissen rekonstruieren, was sich weiter ereignete.

Im Museum zu Kairo liegt die Mumie des Sekenenre. Als sie in Deir el-Bahri bei Theben entdeckt wurde, fesselte sie das besondere Interesse der Mediziner. Die Schädeldecke zeigt fünf schwere Hiebwunden. Sekenenre hatte im Kampf sein Leben eingebüßt.

Wie ein Märchen klingt es und war doch eine provozierende Behauptung: Das Gebrüll thebanischer Nilpferde störe noch oben im Delta den Hyksosherrscher. Nilpferdgebrüll ist wohl der ungewöhnlichste Casus belli der Weltgeschichte.

Kamose, der Sohn Sekenenres, führt den Aufstand gegen die verhaßten Bedrücker mit ebenso großer Entschlossenheit wie Umsicht. Stelentexte aus Karnak berichten davon. Erstmals marschieren wieder ägyptische Bataillone nilabwärts. Mit ihnen segelt und rudert eine wohlausgerüstete Flotte auf dem Strom gen Norden. In blutigen, erbitterten Kämpfen fällt 1580 v.Chr. nach jahrelangen Sturmangriffen Auaris, die Hochburg der Hyksos im Delta. Ahmose, der jüngere Bruder Kamoses, ist der umjubelte Befreier Ägyptens. Ein Namensvetter von ihm, Seeoffizier der neuen königlich-ägyptischen Marine, hat der Nachwelt an den Wänden seines Grabes in El-Kab einen Bericht über das entscheidende Kriegsereignis hinterlassen. Nach ausführlicher Beschreibung seiner Karriere meldet er militärisch knapp: *Man nahm Auaris ein, ich nahm dort einen Mann und drei Frauen gefangen, im ganzen vier Personen. Seine Majestät gab sie mir als Sklaven.*

Der Seeoffizier weiß auch vom Landkrieg zu erzählen: *Man belagerte Scharuhen drei Jahre lang, und Seine Majestät nahm es ein.* Auch diesmal hat es sich für Ahmose gelohnt: *Damals erbeutete ich dort zwei Frauen und eine Hand. Man gab mir das Gold der Tapferkeit, abgesehen davon, daß man mir die Gefangenen als Sklaven schenkte.*

Ein höchst seltsames Dokument einer Notzeit ist die sogenannte Hungersnotstele, ein beschrifteter Felsblock auf der Granitinsel Sehel mitten im Stromschnellengelände des ersten Katarakts bei Assuan. Die Inschrift stammt aus der Ptolemäerzeit, berichtet aber von einer siebenjährigen Trockenperiode unter der Regierung des Königs Djoser, der um 2700 v.Chr. regierte. Der Gaufürst von Assuan habe schließlich den Bau eines Tempels für den Schöpfergott Chnum angeregt, der für das üppige Sprudeln der Nilquellen zuständig war.

Scharuhen war durch seine beherrschende Lage im Negev ein wichtiger strategischer Punkt südlich der braunen Bergketten Judas. Man identifiziert es mit dem Tell El-Agul, den Flinders Petrie, Englands berühmter Archäologe, 1930–34 ausgegraben hat.

Die vielfarbigen Söldnerheere der Ägypter aus Negern, Asiaten und Nubiern marschieren weiter nach Norden, durch Kanaan. Aus der bitteren Erfahrung der Vergangenheit haben die Pharaonen des Neuen Reiches eine Lehre gezogen. Nicht noch einmal soll ihr Land einem Überraschungsangriff erliegen. Ägypten verliert keine Zeit, sich weit von seinen Grenzforts einen Pufferstaat zu schaffen. Palästina wird ägyptische Provinz. Aus ehemaligen Konsulposten, aus Handelsdepots und Kurierstationen in Kanaan und an der phönizischen Küste werden ständige Garnisonen, befestigte Stützpunkte, ägyptische Forts in einem unterworfenen Land.

Nach einer mehr als zweitausendjährigen Geschichte tritt der Riese am Nil aus dem Schatten seiner Pyramiden und Sphinxen mit dem Anspruch, aktiv in das Geschehen außerhalb seiner Grenzen einzugreifen und in der übrigen Welt mitzubestimmen. Ägypten reift nach und nach zu einer Weltmacht heran. Alles was außerhalb des Niltals lebte, waren zuvor nur verachtungswürdige „Asiaten", „Sandbewohner", Viehzüchter – Völker, nicht würdig der Beachtung eines Pharaos. Jetzt werden die Ägypter umgänglicher. Sie beginnen, mit anderen Ländern zu korrespondieren. Das war früher undenkbar. Unter dem diplomatischen Notenwechsel im Archiv des Palastes in Mari existiert kein einziges Schriftstück vom Nil. Tempora mutantur – die Zeiten ändern sich!

Der Vorstoß führt schließlich bis nach Syrien, ja bis zu den Ufern des Euphrat. Dort prallen die Ägypter unversehens auf Völker, von deren Existenz sie keine Ahnung hatten. Vergeblich suchen die Priester in den alten Papyrusrollen der Tempelarchive, studieren sie die Feldzugsberichte früherer Pharaonen. Nirgendwo findet sich auch nur eine Andeutung über das ihnen unbekannte Mitannireich!

Seine Gründung schreibt man einem sehr aktiven, schöpferischen Volk zu, dessen Name schon zur Zeit Abrahams in der Bibel erwähnt wird: den Churritern, die die Bibel *Horiter* nennt (1. Mose 14,6 ff.).

In der Nähe der Ölfelder von Kirkuk im Irak stießen Archäologen aus den Vereinigten Staaten und dem Irak auf eine umfangreiche Siedlung, die alte Stadt Nuzi der Churriter. Bergeweise geborgene Aufzeichnungen, dar-

Seit etwa 1650 v. Chr. erlebte Ägypten eine Fremdherrschaft vorderasiatischer Machthaber, die man als „Hega Hasut" (griechisch „Hyksos"), „Herrscher der Fremdländer", bezeichnete. Um 1560 v. Chr. hatte sich in Theben ein oberägyptisches Fürstengeschlecht so viel Macht angeeignet, daß es sich gegen die Nubier im Süden und anschließend gegen die Hyksos im Norden wenden konnte. Den kriegerischen Erfolg des Kamose krönte dessen jüngerer Bruder Ahmose um 1550 v. Chr. mit der Eroberung von Auaris und der Begründung des Neuen Reiches. Dokument dieser Tat ist die kostbare Streitaxt des Königs aus Gold, Elektron, Niello und Einlagen von Halbedelstein und Glasschmelz. Eine Seite der Klinge (rechts) zeigt den Geburts- und Thronnamen des Siegers, die Tötung eines Asiaten und den Flügelgreif als Symbol des thebanischen Kriegsgottes Month. Die andere Seite (links) stellt den König als Sphinx mit einem abgeschlagenen Asiatenkopf in den Löwenpranken dar; sie symbolisiert ferner die neue Einigung von Ober- und Unterägypten durch die jeweiligen Wappenpflanzen und Kronengöttinnen und zeigt oben den Gott Heh, der die „Millionen von Regierungsjahren" verleiht. Die Prunkaxt war das Siegeszepter des Freiheitshelden und Reichsneugründers. Man fand sie im Grab der Königsmutter Ahhotep bei Dra Abul Nega in Theben-West. Auch der Perlenarmreif mit dem Namen des Ahmose lag in ihrem Grab (linke Seite).

Folgende Doppelseite: Eine Truppe von vierzig nubischen Bogenschützen, die als Söldner in ägyptischen Diensten stehen. Die Modellgruppe stammt aus dem Grab des Mesekti in Assiut, der um 2000 v. Chr. lebte.

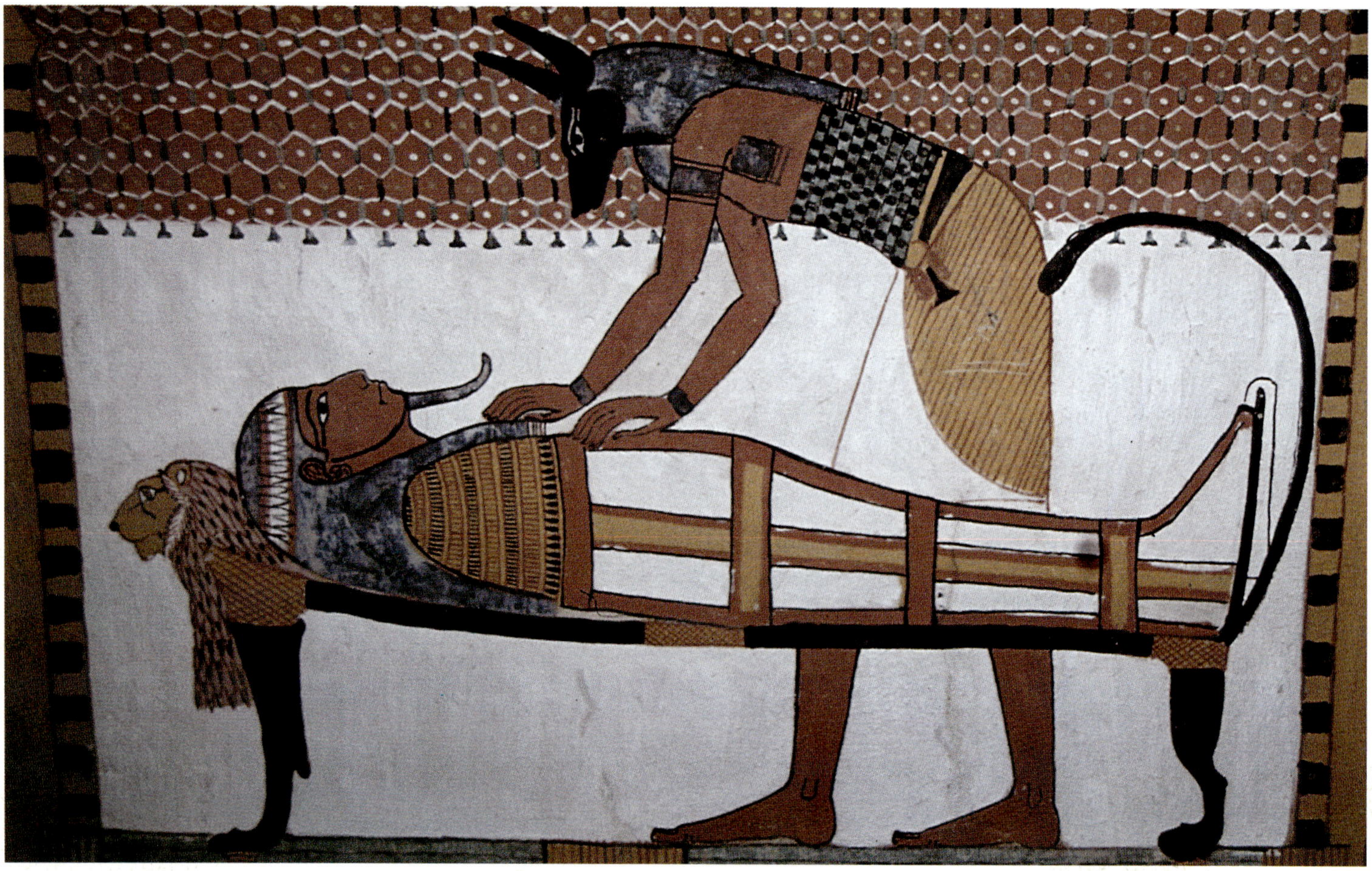

Oben: Eines der Gemälde im Grab der Sennodjem in Deir el-Medina stellt den schakalköpfigen Wüstengott Anubis dar, der den aufgebahrten Leichnam betreut und schützt. Die aufwendige und teure Prozedur des Balsamierens vornehmer Verstorbener versahen speziell ausgebildete Ärzte von priesterlichem Rang, und sie trugen bei ihrer Arbeit Anubismasken. Die „Salbung", die Josef seinem in Ägypten verstorbenen Vater Jakob angedeihen läßt, bedeutet nicht nur die Anwendung konservierender Öle, sondern auch die Entnahme der Eingeweide, die gesondert in Krügen bestattet wurden, den Wasserentzug durch Natronsalze und die Umwicklung mit Mumienbinden.

unter vor allem Heirats- und Erbkontrakte, enthielten die hochinteressante Information: Die biblischen Horiter waren kein semitisches Volk. Ihre Heimat waren die Berge am Vansee. Die churritischen Aufzeichnungen weisen darauf hin, daß zumindest die Führerschicht den Indoariern zuzuordnen ist. Sogar ihr Äußeres ist belegt; sie waren ein kurz-

schädeliger Typ wie die Armenier unserer Tage.

In Nordmesopotamien richteten die Churriter zwischen dem Oberlauf der Ströme Euphrat und Tigris das mächtige Reich Mitanni auf. Ihre Könige haben eine Aristokratie von Wagenkämpfern um sich geschart und tragen indoarische Namen. Die Aristokraten des Landes heißen *Marya*, was soviel wie „junge Krieger" bedeutet. *Marya* ist ein altindisches Wort, und altindischen Gottheiten sind auch ihre Tempel geweiht. Die Zauberlieder des Rigweda erklingen vor den Statuen des Mithras, des sieghaften Kämpfers des Lichtes gegen die Finsternis, des Indra, der über die Gewitter gebietet, und des Waruna, des Lenkers des ewig regelmäßigen Weltenlaufes. Die alten Götter der Semiten sind von ihren Sockeln gestürzt.

Die Churriter sind ausgesprochene Pferdeliebhaber, ja Pferdenarren. An den Ufern der breiten Ströme halten sie die ersten Derbys der Welt ab. Zucht- und Pflegeanweisungen für die Gestüte, Richtlinien für die Remontenausbildung, Anleitungen für das Zureiten junger Pferde, Futter- und Trainingsvorschriften für Pferderennen füllen regelrechte Ton-

tafelbibliotheken. Es sind hippologische Werke, die sich mit jedem modernen Zuchtbuch messen können. Das Pferd stand bei den Marya, den aristokratischen Wagenkämpfern, höher im Kurs als der Mensch.

Mit diesem Staat Mitanni hat Ägypten jetzt eine gemeinsame Grenze, der indessen keine Ruhe beschieden sein soll. Lokalfehden reißen nicht ab. In Überfällen von hüben und drüben sind ägyptische Bogenschützenabteilungen immer wieder in erbitterte Auseinandersetzungen mit den Wagenkämpfern verwickelt. In Feldzügen stoßen bald ägyptische Streitkräfte, dann wieder Truppen der Mitanni tief in das gegnerische Gebiet vor. Die Täler des Libanon, die Ufer des Orontes und des Euphrat sind der Schauplatz endloser Kämpfe und blutiger Metzeleien. Fast ein Jahrhundert lang liegen die beiden großen Reiche in ständiger Fehde.

Kurz vor 1400 v.Chr. bieten die streitbaren Mitanni den Ägyptern Frieden an. Aus Feind wird Freund. Was war der Grund zu der unverhofften Friedfertigkeit der kriegerischen Mitanniter?

Der Anstoß kam von außen, ihrem Reich drohte plötzlich ein Zweifrontenkrieg. Ein starker Gegner begann von Nordwesten, von Kleinasien aus, mit seinen Armeen die Grenzen zu berennen. Es war ein Volk, von dem bis in unser Jahrhundert die Gelehrten kaum etwas wußten, das aber im Alten Testament eine große Rolle spielt – die Hethiter.

Unter Hethitern schlug Abraham im Süden der Judaberge bei Hebron seine Zelte auf, und nach 1. Mose 23,3 ff. kaufte er von ihnen das Land, auf dem er die Grabstätte für seine Frau Sara errichtete. Esau soll, sehr zum Kummer seiner Eltern Isaak und Rebekka, zwei Hethiterinnen geheiratet haben (1. Mose 26, 34–35), und von König David heißt es, daß er *die Frau Urias, des Hethiters*, nahm (2. Samuel 11). Vom Propheten Hesekiel hören wir, daß Hethiter Jerusalem mitgründeten: *Nach Geschlecht und Geburt bist du aus dem Lande der Kanaaniter, dein Vater war ein Amoriter, deine Mutter eine Hethiterin* (Hesekiel 16,3).

Die Wiederentdeckung des völlig ins Reich der Vergessenheit gesunkenen Volkes der Hethiter gelingt kurze Zeit nach der Jahrhundertwende, im Herzen der Türkei.

Rechts: Der Fortbestand der Familiengemeinschaft war eine der wesentlichen Jenseitshoffnungen der Ägypter. So läßt sich der Nekropolenarbeiter Inherchaui in seinem Grab zu Deir el-Medina zusammen mit seiner Gemahlin und den Kindern darstellen. Die Kinder sind es auch, die für die kultische Versorgung des Grabes, für die nötige Aufwartung durch Totenpriester, für Speise und Trank zur Erhaltung der Lebensfunktionen der verstorbenen Eltern aufzukommen haben.

Linke Seite unten: „Und die Ägypter beweinten ihn siebzig Tage" (1. Mose 50, 3). Die vorgeschriebene Totenklage professioneller Klageweiber darf man sich vorstellen, wie sie auf der Wandmalerei im Grab des Ramose in Theben-West geschildert wird.

Im Hochland östlich der Hauptstadt Ankara beschreibt der Halys auf seinem Weg zum Schwarzen Meer einen mächtigen Bogen. Fast genau in der Mitte liegt der Ort Boghazköi. *Boghaz* heißt türkisch „Schlucht", *Köi* „Dorf". Bei diesem „Dorf in einer Schlucht" entdeckt 1905 der deutsche Assyrologe Hugo Winckler eine Menge Keilschriften, unter denen sich auch eine eigenartige Bilderschrift befindet. Sie erregen nicht nur unter den Gelehrten allergrößtes Aufsehen. Verblüfft erfährt die Öffentlichkeit, welcher Art das in der Bibel *Kinder Heth* genannte Volk war. Die Keilschriftenübersetzungen heben die bis dahin unbekannten indogermanischen Hethiter und das mit ihnen untergegangene Großreich wieder in das Blickfeld der Menschen.

Zwei Jahre später macht sich erneut eine Expedition aus Berlin nach Boghazköi auf den Weg. Diesmal wird unter der Führung des Präsidenten des Berliner Archäologischen Instituts, Otto Puchstein, das große Ruinenfeld oberhalb des Dorfes unter die Lupe genommen. An dieser Stätte thronte Hattusa, die stolze Residenz des Hethiterreiches. Was von ihr blieb, sind gewaltige Ruinen, Mauerreste, Tempelrümpfe, Festungstore, Trümmer einer ganzen Stadt. Ihre Mauer umfaßte ein Areal von 170 Hektar. Hattusa war nahezu so groß wie das mittelalterliche Nürnberg. An den Stadttoren lehnen mannshohe Reliefs. Diesen Bildnissen aus eisenhartem schwarzen Basalt verdanken wir unsere Kenntnis vom Äußeren hethitischer Könige und Krieger: Das lange Haupthaar lag wie ein aufgerollter Zopf über dem Rücken. Darüber saß eine eingeknickte hohe Mütze. Den kurzen Schurz hielt ein breiter Gürtel. Dazu trugen sie Schnabelschuhe.

Als um das Jahr 1370 v. Chr. der Hethiterkönig Suppiluliuma auszog und mit einem starken Heer gen Südosten marschierte, waren die Tage des Mitannireiches trotz aller geschickten Hauspolitik schon gezählt. Suppiluliuma zerschlug das Reich der Wagenkämpfer, zwang es zum Tribut und stieß dann weiter zu den Libanonbergen im Norden von Kanaan vor. Gleichsam über Nacht hatte Ägypten in Syrien einen anderen, nicht weniger starken und eroberungslustigen Nachbarn.

Aus dieser Zeit existiert ein köstliches Dokument. Mursilis, der Sohn des Suppiluliuma, teilt in seinen Annalen eine Episode vom Königshof der Hethiter mit, die ihn so nachhaltig beeindruckt haben muß, daß er sie niederschreiben ließ.

Anchesenamun, die Gemahlin des Pharaos Tutanchamun, war Witwe geworden. Sie hatte sehr berühmte Eltern, Echnaton und

Die um 1260 v. Chr. entstandenen Felsreliefs von Yazilikaya gehören zu den berühmtesten Denkmälern des Hethiterreichs. Sie stellen churritische Götter dar, deren Namen in Hieroglyphen genannt sind. In einer großen Szene umarmt der Gott Sharrumma den König.

Nofretete. Wir kennen sie von wundervollen ägyptischen Darstellungen als zartes blutjunges Geschöpf. Dennoch muß sie eine Frau gewesen sein, die genau wußte, was sie wollte, und unter Einsatz ihrer ganzen bezaubernden Person hohe Politik zum Wohle ihres Volkes zu treiben versuchte. Mit einem wohlbereiteten Pharaonenbett und -thron – welch verlockendes Angebot! – bemüht sie sich, den Angriffsplänen des mächtigen neuen Nachbarn den Wind aus den Segeln zu nehmen. Hethitische Krieger waren gerade in Amqa, das fruchtbare Land zwischen Libanon und Antilibanon, eingefallen.

Mursilis diktierte: *Als die Leute aus dem Ägypterland von dem Angriff auf Amqa hörten, erschraken sie. Da, um die Sache noch schlimmer zu machen, ihr Gatte gerade gestorben war, schickte die ägyptische Königin, die Witwe geworden war, einen Gesandten zu meinem Vater und schrieb ihm wie folgt: „Mein Mann starb, und ich habe keinen Sohn. Man sagt, daß Du viele Söhne habest. Wenn Du mir einen Deiner Söhne senden würdest, könnte er mein Mann werden. Ich habe einen Widerwillen dagegen, einen meiner Diener zu nehmen und ihn zu meinem Gemahl zu machen." Als mein Vater das vernahm, rief er die Großen zum Rat zusammen und sagte: „Solange die Welt besteht, ist vor mir so etwas noch nicht passiert." Er sandte seinen Kammerherrn, den Hattuzitis, aus: „Geh, bring du mir zuverlässige Informationen. Sie*

könnten versuchen, mich zu betrügen: Vielleicht haben sie einen Prinzen, darüber bring mir zuverlässige Informationen zurück." Der ägyptische Gesandte, der ehrenwerte Hanis, kam zu meinem Vater. Da mein Vater Hattizitis vor der Reise nach Ägypten instruiert hatte: „Vielleicht haben sie einen Prinzen: Sie könnten versuchen, mich zu betrügen, und einen meiner Söhne gar nicht nötig haben, um die Königsherrschaft zu übernehmen", antwortete die ägyptische Königin meinem Vater in einem Brief: „Warum sagst Du, sie könnten versuchen, mich zu betrügen. Hätte ich einen Sohn, würde ich dann nach einem fremden Lande in einer Weise schreiben, die demütigend für mich ist und mein Land? Du traust mir nicht und sagst mir sogar so etwas. Er, der mein Mann war, starb, und ich habe keine Söhne. Soll ich vielleicht einen meiner Diener nehmen und ihn zu meinem Gemahl machen? Ich habe nach keinem anderen Land geschrieben, ich habe nur an Dich geschrieben. Man sagt, Du habest so

viele Söhne. Gib mir einen Deiner Söhne, und er ist mein Gemahl und König im Lande von Ägypten." Da mein Vater so großzügig war, fügte er sich den Wünschen der Dame und beschloß, ihr den erbetenen Sohn zu senden. Dieser ungewöhnlichen Heiratsvermittlung in eigener Sache versagte das Schicksal den Erfolg. Pharaonenthron und -bett der Anchesenamun blieben leer. Der umworbene Anwärter, Prinz Zannanza, wurde auf dem Wege nach Ägypten ermordet.

Auf der gleichen Achse Halys—Nil führte etwa 75 Jahre später ein anderes Heiratsangebot zu einem Happy-End, obgleich die Ouvertüre aus Schlachtenlärm und Waffengeklirr alles andere erwarten läßt. Ramses II., der „Große" genannt, ist mit seinen Truppen durch Palästina nach Syrien gezogen. Er will die verhaßten Hethiter endlich entscheidend treffen.
Im Tal des Orontes, wo sich heute weite Baumwollfelder dehnen und die mächtige

Hattusa (Boghasköi) war wahrscheinlich die älteste königliche Residenz der Hethiter. Die gewaltige Befestigungsanlage besaß Mauern bis zu einer Stärke von acht Metern. Das sogenannte Löwentor wird in die Zeit um 1800 v.Chr. datiert.

Oben: Ramses II. in der Schlacht bei Kadesch.

Unten: Die sogenannte „Hochzeitsstele" in Abu Simbel berichtet von der Heirat Ramses' II. mit einer Hethiterprinzessin.

Rechte Seite: Tutanchamun mit seiner Gemahlin Anchesenamun. Als Witwe bot sie einem hethitischen Königssohn ihre Hand und den Pharaonenthron.

Kreuzritterburg „Krak des Chevaliers" in die fruchtbare Bukeaebene späht, etwas südlich vom tiefgrünen Homssee, lag damals die Stadt Kadesch. Vor ihren Toren stießen vier ägyptische Armeen auf die schnellen Kriegswagen und das Fußvolk der Hethiter. Zwar bringt die Feldschlacht Ramses II. nicht den erhofften Sieg – um ein Haar gerät er selber in Gefangenschaft –, aber mit ihr hören die kriegerischen Auseinandersetzungen auf, 1280 v. Chr. schließen Hethiter und Ägypter den ersten Nichtangriffs- und Verteidigungspakt der Weltgeschichte, von dem wir wissen. *Guter Friede und gute Bruderschaft* sollen fortan zwischen den beiden Reichen und ihren Völkern bestehen. Das gute Einvernehmen besiegelt obendrein die Heirat Ramses' II. mit einer Prinzessin der Hethiter.

Ramses II. stellte, was Eigenpropaganda und Selbstlob anbetrifft, alle seine Vorgänger weit in den Schatten. Die Kadeschschlacht hat er an seinen vielen Tempelbauten in Wort und Bild ausführlich darstellen und als großen Sieg feiern lassen. Auch den Wortlaut des Friedensvertrages, dessen akkadisch-keilschriftliche Version wir aus dem Tontafelarchiv von Boghazköi kennen, ließ er in eine Wand des Tempels von Karnak und des Ramesseums in Theben-West einmeißeln. Auch die Hochzeit mit der Hethiterprinzessin wurde in verschiedenen Tempeln, darunter in Karnak und Abu Simbel, auf Stelen verewigt:

Da kam jemand, um seiner Majestät die Mitteilung zu machen. Er sagte: „Sieh an, sogar der Große Fürst von Chatti. Seine älteste Tochter wird gebracht, und sie bringt Unmengen von Tributen aller Dinge… Sie haben die Grenze Seiner Majestät erreicht. Laß unsere Armee und die Würdenträger kommen, um sie zu empfangen!" Da empfand Seine Majestät große Freude, und der Palast war glücklich, als er diese seltsamen Dinge hörte, die ganz unbekannt in Ägypten waren. So sandte er die Armee und die Würdenträger schnell aus, um sie zu empfangen.

Eine vielköpfige Delegation wird nach dem Norden Palästinas in Marsch gesetzt, um die Braut einzuholen. Die Feinde von gestern verbrüdern sich: *So zog die Tochter des Großen Fürsten von Chatti nach Ägypten. Während die Infanterie, die Wagenkämpfer und die Würdenträger Seiner Majestät sie begleiteten, mischten sie sich mit der Infanterie und den Wagenkämpfern aus Chatti, das ganze Volk aus dem Lande der Hethiter war bunt durcheinandergemischt mit dem der Ägypter. Sie aßen und sie tranken zusammen, sie waren eines Herzens wie Brüder…*

Das große Brautgeleite zieht von Palästina nach der Ramsesstadt im Nildelta: *Dann führten sie die Tochter des Großen Fürsten von Chatti … vor Seine Majestät… Da sah Seine Majestät, daß sie schön von Antlitz war wie eine Göttin… Und er liebte sie mehr als alles andere…*

Auch Israeliten waren wohl Augenzeugen der festlichen Ankunft des Brautzuges in der Stadt Pi-Ramesse-Meri-Amun, das heißt „Haus Ramses', des Geliebten des Gottes Amun". Ihr Aufenthalt in dieser Stadt war allerdings keineswegs freiwillig.

Um diese Zeit nimmt die Bibel ihre Erzählung wieder auf. Vierhundert Jahre Emigration der Kinder Israel im Nilland hatte sie mit Stillschweigen übergangen. Böse Nachrichten stehen am Anfang eines neuen, bedeutungsvollen Abschnitts in der Geschichte des biblischen Volkes.

FRONARBEIT IN PITOM UND RAMSES

Da kam ein neuer König auf in Ägypten, der wußte nichts von Josef… Und man setzte Fronvögte über sie, die sie mit Zwangsarbeit bedrücken sollten. Und sie bauten dem Pharao die Städte Pitom und Ramses als Vorratsstädte. 1. Mose 1,8–11

Den neuen König, der nichts von Josef weiß, können wir mit großer Wahrscheinlichkeit als Ramses II. beziehungsweise einen seiner Vorgänger ansprechen. Seine Unkenntnis ist verständlich, wenn Josef lange vor ihm in der Hyksoszeit gelebt hat, aus der kaum die Namen der

Oben: Der Bedarf Ägyptens an Ziegeln für Gerüste, Rampen und Mauerwerk dürfte unter Ramses II. einen Höhepunkt erreicht haben, als landauf, landab sich die Großbaustellen aneinanderreihten. Sicher hatten die Bauleiter Mühe, Arbeitskräfte für die ungeliebte Schlammziegelproduktion zu finden, und es lag nahe, Ausländern „ihr Leben sauer mit schwerer Arbeit in Ton und Ziegeln" (2. Mose 1,14) zu machen. Im Grab des Wesirs Rechmire auf der thebanischen Westseite ist die Herstellung von Ziegeln ausführlich geschildert. Aus einem Teich wird Wasser geschöpft, die Erde angefeuchtet und mit Hacken zu einem steifen Brei verarbeitet, mit Strohhäcksel vermischt, die Masse in Holzkästchen geformt, ausgekippt und an der Sonne getrocknet. Nilschlamm wird auch als Mörtel verwendet. Aufseher mit Stöcken überwachen die Arbeit und strafen die Säumigen.

Unten: Ziegel mit dem Stempel Ramses' II.

den Ägyptern tief verhaßten Hyksosherrscher überliefert sind, geschweige die Namen von Würdenträgern und Beamten.

Selbst wenn dieser Pharao der neuen Dynastie, sei es nun der berühmte Ramses II. oder ein Vorgänger von ihm, Josef gekannt hätte, würde er nichts von ihm haben wissen wollen. Für einen selbstbewußten Ägypter mußte er nämlich aus zwei Gründen der Mißachtung anheimfallen. Einmal als Asiate und damit verächtlicher *Sandwanderer*, zum anderen in seiner Eigenschaft als höchster Verwaltungsbeamter der verhaßten Besatzungsmacht. Unter dem letzteren Gesichtspunkt wäre die Berufung auf Josef in den Augen des Pharaos jedenfalls kaum eine Empfehlung für Israel gewesen.

Was es mit der Fronarbeit im alten Ägypten auf sich hatte, die auch die Kinder Israel auf den Großbaustellen am Nil erlebt haben, läßt sich anhand eines Bildes ermessen, das Percy A. Newberry – der Entdecker der Darstellung von Karawanenleuten in Beni Hasan – in einem Felsengrab westlich der Königsstadt

Theben aufgefunden hat. An dessen Wänden ist aus dem Leben eines Großwürdenträgers, des Wesirs Rechmire, bildlich dargestellt, was dieser zum Wohle seines Landes je getan hat. Mehrere Szenen zeigen ihn bei der Kontrolle öffentlicher Arbeiten, unter anderem der Ziegelfabrikation. In den beigefügten Hieroglyphen äußern die Arbeiter ihre Zufriedenheit über die Verpflegung: *Er versorgt uns mit Brot, mit Bier und allen guten Dingen.* Aber einer der Aufseher droht ihnen: *Seid nicht faul!*

Das Bild wirkt wie eine Illustration zu den Bibelworten: *Da zwangen die Ägypter die Israeliten unbarmherzig zum Dienst und machten ihnen ihr Leben sauer mit schwerer Arbeit in Ton und Ziegeln.* Die Vorfahren Israels waren ein Hirtenvolk und anderer Arbeit ungewohnt, so daß sie die ihnen als Frondienst auferlegten Bau- und Ziegeleiarbeiten als doppelt hart empfinden mußten. Die biblischen Fronstädte der Kinder Israel waren *Pitom* und *Ramses*. Beide Namen erscheinen in etwas anderer Form in ägyptischen Aufzeichnungen. *Per Atum*, „Haus des Gottes Atum", steht für eine Stadt, die nicht vor die Zeit Ramses' II. zurückgeht. Und das schon erwähnte Pi-Ramesse steht für das biblische *Ramses*. Eine Inschrift aus der Zeit Ramses' II. spricht von *apiru*, die Steine herbeischleppen für die große Festung der Stadt *Pi-Ramesse*. Handelt es sich bei diesen als Zwangsarbeiter rekrutierten *apiru* oder *hapiu* vielleicht um Hebräer?

Bleibt noch die Frage, wo die beiden Fronstädte lagen. Soviel war bekannt: Herrscher des Neuen Reiches hatten ihre Residenz vom alten Theben in den Norden, in das Nildelta, verlegt, von wo auch die Hyksos das Land regiert hatten. Die neue internationale Machtpolitik ließ es ratsam erscheinen, nicht so weit vom Schuß zu sein, wie das bei dem viel südlicher gelegenen Theben der Fall war. Vom Delta aus waren die strategisch wie wirtschaftlich gleichermaßen wichtigen Besitzungen in Kanaan und Syrien leichter zu überwachen. Der neuen Hauptstadt verlieh Pharao Ramses II. seinen Namen.

Nach vielem Rätselraten und Vermuten beendete die Hacke der Archäologen die Meinungsverschiedenheiten über die Lage der beiden Fronstädte. Wer nach Ägypten reist, kann einen Rundgang durch ihre Ruinen in sein Programm aufnehmen.
Ungefähr in der Mitte des Sueskanals, da, wo er durch den alten Krokodilsee, den Timsahsee, geführt ist, beginnt im Westen ein Trokkental, das sich bis zum östlichen Nilarm erstreckt und als Wadi Tumilat bekannt ist. Etwa 100 Kilometer von Kairo entfernt liegen hier zwei Schutthügel. Der eine ist der Tell er-Retabe, den viele Gelehrte mit dem bibli-

Links: Prügel waren im Pharaonenreich an der Tagesordnung. Die Malereien im Grab des Menena zeigen das Verprügeln von Bauern beim Eintreiben der Abgaben.

Rechts: Arbeiter im alten Ägypten dürften kaum so gepflegt ausgesehen haben, wie der Wesir Rechmire sie schildern läßt, eher wie der Mann im Baugerüst auf einem Grabmalereifragment.

Ramses II. hat in seiner langen Regierungszeit (1290–1224 v.Chr.) das Erscheinungsbild Ägyptens wesentlich verändert. Sein riesiger Totentempel auf der thebanischen Westseite (oben) war nur eines von Dutzenden gigantischer Bauprojekte. Gewiß blieb der „vollkommene Gott und vielfache Sieger" nicht immer so jugendlich, wie ihn die Büste im Museum von Kairo (rechts oben) darstellt, doch strebten die ägyptischen Bildhauer kein veristisches, sondern ein zeitloses Bild des Gottkönigs an. Untersuchungen der Mumie Ramses' II. (rechte Seite) haben ergeben, daß dieser zähe Mann mit Hilfe seiner Ärzte etliche schwere Krankheiten überlebt hat.

schen *Pitom* identifizieren. Andere betrachten den 15 Kilometer entfernten Tell el-Maschuta als *Pitom*, den manche auch für das biblische *Sukkot* halten (2. Mose 12,37; 13, 20). An beiden Orten wurde ein Atum-Tempel entdeckt. In Tell el-Maschuta legte man außerdem Reste von Getreidespeichern frei und fand Inschriften, in denen von *Vorratshäusern* die Rede ist.

Großspeicher für Getreide, Rundbauten von acht Metern Durchmesser mit Rampenauffahrt zum Schüttloch, waren im Nilland keine Seltenheit. Kornspeicher ließ Josef als Großwesir errichten (1. Mose 41,48ff.), seine Nachfahren bauten Kornspeicher im Lande Goschen in Zwangsarbeit.

Die Suche nach der anderen Fronstadt, *Ramses*, führte lange Zeit zu keinem Ergebnis. Nahezu drei Jahrzehnte nach der Entdeckung von Pitom glaubte man, sie schließlich gefunden zu haben.

Pharao Ramses II., der Große genannt, hat den Archäologen manche Nuß zu knacken

gegeben. Noch größer als seine Bauwut war allem Anschein nach seine Eitelkeit, so daß er nicht einmal davor zurückschreckte, sich mit fremden Federn zu schmücken; die Nachwelt sollte über den Bauherrn Ramses II. staunen. Und das tat sie auch. Die Altertumswissenschaftler konnten es zuerst kaum fassen, auf wieviel Tempeln, Profanbauten und wo überall sonst sie auf Inschriften dieses Pharaos stießen. Als man die Bauten etwas näher unter die Lupe nahm, machte die Erklärung allerdings keine Schwierigkeiten mehr: Viele mußten schon Jahrhunderte vor Ramses II. erbaut worden sein. Um seiner Eitelkeit zu frönen, hatte er kurz entschlossen auch auf diesen seinen Namenszug einmeißeln lassen.

Im Delta führte die Suche nach der Stadt Pi-Ramesse von einem Hügel zum anderen; eine Fundstätte im Bereich des östlichen Nildeltas nach der anderen wurde zunächst als die gesuchte angesprochen: Pitom, Heliopolis, Pelusium und andere. Als der Ägyptologe Pierre Montet von 1929 bis 1932 nahe dem heutigen Fischerdorf San, 50 Kilometer südwestlich Port Saids, ungewöhnliche Mengen Statuen, Sphinxen und Stelen ausgrub, die alle mit dem Insignum Ramses' II. versehen waren, war er davon überzeugt, die Überbleibsel von Pi-Ramesse, der Fronstadt *Ramses* der Bibel, gefunden zu haben. Später stellte sich jedoch heraus, daß es sich um Tanis handelte, die Hauptstadt der 21. und 22. Dynastie, in die zahlreiche Monumente aus der Ramsesstadt übertragen worden waren. Diese selbst konnte erst vor einigen Jahren bei dem Dorf Kantir entdeckt werden. Deutsche und österreichische Ausgräber haben mit der Freilegung begonnen.

D ie Israeliten fielen im wahrsten Sinne des Wortes der Baulust des Pharaos zum Opfer. Die Lage ihres Emigrationsgebietes begünstigte die Heranziehung zur Fronarbeit. Das biblische Goschen mit seinem fetten Weideland begann nur wenige Kilometer südlich der neuen

Kein Königsname findet sich im Nilland so häufig wie der des großen Ramses. Er „signierte" auch Werke seiner Vorfahren.

Hauptstadt und reichte bis Pitom. Nichts lag näher, als diese gewissermaßen vor der Haustür der großen Bauvorhaben lebenden Fremdlinge von ihren Herden und Zelten weg zwangszuverpflichten.

Die Ruinen bei Kantir lassen nichts mehr vom Glanz der einstigen Metropole ahnen. Was die Kolonnen israelitischer Fronarbeiter auf ihrem täglichen Marsch zu den Bauplätzen sahen, können wir nur anhand eines zeitgenössischen Papyrusbriefes ermessen. Begeistert schreibt der Schüler Paibes an seinen Lehrer Amenemopet:

Ich bin nach Pi-Ramesse gekommen und finde, daß es wundervoll ist. Eine prachtvolle Stadt, die nicht ihresgleichen hat. Nach dem Plan Thebens hat derselbe Gott Re sie gegründet. Das Verweilen darin bedeutet ein herrliches Leben. Ihre Gefilde bieten eine Fülle von guten Dingen. Täglich bekommt sie frische Nahrung und Fleisch. Ihre Teiche sind voll von Fischen, ihre Lagunen sind mit Vögeln bevölkert, ihre Wiesenflächen sind

Ramses II. hat sich im östlichen Nildelta eine völlig neue Residenzstadt errichten lassen, an deren Aufbau auch die Israeliten zwangsweise mitwirken mußten. Nachdem lange Zeit Tanis als Ramsesstadt gegolten hat, haben die jüngsten Grabungen bei Kantir südlich von Tanis den eindeutigen Beweis erbracht, daß Pi-Ramses hier gelegen haben muß. Da die Herrscher der 21. Dynastie die Ramsesstadt als Steinbruch für ihre Residenz in Tanis benutzt haben, wirken die Relikte von Kantir auf den Laien nicht gerade sensationell. So blieben beispielsweise von einer Kolossalstatue Ramses' II. gerade noch die Zehen auf ihrem Sockel. Die Lage der Stadt im intensiv genutzten Fruchtland und der hohe Grundwasserstand erschweren die Grabungen und die Erhaltung bedeutender Funde, zum Beispiel von Schmelzöfen zur Waffenproduktion.

mit grünem Grase bedeckt, und ihr Obst hat den Geschmack des Honigs auf den bebauten Feldern. Ihre Vorratshäuser sind voll von Gerste und Getreide; sie ragen bis zum Himmel empor. Es gibt Zwiebeln und Schnittlauch für die Speisen, auch Granatäpfel, Äpfel, Oliven und Feigen aus den Obstgärten. Süßen Wein von Kenkeme, der wohlschmeckender ist als Honig. Der Deltaarm Schihor liefert Salz und Salpeter. Ihre Schiffe kommen und gehen. Hier gibt es täglich frische Nahrungsmittel und Vieh. Man freut sich, dort wohnen zu dürfen, und niemand ruft darin aus: Gebe Gott! Die kleinen Leute leben dort wie die großen. Auf! Laßt uns darin ihre Himmelsfeste feiern und den Beginn der Jahreszeiten.

Die biblische Erzählung schildert, wie das Leben in der kargen Wüste bei den Kindern Israel die Erinnerung an die harte Fron austilgt; geblieben ist nur die Erinnerung an die Nahrungsfülle im Delta: *Wollte Gott, wir wären in Ägypten gestorben durch des Herrn Hand, als wir bei den Fleischtöpfen saßen und hatten Brot die Fülle zu essen (2. Mose 16, 3). Wer wird uns Fleisch zu essen geben? Wir denken an die Fische, die wir in Ägypten umsonst aßen, und an die Kürbisse, die Melonen, den Lauch, die Zwiebeln und den Knoblauch (4. Mose 11,4–5). Wer gibt uns Fleisch zu essen? Denn es ging uns gut in Ägypten. Darum wird euch der Herr Fleisch zu essen geben (4. Mose 11, 18).*

Grabungsfunde und zeitgenössische Texte von zum Teil fast wörtlicher Übereinstimmung scheinen die Geschichtlichkeit der Bibeldarstellung so sehr zu erhärten, daß William Foxwell Albright, ein Gelehrter von universellem Format – er war Theologe, Histori-

In Tell ed-Daba, südwestlich von Kantir, haben die Grabungen (links) eine starke Festung der Hyksoszeit ans Licht gebracht. Ein Heiligtum wird als kanaanäischer Totentempel gedeutet, vielleicht von semitischen Siedlern im Lande Goschen errichtet. Auf die Zeit um 1650 v. Chr. verweist auch die Bestattung eines Pferdes (rechts). Ob Tell ed-Daba mit der Hyksosresidenz Auaris zu identifizieren ist, bleibt vorläufig umstritten.

ker, Philosoph, Orientalist, Archäologe und vergleichender Sprachforscher – feststellen konnte:

„Nach unserer heutigen Kenntnis der Topographie des östlichen Deltas ist der Bericht über den Aufbruch zum Exodus, der 2. Mose 12,37 und 13,20 gegeben wird, topographisch vollkommen richtig. Weitere Beweise für den im wesentlichen geschichtlichen Charakter des Exodus-Berichtes und der Wanderung in den Gebieten von Sinai, Midian und Kadesch lassen sich dank unserer wachsenden Kenntnis von Topographie und Archäologie unschwer geben. Wir müssen uns hier mit der Versicherung begnügen, daß die noch vorherrschende hyperkritische Haltung, wie sie gegenüber den früheren historischen Traditionen Israels eingenommen wurde, keine Berechtigung mehr hat. Sogar das langumstrittene Datum des Auszugs kann jetzt innerhalb nicht allzu weiter Grenzen festgesetzt werden… Wenn wir ihn ungefähr 1290 v. Chr. ansetzen, können wir wohl kaum fehlgehen, da die ersten Jahre von Ramses II. (1301 bis 1234) größtenteils von Bautätigkeit in der Stadt erfüllt waren, der er seinen Namen gegeben hatte – dem Ramses der israelitischen Tradition. Die schlagende Übereinstimmung zwischen diesem Datum und den 2. Mose 12,40 gegebenen von 430 Jahren – *Die Zeit aber, die die Israeliten in Ägypten gewohnt haben, ist 430 Jahre* – die Einwanderung muß um 1720 v. Chr. gewesen sein –, kann natürlich rein zufällig sein, ist aber sehr beachtenswert.“

D ie Regierung Ramses' II. ist die Zeit, in der dem Volk Israel der große Befreier ersteht – Mose: *Zu der Zeit, als Mose groß geworden war, ging er hinaus zu seinen Brüdern und sah ihren Frondienst und nahm wahr, daß ein Ägypter einen seiner hebräischen Brüder schlug. Da*

Der riesige Ruinenhügel von San el-Hagar im Ostdelta des Nil ist schon seit 1825 Forschungsobjekt französischer Archäologen. Trotzdem wurde bislang kaum mehr ergraben als das Stadtzentrum mit den Heiligtümern und den reichen Königsgräbern der 21. Dynastie. Da die vielen Mauerblöcke, Obelisken und Statuen in diesem Bezirk Königsnamen des Alten und Mittleren Reiches, der Hyksoszeit und vor allem Ramses' II. aufweisen, bestand über die geschichtliche Entwicklung der Stadt lange Zeit Unklarheit. Der Name des Königs Apophis legte die Identifizierung mit der

schaute er sich nach allen Seiten um, und als er sah, daß kein Mensch da war, erschlug er den Ägypter und verscharrte ihn im Sande... Und es kam vor den Pharao; der trachtete danach, Mose zu töten. Aber Mose floh vor dem Pharao und hielt sich auf im Lande Midian. Und er setzte sich nieder bei einem Brunnen (2. Mose 2,11–15).

Mose ist ein in Ägypten geborener und von Ägyptern erzogener Hebräer, dessen Name sich mit einer semitischen Wurzel für „Herausholen" verbinden, aber auch ägyptisch deuten läßt: Mose bedeutet schlicht „Knabe", „Sohn". Eine Anzahl Pharaonen hießen Thutmosis, Ahmose und Amasis. Und Thutmose hieß der berühmte Bildhauer, von dessen Meisterwerken heute noch alle Welt den unvergleichlich schönen Kopf der Nofretete bewundert.

Das sind Tatsachen. Ägyptologen wissen das. Aber die breite Öffentlichkeit nimmt die

berühmte biblische Geschichte von Mose mit dem Körbchen aufs Korn, und den ewigen Skeptikern fällt es nicht schwer, aufgrund dieser reizenden Erzählung ein scheinbares Argument gegen die Glaubwürdigkeit der Gestalt des Mose ins Feld zu führen. „Das ist doch die Geburtslegende Sargons!" sagen sie – und „abgeschrieben" meinen sie.

Von König Sargon, dem Begründer der semitischen Dynastie von Akkad, erzählen Keilschrifttexte: Sargon, der mächtige König, der König von Akkad bin ich. Meine Mutter war eine Enitu-Priesterin, meinen Vater kannte ich nicht... Es empfing mich meine Mutter; im geheimen gebar sie mich; sie setzte mich in ein Kästchen aus Rohr, verschloß mit Erdpech seinen Deckel. Sie setzte mich in den Fluß... Der Fluß trug mich und brachte mich zu Akki, dem Wasserschöpfer. Akki, der Wasserschöpfer... nahm mich zum Sohne an und zog mich auf...

Die Ähnlichkeit mit der biblischen Mosegeschichte ist in der Tat verblüffend: *Als sie ihn aber nicht länger verbergen konnte, machte sie ein Kästlein von Rohr und verklebte es mit Erdharz und Pech und legte das Kind hinein und setzte das Kästlein in das Schilf am Ufer des Nils* (2. Mose 2,3).

Die Körbchengeschichte ist eine uralte volkstümliche Erzählung der Semiten. Viele Jahrhunderte hindurch ging sie von Mund zu Mund. Die Sargon-Legende aus dem 3. Jahrtausend v. Chr. findet man selbst auf neubabylonischen Keilschrifttafeln aus dem 1. Jahrtausend v. Chr. Aber solche Legenden sind nichts weiter als Rankenwerk, mit dem von jeher die Nachwelt das Leben großer Menschen ausschmückte. Wem würde es einfallen, an der Geschichtlichkeit Barbarossas zu zweifeln, nur weil er im Kyffhäuser sitzen soll?

Beamte genießen überall und stets staatlichen Schutz. Das war schon zur Pharaonen

zeit nicht anders als heute. Daher bleibt Mose, nachdem er im gerechten Zorn den staatlichen Frondienstaufseher erschlagen hat, nur die Flucht, um sich der sicheren Bestrafung zu entziehen.

Mose macht es wie vor ihm schon Sinuhe. Er flüchtet aus dem ägyptischen Hoheitsgebiet nach Osten. Da Kanaan ägyptisch besetztes Gebiet ist, wählt Mose das gebirgige *Midian* östlich des Golfs von Akaba als Exil, mit dem er sich durch verwandtschaftliche Bande verknüpft weiß.

Denn Midian hieß einer der Söhne der Ketura, die Abraham nach dem Tod der Sara zur Frau nahm (1. Mose 25,1). Der Stamm Midian wird im Alten Testament oft *Keniter* genannt (4. Mose 24,21). „Zu den Kupferschmieden gehörend" bedeutet das; arabisch *qain*, aramäisch *qainaya* heißt Schmied. Diese Bezeichnung hängt mit dem Metallvorkommen in der Gegend des Stammessitzes zu

Hyksosresidenz Auaris nahe, und bis vor kurzem glaubte man, die Ramsesstadt gefunden zu haben. Da nun Kantir als einstige Ramsesresidenz festgestellt wurde, diese aber offensichtlich abgerissen worden ist, erklären sich die älteren Stücke als Spolien, die die Könige der 21. Dynastie zum raschen Aufbau und zur Verschönerung ihrer Hauptstadt hergeholt haben.

Folgende Doppelseite: Die Pharaoneninsel im Golf von Akaba. Jenseits des Golfs erstrecken sich die Berge des biblischen Landes Midian, in das Mose aus Ägypten flüchtete.

Die imperiale Expansionspolitik Thutmosis' III. hat große Teile Vorderasiens unter ägyptische Oberhoheit gebracht. Wieweit freilich die dortigen Stadtstaaten wirklich zu Zwangstributen verpflichtet waren, ist nicht sicher. Im Grab des Kommandanten Sobekhotep in Theben-West (oben links) bringen zwar semitische Gesandte kostbare Goldschmiedearbeiten im kniefälligen Gestus völliger Unterwerfung, doch werden auch Händler aus Kreta, das nie ägyptenhörig war, so dargestellt. Es spricht viel dafür, daß hier normaler Warenaustausch als Tributzahlung hingestellt wird. Nach der Hethiterinvasion versuchte Sethos I. (rechte Seite), wenigstens die Handelsstädte am Mittelmeer wieder dem ägyptischen Einfluß zu unterwerfen. So erfolgreich, wie die Siegesmeldungen am Tempel von Karnak glauben machen, dürfte er freilich nicht gewesen sein. Erst Ramses II. konnte semitische Städte zu Recht als unterworfen darstellen (oben rechts).

sammen. Die Bergketten östlich des Golfs von Akaba sind reich an Kupfer, wie Bodenuntersuchungen des amerikanischen Bibelarchäologen Nelson Glueck ergeben haben.

Kein Staat läßt billige Fron- und Fremdarbeiter freiwillig aus dem Land. Das muß auch Israel erfahren. Schließlich sollen *Plagen* den Ägyptern die Erlaubnis dazu abgerungen haben. Ob sie genau zur Zeit Mose gewütet haben, kann bislang nicht mit Ja oder Nein beantwortet werden, da zeitgenössische Mitteilungen darüber noch nicht aufgefunden wurden. Aber *Plagen* sind weder etwas Unwahrscheinliches noch etwas Ungewöhnliches. Sie gehören vielmehr zum echt ägyptischen Lokalkolorit. Das Nilwasser *wurde in Blut verwandelt… Und es kamen Frösche herauf, so daß Ägyptenland bedeckt wurde… Stechmücken kommen, Ungeziefer, eine Viehpest und Blattern –* schließlich *Hagel, Heuschrecken* und eine *Finsternis* (2. Mose 7–10).

Dinge, wie die Bibel sie hier schildert, erleben die Ägypter auch heutzutage, beispielsweise den „roten Nil". Sinkstoffe aus abessinischen Seen färben das Flußwasser, vor allem im Oberlauf, oft dunkelrotbraun. Das sieht *Blut,* wenn man will, sehr ähnlich. Zur Zeit der Überschwemmungen vermehren sich *Frösche* und auch *Stechmücken* zuweilen so stark, daß sie zu regelrechten Landplagen werden. In die Kategorie *Ungeziefer* gehört zweifellos die Hundsfliege. Sie überfällt in Schwärmen

oft ganze Landstriche, dringt in Augen, Nasen und Ohren und kann empfindliche Schmerzen verursachen.

Viehpestilenzen gibt es überall in der Welt. Bei den *Blattern,* die sowohl Mensch als auch Tier befallen, mag es sich um die sogenannte Nilhitze oder Nilkrätze handeln. Das ist ein juckender und stechender Ausschlag, der häufig in fressende Geschwüre ausartet. Diese häßliche Hautkrankheit droht Mose auch bei der Wüstenwanderung als Strafe an: *Der Herr wird dich schlagen mit ägyptischem Geschwür, mit Pocken, mit Grind und Krätze, daß du nicht geheilt werden kannst* (5. Mose 28,27).

Hagelschlag ist am Nil zwar äußerst selten, aber nicht unbekannt. Die Jahreszeit dafür ist Januar oder Februar. *Heuschreckenschwärme* dagegen sind in den Ländern des Orients eine typische Katastrophenerscheinung. Mit der plötzlichen *Finsternis* ist es nicht anders. Der Chamsim, auch Samum genannt, ist ein Glutwind, der ungeheure Sandmengen aufwirbelt und vor sich hertreibt. Sie verdunkeln die Sonne, geben ihr einen matten, gelblichen Schein und lassen es am hellen Tage düster werden. Nur der *Tod der Erstgeburt* ist eine Plage, für die es keine Deutung gibt (2. Mose 12,29).

Und gegen jede naturwissenschaftliche Erklärung sträubt sich selbstverständlich auch die Angabe der Bibel, die Plage der *ägyptischen Finsternis* habe lediglich die Ägypter getroffen, die Israeliten aber nicht.

VIERZIG JAHRE IN DER WÜSTE

Also zogen die Israeliten aus von Ramses nach Sukkot … 2. Mose 12, 37
Darum ließ er das Volk einen Umweg machen und führte es durch die Wüste zum Schilfmeer. 2. Mose 13, 18
Und die Ägypter jagten ihnen nach mit Rossen, Wagen und ihren Männern und mit dem ganzen Heer des Pharao und holten sie ein, als sie sich gelagert hatten am Meer bei Pi-Hahirot vor Baal-Zefon. 2. Mose 14, 9

AUF DEM WEG ZUM SINAI

Den ersten Abschnitt des Fluchtweges kann man deutlich auf der Karte verfolgen. Er folgt nicht – das wird ausdrücklich vermerkt – der Straße, die in *das Land der Philister* führt (2. Mose 13, 17). Diese Hauptstraße von Ägypten über Palästina nach Asien für Karawanen und Militärkolonnen läuft parallel zur Mittelmeerküste und ist die kürzeste und beste, auch zugleich am schärfsten bewachte Reiseroute. Ein Heer von Soldaten und Beamten in den Grenzforts übt über jeden Zu- und Abgang eine genaue Kontrolle aus.

Der Weg birgt ein zu großes Risiko. Daher zieht das Volk Israel südwärts. Von Pi-Ramesse am östlichen Deltaarm zunächst nach *Sukkot* im Wadi Tumilat. Nach *Etam* ist *Pi-Hahirot* die nächste Station. Die Bibel gibt an, dieser Ort liege *zwischen Migdol und dem Meer, vor Baal-Zefon* (2. Mose 14, 2). Migdol erscheint auch in ägyptischen Texten, es

bedeutet soviel wie „Turm". Eine Festung sicherte dort im Süden den Karawanenweg zum Sinaigebiet. 25 Kilometer nördlich von Sues wurden in Abu Hasan ihre Überreste ausgegraben.

Als nun Mose seine Hand über das Meer reckte, ließ es der Herr zurückweichen durch einen starken Ostwind die ganze Nacht und machte das Meer trocken, und die Wasser teilten sich: Und die Israeliten gingen hinein mitten ins Meer auf dem Trockenen, und das Wasser war ihnen eine Mauer zur Rechten und zur Linken. Und die Ägypter folgten und zogen hinein ihnen nach … (2. Mose 14, 21–23).

… eine ägyptische Streitwagenabteilung, die das Volk Israel einzuholen versucht, verschlingt das Meer mit Roß und Reitern.

Die Wüste ist in der Bibel eine Landschaft voller Symbolkraft. Ihre Lebensbedingungen stellen Israel auf eine harte Probe. Später gilt der Wüstenaufenthalt als normative Zeit, auf die man idealisierend zurückblickt.

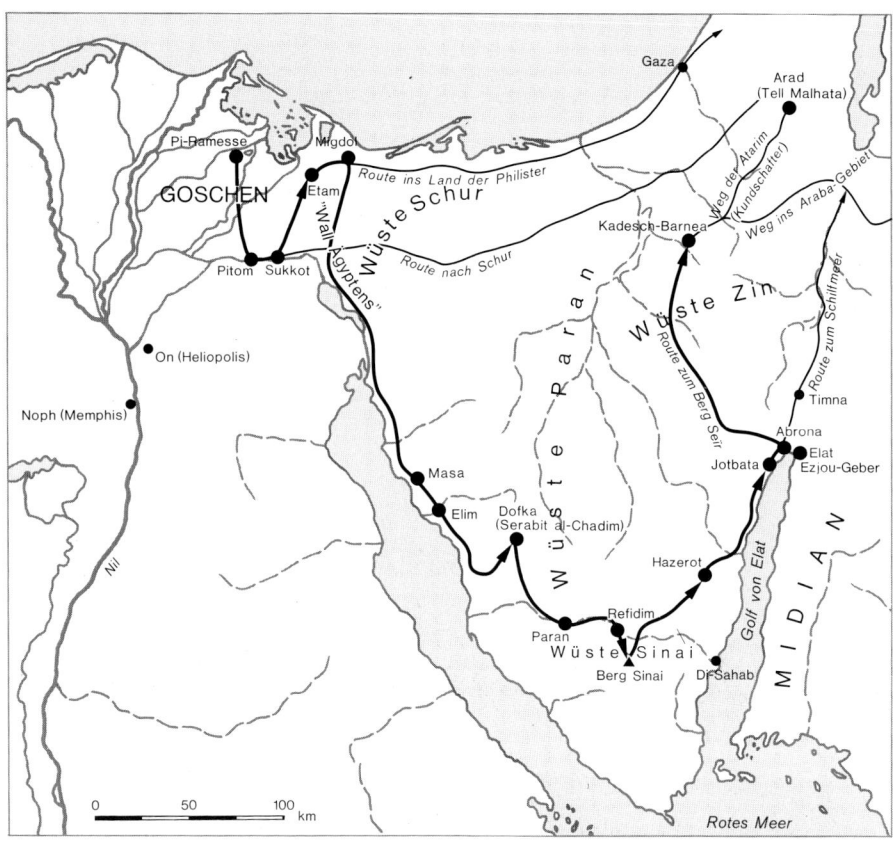

Die Wanderungsroute der Kinder Israel nach dem Auszug aus Ägypten ist schwer zu rekonstruieren und entsprechend umstritten (oben). Das „Schilfmeer" könnte eines der Binnengewässer zwischen Mittelmeer und dem Golf von Sues, die Bitterseen oder der Timsahsee im Norden gewesen sein (unten).

Dieses „Meerwunder" hat die Gemüter der Menschen unablässig beschäftigt. Was Wissenschaft und Forschung bislang nicht aufhellen konnten, ist keineswegs die Flucht selbst, für die es mehrere reale Möglichkeiten gibt. Strittig ist nur noch der Schauplatz, über den wohl kaum noch völlige Klarheit gewonnen werden kann.

Die erste Schwierigkeit liegt in der Übersetzung. Das hebräische Wort *Yam suph* ist einmal als „Rotes Meer", ein andermal als „Ried-

meer", also „Schilfmeer", übersetzt worden. Vom *Schilfmeer* wird wiederholt gesprochen: *Denn wir haben gehört, wie der Herr das Wasser im Schilfmeer ausgetrocknet hat vor euch her, da ihr aus Ägypten zogt...* (Josua 2, 10). Im Alten Testament heißt es bis zum Propheten Jeremia *Schilfmeer*. Das Neue Testament nennt nur das *Rote Meer* (Apostelgeschichte 7, 36; Hebräer 11, 29).

An den Ufern des Roten Meeres wächst kein Schilf. Das eigentliche Schilfmeer lag weiter nördlich. Eine zuverlässige Rekonstruktion der damaligen Lage – und das ist die zweite Schwierigkeit – ist kaum möglich. Der Bau des Sueskanals im vorigen Jahrhundert hat das Gesicht dieser Landschaft außerordentlich verändert. Nach den Berechnungen, die die höchste Wahrscheinlichkeit für sich in Anspruch nehmen können, muß sich das sogenannte „Meerwunder" gerade in seinem Gebiet ereignet haben. So ist zum Beispiel der alte Ballahsee, der südlich der Philisterstraße lag, bei dem Kanalbau verschwunden; er versumpfte. Im Süden bestand zu Ramses' II. Zeiten eine Verbindung vom Golf von Sues bis hinauf zu den Bitterseen. Wahrscheinlich reichte sie sogar weiter bis zum Timsahsee, dem Krokodilsee. In diesem Bereich war einst ein Schilfmeer. Die Wasserverbindung zu den Bitterseen war an mehreren Stellen passierbar. Tatsächlich konnten Furten aufgespürt werden. Die Flucht aus Ägypten durch das Schilfmeer ist also durchaus denkbar.

In frühchristlicher Zeit mutmaßten Pilger, die Flucht Israels habe durch das Rote Meer geführt. Sie dachten dabei an das Nordende des Golfes in der Nähe der Stadt es-Suwes, des heutigen Sues. Auch hier könnte der Durchzug stattgefunden haben. Gelegentlich treiben starke Nordwestwinde das Wasser in der Nordspitze des Golfs von Sues derart stark zurück, daß man zu Fuß hindurchwaten kann. In Ägypten herrscht der Nordwind vor. Dagegen ist der in der Bibel genannte Ostwind für Palästina typisch.

Mose ließ Israel ziehen vom Schilfmeer hinaus zu der Wüste Schur. Und sie wanderten drei Tage in der Wüste und fanden kein Wasser. Da kamen sie nach Mara; aber sie konnten das Wasser von Mara nicht trinken, denn es war sehr bitter (2. Mose 15, 22–23). *Und sie kamen nach Elim; da waren zwölf Wasserquellen und siebzig Palmbäume. Und sie lagerten sich dort am Wasser* (2. Mose 15, 27). *Von Elim zogen sie aus, und die ganze Gemeinde der Israeliten kam in die Wüste Sin, die zwischen Elim und Sinai liegt, am fünfzehnten Tag des zweiten Monats, nachdem sie von Ägypten ausgezogen waren* (2. Mose 16, 1).

Unten: Vom Schilfmeer zogen die Kinder Israel „hinaus zu der Wüste Schur. Und sie wanderten drei Tage in der Wüste und fanden kein Wasser. Da kamen sie nach Mara; aber sie konnten das Wasser von Mara nicht trinken, denn es war sehr bitter" (2. Mose 15,22–23). 75 Kilometer südlich von Sues, nahe der Westküste der Sinaihalbinsel, liegt Ain Hawara. Heute deutet dort nur eine Palmengruppe auf wenig Grundwasser. Dennoch glaubt man, hier Mara vermuten zu dürfen.

Der mühevolle Marsch beginnt – Nomadenleben in karger Steppenlandschaft, das vierzig Jahre währen soll!
Mit Eseln, Ziegen und Schafen können nur kleine Tagesstrecken von etwa 20 Kilometern bewältigt werden; das Tagesziel ist stets die nächste Wasserstelle.

Vierzig lange Jahre wanderten die Kinder Israel am Rande der Wüste entlang von Brunnen zu Brunnen, von Wasserplatz zu Wasserplatz. Anhand der Rastplätze, die die Bibel nennt, lassen sich die wichtigsten Etappen genau abstecken.

Die Reiseroute ist wirklichkeitsgetreu und überzeugend in 4. Mose 33 dargestellt. Wie es für eine Gemeinschaft von Menschen und Tieren natürlich ist, entfernt sie sich weder im Sinaigebiet noch im Negev von Oasen und Weideland.

Vom Nil bis zu den Bergen der Halbinsel Sinai erstreckt sich ein uralter Trampelpfad. Er war die Zubringerstraße für die ungezählten Arbeiter- und Sklavenkolonnen, die schon 3000 v. Chr. Kupfer und Türkise in den Bergen

Sinais schürften. Mehr als einmal im Verlauf der Jahrtausende wurden die Minen verlassen und gerieten für Jahrhunderte in Vergessenheit. Ramses II. entsann sich der Schätze, die hier schlummern, und ließ die Minen wieder in Betrieb nehmen.

Entlang dieser Straßen zu den Bergwerken führt Mose sein Volk. Sie beginnt bei Memphis, führt an der Spitze des Golfarmes am heutigen Sues vorüber und biegt dann über eine wasserlose Strecke von 70 Kilometern gen Süden, ohne Oase, ohne eine einzige Quelle. Ausdrücklich heißt es in der Bibel vom Beginn des Auszugsweges, daß sie drei Tage in der Wüste wanderten ohne Wasser, dann an eine Bitterquelle kamen und bald danach an eine besonders üppige Oase mit *zwölf Wasserquellen und siebzig Palmbäumen*. Diese sehr genaue Bibelangabe half den Forschern, die historische Route des Auszugs zu finden.

Für einen Treck mit Viehherden und viel Volk bedeuten 70 Kilometer einen Marsch von drei Tagen. Nomaden können eine solche Durststrecke überwinden. Dafür haben sie stets

ihre „eiserne Ration" im Gepäck. Wasser in Schläuchen aus Ziegenhäuten, wie die Karawanenleute auf dem Wandbild in Beni Hasan. 70 Kilometer vom Nordzipfel des Roten Meeres quillt noch heute ein Brunnen, *Ain Hawara* in der Beduinensprache. Nomaden machen mit ihrem Vieh nur ungern hier halt. Das Wasser verlockt nicht zur Rast. Es ist salzig und schweflig, *bitter* sagt die Bibel. Das ist *Mara*. 24 Kilometer tiefer nach Süden, genau einen Tagesmarsch weiter, dehnt sich das Wadi

Garandel. Eine prächtige Oase mit schattigen Palmen und vielen Wasserstellen. Das ist das biblische *Elim*, die zweite Raststätte. Hinter Elim beginnt die *Wüste Sin* an der Küste des Roten Meeres, heute die Ebene El Kaa. Die Kinder Israel haben zwar erst eine kurze Marschstrecke hinter sich, aber ungewohnt und entbehrungsreich genug nach einem wenn auch harten, so doch geregelten und satten Leben in Ägypten. Kein Wunder, daß Enttäuschung und Murren laut werden. In-

„Und die Ägypter jagten ihnen nach mit Rossen, Wagen und Männern…" (2. Mose 14,9). Pferde im vollen Festschmuck und der Streitwagen gehören seit dem Neuen Reich zur repräsentativen Ausstattung des Pharaos bei öffentlichen Auftritten, auf der Jagd oder im Krieg. Auch das „Schlagen der Nubier" und das

„Schlagen der Asiaten" zählt zum Regierungsprogramm eines jeden Königs. Selbst wenn er, wie Tutanchamun, keinerlei Gelegenheit dazu hatte, wird es immer wieder dargestellt. Bezeichnend ist das chaotische Durcheinander der Feinde gegenüber der wohlgeordneten Streitmacht Ägyptens.

dessen können sie die karge Nahrung durch zwei unerwartete Zutaten ergänzen.

Und am Abend kamen Wachteln herauf und bedeckten das Lager. Und am Morgen lag Tau rings um das Lager. Und als der Tau weg war, siehe, da lag's in der Wüste rund und klein wie Reif auf der Erde. Und als es die Israeliten sahen, sprachen sie untereinander: Man hu? Denn sie wußten nicht, was es war. Mose aber sprach zu ihnen: Es ist das Brot, das euch der Herr zu essen gegeben hat (2. Mose 16, 13–15).

Immer und immer wieder ist mehr oder weniger tiefgründig um *Wachteln* und *Manna* gestritten worden. Wieviel Skepsis haben sie ausgelöst! Die Bibel berichtet von Dingen, die wunderbar und unerklärlich sind. Wachteln und Manna sind jedoch an sich in ihrer Erscheinung etwas völlig Natürliches. Es genügt, einen Naturkundler zu befragen oder Einheimische, die den gleichen Vorgang auch heute noch beobachten können. Der Auszug Israels beginnt im Frühling, der

hohen Berge zum Mittelmeer. Flavius Josephus schildert im dritten Buch seiner *Antiquitates Judaicae* ein solches Erlebnis, und noch in unseren Tagen fangen Beduinen in der gleichen Gegend im Frühjahr und Herbst die erschöpften Wachteln mit der Hand.

Was es mit dem berühmten Manna auf sich hat, erfahren wir zuverlässig von den Pflanzenkundlern. Um es vorwegzunehmen: Wer sich für Manna interessiert, findet es in der Exportliste der Sinaihalbinsel. Im übrigen ist sein Lieferant in allen botanischen Tafeln des Vorderen Orients verzeichnet, nämlich die *Tamarix mannifera Ehr.*

In der breiten Öffentlichkeit gilt das biblische Himmelsbrot nach wie vor als unerklärliches Wunder. Das Mannaphänomen ist ein geradezu klassisches Beispiel dafür, wie hartnäckig vorgefaßte Meinungen und Auffassungen sich zuweilen über Generationen erhalten, wie schwer sich oft die Wahrheit durchzusetzen vermag. Es sieht so aus, als wolle niemand es wahrhaben, daß es das „Himmelsbrot" wirklich gibt. Dabei fehlt es keineswegs an genügend glaubhaften Beschreibungen über sein Vorkommen. Der folgende Augenzeugenbericht ist über fünfhundert Jahre alt. *In allen Tälern und den ganzen Sinaiberg findet man noch zu dieser Zeit Himmelsbrot, welches die Mönche und die Araber sammeln, behalten und verkaufen, den Pilgern und fremden Leuten, die dahinkommen,* so schreibt Anno 1483 der Mainzer Domherr Bernhard von Breydenbach von seiner Pilgerfahrt zum Sinai. *Dasselbe Himmelsbrot fällt morgens gegen Tag eben wie Tau oder Reif und hänget tropflicht an dem Gras, den Steinen und an den Ästen der Bäume. Und es ist süß wie Honig und hänget und klebet an den Zähnen, so man es ißt, und wir kauften davon viel Stück.*

1823 veröffentlichte der deutsche Naturforscher Christian Gottfried Ehrenberg in seinem Werk *Symbolae physicae* einen Bericht, den selbst Fachkollegen mehr als skeptisch aufnahmen. In der Tat schien seine Erklärung etwas zu ungewöhnlich, das berühmte Manna sei nichts anderes als ein Sekret, das Tamariskenbäume und -sträucher aussondern, wenn sie von einer im Sinai heimischen Schildlausart gestochen werden!

Hundert Jahre später startet eine regelrechte Mannaexpedition. Die Botaniker Friedrich Simon Bodenheimer und Oskar Theodor von der Hebräischen Universität Jerusalem ziehen zur Sinaihalbinsel, um die vielumstrittene Frage des Mannaphänomens endlich zu klären. Mehrere Monate durchforschen die beiden Wissenschaftler in weitem Umkreis die Trockentäler und Oasen um den Sinaiberg.

Oben: „Ich habe das Murren der Israeliten gehört. Sage ihnen: Gegen Abend sollt ihr Fleisch zu essen haben… Und am Abend kamen Wachteln herauf und bedeckten das Lager" (2. Mose 16, 12–13). Man erklärt die biblische Erzählung damit, daß Wachtelschwärme als Zugvögel das Rote Meer überqueren und an der Sinaiküste rasten. Auch im alten Ägypten waren Wachteln eine begehrte Beute, besonders wenn sie in Scharen über die Getreidefelder herfielen. Man warf Netzrahmen darüber und konnte die Tiere dann leicht mit den Händen greifen.

Rechts: Als besonders wundersame Nahrung der wandernden Israeliten gilt das Manna. Es fiel jedoch nicht vom Himmel. Die gallertigen, süßlich schmeckenden Mannatröpfchen kann man noch heute frühmorgens an Tamariskenzweigen finden. Die erste Fotografie von Manna wurde von F. S. Bodenheimer auf der Sinaiexpedition 1927 aufgenommen.

Zeit des großen Vogelzuges. Von Afrika, das im Sommer unerträglich heiß und trocken wird, ziehen die Vögel seit alters auf zwei Routen nach Europa. Die eine führt über die Westspitze Afrikas nach Spanien, die andere um das östliche Mittelmeer zum Balkan. Mit anderen Vögeln kommen in den Frühjahrsmonaten auch Wachteln über die Wasser des Roten Meeres gezogen, das sie auf der Ostroute zu überqueren haben. Ermüdet vom langen Flug, fallen sie an den flachen Küsten ein, um neue Kräfte zu sammeln für den Weg über die

Ihr Bericht löst eine Sensation aus. Sie bringen nicht nur das erste Foto vom Manna mit, ihre Forschungsergebnisse bestätigen nicht nur vollauf die Angaben von Breydenbach und Ehrenberg, sondern erweisen auch die Wirklichkeitstreue, mit der die Bibel von der Wüstenwanderung des Volks Israel berichtet. Ohne die zuerst von Ehrenberg erwähnte Schildlaus gäbe es tatsächlich kein Manna. Die kleinen Insekten leben vor allem auf Tamarisken, einem in Sinai heimischen Baumgewächs. Sie schwitzen ein eigentümliches harzartiges Sekret aus, das nach den Angaben Bodenheimers Form und Größe des Koriandersamens hat. Im Hinabfallen ist es weiß, erst nach längerem Liegen nimmt es

eine gelblich-bräunliche Farbe an. Selbstverständlich haben die beiden Forscher es sich nicht entgehen lassen, das Manna auch zu kosten. „Der Geschmack der auskristallisierten Mannakörnchen ist eigentümlich süß", sagt Bodenheimer. „Er läßt sich am ehesten mit dem von Honigzucker, dem Produkt langstehenden Bienenhonigs, vergleichen." *Und es war wie weißer Koriandersamen*, beschreibt es die Bibel, *und hatte einen Geschmack wie Semmel mit Honig* (2. Mose 16, 31).
Die Expeditionsergebnisse bestätigen gleichfalls die übrigen Bibelschilderungen vom Manna. *Sie sammelten aber alle Morgen, soviel ein jeder zum Essen brauchte. Wenn*

Tamariskenbäume bei Bir Narib im Zentralsinai.

Bei den vorwiegend nördlichen Winden auf der Sinaihalbinsel kommt es nur an der Küste und im Sinaigebirge zu geringen Niederschlägen. Es gibt zwar einzelne Gebirgsoasen, etwa im Wadi Feiran nördlich des Sinaimassivs, aber in den meisten Wadis finden die Herden der Beduinen nur eine so kärgliche Vegetation wie in der Umgebung des „Smooth Mount".

aber die Sonne heiß schien, zerschmolz es (2. Mose 16, 21). Genauso beeilen sich die Beduinen noch heute auf der Sinaihalbinsel, ihr *Manna es-sama*, das „Manna vom Himmel", in aller Herrgottsfrühe aufzulesen, denn die Ameisen sind gierige Konkurrenten. „Sie beginnen mit ihrer Sammeltätigkeit aber erst, wenn der Boden eine Temperatur von 21 Grad Celsius erreicht hat", heißt es im Expeditionsbericht. „Das ist etwa gegen 8.30 Uhr vormittags. Bis dahin sind die Tiere noch starr." Sobald die Ameisen munter werden, verschwindet auch das Manna. Das muß der biblische Chronist wohl gemeint haben, wenn er davon spricht, daß es zerschmolz. Die Beduinen vergessen wohlweislich nicht, das eingesammelte Manna sorgsam in einem Topf zu verschließen, da sich sonst die Ameisen darauf stürzen. Ähnlich war es während der Wanderung unter Mose: *Aber sie gehorchten Mose nicht. Und etliche ließen davon übrig bis zum nächsten Morgen; da*

wurde es voller Würmer und stinkend. Und Mose wurde zornig auf sie (2. Mose 16, 20). Der Anfall an Manna hängt von einem günstigen Winterregen ab und ist von Jahr zu Jahr verschieden. In guten Jahren sammeln die Sinaibeduinen anderthalb Kilo pro Mann und Morgen! Eine beachtliche Portion, die vollauf genügt, um einen Erwachsenen satt zu machen. So konnte Mose tatsächlich den Kindern Israel gebieten: *Ein jeglicher sammle, soviel er zum Essen braucht* (2. Mose 16, 16). Die Beduinen kneten aus den Mannatropfen einen Brei, der als beliebte und vitaminreiche Beigabe zur oft eintönigen Nahrung verzehrt wird. Manna ist sogar ein Exportartikel und – wohl verwahrt – auch eine ausgezeichnete „eiserne Ration", da es sich unbegrenzt lange aufheben läßt. *Und Mose sprach zu Aaron: Nimm ein Gefäß und tu Manna hinein, den zehnten Teil eines Scheffels, und stelle es hin vor den Herrn, daß es aufbewahrt werde für eure Nachkommen* (2. Mose 16, 33).

Und die Israeliten aßen Manna vierzig Jahre lang, bis sie in bewohntes Land kamen; bis an die Grenze des Landes Kanaan aßen sie Manna (2. Mose 16, 35). Tamarisken mit Manna gedeihen noch immer im Sinai und längs der Arabawüste bis zum Toten Meer. Soweit das Ergebnis der Naturwissenschaft. Die Frage, die hierzu gestellt werden muß, aber lautet: Sind hier nicht die Grenzen des Erforschbaren erreicht, und befinden wir uns hier nicht schon im Bereich des eben „Unerforschbaren", des göttlichen Wunders? Denn es steht außer allem Zweifel, daß die Bibel dieses Phänomen nicht als etwas Gewöhnliches und Normales herausstellen will, sondern als eine von Gott gesandte wunderbare Hilfe in großer Not – zumal bei der unglaublich großen Meschenmenge, die zu versorgen war: allein 603550 Männer! Und das gleiche gilt mutatis mutandis für die Wachteln.
Von der Wüste Sin zogen sie aus und lagerten sich in Dofka (4. Mose 33, 12).

Mehrere hundert Meter über den Wassern des Roten Meeres dehnt sich in monotoner Weite die *Wüste Sin.* Auf dem heißen Hochplateau unterbrechen nur Kameldorn und spärliches Buschwerk die leuchtend gelben Sandflächen. Weder Windhauch noch Brise fächeln dem Wanderer Stirn und Nacken. Wer hier, dem alten Trampelpfad folgend, gen Südosten zieht, erlebt einen unvergeßlichen Anblick: Unvermittelt wachsen schroffgezackte Bergprofile am Horizont aus der Hochebene – das Sinaimassiv. Im Näherkommen leuchten in ungewöhnlicher und seltener Farbskala geologische Formationen auf. Wände aus rosa-und malvenfarbenem Granit recken sich schartig steil zum blauen Himmel hoch. Dazwischen prangen Hänge und Schluchten in blassem Bernstein und in Schwefelrot, von bleifarbenen Porphyradern und dunkelgrünen Bändern von Feldspat durchzogen. Es ist, als habe sich die Buntheit

Der Sinai ist vorwiegend eine Steinwüste. Kalke und Sandsteine bilden das Tafelland im Norden, Schiefer und Granite die zerklüfteten Gebirge im Süden. Es gibt nur eine größere Sandregion. Sie scheidet das Plateau, das sich von Dschebel et-Tih nach Norden erstreckt, von den Gebirgsmassiven an der Südspitze.

Seit Beginn des 3. Jahrtausends v. Chr. haben die Ägypter im Sinai Türkis, Kupfer und Malachit gewonnen. Felsinschriften und Stelen künden von den Expeditionen und ihren Gefahren des Wasser- und Nahrungsmangels sowie von Überfällen asiatischer Beduinen. Ein Tempel der Hathor, der „Herrin der Türkise", steht noch bei Serabit el-Chadim. Außer der überaus beliebten Kuhgöttin wurden dort auch der Schreiber- und Mondgott Thot, der Ostwüstengott Sopdu und der vergöttlichte König Snofru verehrt, der um 2570 v. Chr. das Expeditionswesen besonders gefördert hat.

und Pracht eines Blumengartens in diese wildzerrissene Symphonie aus Stein ergossen. Am Rande der Wüste Sin endet jäh der Trampelpfad und verliert sich in einem Tal.

Wo *Dofka* zu suchen war, wußte bis zur Jahrhundertwende niemand. Den einzigen Hinweis enthält der Name des Ortes selbst. *Dofka*, so tüftelten Sprachforscher heraus, könnte mit einem Wort *mafkat* verwandt sein, das „Türkis" bedeutet. Wo aber gab es Türkise? Auf Sinai!

In den Frühlingstagen des Jahres 1904 startet der Engländer Flinders Petrie, der sich als Pionier biblischer Archäologie einen Namen schuf, mit einer langen Kamelkarawane von Sues. Ein wahres Massenaufgebot an Gelehrten, dreißig Architekten, Ägyptologen und Assistenten, begleitet ihn. Von den Kaianlagen des Sueskanals ab folgt die Expedition den Spuren des ägyptischen Trampelpfades in die Welt des Sinai. Sie nimmt durch die Wüste Sin bis zu den Bergketten den gleichen Weg wie Israel.

Langsam zieht die Karawane in einem der Täler um eine scharfe Bergkante – der Zeiger der Weltuhr scheint mit einem Male um drei, ja vier Jahrtausende zurückgeschnellt zu sein.

Die Karawane ist unvermittelt in die Welt der Pharaonen versetzt. Petrie befiehlt Halt. Von einer Felsterrasse ragt ein Tempel ins Tal. Von den viereckigen Säulen an den Toreingängen starrt das Gesicht einer Göttin mit großen Kuhohren. Ein Gewirr von Stelen, dazu ein hoher Pylon scheinen wie aus dem Boden gewachsen. Der gelbe Sand um kleine Steinaltäre zeigt deutliche Aschenspuren von Brandopfern. Dunkle Höhleneingänge gähnen an den Hängen ringsum, und hoch über dem Tal türmt sich das erhabene Massiv des Sinai.

Das Geschrei der Treiber ist verstummt. Die Karawane verharrt wie überwältigt von dem fast gespenstischen Anblick.

Im zerfallenen Tempel findet Petrie den Namen des großen Ramses II. eingemeißelt. Die Expedition ist in Serabit el-Chadim, dem altägyptischen Bergwerks- und Industriezentrum für Kupfer und Türkis, angelangt. Mit hoher Wahrscheinlichkeit haben wir hier das biblische Dofka zu suchen.

Zwei Jahre lang bringt ein Zeltlager vor dem alten Tempel neues Leben ins Tal. Kultszenen und Opferbilder an den Tempelwänden erinnern daran, daß hier die Göttin Hathor verehrt

	Sinai 1500 v. Chr.	Kanaan 1000 v. Chr.	Phönizien 750 v. Chr.	Griechenland	Europa heute
Ochsen-kopf					A
Zaun					H
Wasser					M
Menschen-kopf					R
Bogen					S

wurde. Ein nahezu unübersehbares Gewirr von halbverschütteten Felsstollen in den Tälern ringsum zeugt vom Schürfen nach Kupfer und Türkis. Die Schlagspuren von Werkzeugen sind unverkennbar. Zerfallene Ansiedlungen, die Arbeiterwohnstätten, liegen in der Nähe.

Unbarmherzig prallt die Sonne in den Talkessel, erfüllt ihn mit unerträglicher Glut und erschwert die Arbeit der Expedition. Die Arbeit in diesen Wüstenbergwerken muß vor allem im Sommer eine Hölle gewesen sein. Eine Inschrift aus der Regierungszeit des

Die Felsinschriften des Sinai (über der unteren Figurengruppe in der Abbildung oben) stammen aus dem 2. Jahrtausend v. Chr. und gehen zweifellos auf Westsemiten zurück. Es sind die Anfänge eines Buchstabenalphabets, das in Kanaan und Phönizien weiterentwickelt und schließlich von den Griechen übernommen wurde: die Wurzel also unserer Schrift (unten).

Amenemhet III. um 1800 v. Chr. erzählt den Forschern davon.

Horure, *Siegelträger und Leiter der Arbeiter des Pharao*, hält eine Ansprache an die Minenarbeiter und Sklaven. Er versucht sie aufzumuntern, ihnen Mut zuzusprechen: *„Wie glücklich kann sich preisen, wer in diesem Bergwerksgebiet ist!"* Doch sie sagten: *„Türkis ist immer in dem Berg. Aber es ist die Haut, an die zu dieser Jahreszeit gedacht werden muß. Wir hörten schon dergleichen, daß Erz in dieser Jahreszeit herausgeholt worden ist. Aber wirklich, es ist die Haut, die dafür fehlt, in dieser schweren Jahreszeit."* *„Zu allen Zeiten"*, versichert Horure daraufhin, *„da ich die Männer zum Minengebiet geführt habe, hat mich der Ruhm des Königs geleitet... Mein Gesicht wurde nicht mutlos angesichts der Arbeit... Da war kein: ‚Oh für eine gute Haut!' Sondern die Augen glänzten..."*

Während die Grabungen in den alten Minen, den Ansiedlungen und im Tempelbezirk in vollem Gange sind, werden einige Schritte vom Heiligtum der Göttin Hathor entfernt Bruchstücke von Steintafeln aus dem Sand geschaufelt, zu denen sich auch eine Hockerstatue gesellt. Auf den Tafeln wie auf der

129

Die Wüste Sin. In diesem Teil des Negev bilden Lösböden eine harte Kruste, die das Einsickern der Niederschläge verhindert. Das Wasser stürzt daher durch natürliche Abflußrinnen abwärts und spült die Betten und Ränder der so entstehenden Nahals (Regenbäche) immer weiter aus.

Skulptur sind merkwürdige Zeichen eingemeißelt. Weder Flinders Petrie noch die Ägyptologen unter seinen Mitarbeitern können damit etwas anfangen. Es sind offenbar Aufzeichnungen in einer bisher nie gesehenen Schrift. Obgleich die Inschriften stark bildhaft wirken – sie erinnern an ägyptische Hieroglyphen –, kann es sich kaum um eine Bilderschrift handeln. Dazu sind es zu wenige unterschiedliche Zeichen.

Nachdem alle Umstände des Fundes eingehend geprüft sind, kommt Flinders Petrie zu folgendem kühnen Schluß: „Arbeiter aus Retenu (Kanaan), die von Ägypten beschäftigt wurden und oft genannt werden, hatten dieses System von Linearzeichen. Die weitere Folgerung daraus ist sehr bedeutungsvoll, nämlich, daß die einfachen kanaanäischen Arbeiter mit dem Schreiben gegen 1500 v. Chr. vertraut waren und daß dieses Schreiben unabhängig ist von Hieroglyphen und Keilschriften. Es entkräftet ferner endgültig die Hypothese, daß die Israeliten, die von Ägypten durch dieses Gebiet kamen, noch nicht haben schreiben können!"

Diese Auslegung erregte in Kreisen der Altertumswissenschaftler, der Schriftforscher und Historiker gewaltiges Aufsehen. Alle damaligen Kenntnisse über die Entstehung und den ersten Gebrauch einer Schrift in Kanaan wurden damit über den Haufen geworfen. Es schien unfaßbar, daß die Bewohner Kanaans schon um die Mitte des 2. Jahrtausends v. Chr. eine eigene Schrift gehabt haben sollten. Nur aus dem Text der Sinaitafeln konnte der Beweis erbracht werden, ob Petrie tatsächlich recht hatte. Sofort nach seiner Rückkehr nach England läßt Petrie die Tafeln kopieren. Schriftgelehrte Experten aus allen Ländern stürzen sich auf die ungelenk eingeritzten Zeichen. Keinem gelingt es, ihnen einen Sinn abzuzwingen. Erst zehn Jahre später lüftet Sir Alan Gardiner, der geniale, unermüdliche Übersetzer ägyptischer Texte, den Schleier. Es ist ihm gelungen, Teile der Inschriften zu entziffern. Der wiederholt eingekerbte „Hirtenstab" half ihm auf den Weg. In einer Kombination von vier oder fünf Zeichen, die mehrmals vorkommt, vermutet Gardiner schließlich althebräische Wörter! Die fünf Zeichen *l-B-´-l-t* deutet er als „der Göttin Baalath" gewidmet.

Im 2. Jahrtausend v. Chr. wurde in der Küstenstadt Byblos eine weibliche Gottheit mit dem Namen Baalath verehrt. Derselben Gottheit war in Serabit el-Chadim von den Ägyptern der Tempel errichtet; nur hieß sie bei den Ägyptern Hathor. Arbeiter aus Kanaan hatten unweit ihres Tempels Kupfer und Türkis geschürft.

Die Beweiskette hatte sich geschlossen. Die Bedeutung des Fundes am Sinai trat jedoch erst nach weiteren mühseligen Forschungen und Studien sechs Jahre nach Petries Tod in ihrem ganzen Umfang zutage.

Gardiner hatte nur einen Teil der sonderbaren Zeichen entziffern können. Drei Jahrzehnte darauf findet 1948 ein Team von Archäologen der kalifornischen Universität Los Angeles den Schlüssel, der eine wortgetreue Übersetzung aller Zeichen auf den Sinaitafeln ermöglicht. Die Inschriften stammen zweifelsfrei aus der Zeit um 1500 v. Chr. und sind in einem kanaanäischen Dialekt geschrieben!

Was Flinders Petrie 1905 dem heißen Sinaiboden abrang, haben die Menschen in aller Welt in abgewandelter Form in Zeitungen, Zeitschriften, Büchern und auf den Typen ihrer Schreibmaschinen vor Augen. Die Steine in Serabit el-Chadim weisen die Vorläufer unseres Alphabets auf! Die beiden wesentlichen Ausdrucksmittel des „Fruchtbaren Halbmondes", Hieroglyphenzeichen und Keilschriftbuchstaben, sind schon uralt, als im 2. Jahrtausend v. Chr. ein drittes wesentliches Ausdrucksmittel hinzugeboren wird – das Alphabet. Möglicherweise angeregt durch die Hieroglyphen ihrer Arbeitskollegen aus dem Nilland, schufen sich Semiten im Sinai ihre eigene und völlig andersartige Schreibweise. Die berühmten Sinaiinschriften sind die Frühstufe des nordsemitischen Alphabets, das in direkter Linie der Stammvater unseres Alphabets ist. Man schrieb es in Palästina, Kanaan, in den phönizischen Seerepubliken; gegen Ende des 9. Jahrhunderts v. Chr. übernahmen es die Griechen. Von Hellas wanderte es nach Rom und von da über den Erdball.

Und der Herr sprach zu Mose: Schreibe dies zum Gedächtnis in ein Buch… (2. Mose 17, 14). Zum erstenmal ist im Alten Testament von „schreiben" die Rede, als Israel von Dofka den nächsten Rastplatz erreicht hat. Nie zuvor fällt ein einziges Mal dieses Wort. Die Entzifferung der Sinaitafeln rückte diese Bibelstelle in das völlig neue Licht einer historischen Aussage; denn wir wissen seitdem, daß schon dreihundert Jahre, bevor Mose das Volk aus Ägypten hier vorbeiführte, Männer aus

Kanaan in ihrer der Sprache Israels eng verwandten Sprache in dieser Gegend „geschrieben" haben.

AM BERG MOSES

Und die ganze Gemeinde der Israeliten zog aus der Wüste Sin weiter ihre Tagereisen, wie ihnen der Herr befahl, und sie lagerten sich in Refidim… Da kam Amalek und kämpfte gegen Israel in Refidim. 2. Mose 17, 1.8

Refidim ist wohl heute Feiran, von den Arabern „Perle des Sinai" gepriesen. Behütet von der Einsamkeit der bunten Felsriesen ringsum, bietet das Miniaturparadies seit Jahrtausenden das gleiche Bild. Ein Palmenwäldchen spendet wohltuenden Schatten. Wie seit Urvätertagen führen Nomaden ihre Herden hier zur Tränke und rasten auf dem winzigen Grasteppich. Vom Expeditionslager aus unternimmt Flinders Petrie Streifzüge, um auch das umliegende Gebiet zu erkunden. In entbehrungsreichen Märschen lernt er die Täler und Berge bis hinunter zu den Ufern des Roten Meeres kennen. Er stellt fest, daß Feiran im ganzen Süden des Gebirgsmassivs die einzige Oase ist. Für die hier heimischen Nomaden war und ist sie lebenswichtig und ihr kostbarster Besitz. „Die Amalekiter wollten", folgert Flinders Petrie, „Wadi Feiran vor den fremden Eindringlingen verteidigen." Seine nächste Überlegung ist die: „Wenn das Klima unverändert blieb – und das bezeugen uns die über Jahrtausende so gut wie unversehrt erhaltenen Säulen aus Sandstein in Serabit el-Chadim – muß auch die Bevölkerungszahl die gleiche sein. In unseren Tagen leben schätzungsweise 5000 bis 7000 Nomaden mit ihren Herden auf der Sinaihalbinsel. Ungefähr 6000 Mann stark muß also auch Israel gewesen sein – das zeigt der unentschiedene Kampf mit den Amalekitern."

Und wenn Mose seine Hand emporhielt, siegte Israel; wenn er aber seine Hand sinken ließ, siegte Amalek (2. Mose 17, 1).

Bis die Sonne unterging dauerte die erbitterte Auseinandersetzung, dann endlich konnte Josua den Sieg für Israel entscheiden. Damit war der Weg zur Wasserquelle in der Oase Refidim frei. Aber zuvor *hatte das Volk kein Wasser zu trinken* (2. Mose 17, 1). In dieser Bedrängnis soll Mose seinen Stab genommen und Wasser aus einem Felsen geschlagen haben (2. Mose 17, 6), was nicht nur von Zweiflern als völlig unbegreiflich angesehen wird,

Ain Murra in der Wüste Zin. Wo es Bodenvertiefungen gibt, sammelt sich das Regenwasser und bildet natürliche Zisternen, an denen die Beduinen ihre Herden tränken können.

Rechts: Das Sinaigebirge steigt im Dschebel Katherin (Katharinenberg) auf 2637 Meter, im Dschebel Musa (Mosesberg) auf 2285 Meter an. Gneis und Granit, Porphyr und Syenit türmen sich hier zur eindrucksvollen Kulisse des hochverehrten Katharinenklosters auf. Das 537 n.Chr. durch Kaiser Justinian I. gegründete Kloster bewahrt nach alter Überlieferung den Strunk des brennenden Dornbusches und besitzt neben einer einzigartigen Ikonensammlung eine Bibliothek mit mehr als 3000 Handschriften.

Vorhergehende Doppelseite: Blick vom Mosesberg auf das gewaltige Gebirgsmassiv des Sinai vor Sonnenaufgang.

großer Wasserstrahl. Die Sudanesen, die sehr vertraut, aber nicht besonders ehrerbietig mit den Taten der Propheten sind, überschütteten ihren Unteroffizier mit den Rufen: ‚Sieh da, der Prophet Mose!' Das ist eine sehr einleuchtende Erklärung für das, was auch Mose widerfuhr, als er den Fels bei Refidim schlug." Jarvis war Augenzeuge eines reinen Zufalls. Denn die Leute des Kamelkorps waren Sudanesen und nicht etwa im Sinai Einheimische, die mit der Technik des Wasserschlagens recht vertraut sein müssen. Auf dem Wege von Kadesch nach Edom wendet Mose noch einmal die Kunst des Wasserschlagens an. *Und Mose erhob seine Hand und schlug den Felsen mit dem Stab zweimal*, ist in 4. Mose 20, 11 überliefert. *Da kam viel Wasser heraus, so daß die Gemeinde trinken konnte und ihr Vieh.* Er hatte offenbar während seines Exils bei den Midianitern in jenen Gegenden diese höchst ungewöhnliche Methode, Wasser zu finden, kennengelernt.

Nach der Zeitenwende ließen sich in Feiran, wo Israel unter Mose seinen ersten feindlichen Überfall zu bestehen hatte, zahlreiche Eremiten und Mönche nieder. In den Schluchten und an den Berghängen errichteten sie ihre winzigen Behausungen. In Feiran entstand eine Kirche, und vierzig Kilometer südlich der Oase wurde zu Füßen des Dschebel Musa eine kleine Kapelle erbaut.

Wilde Nomadenstämme lassen die Eremiten und Mönche aber im Sinai keine Ruhe finden. Viele büßen bei den immer wiederkehrenden Überfällen ihr Leben ein. Als die achtzigjährige Mutter des „ersten christlichen Kaisers" Konstantin, die heilige Helena, 327 n. Chr. bei einem Aufenthalt in Jerusalem von den Leiden der Mönche auf dem Sinai vernimmt, stiftet sie einen Zufluchtsturm, der am Fuße des Moseberges errichtet wird.

537 n. Chr. läßt der oströmische Kaiser Justinian die kleine Kapelle am Moseberg zusätzlich mit einem starken Festungswall versehen. Bis zum Mittelalter ist der befestigte Kirchplatz am Dschebel Musa das fromme Wallfahrtsziel von Sinaipilgern aus allen Ländern. Nach einer Legende erhält die denkwürdige Stätte den Namen Sankt-Katharinen-Kloster, den sie heute noch trägt.

Napoleon läßt in dieser einsamen Feste der frühchristlichen Zeit das vom Zerfall bedrohte Mauerwerk ausbessern.

1859 entdeckt der deutsche Theologe Konstantin von Tischendorf im Katharinenkloster am Sinai eine der kostbarsten erhalten gebliebenen Pergamenthandschriften der Heiligen Schrift, den berühmten Codex Sinai-

obgleich die Bibel auch mit dieser Darstellung einen natürlichen Vorgang wiedergibt.

Major C. S. Jarver, der in den dreißiger Jahren britischer Gouverneur im Sinaigebiet war, hat ihn selbst einmal erlebt. Er schreibt in seinem Buch *Yesterday and To-day in Sinai*: „Das Schlagen des Felsens bei Refidim durch Mose und das Hervorstürzen von Wasser klingt wie ein echtes Wunder, aber der Chronist hat es tatsächlich geschehen sehen. Einige Leute vom Sinai-Kamelkorps hatten in einem Trockental haltgemacht und waren dabei, in dem groben Sand zu graben, der sich zu Füßen einer Felswand angesammelt hatte. Sie wollten an das Wasser heran, das langsam durch den Kalksteinfelsen sickerte. Die Männer arbeiteten langsam, und Bash Shawish, der farbige Sergeant, sagte: ‚Gib mal her!' Dabei nahm er einem der Männer die Schaufel weg und begann so forsch zu graben, wie es die Art der Unteroffiziere in der ganzen Welt ist, wenn sie ihren Leuten zeigen wollen, was sie können, und dabei im stillen nicht die Absicht haben, das länger als zwei Minuten zu tun. Einer der heftigen Stöße traf dabei den Fels. Die glatte, harte Oberfläche, die sich auf verwittertem Kalkstein immer bildet, zerplatzte und fiel ab. Damit war das weiche Gestein darunter freigelegt, und aus den Poren schoß ein

Der Codex Sinaiticus aus dem 4. Jahrhundert gehört zu den wichtigsten griechischen Bibelhandschriften. 1859 durch Konrad von Tischendorf im Katharinenkloster entdeckt, gelangte er als „Geschenk" der Mönche an den Zaren nach Leningrad. 1933 wurde er an das Britische Museum verkauft.

ticus. Er stammt aus dem 4. Jahrhundert und enthält in griechischer Sprache das Neue Testament und Teile des Alten Testaments. Der Zar als „Schutzherr aller Orthodoxen" erhält ihn zum „Geschenk"; er stiftet dem Kloster dafür 9000 Rubel. Das Kleinod wandert in die Petersburger Bibliothek, 1933 erwirbt das Britische Museum den Codex Sinaiticus von den Sowjets für 500 000 Dollar.

Die kleine Kapelle zu Füßen des Dschebel Musa wurde an der Stelle erbaut, von der es heißt, daß dort Mose den brennenden Busch erlebt habe: *Und er sah, daß der Busch im Feuer brannte, und wurde doch nicht verzehrt (2. Mose 3, 2).* Auch diese wundersame Erscheinung hat man auf verschiedene Art naturwissenschaftlich zu erklären versucht. Ein Experte für die biblische Pflanzenwelt, Harold N. Moldenke, Verwalter und Kurator des Botanischen Gartens von New York, schreibt dazu: „Unter den Kommentatoren, die das Gefühl haben, daß eine natürliche Erklärung gefunden werden kann, denken einige, das Phänomen des Busches, der im *Feuer brannte und doch nicht verzehrt wurde,* mit einem Gewächs der Gaspflanzen oder Faxinella erklären zu können, der *Dietamnus albus L.* Es ist ein starkwüchsiges Kraut von ein Meter Höhe mit Rispen von Purpurblüten. Die ganze Pflanze ist mit winzigen Öldrüsen bedeckt. Dieses Öl ist so flüchtig, daß es ständig entweicht, und die Annäherung mit einem offenen Licht verursacht ein plötzliches Aufflammen... Die logischste Erklärung scheint die von Smith zu sein. Er vermutet, daß die ‚Feuerflamme' der karmesinrot blühende Mistelzweig *(Loranthus acaciae)* gewesen sein mag, der überall im Heiligen Land und im Sinai auf verschiedenen dornigen Akazienbüschen und -bäumchen wächst. Wenn diese Mistel in voller Blüte steht, so erscheint der Busch durch ihre leuchtenden, flammenden Farben wie in Feuer gehüllt."

Denn sie waren ausgezogen von Refidim und kamen in die Wüste Sinai und lagerten sich dort in der Wüste gegenüber dem Berge. Und Mose stieg hinauf zu Gott (2. Mose 19, 2–3). Und Mose stieg hinunter zum Volk und sagte es ihm. Und Gott redete alle diese Worte: Ich bin der Herr, dein Gott, der ich dich aus Ägyptenland, aus der Knechtschaft, geführt habe. Du sollst keine anderen Götter haben neben mir (2. Mose 19, 25; 20, 1–3).

Am Sinai geschieht etwas in der Geschichte der Menschheit Einmaliges. Hier liegen die Wurzeln und die Größe eines Glaubens ohne Beispiel und Vorbild, der stark genug war, den Erdball zu erobern.

Mose, Kind einer Umwelt, die von dem Glauben an eine Unmenge Gottheiten, an Götter in vielfältiger Gestalt erfüllt ist, verkündet den Glauben an den einen Gott! Mose wird zum Verkünder des Monotheismus – das ist das große, echte und unfaßbare Wunder vom Sinai. Nomaden, die in Zelten aus Ziegenhaar in der Steppe unter freiem Himmel lagern, vernehmen als erste die unerhörte Botschaft, nehmen sie in sich auf und tragen sie weiter. 39 Jahre lang untereinander zunächst, in der Einsamkeit der Steppen, an den gluckernden Brunnen, den stillen Wassertränken schattiger Oasen und im klagenden Wind, der über die herbe Landschaft weht. Beim Weiden der Schafe, Ziegen und Esel sprechen sie von dem einen großen Gott, von JHWH.

So beginnt die wunderbare Geschichte dieses weltumspannenden Glaubens. Einfache Hirten wandern in Mühsal und tragen den großen neuen Gedanken, den neuen Glauben in ihre neue Heimat, von wo die Botschaft eines Tages hinausgeht in die Welt, zu allen Völkern der Erde. Mächtige Völker und erhabene Reiche jener fernen Zeiten sanken längst in das dunkle Reich des Vergangenen zurück. Die Nachfahren der Hirten aber, die sich zuerst dem Glauben an den einen und allmächtigen Gott zuwandten, leben noch heute.

Ich bin der Herr, dein Gott – du sollst keine anderen Götter haben neben mir – das ist ohne Beispiel, seit Menschen die Erde bewohnen. Dafür gab es kein Vorbild, keine Anregung von anderen Völkern.

Die Sicherheit dieses Wissens verdanken wir den archäologischen Funden und Entdeckungen in Ägypten, dem Land, wo Mose aufwuchs und erzogen wurde, und in anderen Ländern des Alten Orients. Sowohl der Sonnenkult des Echnaton als auch die in Mesopotamien beurkundete Manifestation vieler Gottheiten in einem einzigen Gott, dem Kriegsgott Ninurta, sind nur dumpfe Vorstufen zum Monotheismus. All diesen Vorstellungen fehlt die sammelnde Kraft, fehlt der erlösende sittliche Gedanke, wie er in den Zehn Geboten verankert ist, die Mose von den einsamen Höhen des Sinaiberges hinabträgt in die Herzen und Hirne der Menschen.

Nur bei dem Volke Israel kommt im „Fruchtbaren Halbmond" die neue Gottidee in klarer und reiner Form, frei von Magie, frei von buntgestaltigen und grotesken bildlichen Darstellungen und auch nicht gedacht als materialistische Vorbereitung für das Fortleben des Ichs im Jenseits, zum Durchbruch. Ohne Beispiel und Vorbild ist auch die klare und gebieterische Form der Zehn Gebote. Den Israeliten wird befohlen, nicht zu sündigen, weil Jahwe dies will!

Oben: Die Oase von Ain el-Furtaga im Sinai.

Rechte Seite oben: Der alte Pilgerpfad auf den Mosesberg.

Rechte Seite unten: Beduinen mit ihren Kamelen im Sinaigebirge.

In den Oasen von Ain Qedeis, das den alten Namen bis heute bewahrt hat, und von Ain el-Qudeirat glaubt man das Kadesch-Barnea der Bibel wiedergefunden zu haben. Das im Norden der Sinaihalbinsel liegende Brunnengebiet, in dem Quellwasser inmitten der Einöde eine mit Olivenbäumen und Buschwerk bestandene grüne Vegetationsinsel schaffen, wurde zur wichtigsten Station auf dem Zug der Israeliten ins Gelobte Land.

UNTER DEM HIMMEL DER STEPPE

Und die Israeliten brachen auf aus der Wüste Sinai…   (4. Mose 10, 12)

Israel hatte sich dem Glauben an einen Gott und seinen Gesetzen unterworfen; das tragbare Heiligtum, das sie ihm errichteten – *die Bundeslade* –, hatten sie aus dem Holz der Akazie gefertigt (2. Mose 25, 10), einem auch heute noch auf der Sinaihalbinsel heimischen und sehr verbreiteten Gewächs. Fast ein Jahr hatte der Aufenthalt im Sinaigebirge gedauert. Nun setzen sie ihre Wanderung fort und nehmen Richtung nach Norden, direkt auf Kanaan. *Kadesch*, die nächste Etappe, die einen Markstein in dem langen Wüstenaufenthalt der Kinder Israel bedeutet, liegt 230 Kilometer Luftlinie vom Sinai entfernt.

Auch dieser Abschnitt läßt sich aufgrund der sehr präzisen topographischen Bibelangaben genau verfolgen. Der Weg führt am Westufer des Golfs von Akaba entlang zur Wüste *Paran* (4. Mose 12, 16) – dem heutigen Badiet et-Tin, das bedeutet „Wüste der Einsamkeit" – und an deren Ostrand weiter. Von den Rastplätzen auf diesem Wege (4. Mose 33, 16–36) glaubte man, Hazerot und Ezjon-Geber identifizieren zu können: Hazerot mit dem in Golfnähe gelegenen heutigen Ain Huderah, Ezjon-Geber mit jener Stätte an der äußeren Spitze des Golfs von Akaba, die spä-

ter das Hafen- und Industriezentrum unter König Salomo wurde (1. Könige 9, 26).

Auf der Wanderung am Golfufer entlang wiederholt sich das „Wachtelwunder". Wiederum ist es Frühling, die Zeit des Vogelzugs, und wieder ist die Schilderung naturgetreu: *Da erhob sich ein Wind, vom Herrn gesandt, und ließ Wachteln kommen vom Meer und ließ sie auf das Lager fallen…* (4. Mose 11, 31).

Von Ezjon-Geber zogen sie aus und lagerten sich in der Wüste Zin, das ist Kadesch (4. Mose 33, 36).

Unterhalb Hebrons fällt das Hügelland von Juda in eine ziemlich flache Ebene ab, deren südlicher Teil zum oft genannten *Bach Ägyptens* hin, einem weitverzweigten Trockental, immer wasser-

ärmer wird (4. Mose 34, 5; Josua 15, 4; 1. Könige 8, 65). Es ist der Negev, das biblische *Mittagsland* (4. Mose 13, 17). Inmitten zahlloser Wadis – Trockentäler, die nur zur Regenzeit Wasser führen – liegt *Kadesch*. Der alte Name Kadesch ist in der kleinen Quelle Ain Qedeis erhalten geblieben, aus der vorüberziehende Nomaden ihr Vieh tränken. Das spärlich rinnende Quellwasser kann kaum ausgereicht haben, sechstausend Kinder Israel und ihre Herden für längere Zeit zu versorgen. Nur etwa sieben Kilometer nordwestlich von Kadesch tritt jedoch die in weitem Umkreis reichlichste Wasserstelle aus dem Erdboden, die Ain el-Qudeirat. Ihr verdankt das Wadi Qudeirat seine Fruchtbarkeit.

Von hier aus sahen die Kinder Israel fern das Land liegen, das ihnen verheißen war und

Oben: Landschaft im Norden von Kadesch-Barnea.

Folgende Doppelseite: Ain Huderah am Westufer des Golfs von Akaba wird mit Hazerot, einem der Rastplätze auf dem Wüstenzug der Israeliten, identifiziert.

Feigen, Granatäpfel und Weintrauben brachten die Kundschafter aus dem Gelobten Land. Feigenbäume fehlten auch nie in den Ziergärten, die sich vornehme Ägypter anlegen und in ihren Gräbern darstellen ließen (Fragment einer Grabmalerei aus der Zeit der 18. Dynastie im Britischen Museum). Seit der Expeditionstätigkeit unter Hatschepsut und den Asienkriegszügen Thutmosis' III., die viele fremde Pflanzen und Tiere nach Ägypten gebracht hatten, galt es als fein, im Garten auch exotische Bäume zu ziehen. Ein Grabbesitzer rühmt sich seiner 500 Bäume von 20 verschiedenen Arten, darunter auch Feige, Granatapfel, Persea und seltene Rebsorten.

von dem sie sich noch gar kein Bild machen konnten. Vielleicht hatte die Hast des Aufbruchs sie daran gehindert, sich in Ägypten schon genau darüber zu unterrichten. Palästina war den Leuten am Nil so wohlbekannt, daß mangelhafte Kenntnisse selbst der Details einem den Vorwurf mangelnder Bildung eintrug. Amanappa, ein *Befehlsschreiber des Heeres* unter Ramses II., traf sogar Hohn und Spott ob seiner Unwissenheit über Palästina. Hori, königlicher Stallbeamter, antwortete ihm auf einen Brief mit geradezu satirischer Schärfe und fühlte ihm dabei gleich geographisch auf den Zahn: *Dein Brief ist reich und beladen mit großen Worten. Siehe, man belohnt dich so wie die, die nach Beladung suchen, und ladet dir mehr auf, als du gewollt hast. Wir sagen: Ist Wahrheit in deinen Worten, so komm doch heraus, damit du geprüft werden kannst. Ein Pferd wird für dich angeschirrt, so schnell wie ein ... Schakal. Laß uns sehen, was deine Hand tut. Hast du nicht das Land Upe bei Damaskus gesehen? Kennst du seine Beschaffenheit nicht, wie ist es? Wie ist sein Fluß beschaffen? Bist du nicht nach Kadesch gezogen? Hast du nicht den Weg zu dem Libanon betreten, wo der Himmel bei Tage dunkel ist? Er ist mit Zypressen und Eichen bewachsen und mit Zedern, die bis zum Himmel reichen. Ich spreche dir auch von einer geheimnisvollen*

Stadt, Byblos ist ihr Name, wie sieht sie aus? Wohlan, belehre mich über Sidon und Sarepta. Man erzählt von einer anderen Stadt, die im Meere liegt, Hafen-Tyros ist ihr Name. Das Wasser wird auf Schiffen zu ihr gebracht. Wenn du nach Jaffa hineinkommst, findest du das Feld grünen. Du dringst ein ... du findest das schöne Mädchen, das die Weingärten bewacht. Sie nimmt dich als Gefährten an und gewährt dir die Reize ihres Schoßes ... Du schlummerst und bist untätig. Man stiehlt ... deinen Bogen, dein Gürtelmesser, deinen Köcher, und deine Zügel werden in der Dunkelheit zerschnitten ... Es zerbricht dein Wagen. Du sagst: „Gebt mir Speise und Wasser, denn ich bin glücklich angekommen!" Sie stellen sich taub und hören nicht hin. Komm, bring mich auf den Weg südwärts in die Gegend von Akko. Wo ist der Berg von Sichem? Der geschickte Schreiber – wo marschiert er nach Hazor? Wie ist sein Fluß beschaffen? Komm, laß mich dir von anderen Städten sagen. Belehre mich doch über das Aussehen von Kjn bei Megiddo, mach mich mit Rehob bekannt, erkläre mir Beth-Schean und Kiriath-el. Laß mich wissen, wie man an Megiddo vorübergeht. Der Jordanfluß – wie setzt man über ihn hinüber? Sieh, so schließt der königliche Stallbeamte Hori sein Schreiben, ich habe das Land Palästina für dich durchzogen, ... schau es ruhig an, damit man dich künftig imstande finde, es zu beschreiben, und damit du ... ein ... Rat werdest.

Königliche Beamte, Soldaten, Kaufleute hatten zumindest eine deutliche Vorstellung von Palästina. Mose, Angehöriger eines armen Hirtenvolkes, muß sich zuerst über dieses Land unterrichten. Er schickt Kundschafter aus. *Als sie nun Mose aussandte, das Land Kanaan zu erkunden, sprach er zu ihnen: Zieht da hinauf ins Südland und geht auf das Gebirge und seht euch das Land an, wie es ist, und das Volk, das darin wohnt, ob's stark oder schwach, wenig oder viel ist* (4. Mose 13, 17–18).

Unter den zwölf Kundschaftern ist Josua, ein Mann mit strategischen Fähigkeiten, wie sich später bei der Eroberung von Kanaan herausstellt. Als Haupterkundungsgebiet wählen sie die Gegend um Hebron im Süden von Juda. Nach vierzig Tagen melden sich die Männer bei Mose wieder zurück. Zum Zeichen, daß sie ihren Auftrag erfüllt haben, bringen sie Früchte aus dem Erkundungsgebiet mit, Feigen und Granatäpfel. Ungläubiges Staunen erregt eine riesige Weintraube, abgeschnitten am *Bach Eschkol*, denn sie *trugen sie zu zweien auf einer Stange* (4. Mose 13, 23). Auch die Nachwelt staunt skeptisch, weil der Chronist von einer einzigen Traube spricht. In Wirk-

Oben: Im Grab des königlichen Mundschenks Wah aus der Zeit Thutmosis' III. bringen die Gabenträger ein Gebinde aus Granatäpfeln, vor allem aber Wein in jeder Erscheinungsform: eingelegte Trauben in der Flasche, gekelterten Wein oder Traubensaft im Krug, der auf einer Stange getragen wird, frische Beeren im Korb und sogar einen ganzen Rebzweig.

Links: Die Weinlese und das anschließende Keltern gehört zu den beliebten Themen in ägyptischen Grabmalereien. Im Grab des Nacht stehen die Pflücker unter einer Weinlaube mit riesigen Trauben. In einem gemauerten Bottich werden die Beeren mit den Füßen zerstampft und ausgepreßt. Der Saft fließt in ein Becken, aus dem er geschöpft und die Krüge abgefüllt wird.

lichkeit muß es wohl ein Rebstock mit Früchten gewesen sein. Die Späher schnitten ihn mitsamt den Trauben ab, die sich so länger frisch halten. Zuverlässig jedenfalls ist die biblische Herkunftsangabe. *Bach Eschkol* heißt „Traubental"; es liegt südwestlich von Hebron, und auch jetzt ist diese Gegend reich an Weinstöcken. Schwere, edle Trauben von zehn bis zwölf Pfund bilden keine Seltenheit. Die Kundschafter erstatten Bericht und schildern, wie schon Sinuhe 650 Jahre zuvor, Kanaan als ein Land, *in dem wirklich Milch und Honig fließt… Aber stark ist das Volk, das darin wohnt, und die Städte sind befestigt und sehr groß* (4. Mose 13, 27–28). Bei der Aufzählung der verschiedenen Bewohner des Landes erwähnen sie die uns heute bekannten Hethiter, die Amoriter, die um Jerusalem ansässigen Jebusiter, die Kanaanäer und die Amalekiter, mit denen Israel schon im Sinai einen Zusammenstoß hatte. Sie nennen auch *die Söhne Anaks …*

aus dem Geschlecht der Riesen (4. Mose 13, 22. 28. 33). *Anak* könnte „langhalsig" oder „Halskettenleute" bedeuten, mehr kann die Wissenschaft darüber bis heute nicht sagen. Es ist die Vermutung geäußert worden, in den *Riesen* seien möglicherweise Überreste alter vorsemitischer Volkselemente zu sehen, wofür allerdings jeder Beweis fehlt. Tatsächlich lebten damals Fremdrassige in Kanaan, die den aus Ägypten kommenden Israeliten unbekannt sein mußten. Welchen Volkes „Kinder" sie waren, haben sie der Nachwelt selber mitgeteilt, und zwar auf Tontafeln, die 1887 von einem Fellachenweib in Tell el-Amarna zufällig entdeckt wurden. Die weitere Nachsuche ergab schließlich eine Sammlung von insgesamt 377 Dokumenten. Es handelt sich um Keilschriftbriefe aus den königlichen Archiven Amenophis' III. und seines Sohnes Echnaton, der in el-Amarna in Mittelägypten seine neue Hauptstadt bauen ließ. Die Tafeln enthalten eine Korrespondenz der

Fürsten von Palästina, Phönizien und Südsyrien mit dem Auswärtigen Amt der beiden Pharaonen, in Akkadisch, der Diplomatensprache des 2. Jahrtausends v. Chr., verfaßt. Die meisten Schriftstücke wimmeln von typisch kanaanäischen Wörtern. Der unschätzbare Fund wirft ein helles Licht auf die Verhältnisse im damaligen Palästina.

Einer der Briefe lautet: *Zum König, meinem Herrn, meiner Sonne, meiner Gottheit, sprich: Also (spricht) Suwardata, dein Diener, der Diener des Königs und der Staub seiner Füße, der Boden, auf den du trittst: Zu Füßen des Königs, meines Herrn, der Sonne vom Himmel, siebenmal, siebenmal warf ich mich nieder, sowohl auf den Bauch als auch auf den Rücken...*

Das ist erst, wie man wissen muß, die Einleitung. Keineswegs überschwenglich, sondern sehr förmlich, wie es das zeitgenössische Protokoll vorschreibt. Suwardata kommt zur Sache: *Es wisse der König, mein Herr, daß die Chabiru sich erheben in den Ländern, welche gegeben hat mir der Gott des Königs, meines Herrn, und daß ich ihn geschlagen habe, und es möge wissen der König, mein Herr, daß mich verlassen haben alle meine Brüder; und daß ich und Abdi-Cheba es sind, die gegen den Führer der Chabiru kämpfen. Und Zurata, Prinz von Akko, und Indaruta, Prinz von Achschaph, sie waren es, die sich beeilten mir zu helfen für fünfzig Wagen, deren ich jetzt beraubt bin. Aber siehe, sie kämpften (jetzt) gegen mich, und es beliebe dem König, meinem Herrn, den Janhamu zu schicken, daß wir ernsthaft Krieg führen und das Land des Königs, meines Herrn, in seinen alten Grenzen wiederherstellen.*

Dieser Fürstenbrief aus Kanaan malt ein getreues Zeitkolorit. In den wenigen Sätzen spiegeln sich unverkennbar die Intrigen und nicht enden wollenden erbitterten Fehden der Fürsten untereinander oder mit kriegerischen Nomadenstämmen. Was an dem Schreiben, abgesehen von Stil und Inhalt, vor allem interessiert, ist der Absender, nämlich Prinz Suwardata. Schon sein Name zeigt eindeutig indoarische Abstammung an! Indoarisch ist auch der erwähnte Prinz Indaruta. So erstaunlich es klingen mag, ein Drittel der prinzlichen Schreiber aus Kanaan ist indoarischer Herkunft. Birjawasa von Damaskus, Biridija von Megiddo, Widia von Askalon, Biraschschena von Sichem in Samaria sind indoarische Namen. Indaruta, der Name des Prinzen von Achschaph, ist sogar identisch mit Namen aus den Veden und anderen frühen Sanskritschriften. Der erwähnte Abdi-Cheba von Jerusalem gehört zu dem in der Bibel oft zitierten Volk der *Horiter*, den Churritern.

Wie zuverlässig diese Überlieferung ist, erhellten außerdem ägyptische Papyri aus dem 15. vorchristlichen Jahrhundert, in denen wiederholt das Land Kanaan nach den Churritern *Churu* genannt wird. Demnach müssen die Churriter als ritterliche Oberschicht wenigstens zeitweise im ganzen Land verbreitet gewesen sein.

Da fuhr die ganze Gemeinde auf und schrie, und das Volk weinte die ganze Nacht. Warum führt uns der Herr in dies Land, damit wir durchs Schwert fallen und unsere Frauen und unsere Kinder ein Raub werden? Ist's nicht besser, wir ziehen wieder nach Ägypten?
(4. Mose 14, 1–3)

W as die Kundschafter von den befestigten Städten Kanaans, die *groß und bis an den Himmel ummauert seien* (5. Mose 1, 28), und von seinen hervorragend bewaffneten Bewohnern berichteten, war nicht übertrieben. Aus Zyklopenmauern aufgetürmte Festungen waren den Kindern Israel ein ungewohnter, bedrohlicher Anblick. Im Lande Goschen, das während vieler Generationen ihre Heimat gewesen war, gab es nur eine befestigte Stadt, Ramses. In Kanaan stand eine Festung in Sichtweite der anderen, das Land war damit förmlich gespickt. Zahlreiche Trutzfesten starrten von Hügeln und Bergkuppen herab, was sie noch gewaltiger und erschreckender machte. Kein Wunder daher, wenn der Kundschafterbericht einen Schock auslöste.

Israel ist im Kriegshandwerk gänzlich unerfahren, es verfügt nur über primitive Waffen wie Bogen, Wurfspeere, Schwerter, Messer; an bespannte Streitwagen, wie die Kanaanäer sie massenhaft besitzen, gar nicht zu denken. Israel ist immer noch zu verwöhnt von den *Fleischtöpfen Ägyptens*, denen vor allem die Älteren unter ihnen häufig jammernd und murrend nachtrauern, und trotz seines neuen Glaubens und des gemeinsamen Fluchterlebnisses noch nicht genügend zusammengeschweißt, um dem kriegerischen Zusammenstoß mit einer überlegenen Macht gewachsen zu sein.

Angesichts dieser Gegebenheit faßte Mose den überaus weisen Entschluß, den Marsch auf Kanaan nicht wie geplant von Süden fortzusetzen. Zeit und Menschen sind noch nicht reif für die große Stunde. Die Wanderung muß von neuem aufgenommen, die Zeit der Prüfungen und der Bewährung verlängert werden, um diese Flüchtlinge und Landsuchenden zu einem in sich gefestigten, harten und an Entbehrungen gewöhnten Volk heranreifen zu lassen. Eine neue Generation muß erst heranwachsen.

Über die dunkle Zeit, die nun folgt, wissen wir nur wenig. 38 Jahre – fast ein Menschenalter und Zeit genug, ein Volk umzuschmelzen. So lange währt der Aufenthalt in der „Wüste". Häufig verquickt mit dem Wachtel- und Mannawunder, mutet diese biblische Zeit- und Ortsangabe höchst unwahrscheinlich an. Nicht zu Unrecht, wie sich in systematischer Forschungsarbeit herausstellte, allerdings aus ganz anderen als den meist vermuteten Gründen. Einen *Wüsten*-Aufenthalt Israels im Wortsinne hat es tatsächlich nie gegeben! Obgleich die Bibelangaben über diesen Zeitraum sehr spärlich sind, ergibt sich aus den wenigen Orten, die die Forschung lokalisieren konnte, ein ausreichend anschauliches Bild. Danach haben sich die Kinder Israel mit ihren Herden sehr lange im Negev, im Gebiet der beiden Quellen bei Kadesch, aufgehalten. Sie sind auch noch einmal zum Golf von Akaba zurückgekehrt, in die Gegenden von Midian und die Sinaihalbinsel. Verglichen mit den Todeszonen in der Sahara sind die genannten Landstriche nie echte Wüste gewesen. Bodenforschungen ergaben, daß weder die Wasserverhältnisse noch die Niederschlagsmengen sich bemerkenswert geändert haben. Die „Wüste" muß demnach den Charakter einer Steppe mit Weidemöglichkeit und Wasserlöchern gehabt haben.

Die archäologischen Arbeiten des Amerikaners Nelson Glueck in den fünfziger Jahren haben die Kenntnis von den damaligen allgemeinen Verhältnissen vertieft. Danach sind jene Gebiete im 13. Jahrhundert v.Chr. von halbnomadischen Stämmen besiedelt, die durch regen Handel und blühendes Gewerbe mit Ägypten und Kanaan verknüpft sind. Zu ihnen rechnen auch die Midianiter, bei denen Mose für die Dauer seines Exils lebte und Zippora heiratete (2. Mose 2, 21).

Oben: „Sie haben sich ein gegossenes Kalb gemacht und haben's angebetet…" (2. Mose 32,8). In vielen Kulturen der Alten Welt wurde dem Rind besondere Verehrung entgegengebracht. Die Stärke des Stiers und seine Zeugungskraft wurden ebenso vergöttlicht wie die schützende Mütterlichkeit der Kuh. In Ägypten wurde der Apisstier als Manifestation des Schöpfergottes Ptah verehrt und die Göttin Hathor in Kuhgestalt als Liebesgöttin, als Mutter und Ernährerin sowie als Schützerin vor den Gefahren der Wüste. Eine Kleinplastik der 18. Dynastie in einer bronzenen Kultschale stellt sie mit der Sonnenscheibe zwischen den Hörnern dar.

Linke Seite: „Da machte Mose eine eherne Schlange…" (4. Mose 21,9). Die erdverbundene Unheimlichkeit, die Macht und Gefahr ihres Giftes sowie ihre vermeintliche Unsterblichkeit verliehen der Schlange den Nimbus eines zugleich furchteinflößenden und heilbringenden Wesens. In Ägypten wurde die Kobra zum Königssymbol, zur Schutzgöttin der Kronen. Hochaufgerichtet droht sie vom Stirnreif des Pharaos und an Götterkronen wie der des goldenen Horusfalken aus Hierakonpolis.

Darstellung einer Kultbild-
prozession am Granitsank-
tuar des Amun-Tempels in
Karnak. Ging eine Gottheit –
in Gestalt ihres Kultbildes –
auf Reisen, etwa zum alljährlichen Hochzeitsfest im Tempel der Gottesgemahlin, so
wurde sie in einen kostbaren Schrein gesetzt und dieser mit Tüchern verhüllt: Die
Gottheit setzte sich keinesfalls profanen Blicken aus!
Da sich ägyptische Götter
nur auf dem heiligen Nil
bewegten, mußte der
Schrein auf die Götterbarke
verladen und diese auf Trag-
stangen zum Fluß geschafft
werden. Die Prozession wird
vom König angeführt, kahl-
köpfige Priester haben die
Stangen geschultert.

Seit jüngster Zeit liegen für zwei Einzelheiten der biblischen Wüstenzugsbe-
richte archäologische Bestätigungen
vor, die in diesem Zusammenhang niemand erwartet hätte. Noch spielt – trotz aller
Planung und Systematik – bei der Archäologie der Zufall eine Rolle! In unserem Fall ver-
half er dem israelischen Archäologen Beno
Rothenberg im Kupferminenrevier von
Timna im Wadi Araba zur Entdeckung einer
Ehernen Schlange und eines Zeltheiligtums!
Bei der Ehernen Schlange handelt es sich um
ein Schlangenidol, dem man Zauberkraft
zuschrieb (4. Mose 21, 9). Sogar im Jerusalemer Tempel soll sich ein solches Kultbild
befunden haben. Erst König Hiskia von Juda,
der um 700 v. Chr. regierte, zerschlug und entfernte es (2. Könige 18, 4). Dieses Schlangenidol erinnert natürlich an den altsumerischen
Schlangenstab auf einer dem Lebensgott Nin-
gizzida geweihten Vase, an die zahllosen heiligen Schlangen Altägyptens und an den Äsku-
lapstab des klassischen Altertums. Aber
schon Anfang unseres Jahrhunderts behaup-
tete der deutsche Gelehrte Hugo Greßmann,
die Eherne Schlange der Bibel müsse von den

Midianitern übernommen worden sein, mit
denen die Israeliten auf ihrem Wüstenzug
Kontakt hatten.
Die Midianiter stammten nach der Bibel von
Abrahams Frau Ketura ab (1. Mose 25, 2–6),
und Reguël oder Jitro, ein midianitischer Priester, war Moses Schwiegervater, Ratgeber
und Konzelebrant *vor dem Herrn* (2. Mose 2,
16 ff.; 3, 1; 18, 1 ff.). Reguël soll es gewesen sein,
dem die Israeliten den seltsamen Kupfer-
schlangenkult verdankten. Tatsächlich war
es eine archäologische Stätte mit Anwesen-
heitsspuren von Midianitern, wo Beno Rothenberg ein zwölf Zentimeter langes, teilweise vergoldetes Kupferschlangenidol fand.
Doch nicht genug mit dieser sensationellen
Bestätigung eines wichtigen Stücks der sonst
so umstrittenen biblischen Erzählungen über
Israels Wüstenmarsch: Das kleine, zierliche,
golden schimmernde Kupferschlänglein lag –
im Allerheiligsten eines Zeltheiligtums! Mit
der Freilegung eines Zeltheiligtums glückte
Rothenberg eine bibelarchäologische Entdeckung von außerordentlicher Tragweite,
hatten doch Bibelkritiker verschiedenster
·Richtungen und „Schulen" seit dem 19. Jahr-

hundert immer wieder an der Existenz jenes Zeltheiligtums – der *Stiftshütte* des *Heiligen Zeltes* – gezweifelt, von dem in der Bibel so ausführlich die Rede ist (2. Mose, 25–31; 35–39). Zwar begannen einige Kritiker schon zu verstummen, als man auf einem Relief am Bel-Tempel von Palmyra ein – freilich sehr kleines – transportables Wüstenheiligtum entdeckte. Immerhin schloß man nun nicht mehr gänzlich aus, daß es auch bei den Israeliten ein Zeltheiligtum gegeben haben könnte, allerdings betrachtete man noch immer die Details der biblischen Schilderung der Stiftshütte als Rückprojektion der Verhältnisse des Jerusalemer Tempels auf die Wüstenwanderungszeit. Und auf jeden Fall ist das in Palmyra dargestellte Nomadenheiligtum außerordentlich klein – streng genommen gibt es wohl eher eine Vorstellung von der Bundeslade als von der Stiftshütte, die die heilige Lade barg.

Ganz anders das von Rothenberg in Timna ausgegrabene midianitische Zeltheiligtum! In seinen Abmessungen kommt es der in der Bibel geschilderten Stiftshütte schon sehr viel näher. Es befand sich an der Stelle einer älteren ägyptischen Hathor-Kultstätte. Die Midianiter, die nach den Ägyptern in Timna in eigener Regie Kupfer abbauten, wandelten diese Kultstätte in einen Schrein ihrer eigenen Religion um und überspannten sie mit einem Zeltdach, von dem Rothenberg nicht nur die Löcher der schräg in den Boden gerammten Pfosten, sondern sogar noch Stoffreste fand. Einzelheiten der Einrichtung der biblischen Stiftshütte sind freilich nach wie vor ungeklärt. So soll der Brandopferaltar mit Bronzebe-

schlägen und Bronzegittern ausgestattet gewesen sein (2. Mose 27, 1–8), aber noch sehr viel später verfügte nicht einmal König Salomo über Fachkräfte, die für den Tempel derartige Arbeiten ausführen konnten, sondern mußte sie von König Hiram von Tyros, anfordern (2. Chronik 2, 6 und 12 f.). Auch die angeblichen Hörner dieses Stiftshüttenaltars (2. Mose 27, 2) kamen nach dem archäologischen Befund in Israel erst zu Beginn der Königszeit auf, und auch die Bibel erwähnt sie erst wieder im Zusammenhang mit der Königszeit (1. Könige 1, 50f.; Psalm 118, 27; Jeremia 17, 1; Amos 3, 14). Wie dem auch sei: Grundsätzlich steht nach Rothenbergs Fund heute nichts mehr der Annahme im Wege, daß auch das ganz frühe Israel ein Zeltheiligtum besaß, das dem in der Bibel beschriebenen ähnelte.

VOR DER SCHWELLE DES GELOBTEN LANDES

So entbrannte des Herrn Zorn über Israel, und er ließ sie hin und her in der Wüste ziehen vierzig Jahre, bis es zu Ende war mit dem ganzen Geschlecht, das übelgetan hatte vor dem Herrn (4. Mose 32, 13).

Erst als die langen Jahre des Umherwanderns dem Ende zugehen, nimmt die Bibel den Faden der Berichterstattung über die Kinder Israel wieder auf. Eine neue Generation ist herangewachsen und be-

Oben links: Mit einem Velum verhüllt wird auch das Baal-Kultbild von Palmyra transportiert, nach den Gepflogenheiten der Wüstennomaden allerdings auf einem Kamel. Ebenso soll ein „Vorhang" (2. Mose 40,3) die Bundeslade mit den Gesetzestafeln in der Stiftshütte den Blicken entziehen. Die vergoldete Lade aus Akazienholz wurde ähnlich wie die ägyptischen Götterbildschreine sänftenartig auf vergoldeten Stangen getragen, die durch goldene Ringe an den Seiten der Lade gesteckt wurden (2. Mose 25,10–22).

Oben rechts: In der Stiftshütte standen ein Brandopferaltar (2. Mose 27,1–8) und ein Räucheraltar, „viereckig und zwei Ellen hoch mit seinen Hörnern" (2. Mose 30, 1–2). Solche Hörneraltäre waren in Vorderasien weit verbreitet. In Megiddo wurden mehrere Exemplare gefunden, die etwa aus der Zeit der Landnahme der Israeliten stammen.

Oben: Die edomitische Königsstadt Busera, das biblische Bozra, während der 1971 begonnenen Ausgrabungen.

Unten: Der Arnon war „die Grenze Moabs zwischen Moab und den Amoritern" (4. Mose 21,13).

reit, die Schwelle zum verheißenen Land zu überschreiten. Aber keiner der Männer, die den Auszug aus Ägypten leiteten, wird das Gelobte Land betreten – nicht einmal Mose selbst.

Der neue strategische Plan sieht vor, Kanaan von Osten, das heißt von den Gebieten östlich des Jordanflusses, her zu erobern. Den Weg von Kadesch in das Ostjordanland versperren jedoch fünf Reiche, die den breiten Landstrich zwischen dem Jordangraben und der Arabischen Wüste einnehmen: im Norden, etwa an den Ausläufern des Hermon beginnend, das Königreich Baschan, ferner das Amoriterreich von Sihon, weiter das Reich Ammon, am Ostufer des Toten Meeres das Reich Moab und tief im Süden Edom.

Edom ist das erste Reich, das auf dem Wege nach Ostjordanland zu durchqueren ist. Die Kinder Israel bitten um Durchlaß: *Und Mose sandte Botschaft aus Kadesch dem König der Edomiter... Laß uns durch dein Land ziehen* (4. Mose 20, 14–17).

Auf den besten Straßen erreicht man am schnellsten sein Ziel. Den Highways und Autobahnen des 20. Jahrhunderts entsprach damals eine Straße, die mitten durch Edom führte. Auf ihr wollen sie reisen. Es ist der alte „Königsweg", der schon aus Abrahams Zeiten stammt. *Laß uns durch dein Land ziehen*, beantragen sie, *wir wollen auf der gebahnten Straße ziehen* (4. Mose 20, 17–19).

Die seßhafte Bevölkerung im Orient mißtraut stets den Nomaden, heute wie einst. Zwar erklären die Unterhändler Israels ausdrücklich: *Wir wollen nicht durch Äcker oder Weinberge gehen..., weder zur Rechten noch zur Linken weichen, bis wir durch dein Gebiet*

hindurchgekommen sind..., und wenn wir von deinem Wasser trinken, wir und unser Vieh, so wollen wir's bezahlen (4. Mose 20, 17–19).

Wie zutreffend die biblische Beschreibung von Edom ist, fand Nelson Glueck auf einer mehrjährigen Forschungsreise bestätigt. Im Süden von Transjordanien stieß er im Gebiet des alten Edom und Moab auf zahlreiche Spuren einer Besiedlung aus dem Anfang des 13. Jahrhunderts v.Chr. Die gleichfalls vorhandenen Reste von Kulturboden lassen auf bestellte Äcker schließen. So ist es verständlich, daß Edom trotz aller Zusicherungen den Kindern Israel die beantragte Straßenbenutzung und Durchreisegenehmigung verweigert.

Die Unfreundlichkeit zwingt Israel zu einem Umweg. Am Westrand Edoms entlang wandern sie nunmehr nordwärts in Richtung auf das Tote Meer. *Punon*, das heutige Kirbet-Phenan, eine alte Kupfermine, und *Obot* mit ihren Quellen werden berührt. Dann zieht Israel durch den Grenzbach Sered, der Edom und Moab trennt, ins Ostjordanland. Moab am Südostufer des Toten Meeres wird in einem großen Bogen umgangen. Dann sind sie am Fluß Arnon angelangt und damit an der Südgrenze des Amoriterreiches (4. Mose 21, 13). Wieder bitten die Israeliten um Durchgangserlaubnis für den Königsweg (4. Mose 21, 22). Wieder wird sie ihnen, diesmal vom Amoriterkönig Sihon, verweigert. Es kommt zum Kampf, die bewaffnete Eroberung beginnt.

Mit der Besiegung der Amoriter heimsen die Israeliten ihren ersten Triumph ein. Im Bewußtsein ihrer Kraft stoßen sie über den Jabbokfluß weiter nach Norden und erobern auch das Königreich Baschan. Damit sind sie im ersten entschlossenen Ansturm Herren des Ostjordanlandes vom Fluß Arnon bis zu den Ufern des Sees Genezareth geworden.

In die sachliche Schilderung von dem Vordringen und den Kämpfen im Ostjordanland ist eine Bemerkung über das *eiserne Bett* oder den *steinernen Sarg* eines Riesen, des Königs Og von Baschan, eingeflochten (5. Mose 3, 11), über die sich mancher schon den Kopf zerbrochen haben mag. Diese geheimnisvoll und unwahrscheinlich klingende Bibelstelle fand indes eine sehr natürliche und zugleich frappante Klärung. Die Bibel bewahrt hier nur getreulich eine Erinnerung, die in die graue Vorzeit Kanaans zurückreicht.

Als Gelehrte das Jordanland nach Zeugen der biblischen Geschichte durchstreiften, stießen sie auf merkwürdige Gebilde, wie sie Altertumsforschern auch schon in anderen Län-

dern begegnet waren. Es handelt sich um hohe Steine, die ellipsenförmig aufgerichtet und hin und wieder mit einem gewaltigen Steinblock überdacht sind, um die berühmten Großsteingräber. Sie werden auch Megalithgräber oder Dolmen genannt und sind Ruhestätten, in die einst Tote gebettet wurden. In Europa – in Norddeutschland, Dänemark, England, Frankreich und Sardinien blieben einige erhalten – heißen sie im Volksmund auch „Riesenbetten" oder „Hünengräber". Da diese mächtigen Baudenkmäler ebenso in Indien, in Ostasien und selbst auf den Südseeinseln angetroffen werden, schreibt man sie einer großen Menschenwanderung in der Frühzeit zu.

1918 entdeckt der deutsche Forscher Gustav Dalman in der Nähe der heutigen Hauptstadt von Jordanien, Amman, einen Dolmen, der außerordentliche Beachtung findet, da er eine ganz konkrete Bibelangabe geradezu verblüffend zu illustrieren scheint. Amman liegt genau an der Stelle der alten Stadt Rabbat-Ammon, dem biblischen *Rabba der Amoriter*. Über den Riesenkönig Og heißt es in 5. Mose

Vom Flugzeug aus ist der Verlauf des sogenannten Königsweges in dem von tiefen Tälern gefurchten Landschaftsbild Jordaniens noch deutlich erkennbar.

3, 11: *Siehe, in Rabba, der Stadt der Ammoniter, ist sein steinerner Sarg, neun Ellen lang und vier Ellen breit nach gewöhnlicher Elle.* Auch die Größe des von Dalman aufgefundenen Dolmen stimmt annähernd mit diesen Maßen überein. Er besteht aus Basalt, einem grauschwarzen, eisenharten Gestein. Der Anblick einer solchen Grabstätte mag der biblischen Beschreibung von dem *eisernen Bett* des Riesenkönigs zugrunde liegen. Dolmen sind in Palästina vor allem im Ostjordanland oberhalb des Flusses Jabbok häufig. Das ist im heutigen Aglun. Weit über tausend dieser uralten Male ragen dort im herben Gras des Hochlandes. Das Land oberhalb des Jabbok, so vermerkt die Bibel, ist das Reich, in dem König Og von Baschan geherrscht haben soll, der *war noch übrig von den Riesen* (5. Mose 3, 11). Das von Israel eroberte Baschan wird auch *Land der Riesen* genannt (5. Mose 3, 13).

Westlich des Jordan trifft man Dolmen nur in der Umgebung von Hebron an. Die Kundschafter, die Mose von Kadesch aussandte, *gingen auch bis hinauf ins Südland und kamen bis nach Hebron; da lebten ... Anaks Söhne aus dem Geschlecht der Riesen* (4. Mose 13, 22–33). Sie werden die jetzt bei Hebron in der Nähe des Traubentals entdeckten Steingräber gesehen haben.

Wer die „Riesen" wirklich waren, ist noch gänzlich unbekannt. Vielleicht waren es Menschen, die an Wuchs die alteingesessene Bevölkerung am Jordan übertrafen. Vielleicht aber konnte man sich ganz einfach Megalithgräber nur von Menschen mit Riesenkräften und Riesenwuchs errichtet vorstellen.

Die mächtigen Steingräber und die Erzählungen von Riesen zeugen abermals von der bunten, wechselvollen Geschichte jenes schmalen Landstreifens an der Mittelmeerküste, in den seit allerfrühester Zeit unaufhörlich Wellen fremder Völker hineinbrandeten und dort ihre Spuren hinterließen: das Land Kanaan.

Die Kunde, daß Israel ganz Jordanien erobert hatte, versetzte den König Balak von Moab in Schrecken. Er fürchtet, daß auch sein eigenes Volk diesen harten Nomadensöhnen physisch und militärisch nicht gewachsen sein wird. Er beruft die *Ältesten der Midianiter* und hetzt sie gegen die Kinder Israel auf (4. Mose 22, 4). Sie beschließen den Einsatz anderer als militärischer Mittel. Sie wollen versuchen, Israel mit der Magie Einhalt zu gebieten. Zaubersprüche und Flüche, an deren Wirkung die Völker des Alten Orients fest glauben, werden gewiß die Kraft Israels brechen. Bileam wird von Petor in

Oben: Amman, die Hauptstadt des Königreichs Jordanien, liegt an der Stelle des biblischen Rabbat-Ammon oder „Rabba der Amoriter". Die Residenz der Amoriterkönige befand sich auf einer Höhe über dem tief eingeschnittenen Wadi Amman.

Rechts: In einer 500 Meter tiefen Schlucht durchschneidet der Arnon, einst die Grenze zwischen Moab und Amor, das Hochland östlich des Toten Meeres.

Rechte Seite: Dolmen bei Yehudiyya auf den Golanhöhen.

Babylonien, wo diese dunklen Künste blühen, eilig herbeizitiert. Aber Bileam, der große Zauberer und Magier, versagt. Sobald Bileam einen Fluch aussprechen will, wird ein Segen für Israel daraus (4. Mose 23). Da spielt der König von Moab den gefährlichsten Trumpf aus, einen bösen Trumpf, der nachhaltig auf das Leben der Kinder Israel wirken wird. Die Bibelstelle, die eine Schilderung der durchtriebenen Kriegslist des Königs Balak enthält, wird von manchen Theologen als peinlich empfunden und daher gern übergangen. Die Frage liegt nahe, warum etwas so „Anstößiges" überhaupt in der Bibel steht. Die

Antwort ist einfach: Die Begebenheit wird für das Volk Israel von tiefster, schicksalsträchtiger Bedeutung. Das ist auch der Grund für den Chronisten gewesen, nichts schamhaft zu verschweigen, sondern wahrheitsgemäß und mit rücksichtsloser Offenheit zu schildern, was sich zugetragen hat.

Erst seit die Arbeitsgeräte französischer Ausgräber in den dreißiger Jahren am Mittelmeerhafen Ras Schamra – dem „Fenchelkap" an der phönizischen Küste – unter Leitung von Claude Schaeffer aus Straßburg einen Teil der Kulte Kanaans wieder an das Tageslicht hoben, können wir ermessen und verstehen, was in 4. Mose 25 berichtet wird.

Und Israel lagerte in Schittim. Da fing das Volk an zu huren mit den Töchtern der Moabiter, die luden das Volk zu den Opfern ihrer Götter. Und das Volk aß und betete ihre Götter an (4. Mose 25, 1–2).

Es ist nicht die Verlockung des Lasters, was hier den Kindern Israel entgegentritt. Des Lasters, das es in aller Welt und bei allen Völkern gab und gibt; es sind nicht Berufsdirnen, die Israel verführen. Es sind die Töchter der Moabiter und Midianiter, ihre eigenen Frauen und Mädchen. Sie locken und verführen die Söhne Israels zu den Baalskulten, zu den

Fruchtbarkeitsriten Kanaans. Was Israel, noch jenseits des Jordan, entgegenschlägt, ist die sinnenbetörende Kultwelt Phöniziens mit all ihren Gottheiten.

Schnell und hart schlagen Israels Führer zurück. Sie schonen auch nicht ihre eigenen Männer. Wer sich vergangen hat, wird gewürgt und gehängt. Pinhas, der Großneffe Moses, der einen Israeliten mit einer Midianiterin ins Zelt gehen sieht, nimmt einen Spieß *und durchstach sie beide, den israelitischen Mann und das Weib, durch ihren Leib* (4. Mose 25, 8). Das Volk von Moab, mit dem Israel durch verwandtschaftliche Bande verknüpft ist – Lot, der Neffe Abrahams, gilt als sein Stammvater (1. Mose 19, 37) –, wird geschont. Gegen die Midianiter jedoch entbrennt ein Vernichtungskrieg, der klassische *Kriegshe-*

Auf dem Berg Nebo, von dem Mose vor seinem Tod das Gelobte Land schauen durfte, wurde im 6. Jahrhundert ein Kloster mit einer Basilika errichtet, deren prachtvolle Mosaikfußböden noch erhalten sind (rechte Seite oben). Von der Terrasse der Kirchenruine reicht der Blick über das untere Jordantal mit der Oase von Jericho (rechte Seite unten) und dem Toten Meer (links) bis zum Judäischen Bergland.

rim oder Bann, wie er im Gesetz festgelegt ist (5. Mose 7, 2 ff.; 20, 13 ff.). *So tötet nun alles, was männlich ist unter den Kindern, und alle Frauen, die nicht mehr Jungfrauen sind,* befiehlt Mose (4. Mose 31, 17–18).

Und Mose stieg aus dem Jordantal der Moabiter auf den Berg Nebo, den Gipfel des Gebirges Pisga, gegenüber Jericho. Und der Herr zeigte ihm das ganze Land… (4. Mose 34, 1).

Mose hat nun den schweren Auftrag erfüllt. Von den Fronstädten Ägyptens über die entbehrungsreichen Jahrzehnte in den Steppen bis zu diesem Augenblick war er einen langen, bitterharten Weg gegangen. Er hat den bewährten, treuen Josua zu seinem Nachfolger ernannt, einen Mann mit außergewöhnlichen strategischen Fähigkeiten, wie er Israel jetzt vonnöten ist. Das Leben Moses ist erfüllt, er kann Abschied nehmen von der Welt. Ihm selbst wird es nicht mehr vergönnt sein, seinen Fuß in das verheißene Land zu setzen. Aber von

fern darf er es noch schauen, vom Berg *Nebo*. Von Amman, der Hauptstadt des Königreichs Jordanien, sind es 27 Kilometer, eine halbe Stunde Fahrt über das Hochland am Rande der Arabischen Wüste, durch Täler und an bestellten Feldern vorbei, genau nach Südosten in Richtung auf das Tote Meer, wenn man dem biblischen Berg einen Besuch abstatten will.

Auf dem breiten, kahlen Plateau, 800 Meter über dem Meeresspiegel, wurde in byzantinischer Zeit eine Kirche errichtet. Am Westrand fallen die Schlünde jäh ab zur Jordansenke. Eine frische Brise weht hier oben. Unter dem wolkenlosen blauen Himmel breitet sich vor dem entzückten Auge des Betrachtenden in dem weiten Raum ein einzigartiges Panorama aus. Silberübergossen schimmert im Süden die weite Fläche des Salzmeers. Am jenseitigen Ufer erhebt sich eine erstorbene öde Kulisse von steinernen Buckeln und Hökkern. Dahinter ragt die lange Kette der braunweißen Kalkberge des Landes Juda. Dort, wo sie beginnt und steil aufsteigt aus dem Negev, liegt Hebron. Im Westen, zum Mittelmeer hin, heben sich, bei klarer Sicht mit dem bloßen Auge deutlich erkennbar, vom Bergprofil, das scharf gezeichnet am Horizont steht, zwei winzige Punkte ab – die Türme von Bethlehem und Jerusalem. Nordwärts wandert der Blick über das Hochland von Samaria an Galiläa vorbei bis zu den schneegekrönten Häuptern des Hermon in der flirrenden Ferne.

Am Fuße des Nebo fallen enge Talschluchten ab, aus denen das Grün der Granatapfelbäume mit ihren rotgelben Früchten heraufleuchtet. Dann geht es tief hinunter in die öde Steppe der Jordansenke. Eine fast gespenstische Mondlandschaft blendendweißer Kreidehügel, die kein Hälmchen tragen, umgibt den nur zehn Meter breiten Jordan. Vor den steil aufsteigenden Westjordanbergen labt ein schmaler Grünfleck das Auge, die Oase Jericho.

Mit diesem Blick vom Nebo nach Palästina hinein läßt die biblische Erzählung Mose sein Leben beschließen.

Unten aber, in der Weite der Steppe Moabs, steigen zu dieser Zeit dünne Rauchfahnen in den Himmel. Tag und Nacht brennen die Lagerfeuer zwischen den zahllosen Zelten aus schwarzem Ziegenhaargewebe. Mit dem Stimmengewirr all der Männer, Frauen und Kinder trägt der Wind das Geblök weidender Herden ins Jordantal hinüber. Ein friedliches Bild. Und ist doch nur der Augenblick des Atemholens vor dem langersehnten Tag, die große Stille vor dem Sturm, der das Schicksal Israels und des Landes Kanaan entscheidend verändern wird.

DER KAMPF UM DAS GELOBTE LAND

Nachdem Mose, der Knecht des Herrn, gestorben war, spach der Herr zu Josua, dem Sohn Nuns, Moses Diener: Mein Knecht Mose ist gestorben; so mach dich nun auf und zieh über den Jordan, du und dies ganze Volk, in das Land, das ich ihnen, den Israeliten, gegeben habe... Von der Wüste bis zum Libanon und von dem großen Strom Euphrat bis an das große Meer gegen Sonnenuntergang, das ganze Land der Hethiter, soll euer Gebiet sein.

Josua 1, 1–4

DER EINMARSCH ISRAELS

Um jene Zeit, da Israel am Jordan zum Einmarsch in das Gelobte Land bereitsteht, bahnt sich am Mittelmeer Trojas Schicksal an, sollen die Tage der stolzen Feste König Priamos' gezählt sein. Bald werden in Griechenland die Helden Homers, Achilleus, Agamemnon und Odysseus, zum Kampf rüsten.

Der Zeiger der Weltenuhr nähert sich 1200 v. Chr. Israel hätte keinen günstigeren Zeitpunkt für den Einmarsch wählen können. Von Ägypten droht keine Gefahr. Zwar erlebte es unter Ramses II. eine letzte Glanzperiode, wobei sich auch seine Macht in Palästina noch einmal festigte, doch in den politischen Umwälzungen an der Schwelle zwischen Bronze- und Eisenzeit zerbrach schließlich sogar die Macht des Nillandes, und auch sein Einfluß in Kanaan schwand zusehends.

Von inneren Fehden der unzähligen kleinen Königtümer und Fürstenherrschaften in den Stadtstaaten untereinander zerfleischt, durch eine korrupte ägyptische Besatzungspolitik ausgeplündert, hat auch Kanaan seine Kräfte verbraucht.

Seit der Vertreibung der Hyksos um 1550 v. Chr. war Palästina ununterbrochen ägyptische Provinz. Ein Feudalsystem hatte unter den Hyksos die einfache patriarchalische Ordnung, wie sie in den Städten zur Zeit Abrahams herrschte, abgelöst. Unter einer aristokratischen Herrscherclique, die selbstgefällig und despotisch regierte, sank das Volk zu rechtlosen Untertanen herab. Ägypten läßt dieses Feudalsystem in Palästina unangetastet. Die einheimischen Fürsten dürfen nach Belieben schalten und walten; sie verfügen über eigene Streitkräfte, die den Patriziern vorbehaltenen Kampfwageneinheiten und Fußvolk. Blutige Kämpfe der Stadtstaaten untereinander kümmern Ägypten nicht, wichtig

Blick von der Kreuzfahrerburg Belvoir nach Westen über das Hügelland von Untergaliläa mit dem Berg Tabor.

sind ihm nur die Tributleistungen, über die unnachgiebig und streng ägyptische Inspektoren wachen. Garnisonen und Stützpunkte verleihen ihnen unausgesprochen den nötigen Nachdruck. Gaza und Joppe beherbergen die wichtigsten ägyptischen Verwaltungszentren. Mit Zwangsarbeitern – die Kontingente haben die Feudalherren zu stellen – werden Straßen gebaut und unterhalten, die königlichen Krongüter in der fruchtbaren Jesreelebene südlich von Nazareth bewirtschaftet, die herrlichen Zedernwälder des Libanon kahlgeschlagen. Die Kommissare der Pharaonen sind korrupt. Oft genug werden Sold und Unterhalt der Truppen unterschlagen. Auf eigene Faust plündern dann ägyptische Söldner, Kreter, Beduinen und Nubier, wehrlose Ortschaften.

Unter ägyptischer Oberhoheit blutete das Land Kanaan aus. Die Bevölkerung schrumpfte zusammen. Die Patrizierhäuser sind im 13. Jahrhundert v. Chr. primitiver als in früheren Zeiten, wie die Funde deutlich zeigen. Luxusgegenstände und wertvoller Schmuck sind seltener, und ärmlich sind die Beigaben in den Gräbern. Die Festungsmauern haben an Solidität eingebüßt.

Nur an der Küste vor Syrien, landeinwärts durch die Bergketten des Libanon geschützt und weniger berührt vom Hader der Stadtfürsten, pulst das Leben in den Seerepubliken fast unbekümmert weiter. Häfen bleiben – was auch immer die Welt bewegen mag – Umschlagplätze für alles, was die Welt begehrt. Gegen 1200 v. Chr. steht ein völlig neues Metall – anfangs so wertvoll wie Gold und Silber – auf der Offertenliste: Eisen. Da es aus dem Hethiterland kommt, handeln die Phönizier als erste mit dem Metall, das einem Zeitalter unserer Erde den Namen geben wird. Eisen kannten die Ägypter zwar schon seit nahezu zweitausend Jahren und schätzten es als wahrhaft ungewöhnliche Rarität. Jenes Eisen stammte nämlich nicht von unserem Planeten, sondern wurde aus Meteoriten gewonnen. Und die wenigen daraus verfertigten kostbaren Waffen hießen bei ihnen mit Recht „Dolche vom Himmel".

Mit dem neuen Metall kündigt sich eine neue Epoche an, die Eisenzeit. Das Bronzezeitalter mit seinen einzigartigen zivilisatorischen Höchstleistungen klingt aus, eine große Epoche der Alten Welt geht zu Ende.

Ausgang des 13. Jahrhunderts v. Chr. brandet aus dem Norden der Ägäis eine neue mächtige, fremde Völkerwelle heran. Zu Wasser und zu Lande überfluten die „Seevölker" Kleinasien. Sie sind die Ausläufer einer Völkerbewegung, zu der auch die „Dorische Wanderung" nach Griechenland gehört. Die Stoßrichtung der Fremden – es sind Indogermanen – zielt auf Kanaan und auf Ägypten. Noch hat Israel, das am Jordan bereitsteht, von ihnen nichts zu befürchten. Und die Kanaanäer sind uneinig und geschwächt. Die Stunde Israels ist gekommen. Die biblischen Posaunen von Jericho blasen das Signal!

Und Josua machte sich früh auf, sie zogen aus Schittim und kamen an den Jordan… Und ganz Israel ging auf trockenem Boden hindurch, bis das ganze Volk über den Jordan gekommen war… Und sie lagerten sich in Gilgal, östlich der Stadt Jericho (Josua 3, 1. 17; 4, 19).

Unten: Von ihrem letzten Lagerplatz in Moab zogen die Israeliten hinab in das Jordantal bei Jericho nördlich des Toten Meeres, eine öde Kalksteinebene, in die der Jordan ein einen Kilometer breites Hochwasserbett gegraben hat.

Heute führt hier eine Brücke über den Fluß. Der Jordan ist schmal, sehr schmal, und seit alters weist er viele Furten auf. Die einheimische Bevölkerung kennt sie genau. Bei Jericho sind die schmutziggelben Wasser während der Trockenheit kaum zehn Meter breit.

Als Israel den Jordan erreicht, führt er Hochwasser. *Der Jordan aber war die ganze Zeit der Ernte über alle seine Ufer getreten* (Josua 3, 15). Wie alljährlich hat am Hermon bereits die Schneeschmelze eingesetzt. *Da stand das Wasser, das von oben herniederkam, aufgerichtet wie ein einziger Wall* — es staute sich also — *...bei der Stadt Adam ... und ganz Israel ging auf trockenem Boden hindurch, bis das ganze Volk alles über den Jordan gekommen war* (Josua 3, 16–17). An den Ort Adam erinnert el-Damiyeh, eine vielbenutzte Furt. Könnte plötzliches Hochwasser für kurze Zeit an solch einer Flachstelle einen Stau bilden und vorübergehend den Unterlauf mehr oder weniger trockenlegen?

Beträchtliche Stauungen des Jordanwassers sind jedoch vor allem als Folge von Erdbeben mehrfach bezeugt. Die letzte dieser Art ereignete sich 1927. Durch ein heftiges Beben brachen damals die Ufer des Flusses ein, und Erdmassen stürzten tonnenweise von den niedrigen Hügeln, die sich überall längs des gewundenen Laufs erheben, in das Flußbett. Volle 21 Stunden wurde das Wasser völlig abgestoppt. Im Jahre 1924 war das gleiche geschehen. 1906 wurde der Jordan ebenfalls durch ein Erdbeben so verschüttet, daß das Flußbett am Unterlauf bei Jericho 24 Stunden vollkommen trockenlag. Arabische Aufzeichnungen erwähnen ein ähnliches Ereignis im Jahre 1267.

Überblickt man vom Flugzeug aus diesen Teil des Jordantals, so wird einem klar, warum gerade er vor Tausenden von Jahren so wichtig war. Im Osten erstreckt sich vor der Arabischen Wüste die bucklige Hochebene Jordaniens, seit jeher die Heimat zahlloser Nomadenstämme, von wo sie zu den fruchtbaren Weidegründen und Äckern Kanaans hinüberschauen konnten. Hier ist ein natürliches Einfallstor: die Hauptfurt durch den Jordan, die auch mit Herden leicht zu durchwandern ist. Doch stoßen Eindringlinge aus dem Osten nicht weit vom Jordan auf das erste ernstzunehmende Hindernis, *Jericho*, die strategische Schlüsselstellung für die Eroberung Kanaans.

Oben: Ain el-Duq ist eine der Quellen, aus denen die Oase von Jericho gespeist wird.

Da erhob das Volk ein Kriegsgeschrei, und man blies die Posaunen… Da fiel die Mauer um, und das Volk stieg zur Stadt hinauf, ein jeder stracks vor sich hin. So eroberten sie die Stadt… Aber die Stadt verbrannten sie mit Feuer und alles, was darin war (Josua 6, 20–24).

Josuas Kampf um diese Stadt hat sie berühmt gemacht. Heute kämpfen Wissenschaftler mit Spaten, Hacken und Zeittabellen um sie. In sieben Tagen hat, wie die Bibel berichtet, Josua Jericho bezwungen. Der Kampf der Archäologen um das, was von ihr übrigblieb, dauerte – mit Unterbrechungen – mehr als fünfzig Jahre, bis er entschieden war.

Die Ausgrabungen in Jericho sind gespickt mit aufsehenerregenden Funden und unerhörten Entdeckungen, mit Überraschungen und Enttäuschungen, mit Behauptungen und Widerrufungen, mit Streit über Deutung und Datierung.

Die Jordansenke hat tropisches Klima. Wie eine Oase mutet das Dorf Eriha, das moderne Jericho, am Rande der vegetationslosen Kreidewüste an. Selbst Palmen wachsen hier, die es sonst in Palästina, ausgenommen südlich von Gaza, wenig gibt. Auch die Bibel nennt Jericho die *Palmenstadt* (Richter 3, 13). Bald golden, bald rot schimmern die Dattelbüschel zwischen den grünen Fächern hervor. Von alters her zaubert hier die Quelle Ain es-Sultan („Kaiserquelle") eine üppige Vegetation. Nach ihr ist ein nördlich des heutigen Jericho gelegener Schutthügel benannt, der Tell es-Sultan („Kaiserhügel"). Er ist der Kriegsschauplatz der Archäologen. Wer ihn betreten will, muß Geld bezahlen. Die Fundstätten liegen hinter einer Drahtabsperrung.

Die Überreste Jerichos haben aus dem Tell es-Sultan eine der eigentümlichsten Fundstätten der Welt gemacht, bei der es schon längst nicht mehr um die biblische Festung geht. In dem Hügel schlummern unter den Schichten der Bronzezeit die Zeugen des Steinzeitalters. Sie lenken den Blick in die allerfrühesten Epochen zurück und zu den ersten seßhaft gewordenen Menschen. Die allerersten Häuser Jerichos sind neuntausend Jahre alt und ähneln mit ihren runden Mauern noch den Nomadenzelten. Aber die Töpferkunst war ihren Bewohnern noch nicht bekannt. 1953 grub eine britische Expedition sie aus. Die Leiterin des Unternehmens, Kathleen M. Kenyon, erklärte: „Jericho kann den Anspruch erheben, die weitaus älteste Stadt der Welt zu sein."

Schon kurz nach der Jahrhundertwende wandten die Archäologen ihre Aufmerksamkeit dem einsamen Tell es-Sultan zu. Von 1907 bis 1909 tasten sich Spaten und Hacken Schicht um Schicht behutsam in den stattli-

chen Schutthügel. Als die beiden Leiter der deutsch-österreichischen Expedition, Ernst Sellin und Carl Watzinger, ihre Funde bekanntgeben, erregen sie echte Verblüffung. Zwei konzentrisch verlaufende Festungsgürtel waren freigelegt, ein innerer Gürtel zog sich längs des Hügelkamms hin. Es ist ein Meisterwerk strategischen Festungsbaus aus luftgetrockneten Ziegeln in Gestalt von zwei parallel im Abstand von drei bis vier Meter verlaufenden Mauern. Die besonders massive innere Mauer ist durchweg dreieinhalb Meter breit. Der äußere Festungsgürtel zieht sich am Fuße des Hügels hin und besteht aus einer zwei Meter breiten und ehemals acht bis zehn Meter hohen Mauer mit starken Fundamenten. Die Forscher waren sich sicher: Das sind die berühmten Mauern von Jericho!

Die beiden Festungswälle, ihre genaue zeitliche Einordnung, die Daten der Erbauung und der Zerstörung entfachen einen vehementen Streit der Gelehrten, ein Für und Wider der Meinungen, der Vermutungen, der

Die Oase von Jericho am Rande der vegetationslosen Jordansenke (linke Seite) bot schon Menschen der Altsteinzeit eine Lebensgrundlage. Hier entwickelte sich zwischen dem 7. und 4. Jahrtausend v. Chr. eine ummauerte kleine Stadt. Zu ihrer Befestigung gehörte ein runder Steinturm (oben), von dem man noch originales Mauerwerk von neun Metern Höhe fand. Ein aufsteigender Schacht führt im Innern zu einer Treppe, über die man zur Turmkrone gelangte. So sensationell diese Entdeckung auch war, die Ausgräber waren enttäuscht, daß die Mauern der „Palmenstadt" (5. Mose 34,3) aus Josuas Zeit unauffindbar waren.

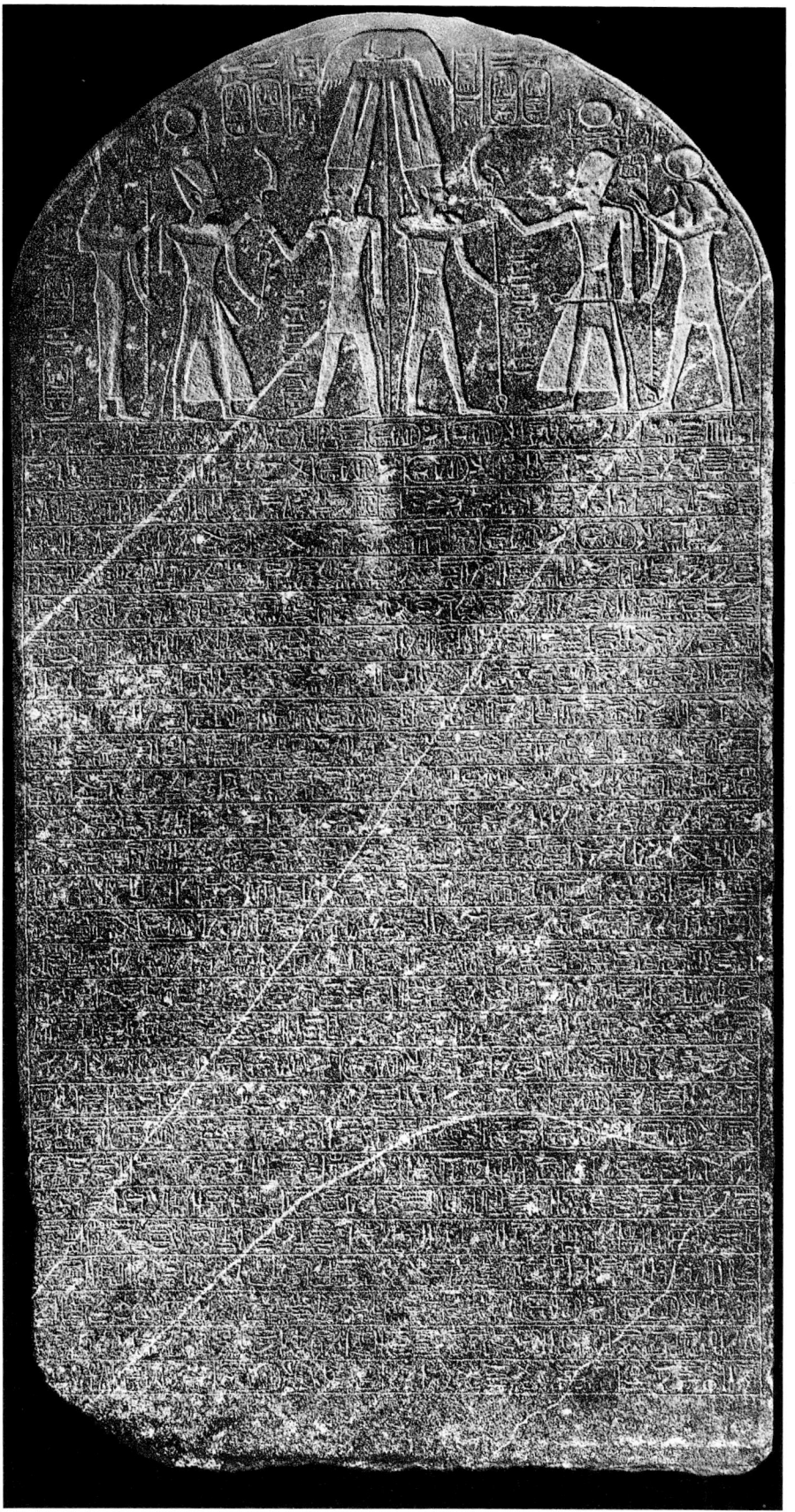

Argumente. Das beginnt mit den ersten Erklärungen von Sellin und Watzinger und dauert jahrzehntelang.

Die beiden Entdecker selber kommen zu einer – wie sie es nennen – „kräftigen Korrektur" ihres ersten Urteils. In einem gemeinsamen Gutachten erklären sie, daß der äußere Festungswall „um 1200 v. Chr. gefallen ist, also die von Josua erstürmte Stadtmauer repräsentiert". Um neues Licht in die Dinge zu bringen, zieht 1930 erneut eine englische Expedition zum Tell es-Sultan. In sechsjährigen Grabungen kommen weitere Teile der Festungsmauern zutage. John Garstang registriert als leitender Archäologe jede Einzelheit mit größter Präzision. Plastisch beschreibt er die Gewalt der Zerstörungen im inneren doppelten Festungsgürtel: „Der Zwischenraum zwischen den beiden Mauern ist mit Trümmern und Schutt angefüllt. Man sieht deutliche Spuren eines gewaltigen Brandes, geschwärzte kompakte Ziegelmassen, geborstene Steine, verkohltes Holzwerk und Asche. Die Häuser sind längs der Mauer bis auf die Fundamente ausgebrannt, die Dächer über dem Hausgerät eingestürzt."

Nachdem Garstang zuvor die erfahrensten Fachleute zu Rate gezogen hat, lautet das Fazit der zweiten Archäologenschlacht: Der innere ist der jüngere, also der von Israel zerstörte Festungsgürtel. Auch damit ist der Streit nicht aus der Welt geschafft. Das Tauziehen um die Mauern von Jericho geht weiter. Garstang datiert die Zerstörung des inneren Gürtels um 1400 v. Chr. Pater Hugues Vincent, ein bedeutender Archäologe und einer der erfolgreichsten Ausgräber Jerusalems, studiert die Fundergebnisse ebenfalls und datiert die Zerstörung der Stadtmauern auf 1250 bis 1200 v. Chr.

Heute wissen wir freilich: Beide Experten irrten. Die Archäologen haben inzwischen Methoden entwickelt, die uns heute Grabungsbefunde viel besser deuten und datieren lassen als noch vor einigen Jahrzehnten. Professor Garstang und Pater Vincent – sie haben beide viel ältere, frühbronzezeitliche Mauern für spätbronzezeitlich gehalten! Dies steht heute ganz außer Zweifel. Der Irrtum kam zustande, weil Wind und Wetter die darüberliegenden jüngeren Schichten zum großen Teil abgetragen haben. Nur an einer einzigen Stelle – am höchsten Punkt des Tell es-Sultan im Nordwesten des Trümmerhügels – sind über den frühbronzezeitlichen Mauerresten noch Ruinen mittelbronzezeitlicher Verteidigungsanlagen in voller Höhe erhalten, und kümmerliche Reste spätbronzezeitlicher Häuser fanden sich lediglich an den unteren Osthangpartien des Hügels. All diese Aufschlüsse verdanken wir der großen britischen Archäologin Kathleen M. Kenyon, die in den fünfziger Jahren unseres Jahrhunderts durch ihre ebenso umfang- wie erfolgreichen Grabungen in Jericho den Grund für unser heutiges gesichertes Wissen über diese „älteste Stadt der Welt" legte.

Kathleen Kenyon wußte auch die spärliche Keramik schlüssig zu deuten, die in Jericho zum Vorschein gekommen war, und sie verstand die Sprache der Gräber, die für die Spätzeit Alt-Jerichos die einzigen Belege lieferten. Nach ihren Befunden mußten Jerichos Mauern während der Bronzezeit nicht weniger als siebzehnmal erneuert werden. Immer wieder waren sie zerstört – sei es durch Erdbeben, sei es durch Erosion. Vielleicht hat diese Anfälligkeit der Mauern Jerichos in der durch die Bibel übermittelten Sage Niederschlag gefunden, wonach die Kinder Israel nur ihr Feldgeschrei zu erheben und ihre Posaunen schmettern zu lassen brauchten, um Jericho zu erobern.

Die mittelbronzezeitliche Stadt stammte aus der Hyksoszeit und endete mit dieser um 1550 v.Chr. Danach blieb Jericho etwa anderthalb Jahrhunderte unbesiedelt. Erst um 1400 müssen sich – nach Ausweis der Keramik, der Grabfunde und der spärlichen spätbronzezeitlichen Häuserüberreste am Osthang des Hügels – wieder Menschen hier niedergelassen haben. Doch auch diese so kümmerlich belegte spätbronzezeitliche Stadt wurde um 1325 wieder von ihren Bewohnern verlassen. Wurde sie Opfer irgendwelcher Eroberer, die später im Sammelbecken „Israel" aufgingen und deren Eroberungstaten schließlich auch in der „Landnahme"-Schilderung der Bibel Eingang fanden? Denn wenn tatsächlich erst zur „Landnahme"-Zeit – also um die Mitte oder gegen Ende des 13. Jahrhunderts v.Chr. – Israeliten nach Jericho kamen, brauchten sie die Stadt nicht zu erobern – sie fanden sie menschenleer vor! Erst im 9. Jahrhundert v.Chr., zur Zeit König Ahabs, wurde Jericho wieder aufgebaut (1. Könige 16, 34). Es war, als hätte jahrhundertelang tatsächlich ein Fluch über diesem Ort gelegen, wie die Bibel berichtet (Josua 6, 26).

Jericho war die erste Sperrfeste zum Gelobten Land. Den weiteren Eroberungszug der Kinder Israel durch Kanaan haben die Archäologen an anderen Stätten verfolgen können.

Ungefähr zwanzig Kilometer südwestlich Hebrons lag das biblische *Debir*. Geschützt von einer starken Umfassungsmauer, beherrschte es den Negev. Amerikanische Gra-

bungen unter W.F. Albright und M.G. Kyle seit 1926 stoßen hier im Tell Beit Mirsim auf eine Aschenschicht und heftige Zerstörungen. Die Aschenschicht birgt Scherben, die einwandfrei aus dem Ende des 13. Jahrhunderts v.Chr. stammen. Unmittelbar über der Brandschicht liegen Spuren einer neuen Siedlung Israels. *Da kehrte Josua um mit ganz Israel nach Debir und kämpfte gegen die Stadt und eroberte sie...* (Josua 10, 38–39).

45 Kilometer südwestlich Jerusalems wird das biblische *Lachisch* identifiziert, das eine für Kanaan außergewöhnlich starke Feste gewesen sein muß. Im Tell ed-Duweir mißt eine englische Expedition unter James Lesley Starkey in den dreißiger Jahren eine Bau-

„Erobert ist Kanaan mit allem Schlechten... Israel ist verwüstet und hat keinen Samen, Palästina ist zur Witwe geworden..." So heißt es auf der „Israelstele" im Museum von Kairo (linke Seite) in einem Siegesbericht des Königs Merenptah von 1230 v.Chr. (oben). Es ist dies die erste Erwähnung des Namens Israel in einem ägyptischen Dokument. Das Wort Israel bilden sechs Hieroglyphenzeichen in der Mitte der vorletzten Zeile (Ausschnitt unten).

Links: Bei der Erforschung eines kanaanäischen Heiligtums in Hazor kam ein seltsamer Fund von Stelensteinen ans Licht (Israel-Museum, Jerusalem). Zwischen den nahezu formlosen Orthostaten befand sich ein Stein, in den zwei erhobene Arme und darüber die Mondsichel eingemeißelt sind. Die zugehörige Priesterfigur hält eine Art Opferschale in Händen. Vermutlich wurde hier der kanaanäische Mondgott verehrt. Die Spuren der gewaltsamen Zerstörung, die im Tempelbezirk festgestellt wurden, gehen möglicherweise auf die israelitische Landnahme unter Josua zurück.

Linke Seite: Die knapp einen Meter hohe Relieftafel mit zwei Tierkampfszenen wurde in Bet-Schean gefunden (Rockefeller-Museum, Jerusalem). Sie muß um 1400 v. Chr. entstanden sein und soll eines der Tore am Mikal-Tempel geschmückt haben. Der Kampf eines Hundes mit dem Löwen wurde als Auseinandersetzung zwischen dem Tempelwächter (Hund) und dem Symboltier des Pest- und Kriegsgottes Nerga (Löwe) gedeutet. Es spricht einiges dafür, daß die Platte in Syrien entstanden und später nach Bet-Schean verschleppt worden ist.

fläche von 24 Morgen, die ehemals von einem starken Bollwerk geschützt wurde. Auch diese Stadt fiel einer vernichtenden Feuersbrunst zum Opfer. Eine aus den Trümmern geborgene Schale trägt eine Inschrift, die das „Jahr 4" des Pharaos Merenptah nennt. Das entspricht dem Jahr 1220 v. Chr.!
Und der Herr gab auch Lachisch in die Hände Israels… (Josua 10, 32).

Im Museum zu Kairo steht ein Gedenkstein aus einem Totentempel bei Theben, auf dem der Sieg des Pharaos Merenptah über die Libyer gefeiert wird. Um den Ruhm des Herrschers zu mehren, sind auch andere große Taten, die er vollbracht haben soll, erwähnt. So heißt es am Schluß des Textes: *Erbeutet ist Kanaan mit allem Schlechten. Gefangengeführt ist Askalon, gepackt Geser, Jenoam vernichtet. Das Volk Israel ist trostlos, es hat keinen Nachwuchs; Palästina wurde zur Witwe für Ägypten.*
Dieses Triumphgedicht, 1229 v. Chr. aufgeschrieben, ist in mehrfacher Hinsicht wertvoll und aufschlußreich. Hier sehen wir zum ersten Male in der Menschheitsgeschichte den Namen „Israel" verewigt, noch dazu von einem Ausländer und Zeitgenossen. Israel wird ausdrücklich als Volk bezeichnet und obendrein im Zusammenhang mit palästinensischen Städtenamen – sicherlich ein Beweis, dem sich auch der hartnäckigste Skeptiker nicht verschließen kann, daß Israel um 1220 v. Chr. wirklich schon in Kanaan ansässig war.

Israel hat kurz vor 1200 v. Chr. das langersehnte Ziel erreicht, es ist in Kanaan, aber Beherrscher des Landes ist es noch nicht. Brandschichten zeichnen den Weg und lassen eine sehr geschickte Strategie erkennen. Den stärksten Festungen, Geser und Jerusalem, wich Josua aus. Offensichtlich ging er nach dem Prinzip des geringsten Widerstands vor. Auch die fruchtbaren Ebenen und Flußtäler sind in der Hand der Kanaanäer und bleiben es noch viele Generationen lang. Israel fehlen die Waffen, um den gefürchteten Streitwagen zu widerstehen, fehlen Technik und Erfahrung im Kampf um stark befestigte Städte. Aber in den weniger besiedelten Gegenden hat es Fuß gefaßt, die Hügelländer beiderseits des Jordan sind in seinem Besitz. 14 Kilometer nördlich vom See Genezareth gelegen, ist Hazor in seine Hände gefallen, das noch immer mächtig genug war, obwohl es erst um 1300 v. Chr. unter Eroberern, wohl den Ägyptern unter Pharao Sethos I., zu leiden gehabt hatte. Josua *eroberte Hazor, und er schlug seinen König mit dem Schwert; denn Hazor war vorher die Hauptstadt aller dieser Königreiche* (Josua 11, 10). Zu denken gibt hier die Wendung „vorher". Tatsächlich war die vor den Israeliten zerstörte Stadt reicher und blühender als das Hazor, das die Israeliten vorfanden und ihrerseits zerstörten. Das einschneidendere, folgenschwerere Ereignis in der Stadtgeschichte war aber fraglos die Zerstörung durch Israel Ende des 13. Jahrhunderts v. Chr.

Die alte Stadt Hazor liegt auf einem mächtigen Tell 23 Kilometer nördlich von Tiberias. Ihre ältesten Siedlungsschichten reichen bis in die Zeit um 2000 v. Chr. zurück, aus der kanaanäischen Epoche stammen noch die enormen Befestigungswälle. Nach der Eroberung durch Josua im 13. Jahrhundert v. Chr. beschränkte man sich auf den Ausbau und die Ummauerung der Oberstadt. Die Planzeichnung oben zeigt die Zitadelle von Hazor, die unter Omri und seinen Nachfolgern errichtet wurde (1). Zwischen der Festung und den Nebengebäuden (2, 3) befand sich ein monumentales Tor (4) mit „protoäolischen" Kapitellen. Auf dem Plan darunter erkennt man Reste eines bronzezeitlichen Tempels (1) sowie die starken Mauern einer Palast- oder Zitadellenecke (2). Salomo ließ das Areal planieren, erbaute hier ein doppeltürmiges Tor (3) mit sechs Kammern und eine Kasemattenmauer (4). Aus dem 9. Jahrhundert v. Chr. stammt die dreischiffige Pfeilerhalle (5, Abbildung auf der rechten Seite mit dem schneebedeckten Hermon im Hintergrund). Sie diente wohl der Vorratshaltung. Auf die Versorgung seiner Städte im Belagerungsfall legte ja gerade König Ahab großen Wert. Er war es auch, der den 40 Meter tiefen Felsstollen zur Quelle unter der Stadt hat anlegen lassen. Nach einem Großbrand im 8. Jahrhundert v. Chr. wurden auf dem Gelände Wohnhäuser (6, 7) errichtet, in denen man noch allerlei Gerätschaften fand. Die Schäden eines Erdbebens im Jahre 763 v. Chr. ließen sich noch reparieren, doch von der Zerstörung durch den Assyrerkönig Tiglatpileser III. im Jahre 732 v. Chr. erholte sich Hazor nicht wieder.

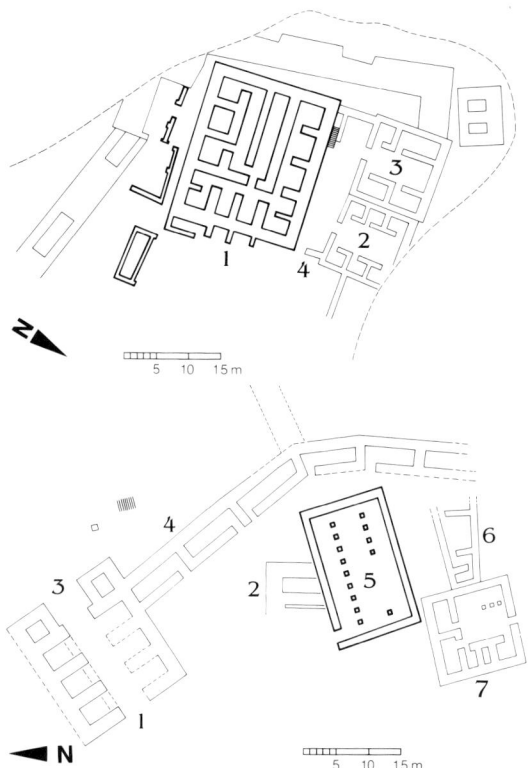

Die Wiederauffindung gerade dieser Residenz darf zu den glücklichsten Überraschungen biblischer Archäologie aus jüngerer Zeit gerechnet werden. Schon der englische Archäologe John Garstang hatte den umfangreichen Trümmerhügel Tell el-Qedah, der zwischen dem Hulesee und dem Galiläischen Meer auf der Westseite des Jordan aufragt, mit dem alten Hazor identifiziert. Doch erst die mehrjährigen Grabungskampagnen, die im Jahre 1953 im Auftrage der Hebräischen Universität zu Jerusalem unter Leitung des Archäologen Yigael Yadin von der James-A.-de-Rothschild-Expedition aufgenommen wurden, sollten dem bis dahin unberührten Tell seine lang gehüteten Geheimnisse entreißen. Seine Schichten vermögen vom wechselvollen Schicksal Hazors zu erzählen, dessen älteste Siedlungsschichten bis in die Zeit um 2000 v. Chr. zurückreichen.

Einundzwanzig Entwicklungsphasen lassen sich alles in allem unterscheiden, einundzwanzig Städte, die aufeinander erwuchsen, gebaut jede auf dem Schutt vorhergegangener Generationen und wieder in sich versunken, zerstört durch Krieg, durch Brand oder durch Naturkatastrophen. Von einer hochgelegenen Akropolis mit ihrem Burgsitz dehnte sich die Unterstadt bis weit in die Ebene hinaus. Ein kunstvolles Entwässerungssystem aus Tonröhren sorgte für gesunde Wohnverhältnisse.

Auf eindrucksvollste Weise bezeugen die Funde damit den Bericht der Bibel über die große Machtstellung Hazors in Kanaan zur Zeit der israelitischen Eroberung. Sie war in der Tat nicht nur eine der größten Siedlungen des Landes, sondern auch eine der stärksten Festungen. Im 13. Jahrhundert v. Chr. wurde sie, wie im Josua-Buch berichtet steht, zerstört. Eine Brandschicht kündet von einer schweren Feuersbrunst in dieser Zeit. Manche Gelehrte zögern nicht, diesen Brandschutt auf Josua und seine Scharen zurückzuführen.

UNTER DEBORA UND GIDEON

So hat der Herr Israel das ganze Land gegeben, das er geschworen hatte, ihren Vätern zu geben, und sie nahmen's ein und wohnten darin.
Josua 21, 43

Etwas Erstaunliches vollzieht sich im Gelobten Land: Israels Stämme ergreifen festen Besitz von dem gewonnenen Boden. Es kann also kein typisches Nomadenvolk mehr gewesen sein. Nomadeneinfälle hat Kanaan seit undenklichen Zeiten erlebt, aber es blieben immer nur Episoden. Die Stämme weideten ihre Herden und verschwanden ebenso plötzlich, wie sie aufgetaucht waren. Israel jedoch wird seßhaft, es bestellt Äcker und rodet Wälder. *Weil du ein großes Volk bist, so geh hinauf ins Waldgebirge und rode dort für dich…* (Josua 17, 15). Sie geben das Zelt auf und bauen Hütten, in den eroberten Städten lassen sie sich in den Häuserruinen nieder. Auf den Brandschichten in Debir, Bet-Schemesch und Bethel fand man Überreste ihres ärmlichen Hausrats. Der Bruch mit der davorliegenden Zeit wird bei den Ausgrabungen deutlich erkennbar. Wo vordem Patrizierhäuser und Paläste der alteingesessenen Feudalherren gestanden hatten, entstehen nun bäuerliche Hütten. Die massiven Festungswälle weisen allenfalls notwendige Reparaturen auf. Was von den Söhnen Israels neu aufgeführt wird, ist nur dünnes Mauerwerk. Der Bau neuer starker Befestigungen würde Zwangsarbeit bedingen, und nichts ist den Israeliten verhaßter. Sie fühlen sich als Freie, als ungebundene Bauern. *Und jeder tat, was ihm recht dünkte,* heißt es im Buch der Richter (17, 6). Selbst das in Kanaan gebräuchliche Wort für „Höriger" wird von den Israeliten im genau entgegengesetzten Sinn gebraucht, nämlich „Freier". Im Feudalsystem der Stadtherren verrichteten Sklaven die Feldarbeit, bei Israel die freien Söhne der

Oben: Eines der seltenen Bilddokumente vom höfischen Leben der kanaanäischen Stadtkönige wurde bei den Ausgrabungen von Megiddo gefunden. Das Elfenbeintäfelchen diente vermutlich als Beschlag eines kostbaren Möbels oder Geräts. Der Herrscher sitzt auf einem von Flügelsphinxen flankierten Thron mit Fußschemel. Er trägt ein bodenlanges, bordürenbesetztes Gewand und trinkt aus einer Schale. Von rechts naht ihm ein Triumphzug, angeführt von einer gekrönten Frau, vielleicht einer Stadtgöttin, die dem König eine Lotosblüte reicht. Dahinter spielt eine Musikantin auf der neunsaitigen Leier, dann folgt ein bewaffneter Offizier mit zwei Gefangenen und schließlich ein Wagengespann. Hinter dem Thron steht Dienerschaft mit den Delikatessen für ein Siegesbankett.

Rechts: Das Gebiet der zwölf Stämme nach Josuas Eroberungen.

Das Grosse Meer
(Mittelmeer)

Zor (Tyros)
Lajisch (Dan)
ASER
NAPHTALI
Akko
Aschtarot
ZEBULON
ISSACHAR
Megiddo
MANASSE
Sichem
Jordan
Jafo (Joppe)
EPHRAIM
DAN
GAD
BENJAMIN
Rabba der Ammoniter
Jerusalem
Gat
RUBEN
Aschkelon
Gaza
JUDA
Totes
Meer
SIMEON
Kir-Moab

0   25   50 km

wandten neuen Technik hat der moderne Staat Israel zum Teil wieder in Betrieb genommen. Sie gruben Zisternen zum Sammeln der Niederschläge in die Erde, die innen mit einem bis dahin nicht bekannten Kalksteinputz ausgekleidet wurden. Diese Anlagen sind so solide gebaut, daß sie dem Zahn der Zeit Jahrtausende widerstanden.

Israel schlägt, wie es im Buch der Richter überliefert und von der Forschung erwiesen ist, als Siedler und Ackerbauer in der neuen Heimat Wurzeln. In dauernden Kämpfen mit seinen Nachbarn und in Fehden untereinander wachsen ihm langsam kriegerische Kraft und Erfahrung zu. Die Bibel berichtet von Auseinandersetzungen mit Moabitern, Ammonitern und aramäischen Stämmen aus der syrischen Wüste, von blutigem Bürgerkrieg, vom Kampf der Stämme gegen *Benjamin* (Richter 20). Bethel lag im Gebiet Benjamin; William F. Albright gräbt in diesem Ort vier Zerstörungsgeschichten aus der Zeit von 1200 bis 1000 v. Chr. aus!

Um diese Zeiten auch *kämpfte Abimelech gegen die Stadt den ganzen Tag und eroberte sie und tötete das Volk, das darin war, und zerstörte die Stadt und streute Salz darauf* (Richter 9, 45). So schildert das Buch der Richter die Eroberung von Sichem durch Abimelech, den machthungrigen und rachsüchtigen Sohn Jerubaals, im Bruderkrieg.

Im Tell el-Balata, am Platz des biblischen Sichem, das als erster Ort nach der Ankunft Abrahams in Kanaan genannt wird, vermochten im Jahre 1959 – auf den Spuren des deutschen Theologen Ernst Sellin – Forschungen amerikanischer Archäologen der Drew University und des McCormick Institute unter Leitung von G. Ernest Wright zu bestätigen, was die Heilige Schrift über das Schicksal der Stadt zu berichten weiß. Scherben von Tongefäßen, die in den Ruinen zerstreut lagen

Familien. Das Oberhaupt ist ihr Vater, der Patriarch. Zahlreiche neue Siedlungen entstehen. Archäologen finden ihre Spuren im ganzen Hügelland. Allerdings blieb nur wenig davon erhalten. Denn das erste Baumaterial bilden an der Luft getrocknete Lehmziegel, und die damit errichteten Gebäude sind nicht von Dauer.

Echte Pionierarbeit leisten die Israeliten im Bergland. Unbewohnbare Gebiete, Gegenden ohne Quellen und ohne Wasserarme, werden erschlossen. So unglaublich es klingt, die Zeugen einer von den Vorvätern ange-

Die kanaanäische Stadt Askalon hat im Lauf ihrer langen Geschichte zahlreiche Belagerungen und Eroberungen über sich ergehen lassen müssen. Seit 1900 v. Chr. gab es Auseinandersetzungen mit Ägypten, später war Askalon Philisterstadt. Eine vorübergehende Einnahme durch Juda ist umstritten. Tiglatpileser III. machte die Stadt assyrisch, unter den Persern gehörte sie zu Tyros, dann den Ptolemäern, denen sie von den Seleukiden entrissen wurde, und schließlich huldigte sie den Makkabäern. 104 v. Chr. machte sich Askalon mit römischer Duldung selbständig und führte sogar eine eigene Zeitrechnung ein. Diese Glanzzeit prägt das noch unzureichend erforschte Ruinenfeld.
Eine der Eroberungen von Askalon gelang um 1280 v. Chr. Ramses II. anläßlich des Hethiterfeldzugs. Sie ist am Amuntempel zu Karnak dokumentiert: Während an den Hängen der stark befestigten Hügelstadt noch die Schlacht tobt, werden bereits die Sturmleitern angelegt, und ein Ägypter hackt schon mit der Streitaxt an einem der Tore. Die typisch semitisch gezeichneten Verteidiger auf der Mauerkrone sind zur Übergabe ihrer Stadt bereit; sie haben die Hände gnadeflehend erhoben. Trotz aller Lebendigkeit der Schilderung darf nicht vergessen werden, daß die ägyptischen Künstler für die Darstellung solcher Ereignisse längst ein Schema entwickelt hatten, das nur nach Bedarf im Detail variiert werden mußte.

und als typisch israelitische Töpferarbeiten gedeutet werden konnten, lassen die Zerstörung Sichems gegen Ende des 12. Jahrhunderts v. Chr., um die Zeit Abimelechs also, datieren. Zugleich konnten die Überreste des *Turms zu Sichem* identifiziert werden, wie auch der *Tempel der Baal-Berith* (Richter 9, 46) und das *Haus Millo*, von dem ebenfalls im Buch der Richter (9, 20) die Rede ist. Allerdings scheint es sich dabei nur um ein einziges zusammenhängendes Bauwerk gehandelt zu haben. Es ragte hoch über den Stadt-

wall hinaus und war auf den Ruinen eines früheren Tempels aus der Hyksoszeit errichtet worden.

Diese unruhig-bewegten Jahre der ersten Kolonisation haben im Buch der Richter in drei Erzählungen ihren unvergänglichen Niederschlag gefunden: im Lied der Debora, in der Gideongeschichte und in den Heldentaten Simsons. Den Hintergrund dieser „frommen Geschichten" bilden Tatsachen, zeitgenössische Ereig-

Die „Kulthöhe" von Geser mit zehn Steinpfeilern, die zum Teil über drei Meter hoch sind, datiert aus der Mitte des 2. Jahrtausends v. Chr. Die kanaanäische Stadt lag auf dem nördlichen Höhenrücken der Schefela, etwa zwölf Kilometer vom Hauptverkehrsweg zwischen Ägypten und Mesopotamien entfernt. Ihre starken Verteidigungsanlagen wurden um 1468 v. Chr. von Pharao Thuthmosis III. zerstört. Seither unterstand sie ägyptischer Kontrolle. Während der Landnahme der Israeliten versuchte Horam, der kanaanäische König von Geser, Lachisch zu helfen, wurde aber besiegt (Josua 10,33; 12,12), doch wurde die Stadt nicht eingenommen.

nisse, die sich mit ziemlicher Genauigkeit datieren lassen. Bei der Landnahme um 1230 v. Chr. mußte Israel mit dem Gebirge vorliebnehmen, denn *es konnte die Bewohner der Ebene nicht vertreiben, da sie eiserne Wagen hatten* (Richter 1, 19). Fast hundert Jahre später erst wendet sich das Blatt. Im Galiläagebirge ansässige Stämme müssen den Kanaanäern Frondienste geleistet haben, unter ihnen auch der Stamm Issachar, der in der Bibel als *knochiger Esel* verspottet und getadelt wird. Er habe *seine Schultern geneigt, zu tragen,* und sei *ein fronpflichtiger Knecht geworden* (1. Mose 49, 14–15).

Von Galiläa aus flackert der Aufstand, die Auflehnung gegen die Unterdrückung empor. Den Anstoß gibt eine Frau, die Richterin Debora. Sie ruft die Stämme Israels zur Befreiung auf. Davon berichtet im 5. Kapitel des Buches Richter ein Lied, das zu den ältesten Texten des Alten Testaments gehört.

Barak aus dem Stamm Issachar übernimmt die Führung. Andere Stämme schließen sich an. Ein großer Heerbann kommt zusammen. Und nun tut Barak etwas sehr Entscheidendes, was Israel nie zuvor wagte. Er sucht die Auseinandersetzung mit dem bislang gefürchteten Gegner in der Ebene: *So zog Barak von dem Berge Tabor hinab und die zehntau-*

send Mann ihm nach (Richter 4, 14). Schauplatz ist die breite, fruchtbare Talebene von Jesreel zwischen den Bergländern Galiläa im Norden und Samaria im Süden – unbeschränktes Herrschaftsgebiet kanaanäischer Stadtfürsten und Feudalherren. Hier erwartet sie eine gefährliche Streitmacht der Kanaanäer, *... damals stritten die Könige Kanaans zu Taanach am Wasser Megiddos* (Richter 5, 19). Das Unerhörte geschieht – Israel siegt! Zum erstenmal ist es gelungen, Streitwagenkorps in offener Feldschlacht eine vernichtende Niederlage beizubringen. Der Bann ist gebrochen; Israel hat bewiesen, daß es der Kriegstechnik der Kanaanäer jetzt gewachsen, ja überlegen ist.

Zwei Schutthügel in der Jesreelebene bewahren die Überreste von Taanach und, zehn Kilometer entfernt, Megiddo. Beide Städte lösen einander mehrmals in der Bedeutung ab. Um 1450 v. Chr. ist Taanach ein großer Stadtstaat, Megiddo nur eine kleine ägyptische Garnison. Um 1150 v. Chr. wird Megiddo zerstört und von seinen Bewohnern verlassen. Die ein halbes Jahrhundert verödete Ruinenstätte wird um 1100 v. Chr. von neuem ausgebaut und bevölkert. Auffällig ist die Töpferware der neuen Bewohner, große tönerne Vorratsgefäße von genau der gleichen Art, wie sie bis zu dieser

Zeit bei Israel in Gebrauch sind. Die Forscher fanden sie auch in allen anderen Siedlungen in den Bergen von Samaria und Judäa. Als Kampfstätte ist Taanach im Deboralied ausdrücklich genannt. Der Hinweis *am Wasser Megiddos* dient wohl der näheren Bestimmung seiner Lage. Megiddo selbst, dessen Wasser die Kischonquelle ist, muß damals nicht existiert haben.

Archäologischer Befund und Bibelangaben ermöglichen die Datierung der ersten Schlacht gegen kanaanäische Streitwagenkorps in die Zeit zwischen Zerstörung und Wiederaufbau Megiddos, also um 1125 v. Chr. Deutet man Richter 5, 20 als Sonnenfinsternis, so käme der 30. September 1131 in Frage.

Die Gideongeschichte berichtet von dem zweiten Triumph Israels. Von Osten bricht eines Tages Neues, Unbekanntes und Unheimliches über Israel herein. Plündernd, sengend, mordend fallen midianitische Nomadenhorden auf Kamelen ins Land ein *wie eine große Menge Heuschrecken, so daß weder sie noch ihre Kamele zu zählen waren, und fielen ins Land, es zu verderben* (Richter 6, 5). Jahrelang ist Israel den Überfällen der Midianiter hilflos ausgesetzt. Dann ersteht ihm in Gideon der Retter. Er wendet, wie Richter 7, 20 ff. ausführlich darstellt, mit Erfolg eine neue Überrumpelungstaktik an, die Midianiter fliehen und lassen die Israeliten offenbar künftig ungeschoren.

Friedliche Erfindungen haben oft das Schicksal, zuerst im Kriege eingesetzt zu werden. Die neue „Erfindung", die den Midianiterterror über Israel ermöglichte, ist – das gezähmte Kamel!

Das zahme Kamel dürfte zu dieser Zeit in der Alten Welt etwas völlig Neues gewesen sein. Die Völker der Bronzezeit haben es wahrscheinlich nicht gekannt. Ägyptische Texte erwähnen es nie. Selbst in Mari, in unmittelbarer Nähe der großen Arabischen Wüste, fand sich bisher in dem vielzähligen Dokumentenarchiv kein einziger Hinweis. Also muß es auch in die Genesis später hineingeschlüpft

Megiddo, am Südwestrand der Jesreelebene gelegen, war bereits im 3. Jahrtausend v. Chr. eine bedeutende Stadt. Aus dieser Zeit stammt eine kreisförmige Plattform, zu der eine Treppe hinaufführte, wahrscheinlich eine der kanaanäischen Kulthöhen („bama"), denn ihre Scheitelfläche war mit Tierknochen und Keramikscherben bedeckt. In der ersten Hälfte des 2. Jahrtausends v. Chr. wurden um die Plattform drei megaronförmige Tempel mit Altären errichtet.

Oben: Seit dem Ausgang des 13. Jahrhunderts v. Chr. beunruhigte eine gewaltige Völkerwanderung das östliche Mittelmeer und seine Anlieger. Die Ägypter nannten die Invasoren „Seevölker", da sie mit Schiffen übers Meer kamen und ins Nildelta eindrangen. König Ramses III. besiegte sie in blutiger Schlacht um 1190 v. Chr. und ließ das Ereignis in großflächigen Reliefs an seinem Totentempel in Medinet Habu darstellen. Der Ausschnitt zeigt den Aufmarsch ägyptischer Soldaten.

Vorhergehende Doppelseite: Berittene Kamelnomaden wurden zur jahrelangen Geisel, bis Gideon Israel verkünden konnte: „Macht euch auf, denn der Herr hat das Lager der Midianiter in eure Hände gegeben" (Richter 7,15). Assyrische Künstler haben die Turbulenz einer Schlacht Assurbanipals mit arabischen Kamelreitern in ihren verschiedenen Phasen auf einem Relief des Nordpalasts von Ninive so lebensnah und packend dargestellt, daß wir sie fast wie Augenzeugen verfolgen können. Allerdings kämpften die Israeliten unter Gideon ohne Reiterei und Streitwagen gegen die Midianiter.

sein. Demnach müssen wir das Kamel aus unserer Vorstellung vom Leben und Treiben in der Welt des Alten Orients streichen. Die schöne Szene zum Beispiel, in der wir Rebekka in ihrer Heimatstadt Nahor zum erstenmal begegnen, muß sich einen Requisitenwechsel gefallen lassen. Die „Kamele" des zukünftigen Schwiegervaters Abraham am Brunnen waren – Esel (1. Mose 24, 10ff.). Ebenso sind es Esel, die jahrtausendelang die Lasten und köstlichen Güter auf ihren Rücken über die weiten Handelswege schleppen – bis das zahme Kamel sie ablöst.

Wann die Zähmung erfolgte, ist zwar nicht absolut genau bestimmbar, aber es gibt gewisse Anhaltspunkte. Im 11. Jahrhundert v. Chr. taucht das Kamel in Keilschriften und Reliefs auf und wird von da an immer häufiger erwähnt. Um diese Zeit muß sich auch die Gideongeschichte zugetragen haben. Raubzüge auf den bisher nur als wild bekannten Kamelen lösten zweifellos einen furchtbaren Schock aus!

Die dritte Herausforderung birgt die größte und tödlichste Gefahr und Zerreißprobe für Israel: den Zusammenprall mit den Philistern.

DIE KRIEGER AUS KAFTOR

Habe ich nicht Israel aus Ägyptenland geführt und die Philister aus Kaftor…

Amos 9, 7

Mit den märchenhaften Geschichten vom bärenstarken Simson, von seinen Streichen und Heldentaten, deutet sich die große Auseinandersetzung an.

Philister! – Ihr Name ging in mehrfacher Hinsicht in den Sprachgebrauch der modernen Welt ein. Wir sagen, „er ist ein richtiger Philister", oder wir sprechen vom „Riesen Goliath"; er war einer von ihnen. Wir sagen abschätzig „Krethi und Plethi", ohne zu ahnen, daß es Kreter und Philister bedeutet. Wer kennt nicht die tragische Liebesgeschichte von Samson und Delila, die ihn an die Philister verrät, wer erinnerte sich nicht an die übermenschlichen Kräfte Simsons, der Löwen mit der Hand erwürgt, mit einem Eselskinnbacken tausend Philister erschlägt und, geblendet und zuletzt von der Geliebten verlassen, in unbändigem Zorn einen Philistertempel zum Einsturz bringt! Dennoch kommt den wenigsten je zum Bewußtsein, wie wenig wir eigentlich von den vielberufenen Philistern wissen. Das Volk der Philister, das im Leben Israels eine entscheidende Rolle spielt, blieb lange

von Geheimnis umgeben. Erst in jüngster Vergangenheit gelang es, den Schleier ein wenig zu lüften. Aus mühsam erarbeiteten Forschungsergebnissen zeichnet sich ein allmählich immer klareres Bild ab. Keramikfunde, Tempelinschriften und Brandschichten formen ein Mosaik vom ersten Auftreten der Philister, das an Dramatik seinesgleichen sucht. Schreckensnachrichten eilen den Fremdlingen voraus, Kuriere bringen böse Neuigkeiten von den Unbekannten, die am Rande des Lebensraumes der Alten Welt, an den Küsten von Griechenland auftauchen. Ochsenkarren, plumpe Gefährte mit Scheibenrädern, gezogen von Buckelrindern, hoch beladen mit Hausrat und Vorräten, begleitet von Frauen und Kindern, ziehen heran. Voran marschieren bewaffnete Männer. Sie tragen runde Schilde und bronzene Schwerter. Eine dichte Staubwolke hüllt sie ein, denn es sind viele, unzählbare. Woher sie kommen, weiß niemand. Am Marmarameer wird der riesige Treck zuerst gesichtet, von wo er seinen Weg entlang den Küsten des Mittelmeeres gen Süden nimmt. Auf den grünen Meereswogen segelt eine stattliche Flotte in gleicher Richtung, bewaffnete Männer an Bord.

Feuersbrünste, Trümmer und verwüstete Fluren läßt der furchteinflößende Treck hinter sich zurück, wo immer er haltmacht. Niemand vermag die Fremden aufzuhalten, sie brechen jeden Widerstand. In Kleinasien fallen Städte und Siedlungen. Die machtvolle Festung Hattusa am Halys wird zerstört. Die herrlichen Pferdegestüte Kilikiens werden geplündert. Die Schätze der Silberminen von Tarsos werden ausgeraubt. Den Hüttenwerken bei den Erzlagern wird das streng gehütete Fabrikationsgeheimnis des wertvollsten Metalls jener Zeit entrissen – des Eisens. Unter solchen Schlägen bricht eine der drei Weltmächte des 2. Jahrtausends v. Chr. zusammen: Das Großreich der Hethiter wird ausgelöscht!

Eine Flotte der fremden Eroberer landet vor Zypern und besetzt die Insel. Auf dem Landweg rollt der Treck weiter, dringt nach Nordsyrien ein, erreicht Karkemisch am Euphrat und zieht dann das Orontestal aufwärts. Im Zangengriff von der See und vom Lande her fallen die reichsten Seestädte der Phönizier. Auf Ugarit folgen Byblos, Sidon und Tyros. Feuersbrünste lodern in den Städten der fruchtbaren Küstenebenen Palästinas. Von seinen Äckern und Weiden im Hügelland muß Israel die Vernichtungswelle gesehen haben, wenn auch die Bibel nichts davon berichtet. Denn Israel ist nicht betroffen; was da unten in Flammen aufgeht, sind die Trutzburgen der verhaßten Kanaanäer.

Weiter wälzt sich die Völkerlawine zu Wasser und zu Lande mit Stoßrichtung auf den Nil, auf Ägypten…

In Medinet Habu westlich Thebens am Nil steht die imposante Ruine des Amuntempels aus der Regierungszeit Ramses' III. Seine Tortürme, die hohen Pylone, die Mauern in den Hallen und Höfen sind mit monumentalen Reliefs und Inschriften übersät. Tausende Quadratmeter in Stein gehauene historische Dokumente. Der Tempel ist eine einzige Urkunde der Kriegstaten des Pharaos in Wort und Bild, der Kronzeuge für die damaligen Ereignisse am Nil.
Wie groß die Furcht, wie groß die Gefahr war, in der Ägypten schwebte, klingt überzeugend in diesen Berichten nach. Besorgt und voller Schrecken bekundet einer der Texte: Jahr

acht unter der Majestät von Ramses III… *Kein Land konnte vor ihren Waffen bestehen. Das Hethiterreich, Kode (die Küstengebiete von Kilikien und Nordsyrien), Karkemisch … und Zypern wurden mit einem Schlage zerstört… Sie richteten ihre Völker zugrunde, und ihre Länder waren so, als wären sie nie gewesen. Sie waren im Anmarsch auf Ägypten…*
Fieberhaft trifft Ramses III. Vorbereitungen zum Kampf, er ordnet die Generalmobilmachung an: *Ich richtete meine Grenze ein… rüstete vor ihnen: Prinzen, Kommandeure der Garnisonen und Krieger. Ich habe die Flußmündungen vorbereitet wie einen starken Wall, mit Kriegsschiffen … und mit Küstenschiffen … voll bemannt vom Bug bis zum Heck mit tapferen Kriegern … Die Wagenstreitkräfte bestanden aus erlesenen Leuten … Die Pferde flogen am ganzen Körper,*

Detail aus dem Relief der „Seevölkerschlacht" am Totentempel Ramses' III. in Medinet Habu. Die verschiedenen Völkerschaften der „Seevölker" werden dort nicht nur bildlich geschildert, sondern auch namentlich genannt, für uns freilich meist unverständlich. Eindeutig zu identifizieren sind jedoch die Philister („Peleset"), arisch aussehende Leute mit Feder- oder Hörnerhelm. Möglicherweise handelt es sich um die nordägäischen Pelasger, die von der Wanderungswelle mitgerissen wurden.

bereit, die fremden Länder unter ihren Hufen zu zermalmen…

Mit einer ungeheuren Streitmacht, mit allen waffenfähigen Männern, die Ägypten auftreiben kann, zieht Ramses III. den fremden Kriegsscharen zur großen Landschlacht entgegen. Die Inschriften sagen hierüber wenig Konkretes. Wie stets, beschränkt sich die ägyptische Kriegsberichterstattung auch in diesem Fall auf Lobeshymnen auf den Sieger. *Seine Truppen,* so heißt es von Ramses III., *sind wie Bullen bereit auf dem Schlachtfeld; seine Pferde sind wie Falken inmitten kleiner Vögel…* Aber ein großes Relief führt noch nach dreitausend Jahren den furchtbaren Kampf vor Augen: Die ägyptischen Streitwagenkommandos sind in den bewaffneten Treck der Feinde gepreßt. Zwischen schwerfälligen Ochsenkarren, Weibern und Kindern tobt erbittertes Gemetzel. Unter den Hufen der Rinder und Rosse türmen sich die Leichen der Erschlagenen. Der Sieg scheint schon entschieden zu sein, ägyptische Söldner plündern die Ochsenkarren.

Ägypten hat eine Schlacht von welthistorischer Bedeutung gewonnen, die feindlichen Landstreitkräfte sind vernichtend geschlagen. Auf schnellen Wagen eilt Ramses III. an die Küste, denn *sie sind in die Flußmündungen eingedrungen* mit ihren Schiffen.

Auch die große Seeschlacht ist im Tempel von Medinet Habu in einem steinernen Großrelief verewigt: In Rudeln haben sich die Boote der Gegner einander genähert. Kurz

Obwohl die Philister nur einen Teil der Gesamtstreitmacht der „Seevölker" ausmachten, sind sie am Totentempel Ramses' III. besonders ausführlich dargestellt. Der Zug gefangener Philister (oben) zeigt den charakteristischen federartigen Kopfputz über gemustertem Stirnband, möglicherweise eine typische Haartracht. Als der Ägypterkönig um 1190 v. Chr. die Invasion im Nildelta blutig abgewehrt hatte (linke Seite: das repräsentative „Totschlagen der Feinde" vor Gott Amun, rechts oben: das wohl ebenso symbolische Zählen der abgeschlagenen Hände), sind die Philister vermutlich auf ägyptische Initiative als Militärkolonnen in Palästina angesiedelt worden. Ihre Stadtstaaten Gaza, Askalon, Aschdod, Ekron und Gat bildeten einen Fünfstaatenbund, der Israel sehr zu schaffen machte.

vor dem Zusammenprall muß eine plötzliche Windstille eingetreten sein, die Segel sind gerafft. Das bedeutet für die Fremden ein schweres Handikap. Ihre Schiffe sind damit manövrierunfähig. Kampfbereit, aber wehrlos sitzen die Krieger da, halten Schwerter und Speere, die nur zum Nahkampf taugen, wenn die Boote Seite an Seite gegeneinanderprallen. Die Windstille gab den Ägyptern das Heft in die Hand. Ihre mit Ruderern bemannten Fahrzeuge nähern sich den Feindbooten auf sichere Entfernung, dann ergeht der Schießbefehl an die Bogenschützen. Ein mörderischer Pfeilregen überschüttet die Fremdlinge, die massenweise durchbohrt über Bord fallen. Die Körper der Schwerverwundeten und Toten treiben in den Fluten. Als der Feind dezimiert und die Verwirrung vollkommen ist, rudern die Ägypter heran und bringen die feindlichen Boote zum Kentern. Die lebend dem Geschoßhagel oder den Fluten Entkommenen werden am nahen Ufer von ägyptischen Soldaten erschlagen oder gefangengenommen.

Ramses III. hat die tödliche Bedrohung zu Wasser und zu Lande in zwei entscheidenden Schlachten von Ägypten abwehren können, ein unvergleichlicher Sieg in der uralten Geschichte des Nillandes.

Bei der grausamen Bestandsaufnahme nach dem Sieg werden den Toten und Verwundeten die Hände abgehauen und zu Bergen gehäuft. So wird die Zahl der vernichteten Feinde errechnet. Die Reliefs zeigten auch die Gefangenenlager, zu denen die besiegten Krieger zusammengetrieben werden.

Was die Masse der Gefangenen erlebt, ist im Prinzip das gleiche, wie es bis in unsere, Zeit

gebrieben ist. Ausgerichtet in Reih und Glied warten sie am Boden kauernd auf die Vernehmung. Sogar der „Fragebogen" fehlt nicht: Ägyptische Offiziere diktieren Schreibern die Gefangenenaussagen.

Unter den *Seevölkern*, wie die Ägypter die Fremden nennen, nimmt ein Volksstamm einen besonderen Rang ein, die *Peleset*. Das sind die Philister des Alten Testaments!

Die ägyptischen Künstler verstanden es meisterhaft, die Physiognomie fremder Völker mit außerordentlichem Unterscheidungsvermögen in den charakteristischen Merkmalen darzustellen. So zeigen auch die Reliefs von Medinet Habu mit gewohnter Genauigkeit die Gesichter der biblischen Philister. Sie muten an wie Porträts, vor drei Jahrtausenden in Stein gehauen. Die hohen schlanken Gestalten überragen die der Ägypter um Hauptes-

Links: Eine eigenständige Kultur der Philister ist kaum nachzuweisen. Da das Wandervolk zwar eigene Bräuche und Kulte, aber kaum einen festgelegten künstlerischen Formenkanon mitgebracht haben dürfte, unterlag es rasch den Einflüssen der alten Kulturlandschaft, in der es sich niederließ. Als charakteristisch kann allenfalls die „archaische" Kulturstufe gelten, der eine sitzende Göttin aus Aschdod angehört.

länge. Wir erkennen die Besonderheiten ihrer Kleidung und ihrer Waffen, ihr Verhalten im Kampf. Denkt man sich statt der ägyptischen Söldner die Söhne Israel, so hat man ein naturgetreues Bild der Kämpfe, wie sie sich Jahre später in Palästina abspielten und unter den Königen Saul und David um 1000 v. Chr. den erbitterten Höhepunkt erreichten.

UNTER DEM JOCH DER PHILISTER

Und die Israeliten taten wiederum, was dem Herrn mißfiel, und der Herr gab sie in die Hände der Philister vierzig Jahre.

Richter 13,1

Der biblische Chronist berichtet auch von anderen Seevölkerstämmen, die mit den Philistern ins Land gekommen waren und sich an den Küsten festgesetzt hatten: *Siehe, ich will meine Hand ausstrecken über die Philister und will die Kreter ausrotten am Ufer des Meeres…* (Hesekiel 25, 16). Kreta ist eine weit von Israel entfernte Insel im Mittelmeer. Seit wir vom historischen Einfall der *Seevölker* in Kanaan wissen, ist auch der sonst dunkle Sinn dieser Worte klar geworden, die genau die damalige Situation umreißen.

Mit dem Zeitpunkt des Auftauchens der Philister in Kanaan erscheint eine charakteri-

1186 oder 1176 v. Chr. erlitten die Philister ihre Schlappe durch Ramses III. Dreizehn Jahre später haben sie sich schon in der Küstenebene im Süden Kanaans, der fruchtbaren braunen Ebene zwischen Judagebirge und Meer, festgesetzt, wahrscheinlich mit ägyptischer Duldung oder sogar als Militärkolonnen des Pharaonenreiches. Die Bibel nennt die von ihnen beherrschten fünf Städte Aschkelon, Aschdod, Ekron, Gat und Gaza (1. Samuel 6, 17). Jede Stadt und das anliegende Land, auf dem Krieger unter dem Kommando von Söldnerführern die Äcker bestellen, sind von einem „Herrn" regiert, der unabhängig und frei ist. In politischen und militärischen Dingen jedoch handeln die fünf Stadtherren stets gemeinsam. Im Gegensatz zu den Stämmen Israels bilden die Philister in allen lebenswichtigen Dingen eine Einheit.

Linke und rechte Seite, innen: Als typisch philistäisch gelten anthropoide Tonsarkophage. In der Tat ähneln Stirnband und Haartracht (rechts) den ägyptischen Philisterdarstellungen in Medinet Habu. Die Stilisierung des Gesichts erinnert dagegen an mykenische Totenmasken, die die Philister auch in Goldblech nachahmten.

Rechts: Auch die „Philisterkeramik" zeigt in Form und Dekor Anklänge an mykenische Ware. Eine besondere Vorliebe galt stilisierten Vögeln.

stische Keramik. Sie unterscheidet sich deutlich von den Töpferwaren, die sowohl in den Städten der Kanaanäer als auch in den Gebirgssiedlungen Israels bis dahin in Gebrauch waren. Im gesamten Bereich der fünf Philisterstädte stießen Ausgräber auf diese Keramik, die man daher zunächst für ein Produkt der Philister ansah.

Der erste Fund an „Philisterkeramik" löste Erstaunen bei den Archäologen aus. Formen, Farbe und Dekor waren sie anderwärts schon begegnet. Die ledergelben Becher und Krüge, in Rot und Schwarz mit geometrischen Mustern und Vogelmotiven bemalt, kannten sie aus Mykene. Seit 1400 v. Chr. war das wundervolle Geschirr mykenischer Fabrikanten in der Alten Welt hochbegehrt, und der Fernhandel hatte alle Länder damit überschwemmt. Wenige Jahrzehnte vor 1200

v. Chr. hörte mit der Zerstörung Mykenes dieser Import aus Griechenland plötzlich auf. Das Wiederauftauchen dieses Keramiktyps in Kanaan erklärte man damit, daß die *aus Kaftor* (Amos 9, 7), das heißt aus Kreta, gekommenen Philister die Herstellung in Griechenland kennengelernt und in ihre neue Heimat mitgebracht hätten. Von dieser Annahme ist man inzwischen abgekommen. Man vermutet vielmehr, daß die „palästinische submykenische Keramik" von Töpfern geschaffen wurde, die aus Zypern in die südliche Küstenebene Palästinas übergesiedelt waren. Die von den Philistern benutzten Töpferwaren illustrieren eine auch von der Bibel angedeutete interessante Tatsache. Viele der herrlichen Krüge sind mit einem Filter versehen, der über ihre Verwendung keinen Zweifel läßt. Es sind typische Bierkrüge. Der Filter diente dazu, die Gerstenschalen zurückzuhalten. Sie schwammen in dem selbstgebrauten Bier und gerieten beim Trunk sonst leicht in die Kehle. In den Siedlungen der Philister werden haufenweise Bierkrüge und Weinbecher gefunden. Sie müssen also mächtige Trinker gewesen sein. Zechgelage werden auch in den Simsongeschichten erwähnt (Richter 14, 10; 16, 25), wobei ausdrücklich betont wird, daß der Held selbst keinen Alkohol trank.

Bier ist allerdings keine Erfindung der Philister. Die ersten Großbrauereien blühten schon im Alten Orient. In den Schankstätten Babylons gab es sogar fünf verschiedene Biersorten: Dunkles, Helles, Jungbier, Lagerbier und für Export und Reisen ein Mischbier, auch Honigbier genannt. Das letztere war ein eingedickter Würzextrakt, der sich lange hielt. Es genügte, ihn mit Wasser zu vermischen, und das Bier war fertig – uraltes Vorbild des modernen Trockenbiers für die Tropen.

Viel wichtiger aber war, daß die Philister die Eisenverhüttung beherrschten. Ihre Gräber enthalten massenweise Waffen, Geräte und Schmuck aus dem damals noch seltenen und daher kostbaren Metall. Das Schmelzgeheimnis brachten sie als Beute von ihrem Zug durch Kleinasien mit, wo bis 1200 v. Chr. die Hethiter die ersten Eisenfabrikanten der Welt waren.

Die geraubte Formel hüten die Philisterfürsten wie ihren Augapfel. Es ist ihr Monopol, und sie machen damit Geschäfte. Israel ist in der ersten Siedlungszeit im Gebirge viel zu arm, um Eisen erwerben zu können. Der Mangel an eisernen Ackergeräten, an Nägeln für den Hausbau und an Waffen ist für sie ein großes Handikap. Nachdem die Philister auch das Gebirge besetzt haben, versuchen sie die Anfertigung neuer Waffen zu unterbinden. Sie verbieten den Israeliten das Schmiedehandwerk. *Es war aber kein Schmied im ganzen Land Israel zu finden; denn die Philister dachten, die Hebräer könnten sich Schwert und Spieß machen. Und ganz Israel mußte hinabziehen zu den Philistern, wenn jemand eine Pflugschar, Hacke, Beil oder Sense zu schärfen hatte* (1. Samuel 13, 19–20).

Ausgerüstet mit den modernsten Waffen, in ständigen Kriegszügen erfahren und erprobt und politisch hervorragend organisiert, steht das eroberungslüsterne Volk der Philister nach 1200 v. Chr. an der Westküste. Es steuert das gleiche Ziel an wie Israel: Kanaan!

Simsons Taten und Streiche sind Heldensagen mit sonnenmythischen und märchenhaften Zügen (Richter 13, 2). Dahinter aber verbergen sich Tatsachen. Die Philister beginnen vorzurücken und ihr Siedlungsgebiet nach Osten auszudehnen. Ihrem Druck weicht der Stamm Dan von seinem ursprünglichen Siedlungsgebiet am Nordwestabfall des Judäischen Gebirges weit nach Norden aus.

Vom Hochland durch Längstäler geschieden, wellen sich zwischen der Küstenebene und dem Hochland von Juda Hügelreihen. Eines der Längstäler ist das Tal von Sorek. Simson lebte in Zora (Richter 13, 2), und in Timnat, nicht weit davon entfernt, heiratete er die Tochter der Philister (Richter 14, 1). Auch Delila war dort zu Hause (Richter 16, 4). Durch dieses Tal senden später die Philister die geraubte Bundeslade zurück (1. Samuel 6, 12 ff.). Das Vordringen der Philister in das Hügelland vor den Judabergen ist erst der Anfang, dem Jahre später der große Waffengang gegen Israel folgt. *Israel aber zog aus, den Philistern entgegen, in den Kampf und lagerte sich bei Eben-Eser. Die Philister aber hatten sich gelagert bei Afek* (1. Samuel 4, 1).

Afek lag am Nordrand des Herrschaftsbereichs der Philister. Ein Schutthügel, der Tell el-Muchmar, birgt die Reste dieses Ortes am Oberlauf eines Flusses, der nördlich von Jaffa in das Meer mündet. Afek hatte eine strategisch außerordentlich günstige Lage. Nach Osten geht es zum Gebirge Mittelpalästinas, in das Siedlungsland der Israeliten. Afek gegenüber am Gebirgsrand lag *Eben-Eser*, wo die Streitkräfte zusammenstoßen. Im ersten Treffen heimsen die Philister den Sieg ein. In schwerer Bedrängnis lassen die Israeliten ihr Heiligtum, die Bundeslade, aus Silo holen. In einer zweiten Schlacht werden sie von den übermächtigen Philistern vernichtend geschlagen. Der Heerbann löst sich auf, und die Sieger führen die heilige Lade als Beute fort (1. Samuel 4, 2–11).

Das Leben in der Oase von En Gedi am westlichen Ufer des Toten Meeres (oben) wird durch eine Quelle ermöglicht, die 670 Meter über dem Toten Meer entspringt. Hier soll sich der junge David vor Saul versteckt haben (1. Samuel 24,1 ff.). Auf der Terrasse oberhalb der Quelle wurde eine chalkolithische Siedlung ausgegraben (rechte Seite oben). In ihrer Umgebung weidet ein Steinbockrudel (rechte Seite unten).

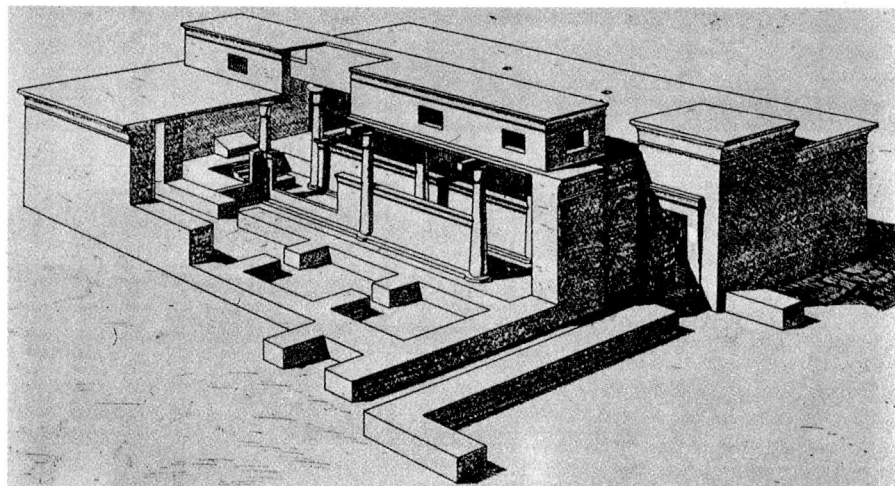

Das Hügelland wird besetzt, Israel entwaffnet, und im Bereich der Stämme werden Wachtposten aufgestellt (1. Samuel 10, 5; 13, 3). Im ersten Ansturm haben die Philister ihr Ziel erreicht, Zentralpalästina ist in ihrer Hand.

Bei dem Vorstoß der Philister muß es hart hergegangen sein, wie die aufgefundenen Zeugen dieser Zeit annehmen lassen. Das Tempelhaus in Silo, das Israel für die Bundeslade erbaut hatte, fiel den Flammen zum Opfer. 22 Kilometer südlich von Sichem liegt Seilun, ehemals die blühende Stadt Silo. Auf einer Anhöhe in der Nähe lag der heilige Bezirk, das Wallfahrtsheiligtum Israels (Josua 18, 1; Richter 21, 19 ff.; 1. Samuel 1, 3; 3, 21), an dessen Stelle nach der Zeitenwende frühchristliche und mohammedanische Gedenkstätten errichtet wurden.

In den Jahren 1926 bis 1929 gräbt hier eine dänische Expedition, die der Archäologe H. Kjaers leitet. Die Überreste von Silo weisen eine deutliche Zerstörungsschicht aus der Zeit um 1050 v. Chr. auf. Spuren des Philistersieges über Israel? Die Trümmer von Silo müssen noch lange gestanden haben. Denn vier Jahrhunderte nach der Vernichtung weist der Prophet auf sie hin: *Geht hin an meine Stätte zu Silo, wo früher mein Name gewohnt hat, und schaut, was ich dort getan habe wegen der Bosheit meine Volks Israel* (Jeremia 7, 12). Auch andere Orte im Judabergland teilten das Schicksal von Silo. Archäologen fanden im Tell Beit Mirsim bei Hebron, dem biblischen *Debir*, und in Beth-Zur südlich Jerusalems Aschenspuren, die als Beweis für diese Annahme gelten.

U m 1050 v. Chr. ist Israel in seiner Existenz gefährdet; es sieht sich um die Früchte seiner Eroberungen und der Kolonisationsarbeit von fast zweihundert Jahren gebracht. Ja, es droht unter dem Joch der Philister in hoffnungslose Sklaverei zu fallen. Der ungeheuerlichen Gefahr kann Israel nur mit dem Zusammenschluß der losen Stammesverbände zu einer festen,

Oben links: Nördlich von Jerusalem erhebt sich auf einem flachen Hügel, dem Tell el-Ful, ein massiver Bau aus grobem Mauerwerk. Die Ausgräber haben hier Gibea, die Residenz des Königs Saul, freigelegt.

Rechts oben und unten: In Bet-Schean fand man die Grundmauern von vier Heiligtümern. Eines davon war vermutlich der Astarte-Tempel, in den die Philister die Rüstung des toten Saul legten; von einem anderen (Rekonstruktionszeichnung) glaubt man, es sei das „Haus Dagons", des kanaanäischen Getreidegottes, gewesen, an dem sie Sauls Schädel aufhängten (1. Chronik 10,10).

geschlossenen Einheit begegnen. Unter dem tödlichen Druck der Umwelt wird Israel eine Nation. Die Regierungsformen jener Zeit ließen nur eine Möglichkeit, das Königtum. Die Wahl fällt auf Saul, einen Benjaminiten, berühmt wegen seiner Tapferkeit und seines großen Wuchses (1. Samuel 9, 2); die Wahl ist weise, weil Saul dem schwächsten Stamm angehört (1. Samuel 9, 21) und die anderen Stämme daher keinen Grund zur Eifersucht haben.

Saul erhebt seinen Heimatort *Gibea* zur Residenz (1. Samuel 10, 26; 11, 4), sammelt eine kleine stehende Truppe um sich und eröffnet den Partisanenkrieg (1. Samuel 13, 1 ff.). In unvermuteten Überfällen verjagt er die Philisterbesatzung aus dem Stammesgebiet.

Daß Saul ein Taktiker von hohen Graden war, sollte sich nach dreitausend Jahren aufs neue zeigen; ein in seiner Art einmaliges Beispiel bestätigt, wie die Bibel auch in kleinsten Einzelheiten recht hat, wie zuverlässig ihre Angaben und Überlieferungen sind.

Dem britischen Major Vivian Gilbert ist die Schilderung einer wahrhaft ungewöhnlichen Begebenheit zu danken. Er schreibt in seinen Feldzugserinnerungen mit dem Titel *The Romance of the Last Crusade*: „Im Ersten Weltkrieg suchte ein englischer Brigadeadjutant von der Armee General Allenbys in Palästina einmal bei Kerzenlicht in seiner Bibel nach einem bestimmten Namen. Seine Brigade hatte den Befehl erhalten, ein Dorf einzunehmen, das jenseits eines tiefen Tales auf einem Felsberg lag und *Michmas* hieß. Das Wort war ihm bekannt vorgekommen. Schließlich fand er es im 13. Kapitel des 1. Buches Samuel und las dort: *Und Saul und sein Sohn Jonatan und das Volk, das bei ihm war, blieben in Gibea in Benjamin. Die Philister aber hatten sich gelagert bei Michmas* (1. Samuel 13, 16). Weiter stand da, wie Jonatan und sein Waffenträger in der Nacht *zu der Wache der Philister* gingen und dabei an *zwei Felsklippen vorbeikamen, die eine diesseits, die andere jenseits; die eine hieß Bozez, die andere Senne* (1. Samuel 14, 4). Sie kletterten den Hang hinauf und überwältigten die Wachen *auf einer halben Hufe Acker, die ein Joch Rinder pflügt.* Von dem Getümmel erwachte der feindliche Haufen, glaubte sich von Sauls Truppen umzingelt, und *es entstand ein Schrecken im Lager und auf dem freien Felde; und das ganze Kriegsvolk, die*

Wache und die streifenden Rotten erschraken; und die Erde erbebte. Und so geschah ein Gottesschrecken (1. Samuel 14, 14–15). Daraufhin griff Saul mit seiner ganzen Streitmacht an und siegte: *So half der Herr Israel an diesem Tage* (1. Samuel 1, 23). Der Adjutant überlegte sich, daß es diese Felsenenge, die beiden *Felsklippen* und den *Acker* noch geben müsse. Er weckte den Kommandeur und las mit ihm die Stelle nochmals durch. Patrouillen wurden ausgeschickt; sie fanden den Paß, der nur schwach mit Türken besetzt war und zwischen zwei Felsnadeln – offenbar *Bozez* und *Senne* – hindurchführte; hoch oben bei *Michmas* lag im Mondlicht ein kleines Blachfeld. Der Kommandeur änderte seinen Angriffsplan. Statt der ganzen Brigade schickte er nur eine Kompanie mitten in der Nacht durch den Paß. Die wenigen Türken, auf die sie stieß, wurden lautlos überwältigt, die Hänge erklommen – und kurz vor Tagesanbruch stand die Kompanie auf der *halben Hufe Acker.*
Die Türken erwachten und flohen Hals über Kopf, da sie meinten, von General Allenbys Armee eingeschlossen zu werden. Sie wurden alle getötet oder gefangengenommen. Und so hat nach Jahrtausenden", schließt Major Gilbert, „eine britische Truppe die Taktik Sauls und Jonatans erfolgreich nachgeahmt."

Als die Philister gegen Israel zogen, lagerten sie bei Michmas, und „eine Wache der Philister zog heran gegen den engen Weg von Michmas" (1. Samuel 13,23). Diese Stelle glaubt man oberhalb eines tiefen Tälchens, etwa zwölf Kilometer nördlich von Jerusalem, entdeckt zu haben. Hier überfiel Jonathan und sein Waffenträger nachts die Wache der Philister.

Sauls Erfolge geben Israel neuen Mut. Der Alpdruck der Besatzungsmacht ist zwar beseitigt, aber nur für eine kurze Atempause. Im Frühjahr darauf setzen die Philister zum Gegenstoß an.

Gegen Ende der winterlichen Regenzeit sammeln sie ihre Streitkräfte wiederum in Afek (1. Samuel 29, 1). Nur gehen sie diesmal anders vor. Sie verzichten auf den Vorstoß in das Gebirge, wo Israel mit dem Gelände allzusehr vertraut ist. Die Philisterfürsten ziehen nordwärts durch das Küstengebiet in die Jesreelebene und weiter nach Osten bis fast an die Ufer des Jordan.

An der Quelle bei Jesreel (1. Samuel 29, 1) – das ist die Harodquelle am Fuße der Gilboaberge – wagen König Saul und sein Heerbann einen Zusammenstoß in der Ebene! Das führt zum Verhängnis. Schon beim ersten Angriff wird der Heerbann gesprengt, werden die Flüchtenden geschlagen und verfolgt. Saul selber gibt sich den Tod, nachdem auch seine Söhne erschlagen sind.

Der Triumph der Philister ist vollkommen. Sie pfählen Sauls Leib und die Leiber seiner Söhne und stellen sie auf der Stadtmauer von Beth-Schean, nicht weit vom Schlachtfeld, zur Schau *und legten seine Rüstung in das Haus der Astarte* (1. Samuel 31, 10), der Göttin der Fruchtbarkeit. Israels letztes Stündlein scheint geschlagen zu haben. Es scheint zum Untergang verdammt. Fürchterlich endete das hoffnungsvoll errichtete Königtum. Ein freies Volk sinkt in Knechtschaft, sein *Gelobtes Land* gerät in die Hände der Fremden.

Der Spaten hat die stummen Zeugen dieser schicksalsträchtigen Zeit aus dunklem, schwerem Schutt befreit und jene Mauern freigelegt, die Saul in seinen glücklichsten Stunden als jungen König und sein schmähliches Ende sahen! Fünf Kilometer nördlich von Jerusalem, hart an der Straße, die seit alters nach Samaria hinaufführt, liegt der Tell el-Ful, was wörtlich „Bohnenhügel" heißt. Das war einst Gibea. 1922 beginnt ein Team der American Schools of Oriental Research hier zu graben. William W. Albright, leitet die Arbeiten. Mauerreste kommen zum Vorschein. Nach langer Unterbrechung setzt Albright 1933 seine Arbeit auf dem Tell el-Ful fort. Ein klobiger Eckturm wird freigelegt, dem bald drei weitere folgen. Sie sind durch eine doppelte Mauer verbunden. Ein Hof bildet das Innere. Die Anlage ist insgesamt 40 mal 25 Meter groß. Albright prüft die zwischen den Trümmern verstreuten Tonscherben. Es sind Gefäße, die um 1020 bis 1000 v. Chr. in Gebrauch waren. Albright hat die Zitadelle Sauls, die erste

Der imponierende Tell el-Husn, das alte Bet-Schean, erhebt sich achtzig Meter hoch über der fruchtbaren Ebene des ganzjährig wasserführenden Harod. 18 Siedlungsschichten dokumentieren mehr als 5000 Jahre Stadtgeschichte. Die erste Siedlung dürfte um 3500 v. Chr. angelegt worden sein; etwa 500 Jahre später gedieh sie zu einer Stadt, die von ihrer Lage an einer der belebtesten Handelsstraßen profitierte. Der ägyptische Einfluß vertiefte sich, als Bet-Schean nach der Schlacht von Megiddo (1479 v.Chr.) für drei Jahrhunderte Garnisonsstadt des Pharaonenreiches wurde. Aus dieser Zeit stammen die Tempelbauten für Astarte, Mekal-Resef und Dagon, laut Inschriften von den Königen Thutmosis III., Sethos I. und Ramses III. gefördert. Der israelitischen Landnahme widersetzte sich die stark befestigte Stadt mit Erfolg, fiel aber im 11. Jahrhundert v. Chr. an die Philister, die an den Mauern dieser Stadt König Sauls Leichnam aufhängten. Erst König David gelang wohl die Eroberung, jedenfalls zählte Bet-Schean zu den zwölf Verwaltungsbezirken Salomos. Nach der Plünderung durch Pharao Scheschonk war die Stadt bedeutungslos, bis sie seit hellenistischer Zeit unter dem Namen Skythopolis wieder erblühte. Ptolemaios II. hatte hier wohl skythische Bogenschützen als „Veteranen" angesiedelt. Die eindrucksvollen Bauten von Forum (links) und Theater (rechts) stammen erst aus der römischen Kaiserzeit.

Königsburg Israels, entdeckt, wo *der König saß an seinem Platz, wie er gewohnt war, an der Wand* (1. Samuel 20, 25). Hier saß Saul als König im Kreise enger Gefährten, mit Jonatan, seinem Sohn, mit seinem Vetter Abner, dem Feldhauptmann, und mit David, seinem träger. Hier schmiedete er Pläne für Israels Befreiung, von hier leitete er die Partisanenkämpfe gegen die verhaßten Philister.

Der andere Schauplatz, an dem sich das Schicksal König Sauls erfüllt und den die Forschung wieder ans Tageslicht brachte, liegt 70 Kilometer nördlich von hier.

Am Rande der Jesreelebene ragt der Schutthügel Tell el-Husn weit sichtbar über das Jordantal. Das ist die Stätte des alten Bet-Schean. Aus Bergen abgeräumten Gerölls wachsen am Nord- und Südhang die starken Grundmauern zweier Tempelgebäude. Archäolo-

gen der Universität Pennsylvania, geführt von Clarence S. Fisher, Alan Rowe und G.M. Fitzgerald, legten sie 1921 und 1933 frei, fast zur gleichen Zeit, als in Gibea die Residenz König Sauls wiederentdeckt wurde.

Kultgegenstände zwischen den Trümmern, vor allem Plaketten und kleine Schreine mit Schlangenmotiven, deuten darauf hin, daß diese Tempel Astarte, der Göttin der Fruchtbarkeit Kanaans, und Dagon, dem Hauptgott der Philister – einem Wesen, halb Mensch, halb Fisch –, geweiht waren. Ihre Wände müssen mit angesehen haben, was die Philister nach dem Sieg, wie die Bibel überliefert, Saul antaten. *Und sie legten seine Rüstung in das Haus der Astarte, aber seinen Leichnam hängten sie auf an der Mauer von Bet-Schean* (1. Samuel 31, 10); das *Haus der Astarte* sind die Tempelruinen im Süden. *Und seinen Schädel hefteten sie ans Haus Dagons* (1. Chronik 10, 10); das ist der am Nordhang freigelegte Tempel.

ALS ISRAEL EIN GROSSREICH WAR

> Und es kamen alle Ältesten in Israel zum König
> nach Hebron. Und der König David schloß
> mit ihnen einen Bund in Hebron vor dem Herrn,
> und sie salbten David zum König über Israel.
> Dreißig Jahre war David alt, als er König wurde,
> und regierte vierzig Jahre. Zu Hebron regierte er
> sieben Jahre und sechs Monate über Juda,
> und zu Jerusalem regierte er dreiunddreißig Jahre
> über ganz Israel und Juda.
>
> 2. Samuel 5, 3–5

DER GROSSE KÖNIG DAVID

Der neue König ist so vielseitig begabt, daß es schwer zu entscheiden ist, welche seiner Fähigkeiten am meisten Bewunderung verdienen. Es dürfte ebenso schwer sein, eine Persönlichkeit, gleich genial und vom gleichen Format wie David, in den letzten Jahrhunderten auf unserer Erde ausfindig zu machen. Wo ist der Mann, der als Stratege und als Staatsformer, als Dichter und als Musiker gleichermaßen zu rühmen wäre?

Gleichviel – kein Volk hat sich mehr der Musik gewidmet als die Bewohner Kanaans. Palästina und Syrien sind berühmt für ihre Musiker, wie wir aus ägyptischen und mesopotamischen Quellen wissen. Zu der unverzichtbaren Habe, die die Gruppe der Karawanenleute auf dem Wandbild in Beni Hasan mitnahm auf die Wanderung nach Ägypten, gehörten auch die Musikinstrumente. Das Hausinstrument ist die achtsaitige Lyra. Ein in Megiddo ausgegrabenes Elfenbein zeigt eine höfische Szene mit einem Musiker, der vor dem thronenden König auf einer solchen Leier spielt.

Im Neuen Reich Ägyptens beschäftigten sich Inschriften und Reliefs serienweise mit dem Thema Musikanten und Instrumente aus Kanaan. Kanaan ist die unerschöpfliche Musikerbörse, aus der Hofmarschälle und Hofkämmerer Solisten und sogar Kapellen beziehen, mit denen sie den Herrschern am Nil, am Euphrat oder am Tigris Kurzweil verschaffen. Vor allem Damenkapellen und Tänzerinnen sind sehr gefragt. Künstler mit internationalen Engagements sind keineswegs eine Seltenheit. Und König Hiskia von Juda weiß 701 v. Chr. ganz genau, weshalb er dem gefürchteten Assyrerkönig Sanherib Sänger schickt.

„Und er machte den Leuchter aus feinem, getriebenem Golde. Daran waren der Fuß und der Schaft, Kelche und Knäufe und Blumen" (2. Mose 37,17). Menora aus der Synagoge von Tiberias (Israel-Museum, Jerusalem).

Musik spielte im alten Ägypten wie im benachbarten Vorderasien eine wichtige Rolle: an den großen Götterfesten, bei feierlichen Bankketten oder auch im Privatleben. Zwar kennen wir keine Melodie dieser Zeit, der ungefähre Klang läßt sich jedoch aus den zahlreichen Darstellungen wenigstens erahnen. Zu den beliebtesten Instrumenten zählte seit jeher die Harfe. Sie diente sowohl der „Hausmusik" eigener Ausübung als auch dem professionellen Harfner, der – meist als Blinder dargestellt – bei Banketten auftrat und zur Harfe sang. Auch das Ehepaar Inherchaui läßt sich auf dem Grabgemälde in Deir el-Medina von ihm unterhalten (rechts). Zur Harfe spielte man gern die Doppelflöte, die wohl eher eine Art Oboe gewesen sein dürfte, und die Laute wie die Damenkapelle in dem berühmten Grab des Nacht (rechte Seite, unten). Seit dem Neuen Reich trat die aus Asien importierte, meist neunsaitige Leier hinzu, die eine der Musikantinnen im Grab des Wah spielt (rechte Seite, oben). Dieses Instrument ist die Kinnor der Bibel.

Aus der tiefsten Verzweiflung, aus der hoffnungslosen Lage unter dem Joch der Philister steigt Israel in wenigen Jahrzehnten empor zu Macht, Ansehen und Größe. Das ist allein das Werk Davids. Als Unbekannter trägt er die Waffen Sauls, wird zum Kondottiere, gilt als gefürchteter Maquiskämpfer gegen die Philister, tritt dann aber in den Dienst des Philisterkönigs Achisch von Gat – und hätte um ein Haar an der Entscheidungsschlacht gegen Saul teilnehmen müssen. Allein das Mißtrauen der anderen Philisterfürsten hindert ihn daran und erspart ihm den Ruf eines Kollaborateurs mit dem Erzfeind. Nach Sauls Tod wird er König von Juda und dann ganz Israels, das unter seiner mehr als dreißigjährigen Herrschaft zur Großmacht aufsteigt.

Wie ein paar Jahrhunderte zuvor die Eroberung Kanaans, so wurde auch Davids Werk von äußeren Umständen begünstigt. Um die Wende des letzten vorchristlichen Jahrtausends gab es weder in Mesopotamien noch in Kleinasien, Syrien oder Ägypten einen Staat, der einer Expansion aus dem Raume Kanaans Einhalt zu gebieten vermochte.

Seit Ramses XI., der letzte der Ramessidendynastie, um 1080 v. Chr. die Augen schloß, zerfiel Ägypten unter den machtgierigen Händen einer Priesterclique, die von Theben aus das Land beherrschte. Ungeheure Reichtümer waren in Tempelbesitz übergegangen. Schon hundert Jahre zuvor hatten, wie aus dem Papyrus Harris hervorgeht, zwei Prozent der Bevölkerung als Tempelsklaven gearbeitet, waren 15 Prozent des bebaubaren Landes Tempeleigentum. Eine halbe Million Stück Vieh zählten die dazugehörigen Herden. Eine Flotte von 88 Fahrzeugen, 53 Werkstätten und Schiffswerften, 169 Ortschaften und Städte unterstanden den Priestern. Der Glanz, mit dem sich alltäglich das Ritual der großen Götter vollzog, spottet jeder Beschreibung. Allein zur Herstellung der Tempelwaagen, auf denen in Heliopolis die Opfer gewogen wurden, waren 212 Pfund Gold und 461 Pfund Silber verwendet worden. Zur Pflege der prunkvollen Gärten Amuns in der alten Residenz Pi-Ramesse waren 8000 Sklaven eingesetzt.

Über das außenpolitische Ansehen Ägyptens unter der Priesterherrschaft gibt ein einzigartiges Dokument, der Reisebericht des ägyptischen Gesandten Wenamun aus dem Jahre 1080 v. Chr., Aufschluß. Wenamun hatte Auftrag, aus Phönizien Zedernholz für die heilige Barke des Gottes Amun in Theben zu beschaffen. Herihor, der Hohepriester, stattete ihn nur mit einer geringen Menge Gold und Silber aus und mit einem Bild des Amun. Die Schrecken der Reiseerlebnisse zittern noch in Wenamuns Bericht spürbar nach. Wie einen Bettler und Rechtlosen hatte man ihn in den Küstenstädten behandelt, beraubt, verhöhnt und fast totgeschlagen; ihn, einen Gesandten Ägyptens, dessen Vorgänger stets mit allem Pomp und großer Ehrerbietung empfangen worden waren.

Bereits unterwegs bestohlen, gelangt Wenamun endlich ans Ziel seiner Reise. *Ich erreichte den Hafen von Byblos. Der Fürst*

von Byblos sandte zu mir und ließ mir sagen: „Entferne dich aus meinem Hafen."

So geschah es 19 Tage lang. Schon wollte der verzweifelte Wenamun zurückfahren, da kam der Hafenmeister zu mir und sagte: „Bleib bis morgen dem Fürsten zur Verfügung!" ... Als es Morgen wurde, sandte er und ließ mich hinaufbringen... Ich fand ihn in seinem oberen Gemach sitzen, mit dem Rücken gegen ein Fenster gelehnt... Er sagte zu mir: „Mit welchem Auftrag bist du denn hierher gekommen?" Ich sagte zu ihm: „Ich bin gekommen, um das Holz für die große herrliche Barke des Amun-Re, des Götterkönigs, zu holen. Dein Vater hat das getan, dein Großvater hat es getan, und du wirst es auch tun"... Er sagte zu mir: „Es ist wahr, sie haben es getan... Wahrlich, die Meinen haben diesen Auftrag ausgeführt, aber der Pharao sandte auch sechs Schiffe hierher, mit den Erzeugnissen Ägyptens beladen... Was aber mich angeht, ich bin nicht dein Diener und nicht ein Diener dessen, der dich gesandt hat... Was sind das für elende Reisen, die man dich hat machen lassen!" Ich sagte zu ihm: „Pfui! Es sind keine elenden Reisen, auf denen ich mich befinde..."

Vergeblich beschwört Wenamun Ägyptens Macht und Ruhm, versucht er anstelle von Geschenken mit Orakeln und seinem Götterbild, das Leben und Gesundheit verleihen soll, mit dem Fürsten um das Bauholz zu feilschen. Erst als ein Bote Wenamuns mit silbernen und goldenen Gefäßen, mit feinem Leinen, Papyrusrollen, Rinderhäuten, Tauen, dazu zwanzig Sack Linsen und dreißig Körben Fischen aus Ägypten eintrifft, läßt der Fürst die gewünschten Zedern schlagen.

Im dritten Sommermonat schleppten sie sie an den Strand des Meeres. Der Fürst kam heraus ... und sagte zu mir: „Siehe, da ist das letzte von deinem Bauholz angekommen, und dort liegt es. Nun tu nach meinem Begehr und komm, es zu verladen, denn man wird es dir wirklich geben. Mach, daß du fortkommst, und schütze nicht die schlechte Jahreszeit vor."

Von einem Land, dessen Abgesandte sich von Stadtfürsten derartige Respektlosigkeiten und Erniedrigungen gefallen lassen mußten, hatte David nichts zu befürchten. So stieß er tief in den Süden vor und eroberte das Reich von Edom, das vormals Mose die Durchzugsgenehmigung auf dem „Königsweg" verweigert hatte (2. Samuel 8, 14). Damit gewann David ein wirtschaftlich hochbedeutsames Gebiet. Die Arabawüste, die sich vom Südufer des Toten Meeres bis an den Golf von Akaba

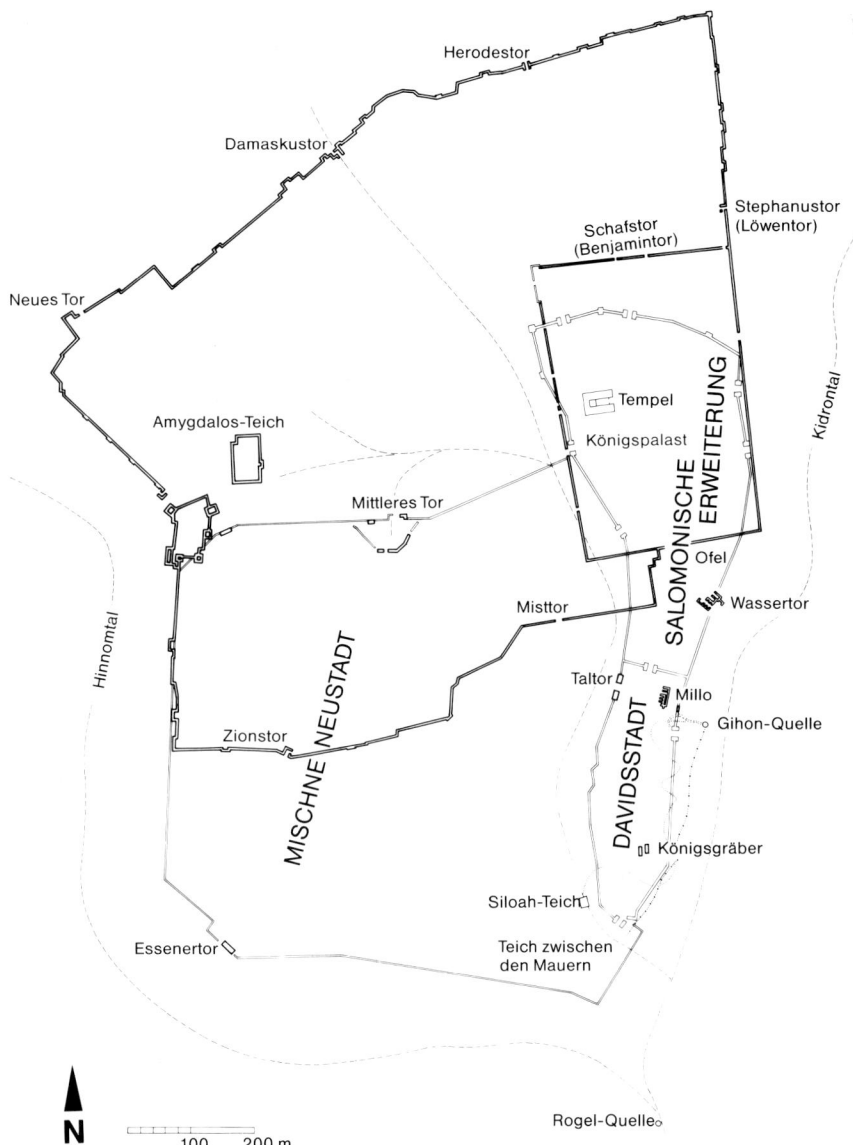

Herodestor

Damaskustor

Neues Tor

Amygdalos-Teich

Stephanustor
(Löwentor)

Schafstor
(Benjamintor)

Tempel

Königspalast

SALOMONISCHE ERWEITERUNG

Kidrontal

Mittleres Tor

Ofel

Misttor

Wassertor

MISCHNE NEUSTADT

Hinnomtal

Taltor

Millo

Zionstor

DAVIDSSTADT

Gihon-Quelle

Königsgräber

Siloah-Teich

Teich zwischen
den Mauern

Essenertor

N

100   200 m

Rogel-Quelle

**Oben: Plan von Jerusalem
vor dem Babylonischen Exil.**

**Rechte Seite: Ausgrabungen
in der Davidsstadt.**

**Vorhergehende Doppel-
seite: Blick auf Jerusalem
vom Ölberg aus. Jenseits
des Kidrontals erhebt sich
der Tempelberg mit dem felsendom und der Aqsa-
Moschee.**

erstreckt, ist reich an Kupfer und Eisen. Vor allem an Eisenerzen mußte David gelegen sein. Die gefährlichsten Gegner Israels, die Philister, hatten das Eisenmonopol inne (1. Samuel 13, 19, 20). Wer Edom beherrschte, war in der Lage, das Monopol der Philister zu brechen. David zögerte nicht damit. *Und David schaffte viel Eisen herbei zu Nägeln für die Türen der Tore und zu Klammern ... daß es nicht zu wiegen war...* (1. Chronik 22, 3). Im Süden von Edom endete auch der bedeutendste Karawanenweg aus Südarabien, die berühmte „Weihrauchstraße". Mit dem Vorstoß bis an die Ufer des Golfs von Akaba lag ihm auch der Seeweg offen über das Rote Meer zu den fernen Küsten Südarabiens und Ostafrikas.

Auch für den Vorstoß nach Norden war die Situation günstig. In den weiten Ebenen zu Füßen des Hermon und in den dem Antiliba-

non vorgelagerten fruchtbaren Tälern waren Beduinen aus der Wüste seßhaft geworden, Angehörige eines Volkes, dem im Leben Israels noch eine wichtige Rolle zu spielen bestimmt war: die Aramäer. Unsere Bibel-übersetzung nennt sie kurz *Syrer*. Sie hatten Stadtstaaten und kleinere Reiche bis hinunter zum Jarmukfluß gegründet, das ist südlich vom See Genezareth im Ostjordanland.

Um 1000 v. Chr. waren sie im Begriff, nach Osten vorzurücken, nach Mesopotamien. Dabei stießen sie auf das Volk der Assyrer, das in den folgenden Jahrhunderten zur beherrschenden Weltmacht im Alten Orient aufrückte. Nach der Niederschlagung Babyloniens hatten die Assyrer das Zweistromland bis zum Oberlauf des Euphrat unterworfen. Keilschrifttexte aus Palästen am Tigris aus dieser Zeit erwähnen eine Assyrien von Westen her drohende Gefahr, die in den immer heftigeren Angriffen und Vorstößen der Aramäer liegt.

In dieser Situation dringt David vom Ostjordanland nach Norden bis zum Orontes vor. *Er schlug auch Hadad-Eser, den König von Zoba, bis Hamat hin, als er auszog, seine Macht aufzurichten am Euphratstrom* (1. Chronik 18, 3). Ein Vergleich mit zeitgenössischen assyrischen Texten beweist, wie genau diese Bibelworte die historische Sachlage umreißen. König David schlug den Aramäerkönig, als dieser im Begriff stand, assyrisches Gebiet am Euphrat zu erobern.

Ohne es zu ahnen, gab damit David jenen Assyrern Waffenhilfe, die später das Reich Israel auslöschen sollten.

Israels Machtbereich rückte David bis an das fruchtbare Tal des Orontes vor. Sein nördlichster Wachtposten stand am Homssee zu Füßen des Libanon. Von hier sind es 600 Kilometer Luftlinie bis Ezjon-Geber am Roten Meer, der Südspitze des Reiches. *David aber eroberte die Burg Zion; das ist Davids Stadt* (2. Samuel 5, 7).

Auf welche abenteuerliche Art und Weise David die wohlverwahrte Feste Jerusalem in die Hand fiel, wurde im vorigen Jahrhundert durch Zufall und dank dem Spürsinn des britischen Captain Warren aufgeklärt.

Am Ostabhang von Jerusalem liegt im Kidrontal die *Ain Sitti Maryam*, die „Quelle der Jungfrau Maria". Sie heißt im Alten Testament *Gihon*, „Sprudler", und bildet seit eh und je die Hauptwasserquelle der Bewohner. An den Überresten einer Moschee vorüber führt der Weg in ein Gewölbe. Dreißig Stufen geht es in die Tiefe bis zu einem kleinen Becken, in dem sich das klare Wasser sammelt.

1867 besuchte Captain Charles Warren mit einer Schar von Pilgern die berühmte Quelle, von der eine Legende wissen will, daß einst Maria hier die Windeln ihres Söhnleins gewaschen habe. Warren fällt trotz der Halbdämmerung bei diesem Besuch im Gewölbe ein dunkles Loch auf, das wenige Meter hinter dem Austritt der Quelle im Fels gähnt. Offenbar hat es zuvor nie jemand bemerkt; denn als Warren danach fragt, bleibt man ihm die Antwort schuldig.

Wißbegierig sucht er, mit einer Leiter und einem langen Strick ausgerüstet, am nächsten Tag noch einmal die Marienquelle auf. Er ahnt nicht, daß ihm eine abenteuerliche und ziemlich lebensgefährliche Erkundung bevorsteht.

Hinter der Quelle beginnt ein enger Schacht, der zunächst horizontal verläuft, dann aber senkrecht in die Höhe führt. Warren ist Alpinist und des Kaminkletterns kundig. Vorsichtig stemmt er sich Hand um Hand nach oben. Nach etwa 13 Metern ist der Schacht plötzlich zu Ende. In der Finsternis ertastet Warren schließlich einen schmalen Gang. Auf allen vieren kriecht er weiter. Viele Stufen sind bergan in den Fels geschlagen. Nach einer geraumen Weile bemerkt er vor sich ein diffuses Licht. Er gelangt in einen überwölbten Raum, der nichts als verstaubte alte Töpfe und Glasflaschen enthält. Warren zwängt sich durch einen Spalt ins Freie – er steht kurz vor der alten Stadtmauer, die Marienquelle liegt tief unter ihm!

Genauere Untersuchungen durch den englischen Gelehrten Parker um 1910 im Auftrag des Palestine Exploration Fund ergeben, daß die merkwürdige Anlage aus dem 2. Jahrtausend v. Chr. stammt. Die Bewohner des alten Jerusalem hatten in mühseliger Arbeit einen Gang in den Felsen getrieben, um in Zeiten der Belagerung ungefährdet zu der lebenswichtigen Quelle gelangen zu können.

Warrens Wißbegier erkundete den Weg, der vor nahezu 3000 Jahren David die Überrumpelung der Festung Jerusalem möglich gemacht hatte. Davids Kundschafter müssen um diesen heimlichen Zugang gewußt haben, wie nun ein Bibelhinweis erkennen läßt, der früher unverständlich war. David sagte: *Wer die Jebusiter schlägt und den Schacht hinaufsteigt…* (2. Samuel 5, 8). Luther hatte das hebräische Wort *sinnor*, das soviel wie Schacht, Röhre oder Kanal bedeutet, noch mit „Dachrinnen" übersetzt.

Warren brachte aber erst die halbe Lösung, denn die Schachtöffnung lag ja außerhalb der Mauern, die man zu Warrens Zeit für die Mauern des ganz alten, vordavidischen jebusitischen Jerusalem hielt. Wer durch den

Ausgrabung der Weinkeller von Gibeon im Jahre 1959. Die etwa zwei Meter tiefen zisternenartigen Behälter wurden ins Gestein eingegraben und haben oben eine kleine runde Öffnung, die mit „Steinpfropfen" verschlossen werden konnte.

Schacht geklettert war, hätte demnach noch immer erst vor der jebusitischen Mauer gestanden. Erst Kathleen M. Kenyons ausgedehnte Grabungen in den sechziger Jahren unseres Jahrhunderts schufen endgültig Klarheit: Die Mauer des angeblich ältesten Jerusalem war gar nicht so alt, wie man zuvor meinte, sondern es kam eine weitaus ältere Mauer ans Licht, die tatsächlich aus vordavidischer Zeit stammte – und diese Mauer verlief am Hang unterhalb der Öffnung des Brunnenzugangs! Davids Leute, die durch den Brunnenzugang gestiegen waren, standen also nicht vor, sondern ein gutes Stück hinter der in Wahrheit ältesten Mauer Jerusalems, also mitten in der Stadt, die es zu erobern galt – eine Bestätigung von 2. Samuel 5, 8, die der so rätselhaften Stelle viel von ihrer Rätselhaftigkeit nimmt.

Zwölf Kilometer nördlich von Jerusalem brachten amerikanische Ausgrabungen im Jahre 1956 zusammen mit anderen hochinteressanten Überresten der in der Heiligen

Schrift oft zitierten Stadt *Gibeon* auch den Schauplatz eines blutigen Zusammenstoßes aus jenen Tagen wieder ans Licht: Einst stritten an dieser Stätte, wie wir im 2. Buch Samuel erfahren, in einem tödlichen Kampf je zwölf Parteigänger der einander feindlichen Feldhauptleute Joab und Abner – der eine zur Gefolgschaft Davids, der andere zu der des hinterbliebenen Sohnes von Saul gehörig: *Sie stießen aufeinander am Teich von Gibeon*, berichtet 2. Samuel 2, 13. Unter einem Tomatenfeld in Jib, wie der Ort heute genannt wird, gelingt es Professor J.B. Pritchard von der Columbia University, jene zu ihrer Zeit offenbar weithin berühmte Anlage, den *Teich von Gibeon*, wiederzufinden. Er entdeckt einen vertikal in den gewachsenen Fels getriebenen kreisrunden Schacht von elf Metern Durchmesser und zehn Metern Tiefe. Auf einer spiralförmig in die Innenwand geschlagenen Rampe führte der Weg hinunter. Ihr folgte eine weitere, durch zwei Schächte mit Licht und Luft versorgte, gewundene Treppe, auf

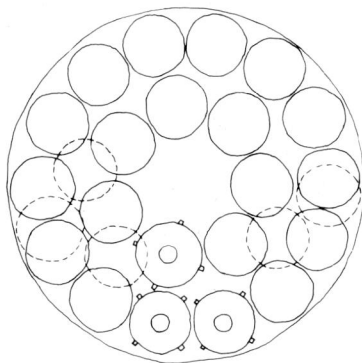

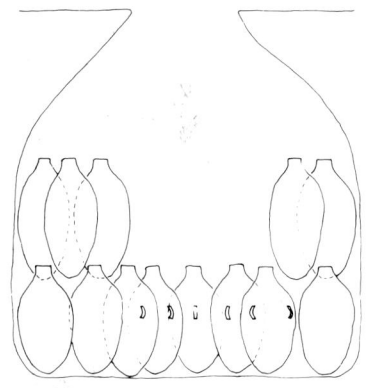

der man nochmals 15 Meter tiefer zu dem aus hartem Kalkstein gemeißelten eigentlichen Bassin gelangte. Als der Schutt, der die Anlage bis zum Rand bedeckte, ausgeräumt war, begann sich – wie vor 3000 Jahren – der mächtige Behälter aus den Ritzen des Gesteins alsbald wieder langsam mit Wasser zu füllen. Der biblische *Teich von Gibeon* hatte die Stadt auch in Not- und Belagerungszeiten mit ausreichendem frischen Trinkwasser versorgt.

Kostbare Zeugnisse über den in der Bibel gerühmten Wohlstand des Ortes – *denn Gibeon war eine große Stadt wie eine der Königsstädte* (Josua 10, 2) – konnten die amerikanischen Forscher aus dem Schutt des riesigen Wasserbehälters bergen. Sie lassen als Quelle des Reichtums deutlich eine einst sehr ertragreiche, regelrechte Weinindustrie am Platze erkennen. Sechzig Krughenkel von tönernen „Weinflaschen" samt den passenden Tonstöpseln und den Einfülltrichtern trugen in althebräischer Schrift Firmenbezeichnungen – echt biblische Namen von Winzern unter ihnen. Wiederholt fanden sich der Vermerk *Gibeon* und ein Wort, das wohl „ummauerter Weingarten" bedeutet haben und als Gütezeichen anzusprechen sein dürfte. Auf anderen Henkeln wiederum waren die Namen jüdischer Städte, so *Jericho, Sukkot* und *Sif* (Josua 15, 24), verzeichnet, für die einzelne Weinsendungen bestimmt waren.

Ganz in der Nähe des Wasserbehälters sollten weitere Kampagnen im Winter 1959/60 dann auch zur Entdeckung ausgedehnter Kellereien führen. Sechsundsechzig in den Felsgrund gehauene, annähernd runde Hohlräume von zwei Metern Tiefe und Durchmes-

ser, die mit runden „Steinpfropfen" verschlossen werden konnten, schaufelten die Spaten frei. Einige dieser Keller hatten offenbar als Keltern gedient, in denen die Trauben ausgepreßt wurden; andere Hohlräume, die mit einem undurchlässigen Belag ausgekleidet waren, konnten als Gärbottiche identifiziert werden. Die Fassungskraft der freigelegten Magazine beläuft sich auf 2270 Hektoliter.

Ein bisher unbedeutend erschienener biblischer Vermerk gewinnt angesichts der nun ausgegrabenen Zeugen einer einst blühenden Weinindustrie zu Gibeon erst richtiges Verständnis. Er bezieht sich auf ein Ereignis zu der Zeit, da die Israeliten sich anschickten, Kanaan zu erobern. *Aber die Bürger von Gibeon hörten, was Josua mit Jericho und Ai getan hatte. Da erdachten sie eine Liste... nahmen alte Säcke auf ihre Esel und alte, zerrissene, geflickte Weinschläuche... und zogen alte Kleider an...* (Josua 9, 3–5). So erschienen sie bei Josua und vermochten ihn über ihre Herkunft und den großen Wohlstand ihrer Stadt zu täuschen.

Auch wenn über Davids Leben, zumal seiner Jugend, noch der poetische Schleier der Sage liegt, so beginnt mit diesem großen König doch die eigentliche geschichtliche Zeit und damit der Einsatz der schriftlichen historischen Überlieferung. Die zunehmende Überschaubarkeit der zeitgenössischen Berichterstattung hängt eng zusammen mit der allmählichen Bildung einer staatlichen Macht, die Davids großes Verdienst und für Israel das ungewohnt Neue ist. Aus einem losen Stämmeverband war eine Nation geworden; ein Siedlungsland

Oben rechts: Grundriß und Längsschnitt eines der Vorratskeller von Gibeon. Die darin gestapelten Krüge faßten jeweils etwa 45 Liter. In den insgesamt 66 Kellern konnte man über 100 000 Liter Wein lagern, und zwar bei gleichbleibender Temperatur von etwa 18 Grad Celsius.

Oben links: Im Schutt, mit dem der Teich von Gibeon gefüllt war, entdeckten die Ausgräber zahlreiche Krughenkel. In archaischen Schriftzeichen des 7. Jahrhunderts v.Chr. sind sie mit „Gibeon" oder „Weinberg Gibeon" beschriftet, manche auch noch mit einem Personennamen.

wuchs zu einem Großreich im Raum Palästina-Syrien.

Für dieses weiträumige Staatsgebiet schuf David eine Zivilverwaltung, an deren Spitze neben dem Kanzler der *Sopher* stand. *Sopher* bedeutet „Schreiber" (2. Samuel 8, 17). Ein Schreiber an der zweithöchsten Stelle des Staates?

Mit dem Millionenheer der Sekretärinnen und Sekretäre, mit den Tausenden Tonnen Papier, die sie in unserer modernen Welt Tag für Tag durch ihre Schreibmaschinen jagen und volltippen, ist auch der mythische Glanz des „Schreibers" längst dahingeschwunden. Keine noch so vielbeneidete Chefsekretärin eines Ölmagnaten kann sich mit einem ihrer antiken Kollegen messen. Weder was das Gehalt und noch weniger was den Einfluß betrifft. Auf der Bühne des Alten Orients spielten die Schreiber die unvergleichliche, einmalige Rolle dieses Berufs. Kein Wunder, denn wieviel hing von ihnen ab! Gewaltige Eroberer und Beherrscher großer Reiche waren ihre Arbeitgeber und des Lesens und Schreibens unkundig!

Letzteres ist dem Briefstil deutlich anzumerken. Nicht etwa der Adressat wird zuerst angeredet, dem der Brief oder die Botschaft gilt. Gruß und Segenswünschen an den Kollegen gebührt der Vorrang. Es fehlt auch nicht an Bitten, den Inhalt des Schreibens recht deutlich und, was das Wichtigste ist, korrekt vorzulesen und keinesfalls etwas zu unterschlagen!

Wie es im Herrschaftsbereich der Schreiber zuging, überliefern zahlreiche ägyptische Reliefs und Malereien, zum Beispiel eine lebendige Szene aus dem Auswärtigen Amt des Pharaos Merenptah. In drei Schiffe ist der Schreibsaal geteilt. In den beiden Seitenschiffen sitzen dichtgedrängt je zehn Sekretäre. Ein Fuß ruht jeweils auf dem Schemel, auf ihren Knien liegen große Papyrusrollen. Das geräumige Mittelschiff ist dem hohen Chef vorbehalten. Pflichteifrig wedelt ihm ein Diener die lästigen Fliegen fort. Am Eingang stehen zwei Türhüter. Der eine befiehlt gerade dem anderen: *Sprenge Wasser und mach das Büro kühl! Der Chef sitzt und schreibt!*

Nun, ganz so pompös wird es im Schreibbüro am Hof zu Jerusalem zwar nicht zugegangen sein. Dazu war der junge Staat Israel noch zu bäuerlich und zu arm. Dennoch muß Davids Schreiber ein hoher und gefürchteter Beamter gewesen sein. Ihm oblag es, die „Reichsannalen" zu führen, die zweifellos die Grundlage all der konkreten Bibelangaben über den Verwaltungsaufbau und das Gemeinwohl unter David bildeten. Dazu gehören die große Volkszählung (2. Samuel 24) sowie die Kennt-

nis von seiner Leibwache *Krethi und Plethi*, einer Art Schweizergarde, die sich aus Kretern und Peletern, das heißt Philistern, zusammensetzte (2. Samuel 8, 18; 15, 18; 20, 7).

In Ägypten sind Waggonladungen von Papyri gefunden worden, in Babylonien und Assyrien Berge von Keilschrifttafeln – wo aber sind die Schriftdokumente aus Palästina?

Archäologen und Meteorologen mögen sich die Beantwortung dieser Frage teilen.

Um die letzte Jahrtausendwende v. Chr. wandte sich Kanaan von der eckigen Keilschrift ab und damit auch von den plumpen Tontafeln, um sich einer weniger umständlichen Schreibmethode zuzuwenden. Bisher mußte der Text erst mit einem Griffel in weichen Ton geritzt werden, der dann gebrannt oder an der Sonne getrocknet wurde, eine zeitraubende Prozedur also, ehe die dicken Tonbriefe den Weg zum Empfänger antraten. Eine neue Schrift mit geschwungenen Zeichen kam mehr und mehr in Mode, das Alphabet, dem wir in den Schreibversuchen semitischer Bergarbeiter am Sinai schon begegnet sind. Griffel und Ton erweisen sich als denkbar ungeeignet für die weich gerundeten Buchstaben. So sah man sich nach neuen Schreibutensilien um und fand sie in dünnen gebrannten Tonscherben und in Tintenfaß und Tusche. *Ostrakd* nennt der Archäologe solche beschriebenen Gefäßscherben, denen sich in besonderen Fällen das eleganteste Schreibmaterial des Altertums, der Papyrus,

Oben: 3000 Tonnen Kalkstein mußten für den Teich von Gibeon aus dem gewachsenen Fels herausgehauen werden. Zu dem 27 Meter unter der Erdoberfläche liegenden Wasserreservoir führt eine spiralförmige Treppe. Man nimmt an, daß die Anlage frühestens im 9. Jahrhundert v. Chr. geschaffen wurde.

Linke Seite: In den Felsgrund sind auch die Weinkeller von Gibeon gehauen. Steinblöcke verschließen die runden Öffnungen der zwei Meter tiefen Behälter.

Die Kunst des Schreibens war in den Kulturen des Alten Orients kein Allgemeingut, sondern Privileg einer dünnen Eliteschicht hoher Beamter. Die Erfindung der Schrift war eine Folge der Staatsgründungen um 3000 v. Chr., denn weder der rasch wachsende Verwaltungsaufwand noch das Abrechnungswesen der Wirtschaft wären ohne sie zu bewältigen gewesen. Der „Schreiber" im Museum von Kairo (rechte Seite) läßt erkennen, daß seinesgleichen keine subalternen „Schreiberlinge" waren, sondern hochgestellte Persönlichkeiten. Stolz aufgerichtet sitzt er da, weder den Papyrus im Schoß noch irgendein Gegenüber beachtend, als lauschte er den Eingebungen höherer Sphären. Das Schreibgerät bestand aus pinselartig zerfaserten Binsenstengeln, die scharze und rote Tinte entnahm man den beiden Farbnäpfen einer Palette (oben).

zugesellte. Der Wenamun-Bericht bezeugt, wie gefragt dieser ägyptische Exportartikel war. 500 Rollen erhielt der Fürst von Byblos als Entgelt für die Zedern. 500 Rollen, das sind 2000 Meter Schreibfläche!

In Palästina ist das Klima im Winter durch den Regen feucht. In feuchtem Klima verwischt Tinte auf Stein sehr schnell, verfault Papyrus binnen kurzer Zeit. Sehr zum Leidwesen wissensdurstiger Archäologen, Forscher und Historiker gingen auf diese Weise fast alle Urkunden und Dokumente Kanaans der Nachwelt verloren. Wenn die Archäologen in Ägypten so überzeugende Beute machen konnten, dann ist das allein der nahen Wüste und dem außergewöhnlich trockenen Klima zu danken.

„KUPFERKÖNIG" SALOMO

So war Salomo König über ganz Israel…
1. Könige 4, 1
Und Salomo hatte viertausend Gespanne für seine Kriegswagen und zwölftausend Leute für die Pferde…
1. Könige 5, 6
Und Salomo baute … alle Städte mit Kornspeichern … und alle Städte der Wagen und die Städte der Gespanne…
1. Könige 9, 17–19
Und Salomo baute auch Schiffe in Ezjon-Geber, das bei Elat liegt am Ufer des Schilfmeers im Lande der Edomiter… Und sie kamen nach Ofir…
1. Könige 9, 26–28
Alle Trinkgefäße des Königs Salomo waren aus Gold … denn das Silber achtete man zu den Zeiten Salomos für nichts. Denn der König hatte Tarsisschiffe, die auf dem Meer zusammen mit den Schiffen Hirams fuhren. Diese… brachten Gold, Silber, Elfenbein, Affen und Pfauen.
1. Könige 10, 21–22
Das Haus aber, das der König Salomo dem Herrn baute, war ganz mit Gold…
1. Könige 6, 2–22
Und man brachte Salomo Pferde aus Ägypten… Dann führten sie diese wieder aus an alle Könige der Hethiter und an die Könige von Aram. 1. Könige 10, 28–29
Und das Gewicht des Goldes, das für Salomo in einem Jahr einkam, war sechshundertsechsundsechzig Zentner… 1. Könige 10, 14

Klingt das nicht geradezu märchenhaft? Ein Mann, und sei er selbst ein König, von dem so viel erzählt wird, hat es schwer, nicht der Prahlerei geziehen zu werden. Und der Chronist, der so etwas aufschreibt, gerät leicht in den Ruf, ein Aufschneider zu sein. Es gibt gewiß Erzählun-

gen in der Bibel, die von Wissenschaftlern als Märchen betrachtet werden, so die Geschichte vom Zauberer Bileam und der sprechenden Eselin (4. Mose 22) oder die Geschichte von Simson, dem die langen Haare Kraft verliehen (Richter 13–16). Aber die märchenhafteste aller Erzählungen ist wirklich kein Märchen.

Die Archäologen gingen der Glaubwürdigkeit der Geschichten vom König Salomo mit dem Spaten gründlich zu Leibe, und siehe da – Salomo wurde ihr Paradestück!

Entkleidet man das „Märchen" von König Salomo seines Rankenwerks, bleiben als Gerüst nüchterne historische Tatsachen. Das ist eine der erregendsten Entdeckungen unserer Zeit. Eine Fülle überraschender Funde amerikanischer und israelischer Expeditionen erbrachte zu einem guten Teil den Beweis für den Wahrheitsgehalt dieser biblischen Erzählung.

Hochbepackt mit den neuesten Suchgeräten, mit Bohrern, Spaten und Hacken, und begleitet von Geologen, Historikern, Architekten, Ausgräbern und dem bei den modernen Expeditionen unentbehrlich gewordenen Fotografen, verläßt 1937 eine Karawane Jerusalem. Ihr Chef ist Nelson Glueck, wie sie alle Mitglied der berühmten American Schools of Oriental Research.

Bald bleiben die braunen Judaberge hinter ihnen zurück. Durch den öden Negev ziehen sie weiter gen Süden. Dann nimmt das Wadi Araba, das „Wüstental", die Karawane auf. Die Männer fühlen sich in eine Urweltlandschaft versetzt, der Titanenkräfte aus der Tiefe ihre Zeichen eingruben, als sie hier die Erde umformten. Das „Wüstental" ist ein Teil der mächtigen Erdspalte, die in Kleinasien beginnt und erst in Afrika endet.

Die Forscher zollen der gewaltigen Kulisse ihre Bewunderung und wenden sich dann der Aufgabe zu, die ihrer harrt. Prüfend wandern die Blicke über die schroffen Felswände. Mit dem Stand der Sonne wechseln Farbe und Schattierung des Gesteins, aus dem hier und da mit der Hacke Proben entnommen werden. Der Befund ergibt lehmbraunen Feldspat, silberweißen Glimmer und dort, wo das Gestein eine rötlich-schwarze Färbung aufweist, Eisenerz und ein grünes Mineral – Malachit, Kupferspat!

Überall in dem langgestreckten Tal stoßen die amerikanischen Forscher auf Eisenerz- und Kupfervorkommen. Wo die Gesteinsproben Erzgehalt aufweisen, finden sie auch in den Fels gehauene Stolleneingänge, die Überreste längst verlassener Bergwerke.

Schließlich gelangt die Karawane an das Golfufer. Wie einladend auch die weißen Häuser von Akaba, dem *Elat* der Bibel, in der grellen Sonne herübergrüßen, wie verlockend nach dem Marsch durch das trostlose Wüstental auch die Geräusche der orientalisch-geschäftigen Hafenstadt herüberklingen, die Forscher wenden diesem Schnittpunkt dreier Welten – Afrika, Arabien und Palästina-Syrien – den Rücken. Denn ihr Ziel ist der Tell el-Kheleifeh. Der einsame Hügel, der nichts weiter scheint als eine Anhäufung von Schutt, wächst landeinwärts aus der schattenlosen Ebene.

Vorsichtig angesetzte Spatenstiche leiten die Untersuchung ein und zeitigen unvorhergesehen rasch Erfolg. Angelhaken kommen zutage; sie sind aus Kupfer. Dann Ziegel, Mauerreste. Einige verkrustete Klumpen in der Nähe des Tell zeigen grüne Spuren. Das ist Schlacke. Überall begegnen die Männer dem Sandstein mit der charakteristisch grünen Farbe.

Am Abend im Zelt überschaut Glueck in Gedanken das bisherige Arbeitsresultat. Bemerkenswertes ist eigentlich nicht dabei. Indessen steht noch ganz Transjordanien auf dem Programm. In Edom, Moab, Ammon, ja bis nach Damaskus will Glueck Zeugen der Vergangenheit auf die Spur kommen. Beim

Das Relief vom Sarkophag des Königs Ahiram von Byblos im Museum von Beirut stellt den Herrscher auf einem Thron dar, den Flügelsphinxen flankieren. Jahrhundertelang war dieser symbolische Schmuck, den auch der steinerne Thron eines späteren Fürsten dieses Gebiets aufweist (links), ein Hoheitszeichen phönizischer und kanaanäischer Stadtkönige. Gesichtszüge, Haar- und Barttracht Ahirams, der im 10. Jahrhundert v.Chr. lebte, sind semitisch-amoritisch. Ähnlich in Typ und Gewandung darf man sich wohl auch König Hiram von Tyros, den Verbündeten Salomos, vorstellen.

Durchblättern der Notizen hält er nachdenklich geworden inne. Eisenerz und Malachit in der Araba – und in dem Schutthügel hier vor seinem Zelt Mauerreste, Schlacken und kupferne Angelhaken ... und das alles in unmittelbarer Nähe des Golfes, der in der Bibel *Schilfmeer* heißt.

Gedankenvoll sucht Glueck die Bibelstelle, die im Zusammenhang mit einem großen König das Schilfmeer erwähnt: *Und Salomo baute auch Schiffe zu Ezjon-Geber, das bei Elat liegt am Ufer des Schilfmeers im Lande der Edomiter* (1. Könige 9, 26). Bis hierher zum Golf des Roten Meeres reichte in biblischer Zeit Edom. Sollte dieser Tell...?

Für den nächsten Tag wird eine planmäßige Untersuchung des Tell el-Kheleifeh angesetzt. Beim Ausheben von Probeschächten treffen sie an mehreren Stellen zugleich auf Mauerwerk. Darunter ist jungfräulicher Boden. Scherben bieten einen Anhaltspunkt für die Zeit, zu der es errichtet wurde. Glueck ist davon überzeugt, daß es aus den Jahrzehn-

Die Inschrift auf dem Sarkophag des Königs Ahiram von Byblos ist bereits in dem „modernen" phönizischen Alphabet geschrieben, dessen Vorläufer die Felsinschriften auf der Sinaihalbinsel sind.

ten der Regierung Salomos, also im 10. Jahrhundert v. Chr., stammt.

Zeitgründe zwingen ihn, die Arbeiten abzubrechen. Diese Expedition hat noch andere Aufgaben. Doch setzen die Amerikaner in den folgenden Jahren die Grabungen in drei Kampagnen fort, die 1940 zu Ebracht werden und Gluecks Vermutungen bestätigen. Wie sich herausstellt, waren die als erstes zutage getretenen Ruinen einmal Arbeiterbehausungen. Umwallungen vom Kasemattentyp, der unverkennbaren Bauweise der ersten Eisenzeit, kommen hinzu. Dann werden die Überreste einer ausgedehnten Siedlung ausgegraben. Das Interessanteste sind Gußformen und Unmengen Kupferschlacken.

Gußformen und Kupferschlacken mitten in der sonnendurchglühten, erbarmungslos heißen Ebene?

Glueck sucht nach einer Erklärung für diese sonderbare Tatsache. Warum lagen die Werksanlagen ausgerechnet im Bereich der Sandstürme, die fast ununterbrochen von Norden aus dem Wüstental wehen? Warum wurden sie nicht wenige hundert Meter weiter im Schutz der Hügel errichtet, wo auch die Süßwasserquellen rieseln? Die erstaunliche Antwort auf diese Fragen brachte erst die letzte Grabungsperiode.

Inmitten einer rechteckigen Umwallung kommt ein umfangreiches Bauwerk zum Vorschein. Die grüne Farbe an den Wänden läßt Glueck vermuten, daß es sich um einen Schmelzofen handelt. Die Lehmziegelwände weisen zwei Reihen Öffnungen auf. Er deutet

sie als Feuerzüge, als fachgerechtes System von Luftkanälen. Das Ganze ist für ihn ein regelrechter hochmoderner Schmelzofen, nach einem Prinzip gebaut, das vor einem Jahrhundert als Bessemer-System in unserer Industrie Wiederauferstehung feierte! Feuerzüge und Rauchfänge liegen genau in Nordsüdrichtung. Denn die ewigen Winde und Stürme aus dem Wadi Araba mußten die Rolle des Blasebalgs übernehmen. Das war vor dreitausend Jahren; heute wird Preßluft durch die Schmelzöfen gejagt.

Nur eine Frage entzieht sich jeglicher Beantwortung: Wie wurde in dieser uralten Anlage das Kupfer geläutert? Verhüttungsexperten unserer Tage stehen hier vor einem Rätsel. Irdene Schmelztiegel liegen noch umher; manche haben das beachtliche Fassungsvermögen von 14 Kubikfuß. In den Berghängen ringsum zeigen die vielen in den Fels geschlagenen Höhlen den Eingang zu den Stollen. Brocken von Kupfersulfat erinnern an die fleißigen Hände, die vor Jahrtausenden in diesen Minen schürften. Auf Erkundungsmärschen in die weitere Umgebung gelingt es den Expeditionsmitgliedern, auch in den Tälern der Arabawüste zahlreiche Kupfer- und Eisenbergwerke auszumachen.

Schließlich entdeckt Nelson Glueck im Kasemattenwall des Schutthügels noch eine starke Toranlage mit dreifach gesichertem Eingang. Nun besteht für ihn kein Zweifel mehr: Der Tell el-Kheleifeh war vor Zeiten Ezjon-Geber, die langgesuchte verschollene Hafenstadt König Salomos, die man auch auf der Pharaoneninsel vermutet hat.

Und Salomo baute auch Schiffe zu Ezjon-Geber, das bei Elat liegt... Ezjon-Geber war nicht nur eine Hafenstadt. Auf ihren Werften wurden auch die Schiffe für Fernfahrten gebaut. Vor allem aber war Ezjon-Geber das Zentrum der Kupferindustrie. Nirgendwo sonst im „Fruchtbaren Halbmond", weder in Babylonien noch in Ägypten, wurde je ein solcher Ofen gefunden. Hier also könnte das Metall für die Kultgeräte im Tempel zu Jerusalem – für den *ehernen Altar*, das *Meer*, wie ein mächtiges Kupferbecken genannt wurde, für die *zehn Gestelle*, für die *Kessel, Töpfe, Schaufeln, Becken* – und für die beiden hohen Säulen *Jachin und Boas* vor dem Tempeleingang erzeugt worden sein (1. Könige 7, 15ff.; 2. Chronik 4). Denn *in der Gegend des unteren Jordan ließ sie der König gießen in der Gießerei von Adama zwischen Sukkot und Zaretan* (1. Könige 7, 46).

Als einer der neueren Funde biblischer Archäologie glückte einer holländischen Expedition die Bestimmung der ersten der beiden genannten Orte. Am Tell Deir-Alla, wo

Seit etwa 3000 v. Chr. wird im Wadi Timna, 25 Kilometer nördlich von Elat, Kupfererz abgebaut. Die heutigen Anlagen liegen etwas westlich von den antiken Minen.

im Ostjordanland der Fluß Jabbok zehn Kilometer vor seiner Mündung in den Jordan das Gebirge verläßt, wurden die Spuren von Sukkot, der zu Lebzeiten Josuas gegründeten israelitischen Stadt, nachgewiesen.

Die Begeisterung Gluecks über seine Entdeckung klingt noch im offiziellen Rapport nach, der die Ergebnisse der Forschungen am Golf von Akaba zusammenfaßt: „Ezjon-Geber war im voraus geplant und als planmäßige Anlage mit bemerkenswertem architektonischen und technischen Geschick gebaut. In der Tat war praktisch die ganze Stadt Ezjon-Geber, bedenkt man das Land und die Zeit dazu, eine phänomenale Industriestätte, ohne Parallele in ihrer Art in der ganzen Geschichte des Alten Orients. Ezjon-Geber war das Pittsburgh von Alt-Palästina und sein bedeutendster Hafen zugleich."

Salomo, der „große Kupferkönig", war für Glueck einer der bedeutendsten Kupferexporteure der antiken Welt. Inzwischen wurden seine Forschungsergebnisse freilich in Frage gestellt. Untersuchungen des israelischen Archäologen ergaben, daß in den Minen des Wadi Timna nördlich von Ezjon-Geber zwischen dem 12. Jahrhundert v. Chr. und der Römerzeit, also auch zur Zeit Salomos, kein Kupferabbau betrieben wurde, und die Verhüttungsanlage des Tell el-Kheleifeh wird von einigen Forschern als Lagerhaus oder Kornspeicher gedeutet.

Südlich der alten Philisterstadt Gaza grub Flinders Petrie im Wadi Ghazze Eisenverhüttungsanlagen aus der Zeit Salomos aus. Die Schmelzöfen gleichen denen vom Tell el-Kheleifeh, sie sind nur kleiner. Schon David hatte den Philistern das Eisenmonopol streitig gemacht und ihnen mit dem Sieg auch die Schmelzformel entrissen. Was liegt näher, als anzunehmen, daß unter König Salomo Erz und Kupfer dann im großen ausgebeutet wurden?

Denn der Herr, dein Gott, führt dich in ein gutes Land … ein Land, in dessen Steinen Eisen sind, wo du Kupfererz aus den Bergen haust (5. Mose 8, 7–9), heißt es in der ausführlichen Schilderung, die Mose den Kindern Israel von dem ihnen verheißenen Land gibt. Kupfer und Eisen in Palästina? Die Arbeit der Archäologen erbrachte erst den Nachweis, wie wahr auch dieser Bibelsatz ist, und fügte der herkömmlichen Vorstellung von Alt-Palästina das neue Moment von einem staunenswerten Industrieaufbau hinzu!

Salomo war ein überaus fortschrittlicher Herrscher. Er verstand es geradezu genial, fremde Experten und Fachkräfte für sich einzuspannen. Das ist das Geheimnis der sonst kaum erklärbaren sprunghaft-rapiden Entwicklung vom einfachen bäuerlichen Staatswesen seines Vaters David zu einem Wirtschaftsbereich ersten Ranges. Hier liegen auch die Quellen der Reichtümer, von denen die Bibel spricht. Salomo holte sich Schmelztechniker aus Phönizien. Hiram, einem Künstler aus Tyros, wurde das Gießen der Kultgeräte anvertraut (1. Könige 7, 13–14). In Ezjon-Geber gründete Salomo ein bedeutendes Seehandelsunternehmen. Israels Söhne waren nie zur See gefahren und verstanden auch nichts vom Schiffbau. Aber die Phönizier verfügten über eine vielhundertjährige Praxis und Erfahrung. Die Werftspezialisten ließ Salomo daher aus Tyros kommen und Seeleute dazu: *Und Hiram* (der König von Tyros) *sandte auf die Schiffe seine Leute, die gute Schiffsleute und*

**Oben: Antiker Kupfer-
schmelzofen in Timna.**

**Links: Diese pilzförmige
Felsformation wurde zum
Wahrzeichen des Minen-
gebiets von Timna.**

**Folgende Doppelseite: „Säu-
len König Salomos" nennt
man die 50 Meter hohen
Felstürme im südlichen
Wadi Araba. Ein Abenteuer-
roman aus dem 19. Jahrhundert, Sir Henry Haggards
„King Salomon's Mines",
brachte zum erstenmal das
Gebiet von Timna mit König
Salomo in Verbindung.**

auf dem Meer erfahren waren… (1. Könige 9,
27).
Ezjon-Geber war der wohlausgerüstete und
schwerbefestigte Ausgangshafen für den
neuen Fernhandel. Von Ezjon-Geber starte-
ten die Schiffe zu geheimnisumwobenen
Fahrten nach entlegenen, unbekannten
Küsten: Ofir. Wo lag das sagenhafte Ofir, das
„Warenhaus", in dem der Alte Orient die kostbarsten und erlesensten Dinge einhandelte?
Über Ofir wurde mancher Gelehrtenstreit
vom Zaun gebrochen. Immer wieder glaubte
man, es gefunden zu haben. Der deutsche
Geologe Carl Mauch stieß im Jahre 1871 in
Rhodesien auf die ausgedehnte Ruinenstätte
Simbabwe. Wenige Jahre später legte der
Bure Steinberg einige Kilometer südwärts
davon Bergwerksanlagen frei, von denen er
annahm, daß sie aus vorchristlicher Zeit
stammten und mit der Tempelstadt, die heute
in das 11. bis 15. Jahrhundert n.Chr. datiert
wird, in Verbindung gestanden hätten. Es
hieß, Gesteinsproben hätten ergeben, daß
dort früher Gold und Silber geschürft wurde.
1910 fotografierte der berühmte deutsche
Afrikaforscher Karl Peters an dieser Fundstätte Plastiken, an denen Experten einen
fremdartigen phönizischen Einschlag wahr-
nehmen wollten.
Ofir, das rätselhafte Land, hat sich bis heute
dem Zugriff der Forscher entzogen. Mancherlei Anhaltspunkte deuten jedenfalls auf Ostafrika hin. William F. Albright vermutete, es
habe in Somaliland gelegen. Das wäre mit der
in der Bibel angegebenen Reisezeit durchaus
vereinbar.
*Denn die Schiffe Salomos kamen in drei Jah-
ren einmal* (1. Könige 10, 22). „Die Flotte mag",

Seit dem Alten Reich unternahmen die Ägypter Expeditionen in ferne Länder, um exotische Waren einzutauschen. Meist waren das keine kriegerischen Unternehmungen, die militärische Begleitmannschaft sollte nur vor Überfällen schützen. Beliebt waren die Fahrten zum Weihrauchland Punt, aber sie waren auch besonders aufwendig, da die Schiffe vom Nil über Land zum Roten Meer geschafft werden mußten. Nach langer Pause ließ Königin Hatschepsut erstmals wieder eine Puntexpedition ausrüsten. Diese Fahrt wurde offensichtlich von Wissenschaftlern begleitet, die ihre Beobachtungen akribisch in Zeichnungen festhielten, so daß der Bericht über das Unternehmen im Totentempel der Königin nach authentischen Vorlagen gestaltet werden konnte. Am Ufer des Roten Meeres, dessen Fauna detailliert wiedergegeben ist, wird der ägyptische Expeditionsleiter von den Bewohnern Punts begrüßt. Als Tauschobjekte hat er Fertigwaren, darunter auch Waffen, mitgebracht.

mutmaßt Albright, „im November oder Dezember von Ezjon-Geber im ersten Jahr losgesegelt sein. Sie kehrte im Mai oder Juni des dritten Jahres wieder zurück und vermied auf diese Weise soviel wie möglich von der Sommerhitze. So betrachtet, brauchte die Reise nicht länger als eineinhalb Jahre gedauert zu haben." Auch die eingehandelten Waren, *Gold, Silber, Elfenbein, Affen und Pfauen* (1. Könige 10, 22), weisen deutlich auf Afrika als Ursprungsland hin.

Die Ägypter sind über ein *Punt,* das mit Ofir identisch sein könnte, recht gründlich unterrichtet. Sie müssen sich dort an Ort und Stelle mit offenen Augen umgesehen haben. Wie anders wären sonst die eindrucksvollen bildlichen Schilderungen von *Punt* zustande gekommen, die von den Wänden des Terrassentempels von Deir el-Bahri leuchten? Den Tempel auf der Westseite von Theben schmücken wundervolle farbige Reliefs, die einer dunkelhäutigen Dame – es ist die Königin von Punt – und ihrem Gefolge Glanz und Zauber verleihen. Wie stets, haben die ägyptischen Künstler auch in diesem Fall die Eigenheiten des fremden Landes genau geschildert und den Trachten, den runden Hütten, den Tieren und Pflanzen von Punt liebevolle Sorgfalt gewidmet. Der Betrachter gewinnt so ein anschauliches Bild vom sagenumwobenen Punt.

Begleittexte berichten von der aufsehenerregenden Expedition, die um 1500 v.Chr. eine Frau nach Punt auszurüsten gebot. Auf dem Pharaonenthron saß damals die berühmte

Königin Hatschepsut, „die erste große Frau der Geschichte", wie sie der Ägyptologe James H. Breasted nennt. Einem Orakel des Gottes Amun folgend, das die Erforschung der Wege nach Punt und die Wiederaufnahme des durch die Hyksoskriege unterbrochenen Verkehrs mit den Küsten des Roten Meeres auferlegte, sandte die Königin in ihrem neunten Regierungsjahr eine Flotte von fünf Schiffen aus. Sie sollten Myrrhenbäume für die Tempelterrassen mitbringen. Die Flotte steuerte vom Nil durch einen Kanal im östlichen Delta ins Rote Meer und *gelangte glücklich nach Punt,* wo sie reiche Schätze an Myrrhenbäumen, Ebenholz, Gold sowie allerlei wohlriechenden Hölzern und anderen fremdländischen Dingen, wie Sandelholz, Pantherfelle und Affen, gegen Waren vom Nilland eintauschten.

Ein nie zuvor gesehenes Schauspiel bot sich den Thebanern, als nach glücklicher Heimfahrt die seltsame Schar der dunkelhäutigen Puntleute mit den wunderlichen Erzeugnissen ihres Landes zum Palast der Königin zog. *Ich habe ihm ein Punt gemacht in seinem Garten, wie er es mir befohlen hatte…,* jubelt Hatschepsut angesichts der Myrrhenbäume auf der Tempelterrasse. Reste verdorrter Myrrhenwurzeln fanden Ägyptologen im heißen Sand vor dem Tempel von Deir el-Bahri. Wie die Thebaner werden auch Männer und Frauen Israels voll staunender Bewunderung auf den Kaimauern von Ezjon-Geber gestanden haben, wenn die Flotte ihres Königs Salomo vom fernen Ofir zurückkehrte und

Links: Außer Weihrauch für die Götteropfer brachte die Puntexpedition der Königin Hatschepsut auch Weihrauchbäumchen, die mit den Wurzelballen verfrachtet wurden, nach Ägypten. Alelrdings gelang es nicht, den Weihrauchbaum dort heimisch zu machen.

Links: Außer Weihrauch für die Götteropfer brachte die Puntexpedition der Königin Hatschepsut auch Weihrauchbäumchen, die mit den Wurzelballen verfrachtet wurden, nach Ägypten. Alelrdings gelang es nicht, den Weihrauchbaum dort heimisch zu machen.

Oben: Die Bewohner Punts leben in Rundhütten, die auf Pfählen ruhen und nur über Leitern zu erreichen sind.

Ganz oben: Beladen mit Weihrauch und anderen exotischen Waren, wie Ebenholz, Elefantenzähnen, Pantherfellen, Straußeneiern und -federn, stechen die Schiffe der Puntexpedition wieder in See. Auch lebende Tiere, Affen, Panther und sogar eine Giraffe, haben sie an Bord.

ihre Fracht an *Sandelholz und Edelsteinen … Gold, Silber, Elfenbein, Affen und Pfauen* (1. Könige 10, 11–22) im Hafen löschte.

Normalerweise dürfen archäologische Arbeiten erst aufgenommen werden, wenn entweder vom Eigentümer des Bodens oder von der Regierung des Landes eine Genehmigung zur Grabung vorliegt. Die ist nicht immer leicht zu erhalten, ganz abgesehen davon, daß im Verlaufe der Arbeiten Einsprüche oder Beschränkungen den Forschern das Leben schwermachen können. 1925 verfallen die Amerikaner auf einen ungewöhnlichen Ausweg, um ungehindert nach ihrem Belieben arbeiten zu können. Sie kaufen kurzerhand den Schutthügel Tell el-Mutesselim in der Jesreelebene von neunzig einheimischen Besitzern, Bauern und Schäfern, in Bausch und Bogen. Denn das Orientalische Institut der Universität Chicago beabsichtigt eine Modellausgrabung für den gesamten Nahen Osten, die umfassendste und mit peinlichster Genauigkeit durchgeführte Grabung, die je in Palästina gestartet wurde.

Der Tell el-Mutesselim birgt die Stätte des biblischen *Megiddo*. Diese Entdeckung fußt auf den ersten großen Grabungen, die von der Deutschen Orientgesellschaft unter J. Schumacher in den Jahren 1903 bis 1905 hier durchgeführt wurden.

Wie ein kleiner Tafelberg ist der Tell el-Mutesselim in eine einzigartige landschaftliche Kulisse gebettet. Vom Plateau herab glaubt man einen großen grünen See vor sich zu haben, so weit dehnt sich die Ebene, das *Tal Jesreel* (Josua 17, 16), in der sumpfgrüne Wiesen und strotzende Äcker einander abwechseln. Schwärme von Kranichen und Störchen sind hier zu Hause. Wo die Ebene ausschwingt, steht über dem Gestade des Mittelmeeres der bewaldete Buckel des Karmel. Zartblau steigen im Norden die Berge von Galiläa mit dem kleinen Dorf Nazareth auf, und weit zur Rechten versperrt die düstere Kuppe des Berges Tabor den Blick ins tief eingeschnittene Jordantal.

Nichts deutet in dem fruchtbaren und so lieblich anmutenden, von sanften Bergzügen umstandenen Dreieck darauf hin, daß dieser schmale Zipfel Erde über viele Jahrtausende der Schauplatz gewaltiger Auseinandersetzungen und tiefgreifender geschichtlicher Entscheidungen war.

Auf einem *goldenen Wagen* prescht um 1460 v.Chr. Pharao Thutmosis III. mit seinen Truppen durch einen Engpaß in die Ebene und schlägt die Kanaanäer, die voller Furcht Hals über Kopf nach Megiddo fliehen. In der gleichen Ebene brechen die Israeliten, angestachelt durch die heldenmütige Richterin Debora, die Übermacht kanaanäischer Streitwagenkorps, überrumpelt Gideon die räube-

Oben: Blick über Jesreel-ebene von Megiddo aus. Die Jesreelebene liegt zwischen dem Bergland von Samaria, dem Karmel und Galiläa, im Osten wird sie vom Gilboa-gebirge, im Nordosten vom Berg Tabor begrenzt. Ihre vulkanischen Böden sind sehr fruchtbar, waren jedoch lange Zeit versumpft. Die Sanierung seit 1920 ließ eine blühende Landwirt-schaft entstehen. Ihren Namen hat die Ebene von der Stadt Jesreel, die an den Ausläufern des Gilboagebir-ges lag und zeitweilig König Ahabs Residenz war. Beherrscht wurde sie jedoch seit jeher von Megiddo, des-sen Besitz Voraussetzung für die Kontrolle der Gegend war, durch die eine der wichtigsten Handelsstra-ßen führte.

Rechte Seite: 21 Meter hoch ragt der Tell von Megiddo aus der Jesreelebene auf. Seine zwanzig Siedlungs-schichten reichen vom 4. Jahrtausend v. Chr. bis gegen 350 v. Chr.

rischen Kamelnomaden der Midianiter, ver-liert König Saul die Schlacht mit den Philistern, stirbt 609 v. Chr. der judäische König Josia, der sich mit den Seinen der ägyptischen Über-macht unter Pharao Necho verzweifelt entge-genwirft. Ruinen zeugen noch vom fränki-schen Kastell Faba, das Johanniter und Tem-pelritter in der Kreuzfahrerzeit beherrschten, bis Saladin sie nach einem furchtbaren Gemetzel aus dieser Gegend vertrieb. Am 16. April 1799 kämpften hier Franzosen und Türken. Mit nur 1500 Mann hält der franzö-sische General Kleber 25000 Mann der geg-nerischen Armee in Schach. Die Franzosen schlagen sich heldenhaft von Sonnenaufgang bis Mittag. Da eilt über eine Bodenwelle heran-brausend ein Reitertrupp von 600 Mann den Bedrängten zu Hilfe. Der Offizier an der Spitze heißt Napoleon Bonaparte. Nach der gewon-nenen „Schlacht am Tabor" reitet Napoleon am Abend hinauf in die Berge von Galiläa; in Nazareth ißt er zur Nacht. Durch denselben Paß wie Thutmosis III. stößt 1918 die britische Kavallerie unter Lord Allenby vor und reibt die in der Ebene lagernde türkische Armee auf. Stummer Zeuge all diesen Geschehens war der Tell el-Mutesselim, auf dem Clarence S. Fisher im Frühjahr 1925 die Modellgrabung in Angriff nimmt.

Der Hügel wird buchstäblich in Scheiben geschnitten, Zentimeter um Zentimeter, wie eine Torte – nur horizontal. Kaleidoskopartig blenden die Jahrhunderte auf. Jede abgeho-bene Schicht bedeutet ein Kapitel im Buch der

Weltgeschichte vom 4. bis 10. Jahrhundert v. Chr.

Von den vier obersten Schichten enthält Stra-tum I Ruinen aus der Zeit persischer und baby-lonischer Herrschaft. Perserkönig Kyros, 539 v. Chr., zerstörte die Großmacht Babylon. König Nebukadnezar von Babylon hatte ein halbes Jahrhundert zuvor, 597 v. Chr., Syrien und Palästina erobert. Die Wälle eines unge-wöhnlich massiv gebauten Palastes aus die-ser Zeit blieben erhalten. Stratum II wartet als Zeugen assyrischer Herrschaft mit Palastrui-nen aus dem 8. Jahrhundert v. Chr. auf. Tiglat-pileser III. unterwarf Palästina 733 v. Chr. Stra-tum III und Stratum IV verkörpern die israeli-tische Zeit. Da sind vor allem zwei Siegel mit althebräischen Buchstaben aufschlußreich, von denen eines die Inschrift trägt: *Schema, Knecht des Jerobeam.* Jerobeam II. war ein Herrscher Israels im geteilten Königreich von 789 bis 748 v. Chr. Ein Stein bewahrt einen anderen bekannten Namen: Scheschonk I., Pharao von Ägypten. Die Bibel nennt ihn *Pha-rao Schischak.* Im 5. Jahr König Jerobeams I., 923 v. Chr., zog er wider Jerusalem, eroberte und plünderte es.

In fast zehnjährigen Mühen sind Spaten und Hacken zu den Schichten aus der Zeit König Salomos vorgedrungen, der vier Jahre vor dem Einfall Scheschonks die Augen für im-mer schloß. Die Schuttsohle von Stratum IV bringt dann für die beiden Archäologen Gordon Loud und P. L. O. Guy sensationelle Überraschungen.

Zur Zeit Salomos setzte sich ein neuartiges Verfahren beim Bau von Gebäuden und Schutzmauern durch. Entgegen der bisherigen Bauweise wurden nun glattbehauene Steine in Gebäudeecken und in Abständen auch in das übrige Mauerwerk eingefügt. Aus der untersten Schuttlage von Stratum IV werden Ruinen einer Residenz freigelegt, deren Bauwerke dieses Charakteristikum aufweisen. Sie sind von einem Mauerviereck eingefriedet, dessen Seitenlänge 60 Meter beträgt. Als zusätzlicher Schutz diente die stattliche Toreinfahrt mit drei Paar eng aneinandergesetzten Pfeilern. Einem ähnlich dreifach gesicherten Stadtzugang sind Forscher auch in Ezjon-Geber und in Lachis begegnet. Das fast zu gleicher Zeit ausgegrabene dickwandige Gebäude stellt sich als Vorratsspeicher heraus – einer der *Kornspeicher, die Salomo hatte...* (I. Könige 9, 19). Speicher dieser Art fand man auch in Beth-Schean und Lachis. Megiddo war Sitz der Verwaltung des 5. Distrikts in Israel unter Salomo. Im Palast residierte für Salomo und war für die Ablieferung der Naturalsteuern an das Kornhaus verantwortlich *Baana, der Sohn Ahiluds, zu Taanach und zu Megiddo...* (I. Könige 4, 12).

So großartig diese Funde auch waren, eine Sensation waren sie nicht. Die schlummerte noch unangetastet in der Tiefe des Tell el-Mutesselim, gerade als hätte sich der alte Hügel das Beste bis zuletzt aufgespart. Im Verlauf der Grabung treten am Rand des Tell ebenmäßige Steinflächen aus dem Geröll, mit Steinstümpfen besät, in langen Reihen einer hinter dem andern und viereckig.

Loud und Guy haben zunächst keine Vorstellung, was das einmal gewesen sein könnte. Der merkwürdigen Flächen scheint kein Ende, Quadratmeter um Quadratmeter wächst aus dem Schutt. Guy kommt der Gedanke, daß das Überbleibsel von Stallungen sein könnten. Spricht nicht die Bibel von den ungezählten Pferden des Königs Salomo?

In das oft eintönige Einerlei der mehrjährigen Grabung, in die tägliche Fleißarbeit von Abtragen, Einfüllen, Durchsieben und Einordnen jeder bemerkenswerten Scherbe bringt Guys Vermutung schlagartig einen neuen Impuls, der selbst die Grabungskolonnen am Hang erfaßt.

Mit jedem weiteren Gebäude, das zum Vorschein kommt, staunen die Forscher mehr. Stets sind mehrere langgestreckte Stallungen um einen Hofraum gruppiert, der mit gestampftem Kalkmörtel ausgelegt ist. Durch die Mitte jeder Stallung läuft ein drei Meter breiter Gang. Aufgerauhtes Pflaster verhinderte das Ausrutschen der Pferde. Zu beiden

Rechts oben: Plan Megiddos zur Zeit König Salomos.

1 Südpalast
2 Nordpalast
3 Verwaltungsgebäude
4 Stadttor
5 Zugang zur Wasserquelle
6 Privathäuser

Rechts unten: Plan Megiddos zur Zeit König Ahabs.

1 Ställe oder Magazine
2 Ställe oder Magazine mit vorgelagertem Hof
3 Wasserversorgungsanlage
4 Stadttor
5 Stadtmauer
6 Privathäuser

Rechts innen: Die stärksten Festungsmauern sind nutzlos, wenn den Belagerten die Vorräte und das Wasser ausgehen. Das Quellbecken von Megiddo lag am Fuß des Tells außerhalb der Stadtmauer. Vermutlich haben schon die kanaanäischen Herrscher der Stadt daher einen Stollen zur Wasserstelle getrieben. Der 64 Meter lange Tunnel, der leicht ansteigend von der Quelle unter die Stadt führt und dann über einen 22 Meter hohen Schacht die Oberfläche erreicht, wurde unter König Ahab angelegt. Offensichtlich ist die Tunnelanlage gleichzeitig von beiden Seiten begonnen worden, und es spricht für die Vermessungstechniker der Zeit, daß sich die Steinhauer nur um 60 Zentimeter verfehlten.

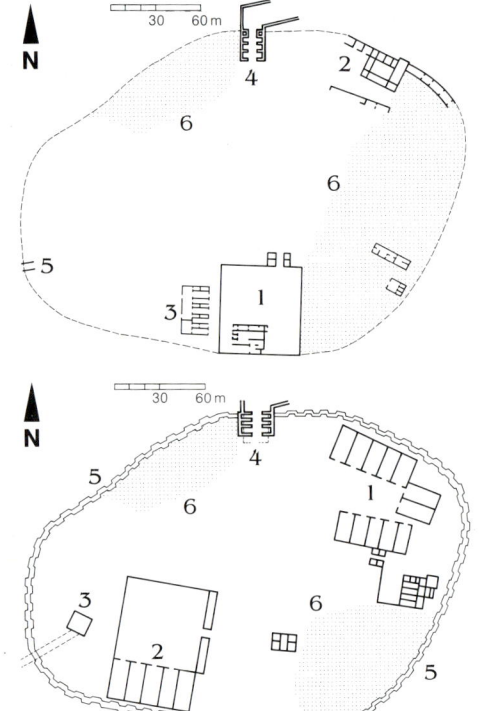

Seiten liegen hinter den steinernen Stümpfen geräumige Boxen, von denen jede gleichfalls in der Breite genau drei Meter mißt. In manchen stehen noch Reste der Futterkrippen, sind noch Teile der Wasserleitungen zu erkennen. Selbst für heutige Begriffe sind das wahre Luxusstallungen. Von der außerordentlichen Sorgfalt zu schließen, die auf Bau und Einrichtung verwendet wurde, stand das Pferd damals in hohem Kurs. Jedenfalls wurde für die Pferde offenbar besser gesorgt als für die Menschen.

Nachdem der ganze Komplex überschaubar ist, zählt Guy Einzelboxen für wenigstens 450 Pferde und Hallen für 150 Wagen. Ein Riesenmarstall! *Und so verhielt sich's mit den Fronleuten, die der König Salomo aushob, zu bauen des Herrn Haus und sein Haus und den Millo und die Mauer Jerusalems und Hazor und Megiddo und Geser* (1. Könige 9, 15). *Und Salomo brachte Wagen und Gespanne zusammen, daß er hatte tausendvierhundert Wagen und zwölftausend Gespanne, und legte sie in die Wagenstädte...* (1. Könige 10, 26). Es ist nicht verwunderlich, daß die Ausgräber angesichts des ausgedehnten Marstalls in Megiddo und der Stallungen und Wagenhallen gleicher Bauweise, die in Tell el-Hesi (Eglon) und in Taanach gefunden wurden, an diese Bibelstellen dachten und davon überzeugt waren, eine der Garnisonen der von Salomo aufgestellten Streitwagenkorps entdeckt zu haben. Inzwischen vertritt freilich

die Mehrzahl der Gelehrten die Auffassung, daß Stratum IV von Megiddo in das 9. Jahrhundert v. Chr. zu datieren sei, während Stratum V aus salomonischer Zeit stamme. Die „Ställe Salomos", die von einigen überdies für Magazine oder Kasernen gehalten werden, seien erst unter König Ahab von Israel errichtet worden.

Wie dem auch sei, Rosse und Wagen galten zur Zeit Salomos als bedeutsames Handelsobjekt. Israel besaß gerade auf diesem Gebiet ein regelrechtes Monopol (1. Könige 10, 28–29).

Durch Salomos Reich führten alle wichtigen Karawanenwege zwischen Ägypten und Syrien-Kleinasien. Ägypten war Hauptexporteur von Streitwagen. *Und man brachte Salomo Pferde aus Ägypten und aus Koë; und die Kaufleute des Königs kauften sie aus Koë zu ihrem Preis. Und sie brachten herauf aus Ägypten den Wagen für sechshundert Silberstücke und das Pferd für hundertundfünfzig* (1. Könige 10, 28–29). Ägyptische Stellmacher waren im Bau der schnellen zweirädrigen Fahrzeuge für Kampf und Jagd unübertroffene Meister. Das Hartholz dazu mußte aus Syrien importiert werden. So ist auch der hohe Tauschwert verständlich. Für einen Wagen gab es nach den Bibelangaben vier Pferde. Dabei braucht wohl nicht erst betont zu werden, daß die *Silberstücke*, von denen die Bibel in diesem Zusammenhang spricht, ein Anachronismus, ein „Zeitschnitzer", sind:

Münzgeld war zur Zeit Salomos noch unbekannt!

Die Pferde kamen *aus Ägypten und aus Koë.* Koë war der Name eines Staates in Kilikien, in der fruchtbaren Ebene zwischen Taurusgebirge und Mittelmeer gelegen. Nach der Zerstörung des Mitannireiches durch die Hethiter wurde Kilikien das Land der Pferdeliebhaber, das „Trakehnen" der Alten Welt. Herodot erwähnt, daß später auch die Perser die besten Pferde für den Kurierdienst in ihrem Weltreich aus Kilikien holten.

Handelspartner Israels im Norden waren die *Könige von Aram* (Syrien) und die *Könige der Hethiter* (1. Könige 10, 29). Auch das ist historisch echt. Das Reich der Hethiter war zwar zu Salomos Zeit längst ausgelöscht, aber es waren einige kleinere Nachfolgestaaten wieder entstanden. Einen davon, der allerdings ein Jahrhundert jünger als Salomo ist, entdeckte 1945 der deutsche Archäologe H. Th. Bossart: die Königsburg des Berges Karatepe im Südosten der Türkei. Ihr Erbauer Asitawanda war im 9. Jahrhundert v. Chr. einer jener Könige der Hethiter. Andere spätethitische Zentren im syrisch-anatolischen Grenzbereich waren Bor, Ivriz, Karkemisch, Malatiya und Marasch. Bis zum Ende des 7. Jahrhunderts v. Chr. vermochten sich diese Kleinstaaten unter hethitischen Königen mehr oder weniger zu behaupten. Dann erlagen sie wie alle anderen Staaten Vorderasiens der assyrischen Expansion.

DIE KÖNIGIN VON SABA ALS HANDELSPARTNERIN

Und als die Königin von Saba die Kunde von Salomo vernahm, kam sie mit einem sehr großen Gefolge nach Jerusalem, mit Kamelen, die viel Spezerei und Gold trugen und Edelsteine…   2. Chronik 9, 1

Seit Jahrtausenden wandern reichbeladene Karawanen aus *Arabia Felix,* dem „Glücklichen Arabien", nordwärts; in Ägypten, in Griechenland, im Römischen Reich sind sie wohlbekannt. Mit ihnen wandert die Kunde von Fabelstädten und goldgefüllten Gräbern und geistert hartnäckig durch die Jahrhunderte. Der römische Kaiser Augustus will den Dingen auf den Grund gehen, die Kameltreiber wieder und wieder von ihrer fernen Heimat rühmen. Er gibt Aelius Gallus den Auftrag, eine militärische Expedition auszurüsten und an Ort und Stelle im südlichen Arabien sich zu vergewissern, was an den fabelhaften Erzählungen Wahres ist. Mit einer Armee von 10 000 Legionären bricht Gallus von Ägypten nach Süden auf, marschiert die öden Küsten des Roten Meeres entlang. Marib, die Märchenmetropole, ist sein Ziel. Er wird es nie erreichen. Denn in der erbarmungslosen Glut der Wüste, in zahllosen Metzeleien mit wilden Stämmen,

Das maßstäbliche Holzmodell von Megiddo zeigt überwiegend den Zustand der Festungsstadt zur israelitischen Königszeit. Im Vordergrund steigt eine Straße zum nördlichen Stadttor mit seinen Vorwerken an. Die Baureste rechts darunter gehören zu Toranlagen des 18. und 15. Jahrhunderts v. Chr. Links hinter der Nordmauer, wo ehemals der „Nordpalast" Salomos und der Amtssitz des Kommandanten stand, errichtete Ahab die langen Trakte von Ställen oder Vorratshäusern. Im Hintergrund erkennt man die südliche Toranlage, rechts davon weitere Stallungen oder Magazine, denen ein großer Hof vorgelagert ist. Vom westlichen Vorsprung des Tells aus (rechts) führt der Wasserversorgungsschacht in die Tiefe.

Die weitaus stärkste Tor- anlage des salomonischen Megiddo liegt im Norden der Stadt. Die erhaltenen Mauer- reste lassen ein geräumiges Vorwerk in der Art einer Bastion erkennen. Von hier führte der Weg in die Stadt durch ein doppeltürmiges Prachttor mit je drei seitli- chen Kammern für die Wach- mannschaften.

dezimiert durch heimtückische Krankheiten geht die riesige Streitmacht zugrunde. Die wenigen Überlebenden, die die Heimat wie- der erreichen, haben den märchenhaften Geschichten von *Arabia Felix* keine zuverläs- sigen sachlichen Angaben hinzuzufügen.

Im Glücklichen Arabien, so schreibt um 100 n. Chr. der Grieche Dionysios, *atmest du immer die süßen Wohlgerüche herrlicher Würzen, sei es von Weihrauch oder wunder- vollen Myrrhen. Seine Bewohner haben gro- ße Herden von Schafen auf den Weiden, und die Vögel fliegen von fernen Inseln nach dort und bringen die Blätter von reinem Zimt.* Südarabien war schon in der Alten Welt das Exportland Nummer eins für Spezereien und ist es bis heute geblieben. Dennoch schien es von einem undurchsichtigen geheimnisvol- len Schleier umwoben. Nie hatte es jemand mit eigenen Augen gesehen. Die *Arabia Felix* blieb ein Buch mit sieben Siegeln! Der erste, der sich in der Neuzeit auf das gefährliche Abenteuer einließ, war der Deutsche Carsten Niebuhr, der im 18. Jahrhundert eine dä- nische Expedition nach Südarabien leitete. Auch er gelangte nur bis Sana. Noch 100 Kilo-

meter trennten ihn von der Ruinenstadt Marib, als er umkehren mußte.

Ein Franzose, Joseph Halévy, und der Österreicher Eduard Glaser erreichten als erste Europäer vor etwa einem Jahrhundert tatsächlich das uralte Ziel. Da kein Fremder, geschweige denn ein Europäer, die Grenzen des Jemen überschreiten durfte und keine Erlaubnis dafür zu erlangen war, ließen sich Halévy und Glaser auf ein lebensgefährliches Wagnis ein. Sie charterten einen Segler und gingen heimlich im Golf von Aden als Orientalen verkleidet am Land. Nach mehr als 300 Kilometer langem qualvollen Marsch über wasserloses, ödes Bergland erreichten sie endlich Marib. Tief beeindruckt von dem, was sie vorfinden, lassen sie jede Vorsicht außer acht und klettern in den Trümmern umher. Voller Mißtrauen nähern sich Eingeborene. Die beiden Forscher wissen, daß es um ihr Leben geht, wenn man ihr Täuschungsmanöver durchschaut. Sie fliehen Hals über Kopf. Auf abenteuerlichen Umwegen schlagen sie sich schließlich nach Aden durch. Unter ihren Burnussen verborgen hatten sie Kopien und Abklatsche von Inschriften herausschmuggeln können, anhand derer sie der Welt bewiesen: Marib existiert wirklich!

Karawanenhändler bringen später ebenfalls Inschriften mit. Im Lauf der Jahrzehnte bis heute kam die stattliche Sammlung von mehreren tausend Stück zusammen. Gelehrte prüfen und sichten das Material. Die Schrift ist alphabetisch, stammt also aus Palästina. Weiheinschriften künden von Gottheiten, Stämmen und millionenreichen Städten. Und dies sind die Namen von vier Staaten – „Gewürz-Königreichen" –, die erwähnt sind: das Mi-

Die berühmten „Pferdeställe Salomos" in Megiddo waren große Hallen, deren Dächer von starken Steinpfeilern getragen wurden (oben). Man hat errechnet, daß rund 450 Pferde hier gehalten werden konnten und zeigt auch deren steinerne Futtertröge (rechts). Neuerdings ist die Entstehungszeit dieser Bauten wie auch ihre Zweckbestimmung stark umstritten. Die Mehrzahl der Fachleute glaubt, daß sie erst unter König Ahab im 9. Jahrhundert v. Chr. errichtet wurden und als Lagerhallen für Lebensmittel dienten. Tierhaltung wird dadurch nicht völlig ausgeschlossen, da man Frischfleisch am besten lebendig aufbewahrt.

näerreich, Kataban, Hadramaut und Saba! Das Minäerreich lag im nördlichen Jemen und ist beurkundet bis in das 12. Jahrhundert v. Chr. Von seinem südlichen Nachbarn, dem Staat der Sabäer, berichten Schriften aus dem 9. Jahrhundert v. Chr. Assyrische Dokumente aus dem 8. Jahrhundert v. Chr. erzählen gleichfalls von Saba und einer intensiven Handelsbeziehung mit diesem Land, dessen Könige *Mukarrib* hießen, „Priesterfürsten".

Allmählich nimmt aus aufgefundenen Dokumenten das märchenhafte Saba umrißhaft Gestalt an.

Eine gigantische Staumauer dämmte in Saba den Fluß Adhanat ein, sammelte die Niederschläge von weither, um die aufgestauten Wasser in Bewässerungsanlagen zu entlassen, denen das Land seine Fruchtbarkeit verdankte. Zwanzig Meter hohe Wallreste dieses technischen Wunderwerks blieben erhalten. So wie heutzutage Holland das Tulpenfeld ist, war damals Saba das Land der Spezereien, ein einziger blühender, märchenhafter, duftender Garten der köstlichsten Gewürze dieser Welt. In seiner Mitte aber lag die Metropole, die Marib hieß. Eineinhalb Jahrtausende lang blühte der Gewürzgarten um Marib. Bis 542 v. Chr. – dann brach der Damm. Die Wüste wanderte unaufhaltsam über das

Aus Vorderasien importierte Streit- und Sportwagen galten in Ägypten als Kostbarkeit. Auf einem Gemälde im Grab des Offiziers Haremhab wird das Gefährt von den Dienern vorsichtig getragen. Bald begann Ägypten jedoch mit der Eigenproduktion solcher Wagen – allerdings eines acht- oder sechsspeichigen Typs – und exportierte sie sogar. Auch König Salomo bezog Wagen und Pferde aus Ägypten.

fruchtbare Land und vernichtete es. *Das Volk von Saba*, heißt es im Koran, *hatte schöne Gärten, in denen die köstlichsten Früchte gediehen!* Dann aber kehrte sich das Volk von Gott ab, und er bestrafte es, indem er den Damm brechen ließ.

Im Jahre 1928 graben die deutschen Gelehrten Carl Rathjens und H. von Wißmann bei Saba, das ihr Landsmann Niebuhr zuerst sah, eine Tempelanlage aus. Das ist ein bedeutender Anfang, aber es soll erneut fast ein Vierteljahrhundert verstreichen, ehe Ende 1951 das bisher größte Expertenteam sich auf eine Forschungsreise begibt,

um die archäologischen Rätsel von Saba zu lösen. Die American Foundation for the Study of Man stattet die Expedition mit ungewöhnlich großen finanziellen Mitteln aus. Organisator der Forschungsreise ist der ungemein vielseitige, erst 29jährige Paläontologe der California University Wendell Phillips. In äußerst langwierigen Verhandlungen gelang es, von König Imam Achmed die Erlaubnis zu Ausgrabungen in Marib zu bekommen. Marib liegt im südlichen Zipfel der arabischen Halbinsel auf etwa 2000 Meter Höhe in den östlichen Ausläufern der arabischen Randgebirge am Roten Meer. Die Forscher starten mit den größten Erwartungen.

Durch weg- und stegloses Wüstenbergland rollt eine lange Jeep- und Truckkolonne in Staubwolken gehüllt nach Norden. Wie ein Phantom tauchen plötzlich aus dem flimmernden Gelb der Dünen mächtige Ruinen und Pfeiler vor den Männern auf, die von den Arabern *Mahram Bilqis*, „Thron der Königin von Saba", genannt werden. Das ist der uralte Awwam-Tempel, sagenumwobene Kultstätte bei Marib, der Hauptstadt des altarabischen Königreichs von Saba. Obgleich zum Teil von haushohen Dünenwänden zugeweht, zeichnen sich klar erkennbar die Umrisse des über 110 Meter langen kultischen Ovals ab. Wie eine Inschrift besagt, wurde im Mahram Bilqis

der Mondgott Ilmuqah verehrt. Den Tempel inmitten des Ovals haben Sandmassen begraben. Daher werden die Spaten zuerst am Eingang der Kultanlage angesetzt. Die Forscher wollen versuchen, von dort allmählich an den Tempel heranzukommen.

Mit begreiflicher Spannung wird in brütender Hitze ein Torhaus von überraschender Pracht und Schönheit freigelegt. Breite bronzebelegte Stufen führen hinein. Der Innenhof ist von einer Halle umgeben. Fünf Meter hohe steinerne Pfeiler trugen einmal das schattenspendende Dach. Beiderseits von Pfeilern flankiert, führte eine Prozessionsstraße auf das Heiligtum des Mondgottes zu. Eine selt-

Haremhab, der zur Zeit Thutmosis' III. als Rekrutenschreiber tätig war, besaß offenbar eine Vorliebe für die Kavallerie, denn in den Malereien seines Grabes läßt er sich nicht nur Wagen, sondern auch edle Pferde zuführen. Zunächst hatten die Ägypter Pferde aus Vorderasien einführen müssen. Im Verlauf der 18. Dynastie gelangen ihnen jedoch große Zuchterfolge, so daß sie selbst Pferde exportieren konnten.

same Schmuckanlage löst Staunen aus. Wasserspiele aus fünf Meter Höhe müssen ehemals den stillen Hof überglitzert haben. Das herabsprudelnde Wasser wurde von einem gewundenen schmalen Kanalbett aufgefangen und durch den ganzen Pfeilerhof weitergeleitet.

Wie mag den Pilgern zumute gewesen sein, die an den plätschernden und sprühenden Wasserspielen vorüber, vom betäubenden Duft von Weihrauch und Myrrhe umfächelt, durch die Hallen dieses herrlichsten Bauwerks Alt-Arabiens gingen!

Bis auf wenige Meter haben sich die Kolonnen an den Tempel herangearbeitet, schon sehen die Forscher das wundervolle Tempeltor, flankiert von zwei schlanken Pylonen, vor sich – da muß die Grabung Hals über Kopf abgebrochen werden. Die wochenlangen Schikanen durch den Gouverneur von Marib haben sich gefährlich zugespitzt; sie sind ihres Lebens nicht mehr sicher. Fluchtartig müssen sie alles stehen- und liegenlassen. Zum Glück sind einige Fotos bei dem wenigen, was sie bei ihrem hastigen Aufbruch retten.

Im benachbarten Hadramaut können in den darauffolgenden Jahren drei Grabungskampagnen durchgeführt werden, die von mehr Erfolg gekrönt sind.

Über die Forschungsergebnisse dieser vier kurzen und teilweise dramatischen Expeditionen konnte Professor William F. Albright, bald nachdem man begonnen hatte, das auf ihnen gewonnene Material auszuwerten, bemerken: „Sie sind im Begriff, unser Wissen über Südarabiens kulturelle Geschichte und Chronologie zu revolutionieren. Die bisher vorliegenden Resultate demonstrieren das politische und kulturelle Primat von Saba in den ersten Jahrhunderten nach 1000 v. Chr."

Wie die Schiffsfernreisen König Salomos durch das Rote Meer nach Arabien und Afrika, so setzten auch auf dem Landweg entlang dem Roten Meer Fernfahrten durch das Sandmeer von Süden her ein. Die neuen „Fernlaster" waren – nicht von ungefähr „Wüstenschiffe" genannt – Kamele. Sie bewältigten nun zu Lande früher unüberbrückbar erschienene Entfernungen. Eine ungeahnte Verkehrs- und Transportentwicklung über öde, weite Gebiete hinweg begann mit der Zähmung und Züchtung dieser Wüstentiere um etwa 1000 v. Chr. Südarabien, das so lange in fast nebelhafter Ferne lag, rückte schlagartig näher an das Mittelmeer heran und damit in engere Beziehung zu den anderen Reichen der Alten Welt.

Auf unendlich mühseligem, Monat um Monat in kleinen Tagesreisen von Wasserstelle zu

Oben: Fragment einer sabäischen Inschrifttafel mit der dekorativen altsüdarabischen Konsonantenschrift.

Rechts: Eine blockhafte Stilisierung ist typisch für die sabäischen Bildwerke. Die Augen der Alabasterstatuette sind mit Muscheln und einer Kupfersulfatmasse eingelegt. Am unteren Gewandsaum nennt eine Inschrift die Namen des Dargestellten und des Gottes, dem das Votivbild geweiht wurde.

Wasserstelle dahinziehendem Eselstrieb, stets durch Überfälle gefährdet, sickerten zuvor die Schätze den 2000 Kilometer langen Wüstenweg auf der uralten „Weihrauchstraße" nach Norden. Mit den neuen Transportern aber begann ein breiter Strom von Gütern aus der *Arabia Felix* zu fließen. Sie waren schneller, nahezu unabhängig von Wasserstellen und daher nicht an das zeitraubende Zickzack der alten Verkehrsstraßen von Brunnen zu Brunnen gebunden. Außerdem hatten sie einen größeren „Laderaum". Das Kamel faßt ein Vielfaches von dem an Last, was ein Esel tragen kann.

Endstation der Weihrauchstraße war Palästina. Salomos staatliche Agenten, die *königlichen Kaufleute*, nahmen die köstlichen Güter hier in Empfang. Von ihnen hing es auch ab, ob die Karawanen durch Salomos Land nach Ägypten, Phönizien und Syrien weiterreisen durften.

Kein Wunder also, daß *die Königin von Saba die Kunde von Salomo vernahm* (1. Könige 10, 1). Lesen wir mit diesem Wissen einmal aufmerksam das 10. Kapitel aus dem 1. Buch der Könige, dann haftet dieser Bibelstelle nichts mehr von „frommer Erzählung" und nichts Märchenhaftes mehr an. Eine *Königin von Saba* konnte freilich für die Zeit Salomos nicht nachgewiesen werden. Doch im 8. Jahrhundert v. Chr. tauchen Frauen auf dem sabäischen Thron in den assyrischen Königsinschriften auf.

Und sie kam nach Jerusalem mit einem sehr großen Gefolge… Und als sie zum König Salomo kam, redete sie mit ihm alles, was sie sich vorgenommen hatte (1. Könige 10, 2). Die Königin von Saba hatte sicherlich eine ganze Anzahl Besprechungspunkte auf dem Programm. Für das Staatsoberhaupt eines Landes, dessen Hauptexport aus zwingenden geografischen Gründen nur nach und über Israel fließen konnte, gab es mit dem König dieses Landes gewiß eine Menge Dinge zu bereden. Wir würden den gleichen Vorgang heute konkreter als Wirtschaftsverhandlungen bezeichnen und ungekrönte Experten zu Besprechungen in andere Länder senden. Und auch sie führten im Diplomatengepäck Präsente mit, um dem Staatsoberhaupt des Landes die schuldige Reverenz zu erweisen, wie die Königin von Saba.

Oben: Der dem Reichsgott Ilmuqah geweihte Awwam-Tempel von Marib wurde wahrscheinlich im 8. Jahrhundert v. Chr. errichtet. Aus den Sanddünen, die die von Wendel Philipps ausgegrabenen Teile wieder zugeweht haben, ragt die Säulenreihe des Propylons.

Folgende Doppelseite: Die südliche Schleusenanlage des großen Staudamms von Marib.

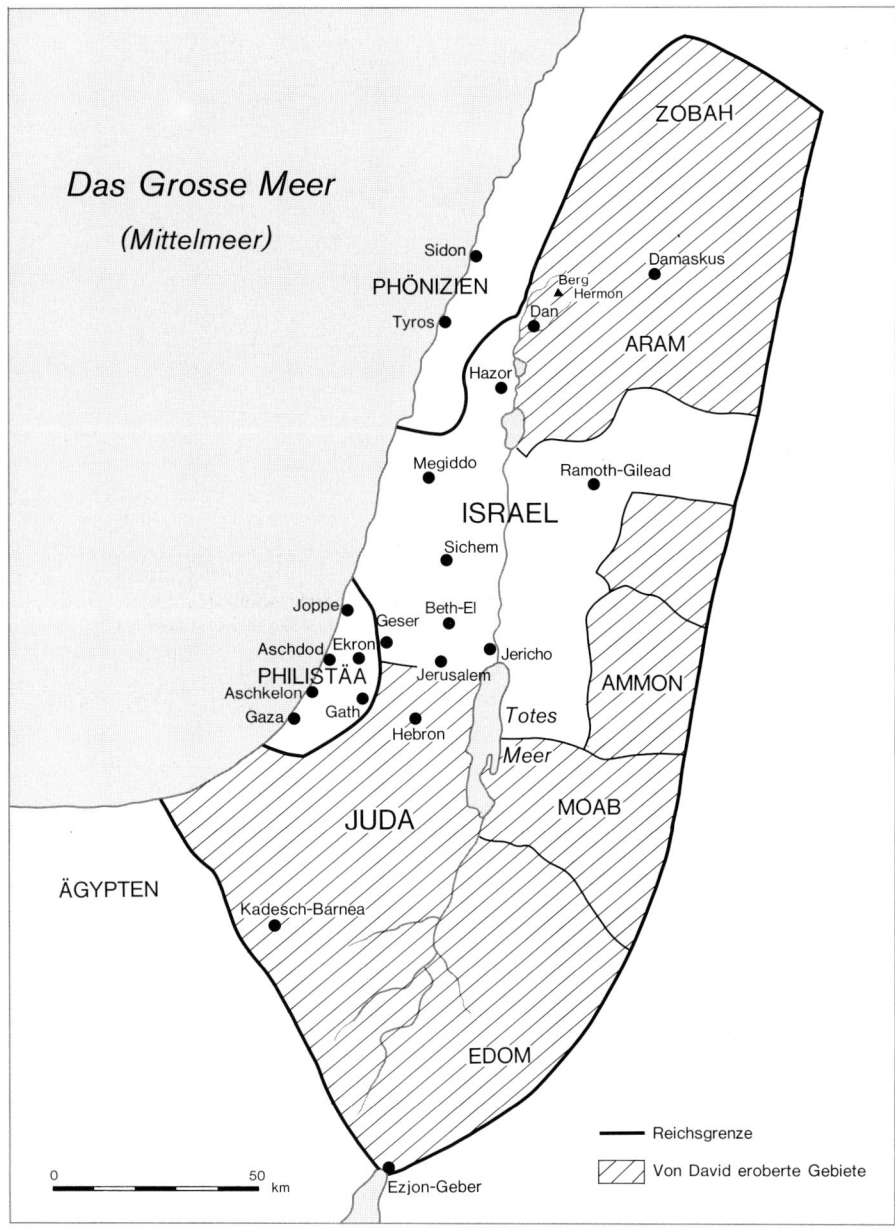

Das Reich Davids und Salomos.

Kleider, die Wände seiner Häuser und – die Gesichter seiner Frauen. Es kannte die Freude an der Farbe schon zur Patriarchenzeit: *Israel aber hatte Josef lieber denn alle seine Söhne … und machte ihm einen bunten Rock* (1. Mose 37, 3). Das Grabgemälde in Beni Hasan zeigt einen solchen Rock herrlich in Rot und Blau gemustert. Rot und Blau sind die Farben für die Gewänder der Männer, Grün scheint den Frauen vorbehalten gewesen zu sein. Von *blauem und rotem Purpur und Scharlach* ist schon während der Wüstenwanderung die Rede (2. Mose 25, 4). *Ihr Töchter Israel, weinet über Saul, der euch kleidete mit kostbarem Purpur…* (2. Samuel 1, 24), ruft David nach dem Tode des ersten Königs.

Eine der herrlichsten Farbpaletten der Welt bot die Natur dem Lande Kanaan. Die Kinder Israel brauchten nur zuzugreifen. Granatäpfel und Safran lieferten ein prächtiges Gelb, Krappwurzel und Saflor ein feuriges Rot, Waid ein himmlisches Blau, Ocker gab es und Rötel. Und das Meer schenkte die Königin aller Farbenspender, die Murexschnecke. Ihr zarter, farbloser Leib gedieh im Licht der Sonne zu Purpur. Das wurde ihr zum Verhängnis. Unübersehbare Berge von leeren Schneckenhäusern wurden bei Tyros und Sidon gefunden, was darauf schließen läßt, daß hier das Zentrum der Purpurgewinnung war. Die Phönizier in den Seestädten hatten die Purpurgewinnung als erste förmlich industrialisiert, später widmete sich auch Palästina dem einträglichen Schneckenfang.

Die Textilstadt Beth-Asbea in Südjuda war berühmt für Byssus, die feinste Art weißgebleichten Leinens. *Zehn Hemden aus Byssus* vermerkt sogar eine Inschrift des mächtigen Assyrerkönigs Asarhaddon. Hebron und Kirjath-Sepher hatten als Färberstädte einen guten Ruf. An diesen Orten ausgegrabene große steinerne Becken und kesselartige Anlagen mit Zu- und Abflußrohren entpuppten sich als Farbenfabriken. Im Tell Beit Mirsim, dem alten Debir, beherrschte man sogar die Kaltfärbetechnik.

Wohlan, ich will mir ein großes Haus bauen und weite Gemächer, sagt Jeremia 22, 14, *und mit Zedern täfeln und rot malen.* Getüncht wurden die Wände, gefärbt Mosaiksteine und Gewebe, Leder und Holz, gefärbt auch die Lippen, die Wangen, die Augenlider schöner Frauen. *Deine Lippen sind wie eine scharlachfarbene Schnur… Deine Wangen sind wie der Ritz am Granatapfel… Das Haar auf deinem Haupt ist wie Purpur … und der Geruch deiner Salben übertrifft alle Würze* Hoheslied 4,3; 7,6; 4,10), singt König Salomo im Hohenlied, einem der schönsten Liebeslieder der Welt.

VOM BUNTEN ALLTAG ISRAELS

Über den Zeugen, die von ägyptischer, babylonischer oder assyrischer Prachtentfaltung künden, wurde bis heute der grau und eintönig erscheinende Alltag Israels vergessen. Gewiß, es gab nichts von einem Goldschatz zu berichten wie bei Troja, es gab keinen Tutanchamun und keine bezaubernde Nofretete; aber war der Alltag Israels wirklich so unscheinbar und ohne farbige Lichter, die ihm Glanz verliehen?

Israel liebt das prächtige Bunte. Es färbt die

Auf höchst poetische Weise tut es der Schmuckfreudigkeit Israels, der diskreten Toilettengeheimnisse seiner Frauen Erwähnung: Parfüms und Schminken, Salben und Haarfärbemittel, erlesen, köstlich und raffiniert in den besten Ingredienzien, die diese Welt zu bieten hat.

Wohlgerüche standen seit je hoch im Kurs, aromatische Harze waren nicht nur im kultischen Dienst, im Räucherwerk des Tempels über alles geschätzt, sie hatten ihren Platz im Alltag, im Haus und im Kleid, im Haar und … im Lager, im Bett.

Ich habe mein Bett schön geschmückt mit bunten Decken aus Ägypten. Ich habe mein Lager mit Myrrhe besprengt, mit Aloe und Zimt (Sprüche 7, 16–17), heißt es als Warnung vor den Künsten weiblicher Verführung von der Ehebrecherin. *Deine Kleider sind lauter Myrrhe, Aloe und Kassia; aus Elfenbeinpalästen erfreut dich Saitenspiel* (Psalm 45, 9).

Botaniker haben den oft märchenhaft klingenden Erzählungen nachgespürt und die Ingredienzien der Wohlgerüche und die Farbenlieferanten aufgestöbert. Sie entdeckten sie in zarten Blumen und Kräutern, in den Säften von Sträuchern und Blüten. Manche stammen aus fremden Ländern, viele aber wachsen auch heute noch in Palästina.

Aus Indien stammen Kassia *(Cinnamomum cassia)*, ein Baum mit zimtartiger Rinde, und Kalmus *(Acorus calamus)*, auch Ingwergras genannt. Im Fernhandel gelangten sie über den Indischen Ozean zu den Umschlagplätzen für Spezereien in Südarabien und wanderten von dort mit den Karawanen weiter hinauf zum Mittelmeer.

Der Zimt hatte eine weltweite Wanderung hinter sich. Aus seiner Heimat China gelangte er zunächst nach Persien, von dort nach Indien, wo er heimisch wurde und als Exportartikel nach Arabien kam.

Weihrauch wird vom Boswelliastrauch gewonnen. Er ist in Arabien und in Somaliland zu Hause wie die *Commiphora myrrha*, der Myrrhenbaum. Die Wiege der Aloe ist das Eiland Sökotra am Ausgang des Roten Meeres, das der Aloe auch den Namen gab, *Aloe succotrina*.

Um die Herkunft des Balsams entspann sich mancher Streit. Hier schien die Bibel sich wirklich geirrt zu haben, denn Botaniker wissen genau, daß der Balsamstrauch *(Commiphora opobalsamum)* nur in Arabien wächst! Wie konnte also Hesekiel 27, 17 behaupten, Juda und Israel hätten *Balsam und Honig und Öl und Mastix* nach Tyros geliefert?

Sowohl die Botaniker hatten recht als auch Hesekiel. Die ersteren hatten nur versäumt, bei dem jüdischen Geschichtsschreiber Jose-

phus Flavius nachzulesen, daß es seit der Zeit des Königs Salomo in Palästina Balsam gab. Die Sträucher wurden vor allem in der Umgebung der Stadt Jericho angebaut. Josephus beantwortet auch die Frage, wie sie dorthin geraten waren. Sie seien aus Samenkörnern gezogen worden, die sich unter den Spezereigeschenken der Königin von Saba befunden hätten.

Das scheint eine kühne Behauptung. Indessen gibt es noch andere Zeugen. Als die Römer in Palästina eindrangen, fanden sie tatsächlich Balsamplantagen in der Ebene von Jericho. Die Eroberer schätzten den seltenen Strauch so sehr, daß sie Zweige zum Zeichen ihrer Siege über die Juden nach Rom schickten. Im Jahre 70 n.Chr. setzten Titus und Vespasian einen Wächter über die Pflanzungen ein, der sie vor jeder Zerstörung bewahren sollte. Tausend Jahre später fanden die Kreuzritter allerdings keine Spur mehr von den kostbaren Sträuchern.

Mastixharz, von dem Hesekiel spricht, gibt es auch heutzutage in Palästina. Die gelblich-

Eine Vorstellung vom Tempel Salomos in Jerusalem zu gewinnen, ist außerordentlich schwierig, denn Grabungen auf dem Tempelberg sind unmöglich. Welche Reste dieses berühmten Bauwerks unter der gewaltigen Tempelplattform Herodes des Großen und unter dem Felsendom der Omajaden noch liegen mögen, weiß niemand. So sind wir bei Rekonstruktionsversuchen (oben) auf die Beschreibung in 1. Könige 5–8 und 2. Chronik 3–6 sowie auf Analogieschlüsse angewiesen. Demnach stand das Heiligtum auf einem Podest, seinen Eingang flankierten die Säulen Jachin und Boas. Der Bau selbst bestand aus drei hintereinanderliegenden Räumen: der „Vorhalle" (ulam), der „Halle" (hekal) und dem „Allerheiligsten" (debir). Das Tageslicht kam überwiegend durch Dachfenster, denn der Tempel war von sakristeiähnlichen Kammern ummantelt. Wie für die Architektur sind auch für die Ausstattung die Vorbilder im kanaanäisch-phönizischen Raum zu suchen. Die kupfernen Kessel, die im Tempelvorhof der Reinigung von Opferfleisch dienten, dürften kaum viel anders ausgesehen haben als der Opferkessel auf Rädern, den man in einem etwa zeitgenössischen Grab auf Zypern gefunden hat (links).

weißen, durchsichtigen Tränen eines Pistazienstrauchs *(Pistacia lentiscus)* sind als Aromatikum sehr geschätzt und finden in der Medizin Verwendung. Kinder opfern gern den letzten Bakschisch für ein paar Tropfen dieses einheimischen Kaugummis, von dem die Alten zu loben wußten, daß er die Zähne und den Gaumen kräftige.

Im Gelobten Land sind auch als duftende Harze heimisch: Galban in einem Doldengewächs (2. Mose 30, 34), Stakte im weißblühenden Storaxstrauch (2. Mose 30, 34), Ladanum in der Zistrose und Tragakanth (1. Mose 37, 25) in einem dem Klee verwandten Strauch. Die Naturkundler fanden alle biblischen Spezereien.

Die oft kostbaren Behälter dazu entdecken Archäologen unter eingestürzten Mauern, in Ruinen von Patrizierhäusern und in königlichen Bauten. Schalen aus Kalkstein, aus Elfenbein und manchmal aus teurem Alabaster und Stäbchen dienten zum Mischen der würzigen Bestandteile feinster Salben. Die Rezepte kundiger Salbenmeister waren hochbegehrt. Zierliche Fläschchen aus gebranntem Ton dienten zur Aufbewahrung von Parfüm. In größeren Krügen und Kannen versetzte man die duftenden Würzen mit Olivenöl. Öl, so wußte man, macht Haar und Haut geschmeidig. Selbst die Armen im Lande rieben es in Haar und Haut, wenn auch ohne die duftenden und oft sehr teuren Zutaten. Denn Öl ernteten sie in Mengen in den Ölbaumhainen.

Waschungen mit Wasser waren tägliches Bedürfnis und eine Selbstverständlichkeit. Man wusch sich vor und nach dem Mahl, wusch dem Gast die Füße, und man wusch sich zur Nacht. Steinerne Becken, Fußbadewannen und tönerne Schalen, überall im Lande von den Ausgräbern gefunden, erhärteten die zahlreichen entsprechenden Bibelzitate (1. Mose 18, 4; 19, 2; 24, 32; Hoheslied 5, 3; Hiob 9, 30). Laugen aus Pflanzen und Mineralien stellten Waschmittel und Seife dar (Jeremia 2, 22; Hiob 9, 30).

Mein Freund ist mir ein Büschel Myrrhen, das zwischen meinen Brüsten hängt (Hoheslied 1, 13), umschreibt die diskrete Gewohnheit der Damen, in Duftbeutel eingenähte Myrrhen unter dem Kleid zu tragen. Weder Lockenwickel noch Haarnadeln noch Spiegel – blankpolierte Scheiben aus Metall – fehlten auf dem Toilettentisch. Diese drei für Frauenschönheit wichtigen Dinge zählten zu den Luxusimporten vom Nil, wo sie den Pharaonenfrauen schon seit vielen Jahrhunderten unentbehrlich waren.

Mochten die Propheten noch so sehr dagegen wettern, aus den vornehmen Häusern haben sie Schminke und Augentusche nie völlig vertreiben können.

Mit den gelben Blütenrispen der lieblichen Zypernstaude schmückten die Frauen gern das Haar. Weit mehr schätzten sie jedoch ein gelbrotes Pulver, das aus Rinde und Blättern der Zypernstaude gewonnen wurde. Die Araber nennen es Henna. Mit Henna färbte man Haar, Fuß- und Fingernägel. Sein hellleuchtendes Rot fanden erstaunte Archäologen als Nagellack an den Händen und Füßen ägyptischer Mumien. Kosmetiklabors und -fabriken verwenden Henna trotz aller Neuentwicklungen noch immer. Augenbrauen und Wimpern wurden mit Bleiglanz gefärbt, gemahlener Lapislazuli gab den erwünschten Lidschatten. Pulverisierte Schildläuse lieferten genau wie für den modernen Lippenstift das ersehnte Karmesinrot für einen verführerischen Mund. Angesichts der zierlichen Parfümflakons, der elfenbeinernen Salbdosen, der Mixkannen und der Schminkbecher, die aus den Ruinen der Städte Israels geborgen werden konnten, läßt sich voll ermessen, wie hart die Drohung des Propheten Jesaja dieser Welt der geliebten Farben, Schminken und Düfte geklungen haben mag: *Und es wird Gestank statt Wohlgeruch sein und ein Strick statt eines Gürtels und eine Glatze statt lockiges Haar und statt des Prachtgewandes ein Sack; Brandmal statt Schönheit* (Jesaija 3, 24).

Wohl ist im Alten Testament davon die Rede, bei Tisch auf Stühlen zu sitzen, aber man ging nicht zu Bett in unserem Sinne. Das Bett war ein rares Luxusmöbel!

Ob das Bett am Nil erfunden wurde, wie manche glauben, läßt sich nicht mit Gewißheit sagen. Natürlich gab es Betten in allen möglichen Ländern des Alten Orients; eines wurde sogar in einem mittelbronzezeitlichen Grab in Jericho gefunden, das auch einen Tisch enthielt. Doch wird man ruhigen Gewissens behaupten dürfen, daß Betten in Ägypten veriteter waren als anderswo.

Voller Jubel vermerkt der zurückgekehrte Sinuhe: *Ich schlief wieder auf einem Bett.* Sogar 500 Jahre danach ist ein Bett immer noch eine Rarität. Denn als die Mitanniprinzessin Taduchepa an den ägyptischen Hof verheiratet wird, bringt sie als Mitgift – zwar kostbar gewebt – aber nur – Decken mit. Der heimatliche Palast sah nie ein Bett; des Nachts schlief man auf dem Boden!

Auch in Israel besaßen nur Hofkreise und Wohlhabende etwas so Kostbares. Das Bett des einfachen Mannes war der Mantel. In ihm wickelte man sich nachts ein (2. Mose 22, 26). Justitia trug dem Rechnung, indem sie zwar

dieses „Bett" für pfändbar erklärte, jedoch nur über Tag. Für die Nacht mußte es stets zurückgegeben werden (2. Mose 22, 25). Durch einen glücklichen Zufall wurde 1959 in Mesad Haschavjahu, etwa 20 Kilometer südlich von Tel Aviv, ein einzigartiges Dokument aufgefunden, das uns den historischen Fall einer solchen Mantelpfändung überliefert. In einem Brief aus dem 7. Jahrhundert v. Chr., dessen Text fein säuberlich mit Tinte auf eine Tonscherbe, ein Ostrakon, geschrieben ist, verteidigt sich ein Bauer, dem der Mantel gepfändet wurde, gegen den Vorwurf, verschuldet zu sein. *Und er nahm den Mantel Deines Dieners, als ich die Ernte eingebracht hatte,* konnten die Archäologen deutlich entziffern, *und alle meine Brüder werden zu meinem Nutzen wahrheitsgemäß bezeugen, daß ich keine Schuld trage.* Der „Mantel" war in Wirklichkeit nur eine wollene Decke und wie geschaffen für die verschiedensten Verwendungsmöglichkeiten. Außer als Kälteschutz in unserem Sinne und als Nachtlager diente er obendrein noch als Teppich (2. Könige 9, 13).

Das Bett wurde nie die normale Ruhegelegenheit Israels noch des Alten Orients überhaupt. Es war und blieb Luxus, Rarität. Zu Berühmtheit brachte es sein Vetter Diwan, ebenfalls im „Fruchtbaren Halbmond" ersonnen, ein Lager mit schwellenden Kissen. Ein Polsterarrangement für den Tag und auseinandergebreitet für die Nacht, ist er das Vorbild unserer Bettcouch. Die Errungenschaft der Kleinstwohnungen im 20. Jahrhundert war der Dernier cri des Mobiliars vor 3000 Jahren! Den Diwan kannte auch Israel. *Und du saßest auf einem herrlichen Polster, und ein Tisch war davor hergerichtet…* (Hesekiel 23, 41).

Wir wettern gegen den nervenzermürbenden Lärm unseres Zeitalters der Technik und sehnen oftmals neidvoll die ruhige alte Zeit herbei. Hatte Israel es denn besser?

Anstelle des lästigen Lautsprechergeplärrs drang mit Tagesanbruch aus Häusern und Hütten das Geräusch steinerner Handmühlen. In aller Herrgottsfrühe wurden Körner gemahlen und zu Mehl zerrieben. Diese Arbeit oblag den Frauen wie heute das Kaffeemahlen. Nur war Mehlmachen mit dem Reibstein eine unvergleichlich schwerere Arbeit.

Verstummte der Lärm der Mühlen, dann kroch der Hunger über das Land. Visionär erfaßt es Jeremia in der Vorahnung des babylonischen Exils. *Und will ausnehmen allen fröhlichen Gesang… das Geräusch der Mühle und das Licht der Lampe, so daß dies ganze Land wüst und zerstört liegen soll* (Jeremia 25, 10–11).

Unten: Schminkpaletten dienten im Alten Orient nicht nur der weiblichen, sondern oft auch der männlichen Schönheit. Verwendeten die einfachen Leute zum Zerstoßen der Schminkfarben und zum Mischen des Farbpulvers mit Öl schlichte Muschelschalen, so leistete sich die gehobene Gesellschaft steinerne Paletten. Das mit einem Kopf verzierte Exemplar aus geädertem Alabaster im Museum von Amman stammt aus dem 7. Jahrhundert v. Chr.

Linke Seite: Die Arbeiten im Haushalt wie in den Werkstätten dürften im Alten Orient überall ähnlich gewesen sein. Die lebhaftesten Schilderungen verdanken wir den ägyptischen Holzmodellen aus den Gräbern der 11. Dynastie. Das tägliche Brot backte die Hausfrau üblicherweise selbst, und auch das Mehlmahlen gehörte zu ihren Aufgaben (oben). Mahlsteine sind bei Grabungen in Wohnvierteln zu Tausenden gefunden worden. Qualifizierter Handwerksbetriebe bedurfte jedoch die Herstellung der feinen Leinenstoffe und der bunten Wollwirkerei, wie sie in vielen Wandgemälden dargestellt sind (unten).

ZWEI KÖNIGE – ZWEI REICHE: JUDA UND ISRAEL

*Als aber ganz Israel sah, daß der König sie nicht
hören wollte, gab das Volk dem König zur Antwort
und sprach: Was haben wir Teil an David oder
Erbe am Sohn Isais? Auf zu deinen Hütten, Israel!
So sorge nun du für dein Haus, David! – Da ging
Israel heim, so daß Rehabeam nur über die Israeliten
regierte, die in den Städten Judas wohnten ... Also
fiel Israel ab vom Hause David bis auf diesen Tag ...
niemand folgte dem Hause David als Juda allein ...*

1. Könige 12,16–20

IM SCHATTEN DER KOMMENDEN WELTMACHT

Der große König Salomo stirbt um 930 v. Chr.
Mit ihm trägt Israel seinen Traum von der
Großmacht Israel zu Grabe. Für alle Zeiten!
Zwei Generationen hatten Stein um Stein unter der Führung zweier ungewöhnlicher, be-
gabter Männer – David und Salomo – diesen
hochfliegenden Traum untermauert. Doch
vom gleichen Augenblick an, da Salomo die
Augen schloß, flackerte die alte Stammes-
zwietracht wieder auf; der Großstaat im Raum
Syrien-Palästina zerbricht als unausweich-
liche Folge des Haders. Zwei Königreiche treten an seine Stelle – das Reich Israel im Norden, das Reich Juda im Süden. Ein neuer
Abschnitt in der Geschichte des biblischen
Volks beginnt.

Das Volk Israel selber zerbröckelt seine
machtvolle Position und zerstört das Großreich. Damit ist der Weg vorgezeichnet, den es
von nun an langsam bis zum bitteren Ende

durchmessen wird: die Bevölkerung Israels
eine Beute der Assyrer, die Bewohner Judas
eine Beute Babyloniens. Uneins miteinander,
geschieht ihnen Schlimmeres als das Zurück-
sinken in Bedeutungslosigkeit. Sie geraten
zwischen die Mahlsteine jener Mächte, die in
den folgenden Jahrhunderten die Weltbühne
beherrschen. Israel und Juda gehen unter
im Strudel großer Auseinandersetzungen.
Knapp 350 Jahre nach Salomos Tod sind
beide Reiche ausgelöscht.

Salomos letzter Wille indes findet noch Erfüllung; *Rehabeam,* sein Sohn, sitzt für eine kurz-
bemessene Frist als Herrscher über alle
Stämme auf dem Thron zu Jerusalem. Die unaufhörlichen Zerwürfnisse der Stämme untereinander beschleunigen das Ende des Großreichs, sie münden in einen Bürgerkrieg. Zehn

**Die Erstürmung der elamischen Königs-
stadt Chamanu durch die Truppen des
Assyrerkönigs Assurbanipal. Alabasterrelief aus dem Nordpalast Assurbanipals in
Ninive (Britisches Museum, London).**

Stämme im Norden bestehen auf ihrem Wahlrecht und entscheiden sich für Jerobeam, der nicht dem Haus Davids entstammt. Er lebt als Emigrant in Ägypten, von wo er 926 v. Chr. zurückkehrt, um König über das Nordreich Israel zu werden. Rehabeam bleibt der Rest, Juda mit der Hauptstadt Jerusalem.

Zwischen Juda und Israel gibt es keine Eintracht. In vielen Fehden fließt das Blut des eigenen Volkes. Immer wieder entbrennt der Streit um die Grenze. *Es war aber Krieg zwischen Rehabeam und Jerobeam ihr Leben lang* (1. Könige 14,30). Auch unter den Nachfolgern ändert sich daran nichts. *Und es war Krieg zwischen Asa und Baesa, dem König von Israel, ihr Leben lang* (1. Könige 15,16). Juda baut die Feste Mizpa an der Hauptausfallstraße von Jerusalem nach Norden, weiter östlich wird Geba verstärkt ... *und der König Asa baute damit Geba in Benjamin und Mizpa aus* (1. Könige 15,22). Das wird die endgültige Grenze.

1927 bis 1935 gräbt eine USA-Expedition der Pacific-School of Religion unter William Frederic Badè zwölf Kilometer nördlich von Jerusalem im Tell en-Nasbe ungewöhnlich starkes Mauerwerk aus. Es sind die Überreste der alten Grenzburg Mizpa. Der Umfassungswall mißt acht Meter in der Breite. Die mächtige Festung bezeugt, wie erbittert und hart der Bruderkrieg zwischen Nord- und Südreich tobte.

Israel wird in die Zange genommen, im Süden von Juda und im Norden vom Königreich der Aramäer, dessen bedeutende Macht sich Juda in einem Bündnis versichert hatte (1. Könige 15,18ff.).

Ein halbes Jahrhundert ist vom Kampf mit diesem überlegenen Todfeind Israels erfüllt, und die nicht abreißende Kette von Kriegen endet erst, als die neue Weltmacht Assyrien die Aramäer zerschlägt. Mit dem Auftreten Assyriens sind jedoch auch die Stunden Israels, ja beider Reiche gezählt.

Zu allem Überfluß erlebt das Land, als der Bruderkrieg aufflammt, seit Generationen zum erstenmal wieder eine fremde Invasion. Aus Ägypten fällt im Jahre 918 v. Chr. Pharao Scheschonk, der in der Bibel *Schischak* heißt, mit einer Streitmacht ein und durchzieht plündernd das Land. Die größte Beute macht er in der alten Hauptstadt Jerusalem ... *und nahm die Schätze aus dem Hause des Herrn und aus dem Hause des Königs und alles, was zu nehmen war, und nahm alle goldenen Schilde, die Salomo hatte lassen machen* (1. Könige 14,25–26). Kaum zwanzig Jahre stehen Tempel und *Libanon-Waldhaus*, wie die Bibel Salomos Haus nennt, und schon sind diese stolzen Wahrzeichen der Macht Salomos

ihres Glanzes beraubt. Anstelle der geraubten Goldplatten *ließ der König Rehabeam kupferne Schilde machen* ... (1. Könige 14,27). Das klingt wie ein böses Omen.

Der erste Europäer von Rang, der – ohne es zu ahnen, denn zu seiner Zeit konnte noch niemand Hieroglyphen entziffern – vor einem großen Dokument des biblischen Pharao Schischak steht, ist Napoleon Bonaparte, der im Jahre 1799 mit französischen Gelehrten tief beeindruckt durch die gewaltige Tempelanlage von Karnak am Ostufer von Theben wandert. In der Mitte dieses größten Kultbaus, der je von Menschenhand errichtet wurde, tragen 134 bis zu 23 Meter hohe Säulen die Decke eines riesigen Hallenbaus. An der südlichen Außenwand prangt in der grellen Sonne des Nillandes ein imposantes Relief, das den in der Bibel geschilderten Raubzug des Pharao verewigt. Gott Amun, in der Rechten das Sichelschwert,

138 eroberte Orte Palästinas zählt ein Siegesdokument des Königs Scheschonk am Tempel von Karnak auf (oben). Ziel seines Feldzugs war es, die ägyptische Vorherrschaft in dieser Region wiederherzustellen, doch gedieh das Unternehmen nur zu einem Raubzug, bei dem der Pharao auch Jerusalem heimsuchte und „die Schätze aus dem Hause des Herrn und aus dem Hause des Königs, und alles, was zu nehmen war" (1. Könige 14,26) entführte. Dem Reichsgott Amun von Theben fiel jahrhundertelang die Beute ägyptischer Feldzüge zu. Sethos I. und Ramses II. erbauten davon den „Großen Säulensaal" zu Karnak (linke Seite).

Neben dem Fries mit Kriegstaten schmückten den Thronsaal des Assyrerkönigs Assurnasirpal II. zu Kalchu Alabasterreliefs mit Jagdszenen. Jagden auf Wildstiere und Löwen bedeuten nicht nur königliches Privileg und Vergnügen, sondern symbolisieren auch die Überwindung der Feinde. Den kultischen Charakter der königlichen Jagd unterstreicht das anschließende Fest mit Opfern an die Götter. Dahinter steht letztlich auch die Anspielung auf Nimrod, den „gewaltigen Jäger vor dem Herrn". Jener sagenhafte Herrscher und Gründer von Ninive und Kalchu wurde mit dem assyrisch-babylonischen Kriegs- und Jagdgott Ninurta in Zusammenhang gebracht, und mit ihm wiederum identifizierte sich Assurnasirpal II.

führt mit der Linken dem Pharao Scheschonk 165 an Stricken gefesselte palästinensische Gefangene zu. Jeder Gefangene verkörpert eine Stadt oder einen Ort. Einige tragen biblische Namen, so zum Beispiel *die Felder von Arad* (Josua 12,14; Richter 1,16) und *Feld des Abraham*. Auch die Stadtfeste Megiddo ist vertreten. In den Überresten von Megiddo fand man auf einem Stelenfragment den Namen Scheschonk I.

Scheschonks Feldzug bleibt für lange Zeit der letzte. Erst mehr als 300 Jahre später ist Ägypten wieder in der Lage, alte Hoheitsansprüche auf den Raum Syrien-Palästina geltend zu machen.

Die tödliche Gefahr kommt für Israel von Norden und heißt Assyrien. Unter König Omri (882 bis 871 v.Chr.) setzt Assyrien erstmals zum Sprung an. Wie eine Manöverübung für den Ernstfall exerziert es den Vorstoß aus Mesopotamien nach dem Westen.

Von Aleppo brach ich auf, den Orontes überschritt ich, wie ein Fanfarenstoß klingt dieser Keilschriftsatz des Assurnasirpal II. Über 200 Jahre hatte Assyrien gebraucht, um mit den inneren und äußeren Feinden in Mesopotamien fertig zu werden. Von der uralten Stadt Assur am Tigris, die den Namen seines höchsten Gottes trägt, dehnt das eroberungsdurstige und organisatorisch hochbegabte semitische Volk der Assyrer seine Herrschaft über alle Völker des Zweistromlandes aus. Nun strebt es nach der Weltherrschaft. Voraussetzung dazu ist die Inbesitznahme des schmalen Küstenstreifens von Syrien und Palästina, der den Zugang zum Mittelmeer versperrt, ist der Besitz der Seehäfen sowie die Kontrolle des bedeutendsten Karawanenweges und der einzigen Heerstraße nach Ägypten.

Mit dieser Zielsetzung Assurs ist das Schicksal Syrien-Palästinas besiegelt.

Der Assurnasirpal-Bericht deutet in kürzester Form an, was alsbald auch Israel und Juda bevorsteht. *Vom Orontes brach ich auf ... eroberte ich die Städte ... machte ein großes Gemetzel unter ihnen, zerstörte, riß ein, verbrannte mit Feuer. Lebende Krieger nahm ich gefangen. An Pfählen vor ihren Städten pfählte ich sie. Assyrer siedelte ich darin an ... Im großen Meere reinigte ich meine Waffen ...* So unversehens der Assyrer aufgetaucht war, genauso unvermittelt zog er schwerbeladen mit *Silber, Gold, Blei, Kupfer ...* wieder ab, den Tributen der Phönizierstädte Tyros, Sidon, Byblos.

König Omri von Israel überkommt es wie eine dumpfe Ahnung. Wie einst als Feldhauptmann beweist er auch als König einen ausgezeichneten militärischen Instinkt. Mitten im Hügelland von Samaria kauft er einen Berg, auf dem er die neue Hauptstadt Israels anlegt – Samaria (1. Könige 16,24).

Die Wahl des Ortes zeigt den Fachmann, der sich von strategischen Gesichtspunkten leiten läßt. Samaria liegt auf einem etwa hundert Meter hohen, nach Süden und Südwesten steil abfallenden, isolierten Hügel, im Halbkreis von höheren Bergen umgeben, in einem weiten, fruchtbaren Tal. Von der Kuppe reicht der Blick gen Westen bis zum Mittelmeer.

König Omri wird für die Assyrer zu einem Begriff. Noch hundert Jahre nachdem diese Dynastie des Reiches Israel gestürzt ist, wird von ihnen in den Keilschrifttexten das *Haus von Omri* als Name für Israel verwendet.

Achtzehn Jahre nach Omris Tod tritt das Befürchtete tatsächlich ein. Salmanassar III. überfällt Karkemisch am Euphrat und ist auf dem Wege nach Palästina.

Ahab, Sohn und Thronfolger Omris, ahnt die Wucht des Zusammenpralls mit der aufsteigenden Weltmacht Assyrien und tut in dieser Lage das einzig Richtige. Er hat eben erst den Erzfeind, Aramäerkönig Ben-Hadad von Damaskus, besiegt. Anstatt ihn nun die Macht des Siegers voll kosten zu lassen, behandelt er ihn mit ungewöhnlichem Großmut, er läßt *ihn auf den Wagen steigen*, nennt ihn *mein Bruder*, nicht genug damit, schloß er *mit ihm den Bund und ließ ihn ziehen* (1. Könige 20,32–34). So schafft er sich aus einem Feind einen Verbündeten. Das Volk versteht seine Handlungsweise nicht, ein Prophet rügt ihn deswegen. Dennoch, wie wohlüberlegt sein Tun war, erweist erst die Zukunft. Der Zweifrontenkrieg wurde vermieden.

Auf Schiffen aus Hammelhäuten überschritt ich ... den Euphrat in seiner Hochflut, heißt es in Keilschriftberichten des Assyrerkönigs Salmanassar III. In Syrien trat ihm eine gegnerische Koalition entgegen, deren Truppenkontingente er genau vermerkt. Außer den Streitkräften des biblischen *Ben-Hadad von Damaskus* und eines anderen syrischen Fürsten sind es *2000 Streitwagen, 10 000 Soldaten des Ahabbu, des Siriläers*. Ahabbu, der Siriläer, der die drittstärkste Streitmacht stellt, ist König Ahab von Israel.

Der Bund Israels mit Damaskus war nur von kurzer Dauer. Kaum hatte der Assyrer das Land verlassen, als die alten Feindseligkeiten wieder aufflammten und Ahab im Kampf mit den Aramäern sein Leben einbüßte (1. Könige 22,34–38).

Sechs Kapitel hat die Bibel dem Leben dieses Königs gewidmet. Manches davon ist ins Reich der Legende verwiesen worden, wie das *Elfenbeinhaus, das er baute* (1. Könige

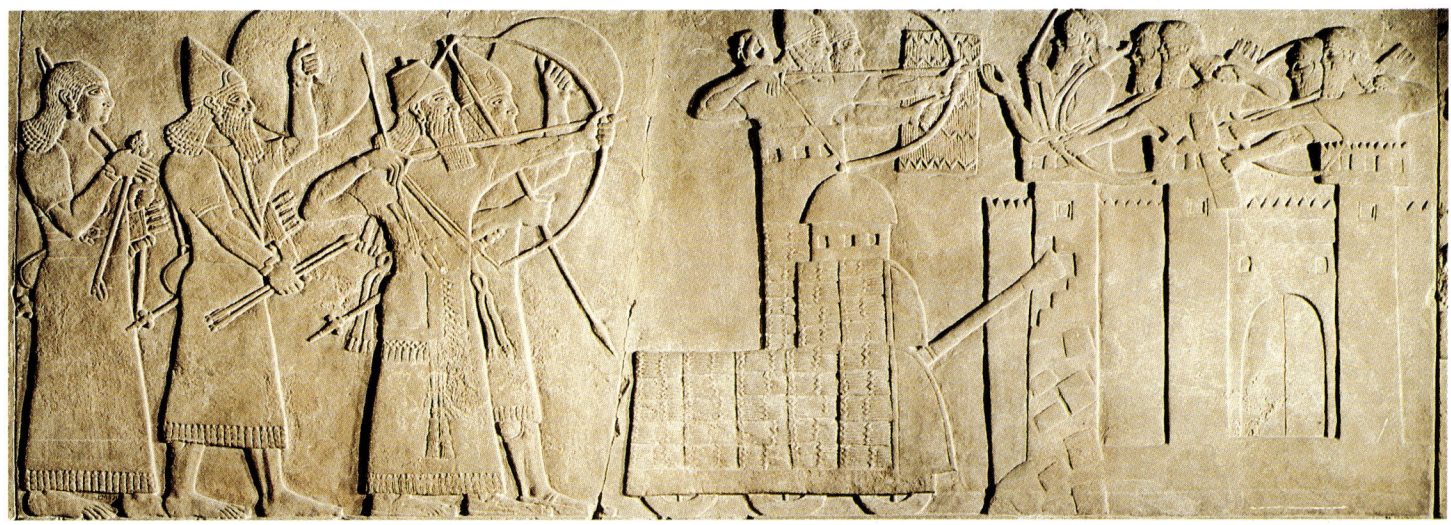

22,39), oder seine Heirat mit einer phönizischen Prinzessin, die fremde Kultur mitbrachte ... *er nahm sogar Isebel, die Tochter Etbaals, des Königs der Sidonier, zur Frau und ging und diente Baal und betete ihn an ... und machte ein Bild der Aschera* (1. Könige 16,31–33), oder die große Dürre im Lande: *Und es sprach Elia ... zu Ahab: So wahr der Herr, der Gott Israels lebt, vor dem ich stehe: Es soll diese Jahre weder Tau noch Regen kommen, ich sage es denn* (1. Könige 17,1). Nichtsdestoweniger sind es Tatsachen!

Dem alten Schutthügel zu Samaria rückte man in zwei großen Ausgrabungskampagnen zu Leibe. Von 1908 bis 1910 die Amerikaner George A. Reisner, Clarence S. Fisher und D.G. Lyon von der Harvard University, von 1931 bis 1935 ein amerikanisch-britisches Team unter dem englischen Archäologen J.W. Crowfoot.

Die Fundamente der Hauptstadt Israels ruhen in jungfräulichem Boden. Omri hatte tatsäch-

lich Neuland erworben. In den sechs Jahren, in denen er hier regierte, muß der sonst friedlich-einsame Hügel eine einzige lärmende Baustelle gewesen sein. Die mächtigen Quadern starker Befestigungen machen die strategische Absicht des Erbauers deutlich. Die Wälle sind fünf Meter breit. In der Akropolis an der Westseite des Hügels werden Fundamente und Mauern eines Gebäudes freigelegt, das einen weiten Hofraum umschließt – die Königsresidenz des Nordreichs Israel.

Nach Omri residierte hier sein Sohn Ahab, der neue König. Er baute nach den Plänen seines Vaters weiter. Die Baulichkeiten sind mit bemerkenswerter Kunstfertigkeit ausgeführt, nur mächtige und sorgfältig behauene Kalksteinblöcke fanden Verwendung.

Beim Abtragen der Schuttmengen fallen den Ausgräbern sehr bald die unzähligen Splitter von zerbrochenem Elfenbein auf. Elfenbeinfunde bedeuten bei Ausgrabungen in Palästina an sich nichts Ungewöhnliches. Fast an

Ein langer Fries von Alabasterreliefs aus dem Palast Assurnasirpals II. in Kalchu schildert die Kriegstaten des Königs (Britisches Museum, London). Besonders eindrucksvoll ist die Szene der Belagerung einer Stadt, die sich der Angreifer noch zu erwehren sucht, dem gepanzerten Mauerbrecher aber nicht gewachsen sein wird (oben). Der ebenfalls fahrbare Belagerungsturm ragt bis zur Höhe der Stadtmauerkrone empor und dient nicht nur der Beschießung, sondern auch dem Übersteigen der Befestigung. Schon bald kann der König den Siegesbericht entgegennehmen (unten).

Elfenbeinschnitzereien zierten Möbel, Schmuckschatullen, Toilettengeräte, seltener wohl auch Wände. Meist blieb der hölzerne Gegenstand, den sie einst schmückten, nicht erhalten. Fast nie fand man solche Elfenbeine am Ort ihrer Herstellung, selten genug an dem Hof, der sie primär erworben hat, denn Kostbarkeiten dieser Art wurden oft mehrmals bei Plünderungen verschleppt oder als Tribute abgepreßt. Meist werden diese Arbeiten als „phönizisch" bezeichnet. Das Material dürfte großenteils über Ägypten bezogen worden sein, teilweise könnte es auch von syrischen Elefanten stammen. Im „Elfenbeinhaus" von Samaria fand man den schönen Kantenbeschlag mit Palmettenmuster (oben links), in Nimrud den ägyptisch anmutenden Frauenkopf im Fenster (oben rechts).

jeder Grabungsstätte stößt man auf diesen kostbaren Werkstoff, aber immer nur in vereinzelten Stücken. In Samaria ist jedoch der Boden förmlich damit gespickt. Auf Schritt und Tritt, auf jedem Quadratmeter findet man die vergilbten, bräunlich gewordenen Stückchen und Plättchen, daneben Fragmente, die noch eine wundervolle Verarbeitung erkennen lassen, zierliche Reliefs, von Meistern aus Phönizien geschnitzt.

Es gibt für diese Funde nur eine Erklärung: Dieser Palast war das berühmte *Elfenbeinhaus*. Ahab und seine Nachfolger hatten die Wände des Palastes mit diesem herrlichen Material schmücken lassen, elfenbeinern war auch das Mobiliar.

Die Beweise für die historische Wahrheit der Dürre und für Ahabs Schwiegervater Etbaal lieferte Menander von Ephesos, ein phönizischer Geschichtsschreiber. Der biblische Etbaal hieß bei den Phöniziern Ittobaal und war zu Ahabs Zeiten König der Seestadt Tyros. Menander berichtet von der katastrophalen Dürre, die zur Zeit König Ittobaals über Palästina und Syrien hereingebrochen sei und ein ganzes Jahr dauerte.

Unter König Joram, dem Sohn des Ahab, erleidet Israel eine Invasion mit schrecklichen Folgen und einen empfindlichen Gebietsverlust. Die Aramäer brechen ins Land und belagern Samaria. Eine furchtbare Hungersnot peinigt das Volk. Weil König Joram den Propheten Elisa dafür verantwortlich macht, will er ihn töten lassen. Elisa prophezeit jedoch das Ende der Hungersnot schon für den nächsten Tag.
Der Ritter, auf dessen Arm sich der König lehnte, heißt es in 2. Könige 7,2, bezweifelte diese Prophezeiung.
Dieser *Ritter* hat viel Kopfzerbrechen bereitet.

Von einem Hofamt solcher Art war nichts bekannt. Bibelkommentatoren suchten vergeblich eine Erklärung. Schließlich fand die Sprachforschung eine vage Spur. Das mit „Ritter" übersetzte hebräische Wort *schalisch* kommt von „drei". Aber einen Offizier dritten Ranges gab es nie. Als man assyrische Reliefs genauer unter die Lupe nahm, fand man die richtige Erklärung.

Jeder Streitwagen hatte drei Mann Besatzung: den Rosselenker, den Krieger und einen Mann, der seinen Platz hinter diesen beiden einnimmt. Mit ausgebreiteten Armen hält er zwei kurze Gurte fest gepackt, die rechts und links am Wagen befestigt sind. Auf diese Weise bietet er dem Kämpfer und dem Lenker vor sich die nötige Rückendeckung und bewahrt sie davor, bei den wilden Fahrten aus dem offenen Wagen geschleudert zu werden, wenn es im Kampfgetümmel über Leichen und Verwundete geht. Das ist der „dritte Mann"; der unerklärliche *Ritter, auf dessen Arm sich der König lehnte*, war der Gurtehalter im Streitwagen des Königs Joram!

Unter Joram verlor Israel ein großes Gebiet im Ostjordanland. Moab in Transjordanien war Israel tributpflichtig. Ausführlich wird von einem Feldzug gegen Mescha, den abtrünnigen „Hammel-König", berichtet: *Mescha aber, der König der Moabiter, besaß viele Schafe und hatte dem König von Israel Wolle zu entrichten von hunderttausend Lämmern und von hunderttausend Widdern. Als aber Ahab tot war, fiel der König der Moabiter ab vom König von Israel* (2. Könige 3,4–5). Israel ruft das Südreich Juda und das Land Edom zu Hilfe. Sie beschließen, gemeinsam von Süden her den Angriff auf Moab zu führen. Der Weg dorthin führt um das Tote Meer herum. Im Vertrauen auf die Prophezeiung, *Ihr werdet weder Wind noch Regen sehen; dennoch soll das Tal voll Wasser werden, daß ihr und euer Gesinde und euer Vieh trinken könnt* (2. Könige 3,17), wagen die Verbündeten den Marsch durch das öde Land. *Und als sie sieben Tagereisen weit gezogen waren, hatte das Heer und das Vieh, das bei ihnen war, kein Wasser.* Auf den Rat des Propheten Elisa machten *sie hier und da Gruben. Aber am nächsten Morgen ... siehe, da kam Wasser von Edom her und füllte das Land mit Wasser. Den* Moabitern *schien das Gewässer in der Ferne rot zu sein wie Blut* (2. Könige 3,9ff.). Die alliierten Streitkräfte haben Erfolg in Moab, sie verwüsten das Land. *Die Städte zerstörten sie, und jeder warf seine Steine auf alle guten Äcker, und sie machten sie voll davon und verstopften alle Wasserbrunnen und fällten alle guten Bäume, bis nur Kir-Heres übrigblieb* (2. Könige 3,25).

Merkwürdigerweise endet der erfolgreiche Feldzug damit, daß sie *abzogen und zurückkehrten in ihr Land* (2. Könige 3,27). Die Richtigkeit dieser biblischen Erzählung nachzuprüfen, schien unmöglich.

1868 bereist der deutsche Missionar F. A. Klein die biblischen Stätten in Palästina. Sein Weg führt ihn unter anderem durchs Ostjordanland, durch Edom und schließlich nach Moab. Auf einem Ausritt in die Umgebung von Diban, dem alten Dibon am Mittellauf des Arnon, erregt ein großer behauener Stein sein besonderes Interesse. Gelber Sand hatte ihn fast völlig zugeweht. Neugierig springt Klein vom Pferd und beugt sich über den Stein. Das ist doch unverkennbar althebräische Schrift! Er glaubt seinen Augen nicht zu trauen! Es kostet allerlei Anstrengung, in der heißen Mittagssonne den Stein aus schwerem Basalt aufzurichten. Er ist einen Meter hoch und oben abgerundet. Klein säubert ihn sorgsam mit Messer und Taschentuch. Dabei kommen 34 Textzeilen zum Vorschein.

Am liebsten nähme er das steinerne Dokument gleich mit, aber es ist viel zu schwer. Außerdem ist im Nu eine Schar von bewaffneten

Arabern zur Stelle. Wild gestikulierend umringen sie den Missionar, behaupten, der Stein sei ihr Eigentum, und fordern von ihm einen schwindelerregend hohen Kaufpreis.

Klein ahnt einen aufschlußreichen Fund und ist verzweifelt. Vergeblich versucht er die Ein-

Eine elfenbeinerne Kuh mit ihrem Kälbchen gehörte zu den Zwangstributen, die König Ben-Hadad von Damaskus nach Assyrien zu entrichten hatte (oben). Die Flügelsphinx (links) aus dem „Elfenbeinhaus" zu Samaria entspricht den Hoheitszeichen phönizischer Königsthrone. Für elfenbeinverzierte Luxusgegenstände müssen horrende Preise bezahlt worden sein. Vergeblich wetterte der Prophet Amos gegen solchen Luxus am Königshof von Samaria.

Seit der Zeit Davids waren die Moabiter Israel tributpflichtig. Angeblich hatte Moab 100 000 Lämmer und die Wolle von 100 000 Widdern abzuliefern (2. Könige 3,4). Nach dem Zerfall des Reiches Davids blieb die Tributpflicht dem Nordreich Israel gegenüber bestehen. Erst als Israel gegen 850 v. Chr. zunehmend von den Aramäern bedrängt und ein gemeinsamer Feldzug der Könige von Israel und Juda, Joram und Joschafat, von den Moabitern zurückgeschlagen wurde, konnte sich Moab aus dem Vasallenstatus lösen, die Tributpflicht abschütteln und sogar einige Städte wiedergewinnen. Ein Dokument dieser Entwicklung ist die Stele des Moabiterkönigs Mescha im Louvre-Museum. Sie wurde wohl gegen Ende des 9. Jahrhunderts v. Chr. auf einer Kulthöhe bei Diban aufgestellt und dort 1868 entdeckt. Glücklicherweise war ein Abklatsch von der Inschrift genommen worden, bevor die Stele von arabischen Händlern zertrümmert wurde. Wie im Alten Orient üblich, rühmt sich König Mescha nicht eben bescheiden seiner Taten. Zunächst beklagt er die Unterdrückung seines Landes durch Omri und dessen Nachfolger, doch dann „gewann ich die Oberhand über ihn und über sein Haus; und Israel ging auf ewig zugrunde". Es folgt eine lange Aufzählung zurückeroberter und wiederaufgebauter Städte. Leider fehlen die letzten Zeilen des Basaltblockes mit der abschließenden Hymne Meschas auf sich selbst.

heimischen umzustimmen. Es bleibt ihm nichts weiter übrig, als den Fundort genau in eine Karte einzutragen. Dann verzichtet er auf die weitere Reise, reitet eilends nach Jerusalem und fährt unverzüglich nach Deutschland, wo er versuchen will, das nötige Geld aufzutreiben.

Inzwischen handeln andere. Und das war gewiß gut, sonst wäre ein ungemein wertvolles Zeugnis der biblischen Geschichte vielleicht für immer verlorengegangen.

Der französische Forscher Clermont-Ganneau in Jerusalem hatte von der Entdeckung des deutschen Missionars gehört und sich sogleich nach Diban aufgemacht. Es bedarf seiner ganzen Überredungskunst, damit die mißtrauischen Araber wenigstens eine genaue Untersuchung der Schrift auf dem Stein zulassen. Umringt von flintenstarrenden Eingeborenen nimmt Clermont-Ganneau Abklatsche von der Oberfläche. Als nach Monaten den Gelehrten in Paris die Übersetzung des Textes vorliegt, genehmigt die französische Regierung den Aufkauf ohne Zögern. Aber wer vermöchte die Enttäuschung des Franzosen zu ermessen, als er mit einer Karawane und dem notwendigen Geld ausgestattet in Diban ein-

trifft und den Stein nicht mehr vorfindet! Nur ein Rußfleck kennzeichnet noch die Stelle, wo er gestanden hat. Die Araber hatten ihn mit Flintenpulver gesprengt, denn vom Verkauf einzelner Stücke an die altertumsbesessenen Europäer versprachen sie sich ein noch lohnenderes Geschäft.

Was bleibt Clermont-Ganneau anderes übrig, als Jagd auf die einzelnen Teile des wertvollen Dokuments zu machen! Nach vielen Mühen und Suchaktionen, nach endlosem Feilschen hat er endlich einen Teil der Bruchstücke wieder beisammen. Zwei größere Blöcke und 18 kleinere Steinsplitter werden anhand des Abklatsches zusammengefügt und ergänzt, und noch ehe Missionar Klein überhaupt die geforderte Summe zusammen hat, steht der eindrucksvolle Stein von Diban als wertvolle Neuerwerbung im Louvre in Paris.

Er trägt diese Kunde: *Ich bin Mescha, der Sohn des Kemosch, König von Moab... Mein Vater ist dreißig Jahre über Moab König gewesen, und ich ward König nach meinem Vater; und ich errichtete dieses Höhenheiligtum dem Kamosch in Qerihoh, ein Heiligtum der Rettung; denn er rettete mich von all meinen Bedrängern und hat mich die Oberhand gewinnen lassen über all meine Feinde. Omri war König von Israel und bedrückte Moab viele Tage hindurch, denn Kemosch war erzürnt auf sein Land. Dann folgte ihm sein Sohn, und auch dieser sprach: Ich will Moab bedrücken! In meinen Tagen sagte er so, ich aber gewann die Oberhand über ihn und über sein Haus; und Israel ging auf ewig zugrunde... Ich habe die Gräben für Qerihoh graben lassen durch Gefangene Israels...*

Dieser moabitische Siegesbericht erregt in wissenschaftlichen Kreisen beträchtliches Aufsehen. Von manchen Gelehrten wird sogar der Verdacht einer Fälschung ausgesprochen. Experten aus aller Welt nehmen den Stein samt Inschrift unter die Lupe. Alle Prüfungen ergeben zweifelsfrei, daß es sich um ein historisches Dokument, einen zeitgenössischen Bericht des biblischen Königs Mescha von Moab handelt.

Es ist mit das älteste Schriftdokument aus Palästina, um 840 v. Chr. auf moabitisch geschrieben, einem dem biblischen Hebräisch eng verwandten Dialekt. Das ist wirklich eine Sensation.

Will man sich objektiv informieren, ist es stets ratsam, die Kriegsberichte beider Gegner zu studieren. Man hat mehr Sicherheit, ein klareres Bild der Sachlage zu gewinnen. In diesem besonderen Falle ergänzen Bibeldarstellung und Stelentext einander vortrefflich. Die Mescha-Stele gibt die fehlende Illustration

und erklärt, was am Bibelbericht dunkel blieb. Im entscheidenden Punkt stimmen Stele und Bibel überein: Der Feldzug endete mit der Niederlage des Königs von Israel. Die Bibel schildert ausführlich die Anfangserfolge Israels, die König Mescha mit Stillschweigen übergeht. Den ungünstigen Ausgang des Feldzugs deutet die Bibel nur kurz an, der König von Moab schwelgt von seinem Sieg. Beide sagen die Wahrheit.

Für das blutrote Wasser, das die Verbündeten auf ihrem Marsch durch das öde Land vor dem Verdursten rettete, fand ein Geologe die natürliche Erklärung. Schlägt man Mulden in den Tuff am Toten Meer, so füllen sie sich alsbald mit Wasser, das aus den Hochebenen durchsickert und seine rötliche Farbe der Bodenbeschaffenheit verdankt. Auch heute noch schaffen sich Hirten im Ostjordanland häufig auf die gleiche Weise Wasserstellen.

Und Israel ging auf ewig zugrunde, heißt es triumphierend auf der Mescha-Stele. Damit ist die blutige Ausrottung der Dynastie Omri auf Israels Thron gemeint. König Joram wurde getötet. Nicht ein Mitglied des Herrscherhauses blieb verschont, das durch König Ahabs Heirat mit der phönizischen Prinzessin Isebel dem Baalskult in Israel Vorschub geleistet hatte (2. Könige 9,24ff.; 10,1ff.).

Die Propheten Elia und Elisa schüren den Umsturz, und 841 v. Chr. wird der Armeeführer und jahwetreue Jehu zum König erhoben. Die Baalspriester erleiden das Schicksal der Familie Omris, sie werden erbarmungslos hingemetzelt (2. Könige 9–10). Das hat den Bruch mit Phönizien zur Folge.

Die Nachrichten über die Regierung des Königs Jehu sind spärlich: *Zur selben Zeit fing der Herr an, Stücke von Israel abzutrennen; denn Hasaël schlug sie im ganzen Gebiet Israels* (2. Könige 10,32). Das ganze Ausmaß der Verluste und Niederlagen wird indessen erst an einer Bibelstelle erkennbar aus der Zeit Joahas', des Jehu Sohn: *Denn es waren vom Kriegsvolk des Joahas nicht mehr übriggeblieben als fünfzig Gespannpferde, zehn Wagen und zehntausend Mann Fußvolk; denn der König von Aram hatte sie umgebracht und sie gemacht wie Staub beim Dreschen* (2. Könige 13,7). König Ahabs stolze Kampfwagen-Streitmacht war von zweitausend auf zehn Wagen zusammengeschmolzen! Wie war das möglich?

Ein junger Engländer, Henry Layard, von Haus aus Jurist und Attaché für Konstantinopel, hat 1845 auf Anhieb ein geradezu unglaubliches Glück. Mit sage und schreibe 50 Pfund Sterling in der Tasche war er ausgezogen, um am Tigris einen alten Hügel, den Tell Nimrud, zu erforschen. Am dritten Tag stöbert er Palastreste auf. Er läßt einen Graben ausheben. Aber nur Sandmassen, immer neue Sandmassen kommen dabei heraus. Als ein Graben 20 Meter tief geschaufelt ist, muß Layard enttäuscht die Arbeiten einstellen, weil sein magerer Fonds versiegt ist.

Verdrossen lädt er seine wenigen Utensilien auf die Lasttiere, als ihn das aufgeregte Geschrei der Eingeborenen aufhorchen läßt. Einer läuft eilends herbei und ruft ihn an das Ende des Grabens, wo es dunkel aus dem goldgelben Sand heraufschimmert. Hastig setzen die Schaufeln wieder ein und fördern ein tiefschwarzes steinernes Ungetüm von

Oben links: Das Stammesgebiet der Moabiter lag östlich des Jordan zwischen den Ländern der Ammoniter im Norden und Edom im Süden. Hier galt als Grenze das Wadi el-Hesa.

Oben rechts: Basaltfragment eines moabitischen Kriegers (Louvre, Paris).

der Form eines Obelisken zutage. Liebevoll befreit Layard den Fund von uraltem Staub und Schmutz. Und nun treten Reliefs heraus, Bilder und Inschriften in Keilschriftzeichen auf jeder der vier Seiten.

Wohlverpackt und wie ein Augapfel gehütet, reist der schwarze Stein im Boot den Tigris aufwärts, um den nicht wenig erstaunten Herren der britischen Gesandtschaft in Konstantinopel präsentiert zu werden.

Voller Stolz räumen die Konservatoren dem Stein einen würdigen Platz im Britischen Museum ein. Tausende von Londonern und Gelehrte aus Europa bewundern den uralten Zeugen aus dem fernen Morgenland. Die Spitze des zwei Meter hohen schwarzen Basaltobelisken bildet einen dreistufigen

Tempelturm. Staunend betrachten die Besucher die wundervollen in fünf Bändern ringsum angeordneten Reliefs.

Prächtig gewandete königliche Gestalten sind plastisch herausgemeißelt; einige neigen vor einer Herrscherfigur devot das Antlitz bis zum Boden. Lange Trägerkolonnen sind mit kostbaren Schätzen beladen, wie Elfenbeinzähnen, über Stangen hängenden fransenverzierten Tuchballen, vollen Krügen und Körben. Unter den mitgeführten Tieren fällt ein Elefant auf mit merkwürdig kleinen Ohren; da gibt es Kamele, Affen, Antilopen, sogar einen Wildstier und ein mysteriöses Einhorn.

Wer versuchen wollte, die Reliefdarstellungen zu deuten, wäre auf reine Vermutungen angewiesen. Denn damals kann noch niemand die

Mit bronzenen Reliefstreifen war ein doppelflügeliges Tor von fast vier Metern Höhe in Imgur Enlil (Balawat) beschlagen, das der Assyrerkönig Salmanassar III. gestiftet hat (Britisches Museum, London). In langen Zeilen sind darauf die Feldzüge des Königs zum Mittelmeer und gegen Urartu geschildert: Belagerungen, Siege, Eroberungen, Gefangene in endlosen Reihen, Beutegut von großer Kostbarkeit. Eine Ausnahme bildet die phönizische Inselstadt Tyros (zweite Zeile,

links). Sie wurde von den Assyrern zwar mehrfach und anhaltend belagert, niemals aber bezwungen. Salmanassar III. gelang es immerhin, der reichen Seehandelsstadt einen Tribut abzupressen, was für die Tyrier wohl immer noch billiger war als jahrelange Blockade ihrer lukrativen Geschäfte. Von ihrer stark befestigten Insel setzen die Tyrier also zum Festland über und bringen dem König das verlangte Lösegeld.

Keilschrifttexte lesen. Der Stein bleibt stumm. Und von den Assyrern wissen selbst die Gelehrten eigentlich nur das, was die Bibel über sie aussagt. Anfangs des 19. Jahrhunderts waren auch Sumerer und Akkader nicht einmal dem Namen nach ein Begriff. „Eine Kiste, nicht größer als ein Quadratmeter", schreibt Layard, „angefüllt mit kleinen beschrifteten Zylindern, Siegeln und Textfragmenten, die jedoch noch nicht systematisch eingeordnet werden konnten, das war damals alles, was aus der Frühzeit Mesopotamiens in London vorlag."

Erst nach Jahren stellt sich bei der Übersetzung der Texte heraus, daß der schwarze Obelisk ein Siegesmonument des Assyrerkönigs Salmanassar III. ist, des Zeitgenossen

und Gegners König Ahabs von Israel. Es verherrlicht die nicht abreißende Kette blutiger Feldzüge.

Die Aufzählung enthält eine hochinteressante Aussage zur biblischen Überlieferung aus jener Zeit.

Dreimal, im 6., 11. und 14. Regierungsjahr, stieß der Assyrer bei seinen Eroberungszügen in den Westen auf eine Allianz von Königen aus Syrien und Palästina. Im Feldzug des 18. Regierungsjahres trat ihm aber nur noch ein König in diesem Gebiet entgegen. Die assyrischen Texte nennen als Gegner nur den biblischen König Hasaël von Damaskus.

Über den ehemaligen Verbündeten des Damaszenerkönigs, Jehu von Israel, gibt das Siegesmonument aufschlußreiche Auskunft.

Aus dem Tell Nimrud (Kalchu) am Tigris grub der Engländer Henry Layard, einer der ersten und bedeutendsten Assyriologen des 19. Jahrhunderts, den weltberühmt gewordenen Schwarzen Obelisken im Britischen Museum. Das zwei Meter hohe Denkmal aus schwarzem Alabaster verherrlicht Taten des 858 bis 824 v. Chr. regierenden Assyrerkönigs Salmanassar III. Spitze und Unterteil bedeckt eine lange Annaleninschrift. Dazwischen zeigt jede der vier Seiten fünf Relieffriese. Aus der oberhalb der Streifen umlaufenden Beischrift geht hervor, daß die in gleicher Höhe liegenden Friese jeweils inhaltlich zusammengehören. Die oberen beiden Bildfolgen enthalten die Huldigungsszenen der Könige Sua von Gilzan (westlich des Urmiasees) und Jehu von Israel (Ausschnitt rechts). Beide haben sich vor dem Assyrerkönig niedergeworfen, während ihr Gefolge den Tribut bringt, und zwar die Gilzaniten laut Inschrift „Silber, Gold, Blei, Kupfergefäße, Stäbe für die Hand des Königs, Pferde und zweihöckrige Kamele", die Israeliten: „Silber, Gold, eine goldene Schale, einen goldenen Humpen, goldene Becher, goldene Krüge, Zinn, einen Stab für den König und einen hölzernen Gegenstand". Darunter folgen die Abgaben des Landes Musri (womit vielleicht Indien gemeint ist): „Trampeltiere, Wasserbüffel, Gayal, Hirschziegenantilope, Elefant und Affen", der Tribut des Mardukapla'usur von Suchi (am mittleren Euphrat): „Silber, Gold, Humpen aus Golf, Elfenbein, Speere und Gewänder" und der des Karparunda von Hattina (Nordsyrien): „Silber, Gold, Blei, Kupfer, Kupfergefäße, Elfenbein und Zypressenholz".

Die insgesamt dreizehn israelitischen Tributbringer

sind alle bärtig. Zipfelmütze und Stirnband bedecken die Häupter. Ein langes Hemd mit einem Gürtel und Fransen am unteren Saum, ein langer Mantel, dessen ebenfalls mit Fransen besetztes Ende über die Schulter geschlagen ist, und Schnabelschuhe bilden ihre Tracht.

Oben: Detail der Reliefs des Schwarzen Obelisken. Jehu, Sohn des Omri, huldigt Salmanassar III. Der König von Israel liegt im Staube vor dem Assyrerkönig, der dem Reichsgott Assur – symbolisiert durch die geflügelte Sonne – aus einer Schale ein Opfer spendet. Vier Diener assistieren dem Herrscher. Der hinter ihm stehende hält einen Sonnenschirm, der vor ihm betätigt einen Fächer.

Das zweite Reliefband zeigt eine lange Reihe schwerbeladener Abgesandter in reichverzierten Tuniken und Zipfelkappen. Der dazugehörige Text lautet: *Tribut Jauas von Bit-Humri: Silber, Gold, eine goldene Schale, einen goldenen Humpen, goldene Becher, goldene Krüge, Zinn, einen Stab für den König und einen hölzernen Gegenstand.*
Jaua von Bit-Humri ist niemand anders als der König Jehu von Israel. Die Assyrer nannten Israel *Bit-Humri*, was das „Haus Omri" bedeutet.
Der Hinweis aus der Residenz am Tigris liefert den Schlüssel zum Verständnis der Einbußen des Nordreichs Israel unter der Herrschaft Jehus.
Tribut leistet nur, wer sich freiwillig beugt; vom besiegten Feind gibt es Beute. Jehu war Damaskus abtrünnig geworden und hatte dem Assyrer Geschenke gebracht. Für die Treulosigkeit gegenüber dem alten Verbündeten, für die Abwendung von Damaskus haben Jehu und sein Sohn Joahas und vor allem das Volk Israel bitter bezahlen müssen. Kaum hatte der Assyrer Syrien den Rücken gekehrt, als Hasaël von Damasku Israel einen vernichtenden Revanchekrieg zu führen begann. Mit welchem Resultat, sagt die Bibel: *Zur selben Zeit fing der Herr an, Stücke von Israel abzutrennen; denn Hasaël schlug sie im ganzen Gebiet Israels…*

Der Umstand, daß Assyrien nach Salmanassar III. eine Reihe von schwachen Herrschern hat, verschafft den beiden Königtümern Israel und Juda noch einmal eine Atempause, die allerdings nur einen Aufschub bedeutet. Weil Assyrien mit Unruhen im eigenen Land beschäftigt ist, können sich Israel und Juda in der ersten Hälfte des 8. Jahrhunderts v. Chr. von dieser Seite einer friedlichen Zeit erfreuen.
Vier Jahrzehnte herrscht *Usija, der Aussätzige,* als König in Juda. In Israel gebietet König Jerobeam II. Unter seiner langen Regierung blüht Israel wieder auf, wird reich, frönt dem Luxus, und die Oberschicht lebt selbstgefällig in den Tag hinein, süchtig, verdorben, lasterhaft. Warnend erhebt der Prophet Amos seine Stimme: *…die ihr schlaft auf elfenbeingeschmückten Lagern und euch streckt auf euren Ruhebetten? Ihr eßt die Lämmer aus der Herde und die gemästeten Kälber und spielt auf der Harfe und erdichtet euch Lieder wie David und trinkt Wein aus Schalen und salbt euch mit dem besten Öl…* (Amos 6,4–6).
Archäologische Rapporte, trockene Expeditionsnotizen setzen den Warnungen des Propheten beweiskräftige Lichter auf. In Israel und um den Schutthügel des alten Samaria schlummerten die Zeugen der materiellen Üppigkeit in den Bodenschichten aus den

Bei den Grabungen in Arslan Tasch (Hadatu) in Syrien kam ein ganzer Schatz von Elfenbeinschnitzereien ans Licht, die einst als Beschläge von Betten und anderem Mobiliar gedient haben. Phönizische und syrische Arbeiten dieser Art waren im ganzen Vorderen Orient begehrt und wurden lebhaft gehandelt. Bei dem Fund von Hadatu dürfte es sich allerdings um Beutestücke aus Damaskus handeln, die 732 v. Chr. von den assyrischen Eroberern verschleppt wurden. Aufgrund ihres Stils müssen die Schnitzereien wenigstens hundert Jahre früher entstanden sein; außerdem nennt ein beschriftetes Fragment den Namen Hasaël, der zwischen 840 und 810 v. Chr. König von Damaskus war. Die vom Louvre-Museum erworbene Elfenbeinfigur eines Fürsten gilt als Bildnis Hasaëls. Der Aramäerkönig kämpfte erfolgreich gegen Joram und Joahas von Israel (2. Könige 9,14; 13,3), und Jerusalem konnte die drohende Eroberung durch Hasaël nur durch eine Tributzahlung aus dem Tempelschatz abwenden.

Jahrzehnten der Herrschaft Jerobeams II. Der Königspalast von Samaria barg noch eine ansehnliche Menge von mit Tinte und Tusche beschriebenen zierlichen Tontäfelchen. Auf 63 Begleitschreiben zu beträchtlichen Wein- und Öllieferungen an den königlichen Hof zeichnen als Absender die Verwalter der Krongüter Jerobeams II.

Aus der gleichen Zeit stammen auch eine Menge schöner Elfenbeinschnitzereien, die zum Teil kostbar mit Gold und mit Halbedelsteinen ausgelegt und mit buntem Glasstaub verziert sind. Sie zeigen aus Ägypten entlehnte Motive, wie Harpokrates auf der Lotosblume, oder Göttergestalten, wie Isis und Horus, oder Cheruben. Überall im Lande Israel wurden damals auch Vorratshäuser und Speicher errichtet, die den Überfluß an Gütern, an Waren aller Art aufnahmen.

Worauf war der plötzliche Umschwung, war dieser Reichtum zurückzuführen?

Wenige Jahrzehnte zuvor hatte es in Israel noch trostlos ausgesehen. Ein Satz des Chronisten aus der einundvierzigjährigen Regierung Jerobeams II. enthält den Schlüssel zum Verständnis: *Er stellte wieder her das Gebiet Israels von Hamat bis ans Salzmeer...* (2. Könige 14,25), also bis ans Tote Meer. Aufs neue dehnt sich das Reich bis ins Ostjordanland und – wie zu Davids und Salomos Zeiten – bis nach Syrien.

Die Eroberung von Damaskus durch die Assyrer im Jahre 802 v. Chr. hatte die Macht der Aramäer gebrochen und damit Israel den Erzfeind aus dem Weg geräumt. Es nahm die Chance zur Rückeroberung längst verlorengegangener Gebiete wahr, wendete die Lage zu seinen Gunsten, und mit den Tributen aus dem Jordanland floß Israel der neue Reichtum zu.

Auch im Südreich Juda konnten die Zeugen eines friedlichen Aufbaus jener Zeit nachgewiesen werden. Überreste mehrerer judäischer Farmbetriebe mit Zisternen, Bewässerungsanlagen und Befestigungen entdeckte Professor Michael Evenari, Präsident der Hebräischen Universität, 1958 sogar tief im Süden der Negevwüste bei Mitzpe Ramon. Die Funde datieren in die Regierungszeit des Königs Usija von Juda. Von diesem König berichtet 2. Chronik 26,10 ausdrücklich: *Er baute auch Türme in der Wüste und grub viele Brunnen; denn er hatte viel Vieh...*

Vier Kilometer südlich von Jerusalem glückte Professor Yohanan Aharoni von der Hebräischen Universität im Jahre 1959 die erste Ausgrabung eines Judäerpalastes. Auf dem Hügel Ramat Rahel an der Straße nach Bethlehem, genau dort, wo nach der Tradition Maria

und Josef einst auf ihrem Wege *zur Schätzung* an der Quelle rasteten, kam eine aus dem 8. Jahrhundert v. Chr. stammende 80 x 50 Meter große Burganlage wieder zutage. Sie wurde von einer Kasemattenmauer nach Art von König Ahab in Samaria begrenzt und besitzt auch eine dreifach gestaffelte Toranlage, wie sie schon König Salomo anlegte. Drei Seiten des Hofes waren von Gebäuden umgeben, zwei Palästen und einem Vorratshaus. Als die Ausgräber die Frage nach dem Bauherrn und ersten Bewohner dieser ländlichen Residenz stellten, ergab sich nur ein Hinweis: *So war Usija, der König, aussätzig bis an seinen Tod und wohnte als Aussätziger in einem besonderen Hause; denn er war verstoßen vom Hause des Herrn. Jotam aber, sein Sohn, stand dem Hause des Königs vor und richtete das Volk des Landes* (2. Chronik 26,21).

Auch die Kleinfunde aus dem Schutt des Hofes bezeugen, wie recht die Propheten mit ihren Klagen hatten. Mehrere Astartesymbole lassen die „Abgötterei" sogar an jenem Fürstenhof erkennen (2. Könige 15,4).

Hart und unheilverkündend hallen in diesen Tagen der Scheinblüte die Worte des Propheten Amos: *Weh den Sorglosen zu Zion und weh denen, die voll Zuversicht sind auf dem Berge Samarias ... die ihr meint, vom bösen Tag weit ab zu sein und trachtet immer nach Frevelregiment ... Darum sollen sie nun vorangehen unter denen, die gefangen weggeführt werden, und soll das Schlemmen der Übermüti-*

Ebenfalls aus Arslan Tasch stammt der elfenbeinerne Möbelzierat zweier Sphinxen mit Widderköpfen in typisch phönizisch-ägyptischem Mischstil (oben). Rein ägyptisch ist das Motiv der Geburt des Sonnengottes aus der Lotosblüte, beschützt von zwei geflügelten Kronengottheiten. Hier äußert sich der starke Einfluß des Nillandes auf die phönizischen Küstenstädte. Auch diese beiden Reliefs im Museum von Aleppo sind in das ausgehende 9. Jahrhundert v. Chr. zu datieren.

gen aufhören (Amos 6,1–7). Umsonst – sie dröhnten in taube Ohren.

Nur König Jerobeam muß dem Frieden nicht getraut haben, vielleicht fanden die mahnenden Worte des Propheten Widerhall in seinem Herzen. Jedenfalls verstärkte er fieberhaft die ohnehin schon trutzige Festung der Residenz Samaria.

Der Engländer J. W. Crowfoot fand, was Jerobeam in weiser Voraussicht schuf. Samaria wurde mit einem doppelten Wall umgeben, die schon mächtigen Mauern wurden noch weiter befestigt. In dem nach Norden gelegenen Teil der Akropolis, wo Samaria am ehesten verwundbar sein mußte, legt Crowfoot ein titanenhaftes Bollwerk frei. Er legt den Zollstock an und ist überzeugt, sich geirrt zu haben. Sorgfältig mißt er noch einmal. Kein Zweifel, die Mauer ist – festgefügt Stein an Stein – zehn Meter breit!

Ein Alabasterrelief aus dem Zentralpalast in Kalchu (Nimrud) schildert den Angriff der Truppen des Assyrerkönigs Tiglatpileser III. auf die Stadt Gazru, die vielleicht mit Geser identisch ist. Die assyrischen Bogenschützen kämpfen hinter übermannshohen Schutzschilden. Vor ihnen wird ein Sturmbock auf Rädern über einen Erddamm gegen die Mauern gefahren, in die er bereits eine Bresche gerammt hat. Im Hintergrund erkennt man drei Gepfählte. Links erstürmen Soldaten über Sturmleitern die Festung, und die Verteidiger auf den Türmen geben bereits Zeichen der Kapitulation.

DAS ENDE DES NORDREICHES ISRAEL

Und es kam Pul, der König von Assyrien, ins Land… 2. Könige 15,19

Lapidar, nüchtern, leidenschaftslos sind die Worte, die die Todesstunde des Nordreiches Israel ankündigen.

Das Ableben Jerobeams II. leitet den letzten Akt ein. Mehr als zehn Jahre nach ihm schließt auch der aussätzige König Usija von Juda die Augen. Aus der nur kurze Zeit währenden Anarchie erhebt sich Menahem zum König zu Samaria. 745 v. Chr. hat ein ehemaliger Soldat namens Pulu den assyrischen Thron bestiegen und heißt von nun an Tiglatpileser III. Er ist der erste in der Schar brutaler Tyrannen, die mit ihren Eroberungen das bis dahin größte Weltreich des Alten Orients errichten. Ihr Ziel ist Syrien, Palästina und der letzte Eckpfeiler der Alten Welt, Ägypten. Damit geraten Israel und Juda zwischen die erbarmungslosen Mahlsteine eines Militärstaates, dem das Wort Friede verachtungswürdig klingt, dessen Despoten und Kohorten nur drei Dinge gelten lassen: marschieren, erobern, unterdrücken.

Von Nordsyrien her rollt Tiglatpileser III. die Länder am Mittelmeer auf, preßt selbständige Völker zu assyrischen Reichsprovinzen und tributpflichtigen Staaten. Israel unterwirft sich zunächst freiwillig: *Und Menahem gab Pul tausend Zentner Silber, daß er's mit ihm hielte und sein Königtum befestigte. Und Menahem legte eine Steuer auf die Reichsten in Israel,* *fünfzig Silber auf jeden Mann, um es dem König von Assyrien zu geben. So zog der König von Assyrien wieder heim und blieb nicht im Lande* (2. Könige 15,19–20).

Tribut des Menahem von Samaria nahm ich in Empfang, vermerkt Tiglatpileser III. in den Annalen.

Tausend Zentner oder *Talente,* wie andere Übersetzungen sagen, entsprechen 7,5 Millionen Goldmark. 50 Silberlinge pro Kopf *auf die Reichsten,* das sind 125 Goldmark. Der Statistiker ersieht daraus: Es muß 60 000 vermögende Leute in Israel gegeben haben!

König Menahem erliegt dem Wahn, der Pakt mit dem Tyrannen und der Tribut seien das kleinere Übel. Aber das gibt böses Blut im eigenen Volk. Der Unmut über die assyrische Steuer artet in Verschwörung und Mord aus. Adjutant Pekach bringt den Sohn und Erben Menahems um und reißt die Herrschaft an sich. Von Stund an bestimmt die antiassyrische Partei die Politik des Nordreichs.

Rezin, König von Damaskus, ergreift tatkräftig die Initiative. Unter seiner Führung wird die Defensivliga der Aramäerstaaten gegen Assyrien wieder ins Leben gerufen. Phönizische und arabische Staaten, Philisterstädte und Edomiter schließen sich an. Auch Israel tritt dem Bund bei. Nur König Ahas vom Südreich Juda bleibt hartnäckig abseits, mit Gewalt versuchen Rezin und Pekach, Juda in die Liga einzugliedern. *Damals zogen Rezin, der König von Aram, und Pekach, der Sohn Remaljas, König von Israel, hinauf, um gegen Jerusalem zu kämpfen, und belagerten Ahas in der Stadt; aber sie konnten sie nicht erobern* (2. Könige 16,5).

In höchster Bedrängnis schickt der König von Juda einen Hilferuf aus. *Aber Ahas sandte Boten zu Tiglat-Pileser, dem König von Assyrien, und ließ ihm sagen: Ich bin dein Knecht und dein Sohn. Komm herauf und hilf mir aus der Hand des Königs von Aram und des Königs Israels, die sich gegen mich aufgemacht haben. Und Ahas nahm das Silber und Gold, das sie in dem Hause des Herrn und in den Schätzen des Königshauses fanden, und sandte dem König von Assyrien Geschenke* (2. Könige 16,7–8).

Tribut von Jauhazi (Ahas) von Juda empfing ich, vermerkt wiederum der Assyrer.

Nun nahm das Unheil seinen Lauf. Unser Wissen über das, was weiter geschah, verdanken wir zwei großen historischen Überlieferungen. Einmal der Bibel und zum anderen den Keilschrifttafeln aus Stein und Ton, auf denen – tausend Kilometer vom Ort des schrecklichen Geschehens entfernt – der Ablauf der Kämpfe „aktenkundig" gemacht wurde. Länger als zweieinhalbtausend Jahre ruhten die-

Dokumente im Schutt der Paläste am Tigris, bis Gelehrtenspürsinn sie wieder aufstöberte und in unsere Sprache übersetzte. Die Bibel und die assyrischen Denkmäler schildern die für das Nordreich Israel vernichtenden Ereignisse völlig übereinstimmend. Nüchtern die Tatsachen vermerkend der Chronist des Alten Testaments, grausam bis ins Detail der assyrische Historiograph:

Und der König von Assyrien ... zog herauf gegen Damaskus und eroberte es und führte die Einwohner weg nach Kir und tötete Rezin.

(2. Könige 16,9)

Seine Vornehmen pfählte ich lebendig und zeigte dies Schauspiel seinem Lande. Seine Gärten und Obstpflanzungen ohne Zahl schlug ich nieder. Die Heimatstadt des Reson (Rezin) vom Lande Damaskus belagerte und eroberte ich. Achthundert Leute nebst ihrem Besitz führte ich fort. Städte von sechzehn Bezirken Damaskus' zerstörte ich wie Sintfluthügel.

Zu der Zeit Pekachs, des Königs von Israel, kam Tiglat-Pileser, der König von Assyrien, und nahm ... Hazor, Gilead und von Galiläa das ganze Land Naftali, und führte sie weg nach Assyrien.

(2. Könige 15,29)

Und Hoschea ... machte eine Verschwörung gegen Pekach ... und schlug ihn tot und ward König an seiner statt ...

(2. Könige 15,30)

Bet-Omri (Israel), dessen Städte ich auf meinen früheren Feldzügen alle zum Gebiet meines Landes gezählt hatte und von dem ich die Stadt Samaria allein übriggelassen hatte... Das weite Naftali schlug ich zum Gebiet des Landes Assyrien. Meinen Beamten setzte als Statthalter über sie. Das Land Bet-Omris, die Gesamtheit seiner Leute, ihren Besitz führte ich weg nach Assyrien. Pekach, ihren König, stürzten sie, und Hoschea setzte ich zur Königsherrschaft über sie.

Deportation und Umsiedlung waren längst bewährte Mittel, den besiegten Feind auch nachhaltig zu schwächen. Die Assyrer waren jedoch wohl die ersten, die diese Methode im großen Stil anwandten. Außerdem beschafften sie sich dadurch Arbeitskräfte zum Ausbau ihrer glanzvollen Residenzen. Tiglatpileser III. ließ auf den Alabasterreliefs in seinem Zentralpalast zu Kalchu (Nimrud) auch diesen grauenvollen Akt darstellen: Frauen und Kinder sind mit ihrer armseligen Habe auf Ochsenkarren verladen worden, Ziegen und Fettschwanzschafe werden fortgetrieben. Über den Vorgang wird eine genaue Buchführung in zwei Sprachen angelegt: in Akkadisch auf Tontafeln und in „modernem" Aramäisch mit Pinsel auf „Papier".

239

Die düsteren Zeugnisse über die Einnahme Hazors durch den Assyrerkönig Tiglatpileser III. (2. Könige 15,29) hat uns eine Trümmerschicht des Tell Qedach el-Ghul in Israel getreu bewahrt. Bei Grabungen von Gelehrten der Hebräischen Universität, Jerusalem, kamen die Überreste der zerstörten israelitischen Burg wieder zutage, die am Platz der alten, von Josua eroberten Kanaanäerfeste in der Königszeit – von Salomo wie auch von Ahab – aus Verteidigungsgründen wiedererrichtet worden war. Die Zitadelle war mit ihren zwei Meter breiten Mauern von solcher Mächtigkeit, daß sie nur von den Palastbauten Samarias noch übertroffen wird.

Die Räume der Burg von Hazor bedeckte eine etwa ein Meter dicke Aschenschicht, rauchgeschwärzt zeigten sich die Steine, verkohlte

Balken und zerbrochene Stücke der einstigen Deckentäfelung lagen am Boden verstreut. Vorsichtig konnte man aus den Schuttmengen auch kostbare Stücke nordisraelitischen Kunstgewerbes bergen: die Statuette eines Mädchens und einen marmornen Räucherlöffel. Als besonderes Kleinod präsentierte sich unter Krügen und Scherben in altsemitischer Schrift der Name des Königs Pekach selbst. Zum erstenmal war damit ein israelitischer König in Galiläa schriftlich bezeugt!

Als die assyrischen Kriegshorden aus Palästina wieder abziehen, lassen sie Israel todwund, zu Boden geschmettert, dezimiert durch Deportationen, zerschlagen bis auf einen Zipfel des Nordreiches zurück. Die meisten Städte sind annektiert, das Land in Provinzen aufgeteilt, in denen die assyrischen Statthalter und Verwaltungsbeamten ein hartes Regiment führen.

Von Israel blieb nur ein Zwergstaat übrig: das Gebirge Efraim mit der Residenz Samaria. Dort lebt König Hoschea.

Zwar bleibt das Südreich Juda von der Fremdherrschaft verschont – vorläufig! Aber es ist dem Tiglatpileser III. tributpflichtig.

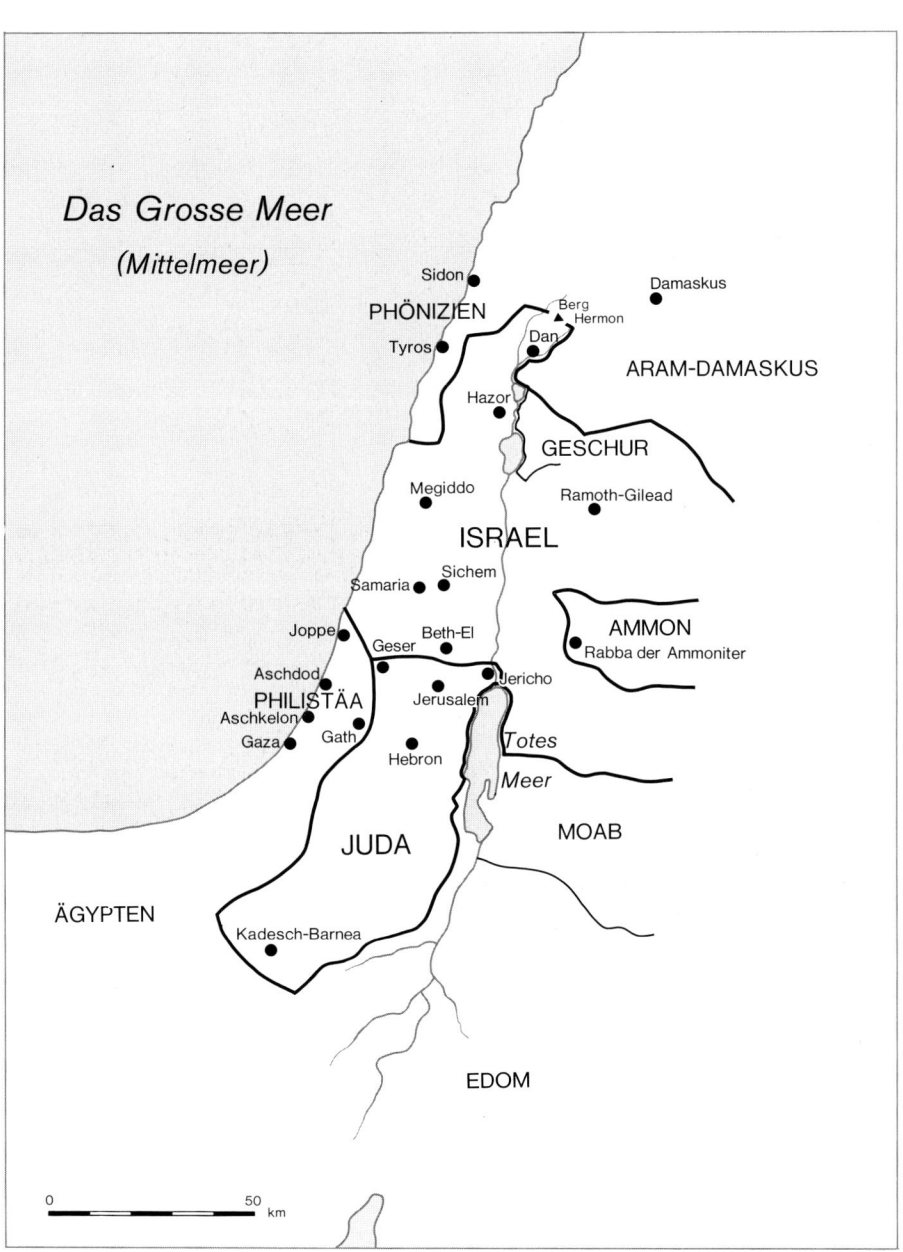

Oben: Die Grenzen von Israel und Juda nach der Reichsteilung.

Links oben: Bei den ersten Grabungen in Megiddo fand man ein Siegel aus Jaspis mit einem brüllenden Löwen. Die Inschrift nennt den Besitzer: „Schema, Diener des Jerobeam". Zweifellos gehörte es keinem einfachen Diener, sondern einem höheren Verwaltungsbeamten des Königs.

Der assyrische Militärkoloß hat den „Fruchtbaren Halbmond", von den Ufern des Persischen Golfes, von den Bergketten Persiens bis Kleinasien, von der Ebene des Zweistromlandes über Libanon und Antilibanon bis nach Palästina mit harter Faust gefesselt. Nur die tief im Südwesten gelegene siebeneinhalb Hektar große Residenz Samaria mit ein paar Quadratkilometern Weizen- und Gerstenfelder als Hinterland ist nicht bezwungen. Aus diesem Zipfel heraus wirbelt Assur der Fehdehandschuh vor die Füße!

Nach Tiglatpilesers III. Tod konspiriert König Hoschea mit Ägypten. Er verweigert den Assyrern den alljährlichen Tribut. Salmanassar V., der Nachfolger Tiglatpilesers III.,

logie, deren aufsehenerregende Funde vielen biblischen Erzählungen erst echten historischen Gehalt verliehen.

Noch war das Auto nicht erfunden, noch war elektrische Beleuchtung unbekannt, noch ragte aus den Sandflächen am Tigris kein stählernes Gerüst eines Bohrturms auf, noch bot Mosul das bunte, schillernde Bild einer Stadt wie aus Tausendundeiner Nacht. Weder die Basare noch die Harems, noch ein leibhaftiger Kalif fehlten. Es war tiefer Orient, und man schrieb das Jahr 1840.

Wie ein Gluthauch liegt der Sommer über der Stadt mit den zierlichen weißen Minaretten und den engen schmutzigen Lehmgassen. Für einen Europäer ist diese Hitze entnervend unerträglich. Paul-Emile Botta, der neue französische Konsulatsagent, entflieht dem Brutofen, so oft er kann, um auf einen Ritt am

schlägt sofort zurück. Denn da er *innewurde, daß Hoschea eine Verschwörung gemacht und Boten gesandt hatte zu So, dem König von Ägypten, und keine Abgaben dem König von Assyrien brachte wie alle Jahre, nahm er ihn fest und legte ihn ins Gefängnis* (2. Könige 17,4). Mit Samaria erleidet der letzte Rest des Nordreiches Israel das Schicksal von Damaskus, *...im neunten Jahr Hoscheas eroberte der König von Assyrien Samaria und führte Israel weg nach Assyrien...* (2. Könige 17,6). Drei Jahre hatte die kleine Bergfeste der erdrückenden Übermacht widerstanden. Keilschrifttexte erzählen, daß Salmanassar V. unerwartet während der Belagerung Samarias starb. Doch setzte sein Nachfolger Sargon II. den Kampf fort. *In meinem ersten Regierungsjahre*, rühmen die Annalen Sargons, *belagerte und eroberte ich Samaria ... 27 290 Leute, die in ihr wohnten, führte ich weg.*

Die Entdeckung der Sargon-Inschriften vor über hundert Jahren gleicht einer Geschichte aus dem Märchenland der Kalifen. Nichtsdestoweniger ist sie ein Markstein in der Altertumswissenschaft. Denn mit ihr schlug die Geburtsstunde der Assyrio-

In der russischen Kirche auf dem Ölberg fand man die Steinplatte mit der Grabinschrift des aussätzigen Königs Usija (Israel-Museum, Jerusalem). Sie lautet: „Hierher wurden die Gebeine Usijas, des Königs von Juda gebracht. Nicht öffnen" (links). Von seinem Sohn Jotam erhielt sich ein stark verwittertes Siegel (rechts außen). Einem Beamten des Königs Ahas, des Sohnes und Nachfolgers Jotams, gehörte das schöne Siegel aus Karneol in Form eines Skarabäus. „Uschna, Diener des Ahas", lautet seine Beschriftung (rechts innen).

Tigris etwas freiere Luft zu atmen. Aber bald üben einige öde Hügel am jenseitigen Tigrisufer noch mehr Reiz auf ihn aus. Zwar hat das mit den routinemäßigen Aufgaben eines Konsulatsagenten nichts zu tun. Doch Monsieur Botta ist ein gebildeter Mann. Er hat sehr genau einen Streit der Gelehrten verfolgt, der um einen biblischen Namen entbrannt ist – um Ninive. Niemand vermag genau zu sagen, wo diese Stadt in alten Zeiten gelegen haben kann. Mutmaßung steht gegen Mutmaßung. Eine davon verweist auf die Gegend von Mosul. Beim Umherstreifen in den braungelben Sandbuckeln am jenseitigen Ufer fallen Botta wiederholt Ziegelstücke auf. Es sind nur unscheinbare, nichtssagende Brocken. Trotzdem erwähnt er sie in einem Brief nach Paris. Die Antwort ist ein Schreiben von Monsieur Mohl, dem Sekretär der Société Asiatique. Es ermutigt ihn, das Gelände etwas näher zu sondieren.

Botta heuert aus eigener Tasche eine Schar Einheimischer an. In den typischen runden Tigrisbooten fahren sie hinüber zu den Hügeln, um zu graben.

Diesem ersten Versuch eines Europäers, Ninive seine Geheimnisse zu entreißen, bleibt

Als dämonenabwehrende Schutzgötter wurden im Vorderen Orient schon früh Löwen oder Fabelwesen beiderseits von Stadt-, Tempel- oder Palasttoren aufgestellt. Bei den Assyrern erhielten diese Bildwerke wahrhaft gigantische Ausmaße. Ihre toreschützenden Genien in Gestalt geflügelter Stiere mit bärtigem Götterkopf hießen Lamassu oder Schedu. Der über drei Meter hohe Flügelstier aus Alabaster im Britischen Museum (oben) stammt vom Nordwestpalast des Königs Assurnasirpal zu Kalchu (Nimrud). Um den Abtransport solcher Kolosse zu erleichtern, ließ der Ausgräber im 19. Jahrhundert sie einfach zersägen (rechte Seite, innen).

allerdings der ersehnte Erfolg versagt. Botta läßt an mehreren Hängen den Boden ausheben. Im Nu verstreichen einige Wochen mit emsigem Buddeln. Doch die Ausbeute ist gleich Null. Botta sieht seine Mittel nutzlos vertan und bricht enttäuscht die mit so viel Begeisterung begonnene Privatexpedition ab.

Vielleicht hätte er die Finger für immer von weiteren Nachforschungen in dieser Gegend gelassen, aber er hört etwas, was ihm neuen Impuls gibt. In dem elf Kilometer nördlich gelegenen Dorf Chorsabad sollen Araber bei Feldarbeiten große Säulen gefunden haben! In den ersten Märztagen 1842 ist Botta mit den Arbeitern an Ort und Stelle. Das Werk mit der Hacke beginnt. Schon am gleichen Tag stoßen sie auf Mauerwerk, auf die Wände eines offenbar großen Baues. Botta ist überglücklich, obgleich er in jenem Augenblick noch nicht ahnt, daß er ein historisches, ein wissenschaftliches Ereignis ersten Ranges ausgelöst hat. Das Mauerwerk war ein Teil des ersten riesigen assyrischen Palastes, der nach jahrhundertelangem Schlummer wieder zum Vorschein kommen sollte. Es war die Geburtsstunde der Assyriologie. Und das erste, was dieser neuen Wissenschaft unterlief, war – ein Irrtum.

Wieder einmal mehr bewies die französische Wissenschaft in diesem Fall Instinktsicherheit. Die von Botta eilends in Kenntnis gesetzte Académie des Inscriptions bringt es fertig, daß die Regierung sofort Mittel zur Verfügung stellt. Zwar ist es zunächst kein großer Fonds, jedoch der Goldfranken gilt etwas im Orient. Der Sultan erteilt die erbetene Erlaubnis für eine Ausgrabung.

Unvorstellbar und schikanös bis zum äußersten sind nur die Schwierigkeiten, die Botta selbst an Ort und Stelle von den einheimischen Behörden in Mosul gemacht werden. Einmal werden Gräben argwöhnisch als militärische Schanzarbeiten erklärt, ein andermal die primitiven Unterkünfte der Expeditionsteilnehmer als Biwak verdächtigt. Die große Grabung soll anscheinend mit allen Mitteln verhindert werden. Mehr als einmal muß Botta einen Hilferuf nach Paris senden und die französische Diplomatie intervenieren.

Trotz alledem werden dem Sand bei Chorsabad Teile einer gewaltigen Palastanlage entrissen.

Eugène N. Flandin, ein Pariser Zeichner von Ruf, der auf Antiquitäten spezialisiert war, hatte vom Louvre-Museum die Aufgabe erhalten, die heutzutage dem Expeditionsfotografen obliegt. Sein Zeichenstift brachte naturgetreu die Dinge zu Papier, die der Boden hergab. Die Zeichnungen wurden zu einer prächtigen Sammlung zusammengestellt, und das

großformatige Werk schmückte der stolze Titel *Le Monument de Ninive*. Botta war nämlich überzeugt, bei Chorsabad die biblische Stadt Ninive gefunden zu haben. Und das war der Irrtum!

Hätte er auf den Hügeln gegenüber Mosul, wo er zwei Jahre zuvor unmutig die scheinbar aussichtslose Arbeit aufgab, nur wenige Zentimeter tiefer graben lassen, so wäre ihm in der Tat die große Entdeckung seines Lebens gelungen! So aber fällt das Verdienst, Ninive entdeckt zu haben, Henry Layard zu, der 1845 im Auftrag der britischen Regierung an der gleichen Stelle Grabungen aufnahm, wo Botta verzagt hatte. Sozusagen beim ersten Spatenstich traf Layard auf die Mauern eines der mächtigen Paläste von – Ninive.

Was Botta bei Chorsabad aus der Erde geholt hatte, war die gewaltige Sargonsburg, Residenz des Assyrerkönigs Sargon II. Doch das stellte sich erst später heraus. Hätte Botta die bei Chorsabad geborgenen Tafeln lesen können, wäre ihm der Irrtum nie passiert. *Dur-Scharrukin*, „Sargonsburg", stand da in Keilschrift, die indessen 1842 noch nicht endgültig entziffert war. Der Übersetzungsschlüssel wurde erst eineinhalb Jahrzehnte darauf erprobt. 1857 übersetzten die Engländer Rawlinson und Hincks und der Deutschfranzose Oppert unabhängig voneinander ein Textstück völlig gleichlautend. Damit ist die Entzifferung der assyrischen Schrift gesichert. Im Oktober 1844 traten die von Botta geborgenen Relieftafeln und Annalentexte gemeinsam mit Statuen und Säulenblöcken eine abenteuerliche Reise an. Von Chorsabad aus schaukelte die kostbare Fracht auf Barken und Flößen den Tigris hinab. In Basra am Persischen Golf übernahm die Cormoran das wertvolle Gut und dampfte damit nach Europa. Paris hatte eine große Sensation, die die breite Bevölkerung genauso brennend interessierte wie die Gelehrten.

In den von Percier und Fontaine geschaffenen prachtvollen Räumen des Louvre übergab am 1. Mai 1847 der Bürgerkönig Louis Philippe in einem Festakt der Öffentlichkeit die Sammlung mit den ersten Zeugen aus dem Reich biblischer Erzählungen. Damit war das erste Assyrische Museum der Welt gegründet.

Die Hügel des alten Ninive schenkten der neuen Welt die gewaltigste Urkundensammlung der Antike. Die Geschichte ihrer Entdeckung ist für Frankreich nicht ohne bitteren Beigeschmack. Als die englischen Forschungen begannen, hatten sich auch die Franzosen einen Teil der Hügel reserviert. Im englischen Grabungsbereich kam ein riesiger Palast zutage,

identifizierte man das historische, biblische Ninive. Was aber mochte drüben im Sektor Frankreichs schlummern? Der Ausgräber Rassam packte eine günstige Gelegenheit beim Schopf. Er benutzte die Abwesenheit seines Chefs, Ausgrabungsleiter Rawlinson, und das silberhelle Mondlicht zu einer handfesten Exkursion in das Reservat Frankreichs. Auf Anhieb stieß er auf den Palast Assurbanipals mit der berühmten Bibliothek dieses Herrschers, der berühmtesten des Alten Orients überhaupt. 22 000 Keilschrifttafeln wanderten in das Britische Museum.

Sie enthalten das historische und geistige Erbe des Zweistromlandes, seiner Völker, Reiche und Geschicke, seiner Kulturen und Religionen, darunter die Sintflutgeschichte der Sumerer und das Gilgamesch-Epos. Ein bis dahin verschlossenes, geheimnisvolles Buch der Geschichte unserer Welt blätterte plötzlich Seite um Seite weit auf. Herrscher, Städte, Kriege und Geschichten, von denen die Menschen solange nur aus dem Alten Testament gehört hatten, entpuppten sich als Tatsachen.

Auch das biblische Erech, das im 10. Kapitel des 1. Buches Mose als Bestandteil des Reiches von Nimrod, dem *gewaltigen Jäger vor dem Herrn*, erwähnt wird, rechnet dazu. Etwa siebzig Kilometer nordwestlich vom chaldäischen Ur legte Professor Heinrich J. Lenzen in Grabungskampagnen, die vom Jahr 1928 bis heute andauern, in einem Ruinenfeld, das die Araber *Warka* nennen, die beeindruckenden

Rechts: Als Musterbeispiel eines assyrischen Königsbildes kann die Kalksteinstatue Assurnasirpals II. aus dem Ninurta-Tempel in Kalchu gelten. Der König trägt das übliche fransenbesetzte „Schalgewand" und hält als Zeichen seiner Macht ein Keulenzepter und eine Krummaxt in Händen. Haar- und Barttracht ist nach assyrischer Mode streng stilisiert. Die achtzeilige Inschrift auf der Brust nennt Name und Titel des Königs sowie in Kurzform seine kriegerischen Ruhmestaten.

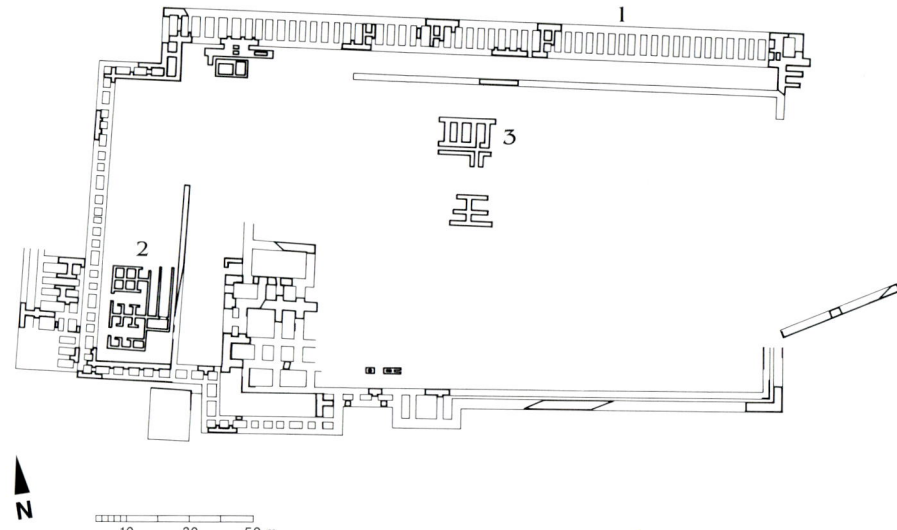

Zeugen der einstigen Großstadt Uruk – wie Erech in den Keilschrifttexten heißt – frei, unter ihnen Schrifttafeln, die bis zum 4. und 3. vorchristlichen Jahrtausend zurückreichen. Der deutsche Archäologe stieß dabei auch auf Reste der Mauern, die dem sagenhaften König Gilgamesch zugesprochen werden. Sie umziehen in neun Kilometern Länge den uralten biblischen Ort.

Mittlerweile ist manchmal vergessen, was den Anstoß zu all den erregenden Forschungen und Entdeckungen gab: Ohne die Bibel hätte man vielleicht nie danach gesucht!

Um die Mitte des vergangenen Jahrhunderts sind Ninive, die Sargonsburg, und aus dem Tell Nimrud auch das *Kelach* der Genesis, das *Nimrod baute* (1. Mose 10,11), wiedergefunden. Aber noch Jahrzehnte verstreichen, ehe eine größere Zahl von Keilschrifttexten entziffert und übersetzt einem größeren Kreis zugänglich ist. Erst um die Jahrhundertwende liegen einige zusammenfassende Texte vor, darunter die Annalen der aus dem Alten Testament geläufigen assyrischen Herrscher *Tiglatpileser*, des *Pul, Sargon, Sanherib* und *Asarhaddon*.

Der Plan von Samaria zeigt den Bestand des 9. Jahrhunderts v.Chr. mit der Kasemattenmauer, die König Ahab errichten ließ (1), dem „Haus der Ostraka" (2) und dem „Elfenbeinhaus" (3).

Welch eine Fülle interessanter, aufschlußreicher Dinge, die den geschichtlichen Wahrheitsgehalt der Bibel erhärten, enthalten die assyrischen Dokumente!

Botta fand in der Sargonsburg bei Chorsabad Sargons Berichte über seine Feldzüge nach Syrien, nach Palästina, über die Einnahme

von Samaria in Israel. Es heißt darin: *... in meinem ersten Regierungsjahre belagerte und eroberte ich Samaria.* König Sargon II. regierte von 721 bis 705 v. Chr. Das Nordreich Israel ging demnach im Jahre 721 v. Chr. zugrunde (2. Könige 17,6).

Leute der Länder, Kriegsgefangene meiner Hände, in ihr ließ ich wohnen. Meine Beamten setzte ich als Statthalter über sie und Abgabe und Tribut, wie in den assyrischen, legte ich ihnen auf, heißt es von der Eroberung Samarias in den Annalen. Das Alte Testament beschreibt die auch in diesem Fall angewandte Entwurzelungstaktik erbarmungsloser Diktatoren, von den Assyrern im Großexperiment der Welt damals zum erstenmal vorexerziert: *Der König von Assyrien aber ließ Leute von Babel kommen, von Kuta, von Awa, von Hamat und Sefarwajim, und ließ sie wohnen in den Städten von Samarien an Israels statt. Und sie nahmen Samarien ein und wohnten in seinen Städten* (2. Könige 17,24).

Zehntausende und Aberzehntausende Menschen wurden mit Gewalt aus ihrer Heimat vertrieben, in fremde Länder deportiert, die Lücken durch Verschleppte aus anderen Gegenden wieder aufgefüllt. Das Ziel war klar: Die Eigenart und der Zusammenhalt eines Volkes sollten vernichtet und damit der Wille zum Widerstand gebrochen werden. Der „Fruchtbare Halbmond" wurde umgepflügt, die Völker durcheinandergewürfelt, aus einem vielgestaltigen Nebeneinander von Rassen und Kulturen wurde ein Gemisch.

Die bunt zusammengewürfelte Bevölkerung Samariens heißt später *Samariter. Samariter* wird in römischer Zeit ein Schimpfwort und gilt als Ausdruck des Abscheus. Sowohl in völkischer als auch in religiöser Beziehung fallen die Samariter der Verachtung anheim: *Denn die Juden haben keine Gemeinschaft mit den Samaritern* (Johannes 4,9). Erst Jesus erzählt das Gleichnis vom *Barmherzigen Samariter,* solcherart ein Schimpfwort zu einem Begriff praktischer Nächstenliebe wandelnd (Lukas 10,30ff.).

Das Volk des Nordreiches und mit ihm das Königtum gingen unter und tauchten, aufgesogen von der Bevölkerung in fremden Landen, nie wieder in der Geschichte auf. Alle Forschungen nach dem Verbleib der zehn Stämme, die dort ihre Heimat hatten, verliefen bis heute im Sand.

König Omri „kaufte den Berg Samaria von Schemer für zwei Zentner Silber und baute auf dem Berg eine Stadt und nannte sie Samaria" (1. Könige 16,24–25). Omri legte seine Residenz auf einer rechteckigen Terrasse an und ummauerte sie gegen die Wohnstadt. Sein Sohn Ahab errichtete nach 871 v. Chr. eine starke Kasemattenmauer (oben). Zwei Gebäude im Residenzbezirk sind nach Funden benannt: Im „Ostraka-Haus" fand man beschriftete Tonscherben mit Abrechnungen über Wein und Öl, im „Elfenbeinhaus" eine Fülle elfenbeinerner Zierbeschläge von Möbeln oder Geräten. 721 v. Chr. wurde Samaria von Sargon II. erobert. Die eindrucksvollen Säulenstraßen (linke Seite, oben) stammen aus der Zeit des Kaisers Septimius Severus, als die Stadt Sebaste hieß.

Vorhergehende Doppelseite: Der Ausschnitt aus dem Bronzetor Salmanassars III. aus Imgur Enlil (Balawat) zeigt den Assyrerkönig bei der Entgegennahme des Tributs der phönizischen Stadt Tyros (oberer Fries) und einen Zug von Kriegsgefangenen, die nackt und gefesselt von assyrischen Soldaten abgeführt werden (unterer Fries).

JUDA UNTER DEM JOCH ASSURS

Darüber muß ich klagen und heulen, ich muß barfuß und bloß dahergehen; ich muß klagen wie die Schakale und jammern wie die Strauße. Denn unheilbar ist die Plage des Herrn: Sie kommt bis nach Juda, sein Schlag reicht bis an meines Volkes Tor, bis hin nach Jerusalem. Micha 1,8–9

In Juda mag manch einer über den Untergang des feindlichen Bruders frohlockt haben. Von Schmerz überwältigt, packt jedoch den Propheten Micha eine heiße Angst bei der Nachricht. Er ahnt, daß der Schlag, der Samaria zermalmte, eines Tages auch das Volk Juda, die Stadt Jerusalem treffen wird. Zu der Zeit war Hiskia König von Juda. *Und er tat, was dem Herrn wohlgefiel...* (2. Könige 18,3). Seit der Vater Hiskias sich 733 v.Chr. freiwillig Tiglatpileser III. unterworfen hatte, war Juda Vasallenstaat, des-

sen Tributleistungen in Ninive sorgfältig registriert wurden. Hiskia war nicht gewillt, diesen Weg seines Vaters weiterzugehen. Er wurde *abtrünnig vom König von Assyrien* (2. Könige 18,7).

Hiskia ist kein Hitzkopf, sondern ein kluger, kühl berechnender und weitschauender Mann. Er weiß sehr genau, daß sein Vorhaben für ihn wie für sein Volk ein höchst gefährliches, gewagtes Spiel bedeutet. Nur 50 Kilometer von Jerusalem entfernt sitzt zu Samaria der assyrische Statthalter, der ihn argwöhnisch beobachtet. Ein unbedachter Schritt, ein Wink nach Ninive, und Hiskia wird abgesetzt und in Ketten gelegt. Mit aller Vorsicht und Umsicht geht Hiskia vor.

Im gleichfalls unterdrückten Philisterstaat Aschdod brechen antiassyrische Unruhen aus. Das bringt eine Liga gegen die Bedrücker vom Tigris auf die Beine. Hiskia sieht eine erste Chance für seinen Plan. Er sympathisiert, bleibt aber offiziell abseits. Er verhandelt insgeheim.

Jerusalem hat in dieser Zeit fremdartigen Besuch, hochgewachsene Gestalten von *jenseits der Ströme von Kusch* (Jesaja 18,1). Es sind äthiopische Gesandte. In Ägypten regiert damals Schabaka, ein äthiopischer Pharao.

Den Unruhen in Aschdod begegnet der Assyrer mit Waffengewalt. Ein *turtanu,* ein Generalfeldmarschall, erscheint mit einer Heeresmacht. *Im Jahr, da der Tartan nach Aschdod kam, als ihn gesandt hatte Sargon, der König von Assyrien, und er gegen Aschdod kämpfte und es eroberte...* (Jesaja 20,1).

Auf den Wänden der Sargonsburg beschrieben die Hofberichter diesen Strafvollzug folgendermaßen: *Aschdod ... belagerte und eroberte ich... Seine Götter, seine Frauen, seine Söhne, seine Töchter, Hab und Gut, den Schatz seines Palastes samt den Leuten seines Landes rechnete ich als Beute. Jene Städte besiedelte ich neu...*

Die antiassyrische Liga war schon beim Herannahen der Assyrer auseinandergefallen. Das Gebiet von Aschdod wurde assyrische Provinz.

König Hiskia geschah nichts, obgleich er auf der Schwarzen Liste stand. Assyrische Spitzel hatten nämlich sein Spiel durchschaut und Sargon II. auch über Hiskias Geheimverhandlungen mit dem Nilland genau unterrichtet, wie aus dem Text eines Prismafragments zu entnehmen ist. *Philistäa, Juda, Edom und Moab, die Feindseligkeiten planten, Ruchlosigkeiten ohne Zahl ... die zum Pharao, dem König des Landes Ägypten, um ihn gegen mich feindlich zu stimmen ... ihre Huldigungsgeschenke brachten und ihn um ein Bündnis ersuchten...*

Linke und rechte Seite: Deportierte Gefangene aus den von Assyrern eroberten Gebieten mußten härteste Zwangsarbeit leisten. Reliefs aus dem Südwestpalast des Königs Sanherib zu Ninive schildern den Transport von Alabaster aus einem Steinbruch (linke Seite). Die Männer schaffen die Steine in Körben aus der Grube; größere Brocken sind auch mit Seilen auf den Rücken gebunden, andere kehren mit leeren Körben in die Tiefe zurück. Bewaffnete Soldaten führen Aufsicht und verhindern die Flucht der Häftlinge. Die zugehörige Inschrift lautet: „Sanherib, der König der Welt, König von Assur. Alabasterstein, der auf Befehl Gottes für den Bau meines Palastes im Lande Balada gefunden wurde und den ich die Leute der feindlichen Städte und die Bewohner verborgener Bergländer, die Beute meiner Hand, vermittels Eisenäxten und Hacken brechen ließ, habe ich zu großen Stierkolossen für die Tore meines Palastes gemacht." Der Transport eines solchen Stierkolosses wird in einem mehrere Platten umfassenden Fries dargestellt. Die streng bewachten Zwangsarbeiter ziehen nach Kommando den riesigen Steinklotz an starken Tauen, die mit Schulterriemen verbunden sind. Der Weg scheint weit zu sein, er führt über Berg und Tal, Wasserläufe sind zu überwinden, und das Heer der Arbeitssklaven ist unübersehbar.

W ie ein Lauffeuer verbreitet sich 705 v. Chr. die Nachricht, die schlagartig neue Hoffnung auf Befreiung vom Joch auslöst: Sargon ist gefallen! Allerorten im „Fruchtbaren Halbmond", in den assyrischen Provinzen und in den Vasallenstaaten, beginnen Komplotte, Besprechungen, Verhandlungen.

Zu dieser Zeit, so wußte man später zu berichten, *wurde Hiskia todkrank* (2. Könige 20,1) – gerade in diesem Augenblick fieberhafter politischer Tätigkeit ein schweres Handikap. Der Prophet Jesaja habe Hiskia von seiner Krankheit geheilt. *Und Jesaja sprach: Bringt her ein Pflaster von Feigen! Und als sie das brachten, legten sie es auf das Geschwür, und er wurde gesund* (2. Könige 20,7).

Auf eine Parallele zu dieser biblischen Therapie stießen französische Ausgräber in den Ruinen der phönizischen Seestadt Ugarit. Sie entdeckten dort 1939 Bruchstücke eines Veterinärbuches aus der Zeit um 1500 v. Chr., das Behandlungsvorschriften für kranke Pferde enthält. Der Oberreitmeister des Königs von Ugarit hat darin bewährte Kuren wie diese aufschreiben lassen: *Hat ein Pferd einen geschwollenen Kopf oder eine wunde Nase, so bereite eine Salbe aus Feigen und Rosinen, gemischt mit Hafermehl und Flüssigkeit. Die Mixtur ist in die Nüstern des Pferdes zu gießen.*

Für jedwede Erkrankung gibt es eine sehr präzise Rezeptur. Die Haupttheilmittel bilden Pflanzen und Früchte wie Senf und Lakritzen, also Süßholzsaft. Selbst an Ratschlägen für die Behandlung von Pferden fehlt es nicht, die beißen und – welcher moderne Züchter oder Pferdehalter weiß etwas dagegen? – zuviel wiehern. Damals konnte das Wiehern unter Umständen verhängnisvoll sein! Pferde wurden ausschließlich im Krieg und zur Jagd verwandt. Einem Streitwagentrupp, mochte er noch so gut in einem Hinterhalt getarnt sein, mußte plötzlich lautes Wiehern zum Verräter werden. Und genauso war es auf der Jagd. Die aufgeführten Heilmittel sind seit Zeiten bei den Völkern des Alten Orients erprobt. Es sind natürliche Wirkstoffe, die auch beim Menschen mit Erfolg angewendet werden. Das in dem Veterinärbuch besonders gepriesene Mittel *debelah*, eine Art gepreßter Feigenkuchen, gehört dazu. Eine solche *debelah* könnte der Prophet dem König Hiskia gegen ein Geschwür verschrieben haben. Nach drei Tagen, heißt es, war er genesen. An die Debelah erinnert noch eine arabische Arznei, ein *dibis* genanntes, aus Traubensirup gewonnenes Fluid.

Zu dieser Zeit sandte Merodach-Baladan, der Sohn Baladans, der König von Babel, Briefe und Geschenke an Hiskia, denn er hatte gehört, daß Hiskia krank gewesen war (2. Könige 20,12).

Das war unter Herrschern traditioneller Brauch und gehörte zum guten Ton im Alten Orient. Man sandte Geschenke und erkundigte sich nach dem Befinden *seines Bruders.*

Der Siloah-Teich war im alten Jerusalem der Endpunkt eines Tunnels durch den Stadtfelsen. Er wird von der Gihonquelle gespeist, die unterirdisch außerhalb der israelitischen Stadtmauer lag.

genannte Herrscher eine bedeutende Persönlichkeit seiner Zeit war; selbst über seine Privatgepflogenheiten ist einiges bekannt. Er war ein großer Gartenfreund, dem freilich nicht die Anlage prächtiger königlicher Parks am Herzen lag, sondern so nützliche Dinge wie die Gemüsearten und Obstsorten Mesopotamiens. Er beschrieb die verschiedenen Gewächse und ihren Anbau und war somit der Verfasser einer praktischen Gemüsegartenlehre.

Als Politiker war Merodach-Baladan der erbittertste und härteste Gegner von Ninive. Kein Herrscher sonst im „Fruchtbaren Halbmond" hat den Assyrern jahrzehntelang so zugesetzt, ihnen soviel harte Kämpfe geliefert und gegen die Unterdrücker vom Tigris so nachhaltig intrigiert wie er.

Der gewaltsame Tod Sargons II. rief auch ihn sofort auf den Plan. In diese Zeit fällt der Besuch seiner Gesandten bei Hiskia. Was bei dem offiziellen Genesungsbesuch in Wirklichkeit besprochen wurde, steht zwischen den Zeilen. *Hiskia aber freute sich über die Boten und zeigte ihnen das ganze Schatzhaus … und das Zeughaus…* (2. Könige 20,13). Eine geheime Aufrüstung, fieberhafte Vorbereitungen für den Tag X, für die ersehnte große Auseinandersetzung mit Assur waren in vollem Gang. *Und er … besserte alle Mauern aus, wo sie Lücken hatten, und führte Türme auf und baute draußen noch eine andere Mauer und befestigte den Millo an der Stadt Davids und machte viele Waffen und Schilde* (2. Chronik 32,5).

Jerusalems Befestigungen werden überholt, für eine harte Belagerung gewappnet, die alte Umfassungsmauer wird wiederhergestellt, Breschen werden ausgebessert, Türme errichtet. Auf der Nordseite der Stadt, dem am leichtesten verwundbaren Punkt, wird eine zweite Außenmauer dazugebaut. Damit ist indessen seine Vorsorge nicht erschöpft. *Was mehr von Hiskia zu sagen ist und alle seine tapferen Taten und wie er den Teich und die Wasserleitung gebaut hat, durch die er Wasser in die Stadt geleitet hat, das steht geschrieben in der Chronik der Könige von Juda* (2. Könige 20,20).

Die Chronik vervollständigt: *Das ist der Hiskia, der die obere Wasserquelle des Gihon verschloß und sie hinunterleitete westwärts zur Stadt Davids…* (2. Chronik 32,30).

In den Tontafeln von el-Amarna liest man öfter davon. Für den babylonischen König war die Erkrankung Hiskias jedoch nur der willkommene Anlaß, ein Vorwand, mit König Hiskia Kontakt aufzunehmen. Der wahre Grund dieser Höflichkeitsgesten lag in hochpolitischen Dingen.

Merodach-Baladan, der König zu Babel, war für Bibelleser wie Gelehrte lange Zeit eine geheimnisvolle Gestalt. Nunmehr steht fest, daß der in Babylonien Mardukaplaiddin

Jerusalem hat viele geheimnisvolle Plätze. Pilger aus aller Welt, Weltreisende dreier Religionen, Christen, Juden und Moslems, wallfahren zu ihren Stätten. Selten verirrt sich einer der zahllosen Besucher draußen vor den Mauern an den

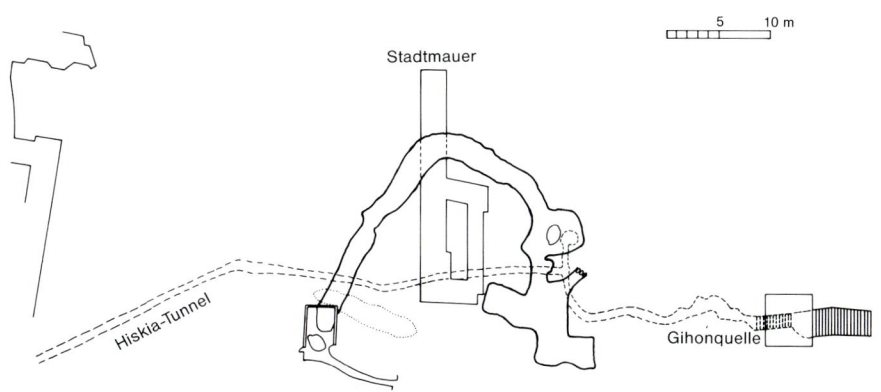

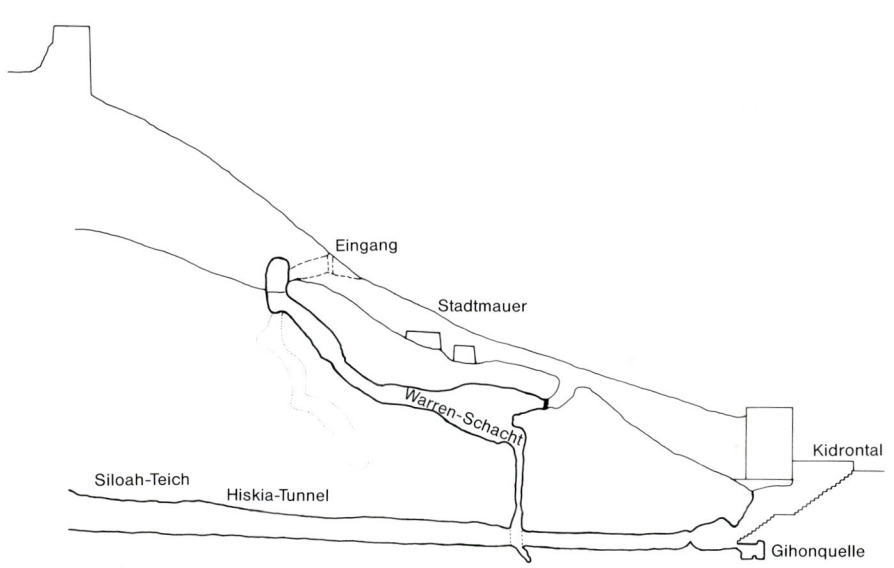

dunklen, bedrückenden Ort tief unter den lärmerfüllten Straßen der Stadt, der beredtes Zeugnis ablegt von längst vergangener härtester Zeit voller Furcht und Bedrohung. Diese Stätte war in Vergessenheit gesunken; 1880 wurde sie durch einen Zufall entdeckt. Sie trägt noch deutlich erkennbar alle Spuren einer fieberhaften Hast.

Vor der Stadt, wo im Südosten die Hänge sanft zum Kidrontal hin abfallen, spiegelt sich ein kleines ummauertes, stilles Wasser, der Siloah-Teich. Zwei Araberjungen spielten dort – einer fiel hinein. Aus Leibeskräften paddelnd, landete er auf der anderen Seite, wo sich eine Felswand über dem Teich erhebt. Plötzlich war es um ihn dunkel, ängstlich tappte er herum und entdeckte einen Gang. Der Name des Araberjungen geriet in Vergessenheit, aber seine Erzählung nicht. Man ging ihr nach und stieß auf einen ausgedehnten unterirdischen Tunnel.

Ein schmaler Gang von 60 Zentimetern Breite und knapp eineinhalb Metern Höhe ist in den Kalkstein getrieben. Einen halben Kilometer geht es in Windungen unmerklich bergauf. Dann endet der Kanal an der Marienquelle, der Wasserspenderin Jerusalems seit alters. In biblischer Zeit hieß sie Gihonquelle.

Bei der Untersuchung des Ganges durch Sachverständige fielen diesen im Schein der Fackeln an der Wand althebräische Buchstaben ins Auge. Auf der Inschrift, nur wenige Schritte vom Eingang am Siloah-Teich in den Fels geritzt ist, steht: *Zu Ende ist die Durchbohrung. Und dies war die Geschichte der Durchbohrung: Als noch die Arbeiter die Hacke erhoben einer zum andern hin und als noch drei Ellen durchbohrt werden mußten, hörte man, wie einer dem andern zurief, daß ein Loch im Felsen entstanden sei nach rechts und nach links. Und am Tage der Durchbohrung schlugen die Tunnelarbeiter einer dem andern entgegen, Hacke gegen Hacke. Da strömten die Wasser aus der Quelle in den Teich an zwölfhundert Ellen, und hundert Ellen war die Höhe des Felsens über dem Haupt der Tunnelarbeiter. Das war der Wasserleitungsbau des Königs Hiskia!*

Bei einer Belagerung ist die Versorgung mit Trinkwasser das Problem Nummer eins. Die Begründer Jerusalems, die Jebusiter, hatten dazu den Einstiegschacht durch den Berg hinab zur Gihonquelle getrieben; Hiskia leitete ihr Wasser, das sonst in das Kidrontal floß, durch den Berg zur Südwestseite der Stadt. Der Siloah-Teich liegt innerhalb der von ihm erbauten zweiten Umfassungsmauer.

Die Zeit war knapp; assyrische Truppen konnten von heute auf morgen vor den Toren Jerusalems stehen. Daher gingen die Arbeiter von beiden Seiten her ans Werk.

Bemerkenswerterweise führt der Kanal S-förmig in zwei großen Bögen durch das Gestein. Warum trieben die Arbeiter den unterirdischen Stollen vom Siloah-Teich und von der Gihonquelle her nicht auf dem kürzesten Weg, also gradlinig, aufeinander zu? Das mühselige Werk wäre rascher vollendet gewesen; von 512 Metern Länge wären 217 Meter harter Arbeit gespart worden.

Im Lande wird eine alte Erzählung von Mund zu Mund weitergegeben, die wissen will,

Oben: Plan und Querschnitt des Warren-Schachts und des Hiskia-Tunnels. Die Wasserversorgung Jerusalems wurde ausschließlich von der Gihonquelle garantiert. Da sie außerhalb der Stadt lag, legten schon die Jebusiter einen Schacht an, durch den man ungesehen von der Stadt zur Quelle gelangen konnte. Unter der Bedrohung durch den Assyrerkönig Sanherib ließ König Hiskia gegen 700 v. Chr. einen 512 Meter langen Tunnel von der Quelle zum Siloah-Teich schlagen. Daß das Werk von zwei Seiten her begonnen wurde, belegt eine hebräische Inschrift, die das Zusammentreffen der Tunnelarbeiter feiert (oben links).

warum die Umwege gemacht werden mußten. Zwischen Quelle und Teich sollen tief im Gestein die Gräber der Könige David und Salomo liegen.

Forscher spürten dieser merkwürdigen Erklärung aus dem Volksmund nach, klopften in dem engen, feuchten Tunnel die Wände systematisch ab, ließen vom Hügel herunter Schächte in den Berg treiben, und tatsächlich fand R. Weill hier Einschnitte im Felsen – vielleicht Gräber, die aber offensichtlich schon im Altertum zerstört worden waren.

Im vierzehnten Jahr des Königs Hiskia zog herauf Sanherib, der König von Assyrien, gegen alle festen Städte Judas und nahm sie ein (2. Könige 18,13).

Vier Jahre Zeit blieben den Staaten in Syrien und Palästina für ihre Verteidigungsmaßnahmen. Die assyrischen Statthalter wurden verjagt. Eine starke Liga entstand. Die Könige von Askalon und Ekron verbündeten sich mit Hiskia, und Ägypten versprach Hilfe im Fall kriegerischer Verwicklungen.

Dem neuen assyrischen Herrscher Sanherib bleibt dies alles natürlich nicht verborgen. Aber ihm sind zunächst die Hände gebunden. Nach dem Tod seines Vorgängers Sargon II. brach im Osten des Reichs der Aufstand los. Die treibende Kraft war Merodach-Baladan. Sobald Sanherib Ende des Jahres 702 v. Chr.

wieder Herr der Lage im Zweistromland ist, bricht er nach dem Westen auf und schlägt in einem einzigen Feldzug die rebellischen Kleinstaaten nieder. Ein gleiches Schicksal erleidet die ägyptische Armee, die Schabaka, ein Pharao der äthiopischen Dynastie, unter Führung seines Neffen Taharka den Assyrern entgegengeschickt hat.

Juda wird von Sanheribs Truppen besetzt, König Hiskia in Jerusalem eingeschlossen. Von den Grenzfestungen leistet nur noch Lachisch Widerstand. Sanherib setzt gegen diese ungewöhnlich starke Burgstadt seine Sturmtruppen ein.

Wer den furchtbaren Kampf um Lachisch plastisch, dramatisch bis ins kleinste Detail nacherleben will, muß dem Britischen Museum in London einen Besuch abstatten. Hier haben die mächtigen Reliefs ihren Platz gefunden, auf denen Sanherib die Ereignisse

Die Reliefs aus dem Palast des Assyrerkönigs Sanherib in Ninive schildern die Belagerung von Lachisch im Jahre 701 v. Chr. (unten) und den Abtransport von Gefangenen (rechte Seite). Auch die Belagerungsrampe, über die die Angreifer zur Mauerkrone gelangen konnten, ist dargestellt. Auf einer Unterlage von Schotter verlegte man eine zementgebundene Pflasterung. Man glaubt, vor Lachisch die Reste einer solchen Rampe und auch einer Gegenrampe der Verteidiger gefunden zu haben.

Am Stadtrand von Lachisch stieß der englische Ausgräber James Lesley Starkey 1938 auf ein Massengrab mit nahezu 2000 menschlichen Skeletten – vielleicht die Opfer der in der assyrischen Belagerungsarmee ausgebrochenen Seuche.

festhalten ließ. Sir Henry Layard barg die Kleinode aus dem Schutthügel von Ninive.

Auf den Türmen und Brustwehren der Burgfeste Lachisch mit ihren hohen, starken Mauern kämpfen die jüdischen Verteidiger verbissen. Sie überschütten die Angreifer mit einem Regen von Pfeilen, wälzen Steine hinunter, schleudern Brandfackeln zwischen die Feinde. Die Gesichter, das krause Haar, die kurzgeschnittenen Bärte sind deutlich zu erkennen. Nur wenige tragen einen Kopf- oder Körperschutz.

Am Fuß der Mauer greifen die Assyrer mit äußerster Heftigkeit und mit allen Waffengattungen an. Sanherib hat die ganze Skala erprobter Sturmmittel eingesetzt. Seine Soldaten sind bis an die Zähne bewaffnet, jeder trägt Brustschutz und Helm. Die Pioniere haben schräg ansteigende Dämme aus Erdwerk und Steinen, aus niedergehauenen Bäumen gebaut. Gepanzerte Mauerbrecher stoßen auf diesen Rollbahnen gegen die Mauern vor. Sie sind vorn mit einem Rammsporn bestückt, der wie ein Kanonenrohr herausragt. Die Besatzung besteht aus drei Mann. Aus dem Schutz einer Kuppel schießt der Bogenschütze. Ein Krieger steuert den Rammbock, unter der Wucht der Schläge zersplittern Steine und Ziegel. Der dritte Mann schüttet mit einer Kelle Wasser auf die Panzerung, um die Brandfackeln zu löschen. Mehrere solcher Belagerungsmaschinen sind gleichzeitig im Einsatz. Erdtunnel werden in den Berg unter das Mauerfundament vorgetrieben. Im Schutz der gepanzerten Fahrzeuge geht die Infanterie vor, Bogenschützen, teils kniend, teils gebückt, von einem Schildträger abgedeckt. Die ersten gefangenen Männer und Frauen werden abgeführt. Leblose Körper hängen auf spitzen Balken ... Gepfählte.

James Lesley Starkey, ein englischer Archäologe, grub die Ruinen der Festungsmauern von Lachisch aus. Deutlich sieht man an ihnen noch heute die von den assyrischen Rammböcken geschlagenen Löcher und Breschen. Aus dem Kampfgetümmel, dem Lärm der Belagerung um die Grenzfeste Judas erging von Sanherib ein Befehl: *Und der König von Assyrien sandte den Tartan und den Rabsaris und den Rabschake von Lachisch zum König Hiskia mit großer Heeresmacht nach Jerusalem ...* (2. Könige 18,17). Das bedeutete Angriff auf Jerusalem!

Auch was nun geschah, hielten die Geschichtsschreiber des Assyrerkönigs fest. Ein sechsseitiges Tonprisma aus den Schutthalden Ninives lautet: *Und Hiskia von Juda, der sich meinem Joche nicht unterworfen hatte ... ihn selbst schloß ich wie einen Käfig-*

vogel in Jerusalem, seiner Residenz, ein. Schanzen warf ich gegen ihn auf, und wer aus dem Stadttor herauskam, dem vergalt ich seine Untat. Seine Städte, die ich geplündert hatte, trennte ich von seinem Lande ab ...

Jetzt müßte eigentlich die Meldung vom Fall Jerusalems, von der Einnahme der Hauptstadt folgen. Aber der Text fährt fort: *Ihn aber, Hiskia, warf die Furcht vor dem Glanz meiner Herrschaft nieder ... dreißig Talente Gold ... einen schweren Schatz sowie seine Töchter, seine Palastdamen, Sänger und Sängerinnen ließ er hinter mir nach Ninive herbringen. Und um seine Abgabe zu übergeben und mir zu huldigen, schickte er seinen Gesandten.*

Das ist der prahlerisch aufgemachte Bericht über eine Tributleistung – nichts weiter. *Da legte der König von Assyrien Hiskia, dem König von Juda, dreihundert Zentner Silber auf und dreißig Zentner Gold* (2. Könige 18,14).

Unvermittelt gehen die assyrischen Texte von der Schilderung des Kampfgeschehens um Jerusalem auf die Tributleistung Hiskias über. In einem Augenblick, da das ganze Land bereits erobert und die Belagerung Jerusalems, des letzten Stützpunkts des Aufstands, in vollem Gang war, geschah das völlig Unerwartete: Sanherib brach den Sturmangriff ab. Nur etwas Außergewöhnliches konnte ihn zum Abbruch der Kämpfe bewogen haben. Was mochte das gewesen sein?

Während die assyrischen Berichte sich darüber in Schweigen hüllen, sagt die Bibel: *Und in dieser Nacht fuhr aus der Engel des Herrn und schlug im Lager von Assyrien hundertfünfundachtzigtausend Mann. Und als man sich früh am Morgen aufmachte, siehe, da lag alles voller Leichen. So brach Sanherib, der König von Assyrien, auf und zog ab, kehrte um und blieb zu Ninive* (2. Könige 19,35–36).

Herodot von Halikarnassos, der berühmteste Weltreisende der Antike, half das Rätsel lösen. Der um 490 v.Chr. geborene Geschichtsschreiber besaß einen ausgesprochenen Sinn für das Merkwürdige an Menschen und Völkern. Wie ein personifizierter Fragebogen lockte er auf seinen Reisen durch den Alten Orient aus den Zeitgenossen heraus, was es nur Wissenswertes für ihn gab. In Ägypten führte er ein langes Gespräch mit einem Tempelpriester, der dem wißbegierigen Griechen eine sonderbare Geschichte anvertraute.

Gerade zu der Zeit, als der Assyrerkönig Sanherib mit einem großen Heer gen Ägypten zog, sei ein Priester König in Ägypten gewesen, der den Stand der Krieger verachtete. Die ägyptischen Soldaten, die so wegwerfend behandelt wurden, weigerten sich, ins Feld zu

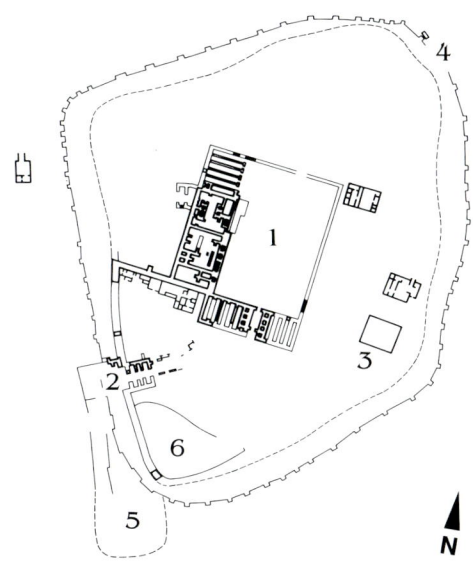

ziehen. Da sei der Priesterkönig voller Verzweiflung in den Tempel geeilt. Dort habe er erfahren, daß die Gottheit ihm Helfer senden werde. Im Vertrauen darauf sei der König, dem tatsächlich keine Soldaten, sondern nur Krämer, Handwerker und Marktvolk folgten, gegen Sanherib aufgebrochen. An den Pässen des Landes *habe sich des Nachts über ihre Gegner ein Schwarm von Feldmäusen ergossen ... die Köcher ihnen zernagt und die Bogen, auch die Handhaben der Schilde, so daß am folgenden Tag, da sie entblößt von Waffen flohen, eine Menge gefallen sei. Daher steht jetzt dieser König im Hephaistosheiligtum mit einer Maus auf der Hand, welche in Schriften sagt: „Sieh mich an und bleibe unversehrt."*

Wie dunkel der Sinn auch scheint, der dieser Kultsage innewohnt, ihr Kern ist historisch. Die Maus bedeutete für die Völker des Altertums wie auch in der Bibel (1. Samuel 6,4) das gleiche wie im Mittelalter die Ratte. Sie ist das Symbol der Pest!

Am Stadtrand von Lachisch fand der Archäologe Starkey im Jahre 1938 einen möglichen Hinweis: Ein Massengrab im Fels mit zweitausend menschlichen Skeletten, unverkennbar in großer Hast hineingeworfen. Wenn diese Toten Opfer einer Epidemie waren, dann dürfte es sich um eine verheerende Seuche gehandelt haben.

Das Drama des Feldzugs war abgerollt und Jerusalem noch einmal davongekommen. Aber ringsum im Lande Juda sah es fürchterlich aus. *Euer Land ist verwüstet,* klagt der Prophet Jesaja, *eure Städte sind mit Feuer verbrannt; Fremde verzehren eure Äcker vor euren Augen; alles ist verwüstet wie beim Untergang Sodoms.* Übriggeblieben ist allein

die Tochter Zion wie ein Häuslein im Weinberg, wie eine Nachthütte im Gurkenfeld, wie eine belagerte Stadt (Jesaja 1,7–8).

Nur der Gedanke an die wunderbare Errettung der Stadt Davids gibt dem hartgeprüften Volk neue Hoffnung und Mut. Unverzagt wendet es alle Kräfte an den Wiederaufbau, der ungestört von Ninive rasch vonstatten geht. Denn Sanherib kehrt nie wieder zurück, weil die folgenden zwei Jahrzehnte mit Feldzügen und Schlachten des Despoten in Mesopotamien ausgefüllt sind. Danach fällt Sanherib durch Mörderhand. *Und als er anbetete im Haus seines Gottes Nisroch, erschlugen ihn mit dem Schwert seine Söhne Adrammelech und Sarezer, und sie entkamen ins Land Ararat. Und sein Sohn Asarhaddon wurde König von seiner statt,* heißt es knapp und sachlich in 2. Könige 19,37.

Asarhaddon selber, der Thronfolger, schildert ausführlich und bildhaft die turbulenten Tage in Ninive: *Ein ungetreues Trachten bemächtigte sich meiner Brüder ... Sie empörten sich. Um die Königsherrschaft auszuüben, töteten sie Sanherib. Wie ein Löwe wütete ich, es tobte mein Gemüt ...* Trotz heftiger Kälte, in Schnee und Eis bricht er im 11. Monat des Jahres 681 v. Chr. ohne Zögern zur Niederwerfung seiner Feinde auf. *Jene Thronräuber ... flohen in ein unbekanntes Land. Ich erreichte das Ufer des Tigris, ließ meine Truppen über den breiten Tigris wie über einen Kanal springen. Im Addar (12. Monat) ... traf ich in Ninive ... freudig ein. Auf den Thron meines Vaters setzte ich mich froh. Es wehte der Südwind ... dessen Wehen der Ausübung der Königsherrschaft günstig ist ... Ich bin Asarhaddon, der König der Welt, der König von Assyrien ... der Sohn Sanheribs ...*

Oben links: Plan von Lachisch

1 Judäische Palastburg
2 Stadttor
3 Großer Schacht
4 Brunnen
5 Belagerungsrampe
6 Gegenrampe

Oben rechts: An den Ruinen der Festungsmauern von Lachisch sind noch die von den assyrischen Rammböcken geschlagenen Löcher und Breschen zu erkennen.

Die mit Goldblech überzogene Bronzestatuette einer thronenden Gottheit im Museum von Aleppo stammt aus Hama, der Hauptstadt eines aramäischen Königreichs, die 720 v. Chr. durch Sargon II. erobert und zerstört wurde. Der Gott trägt den mit Musterbändern dekorierten langen syrischen Rock und eine Hörnerkrone; in der Hand hielt er einst ein Zepter.

DIE VERFÜHRERISCHEN KULTE KANAANS

Manasse war zwölf Jahre alt, als er König wurde; und er regierte fünfundzwanzig Jahre zu Jerusalem… Und er tat, was dem Herrn mißfiel, nach den greulichen Sitten der Heiden, die der Herr vor Israel vertrieben hatte…
2. Könige 21,1–2

Greuliche Sitten der Heiden – sagt der offizielle Bericht. Jesaja, der große Prophet und Zeitgenosse des Königs Manasse, wird deutlicher, wenn er bitterlich klagt: *Wie geht das zu, daß die treue Stadt zur Hure geworden ist?* (Jesaja 1,21). Wie Jesaja erheben auch all die anderen Propheten durch die Jahrhunderte hart und unmißverständlich den immer gleichen Vorwurf, der dem Bibelleser so ungeheuerlich erscheint.

Einem roten Faden gleich zieht sich die Anklage durch viele Bücher des Alten Testaments, begleitet sie die wechselvolle Geschichte der Kinder Israel. Sie ertönt von der Zeit an, wo Israel nach langer Wüstenwanderung den Jordan erreichte… (4. Mose 25,1–2). Sie klingt aus der Zeit der Richter… (1. Samuel 2,22). Sie erschallt aus den beiden Königreichen, aus Juda… (1. Könige 14,23–24) wie aus dem Nordreich Israel… (Hosea 4,13–14). Sie verstummt selbst nicht in den Jahren der Gefangenschaft an den Wassern zu Babel im 6. Jahrhundert v. Chr. (Hesekiel 16,15ff.).

Es gibt einen Zeugen für das, was die Bibel die *greulichen Sitten der Heiden* bezeichnet. Philo von Byblos, ein phönizischer Gelehrter, der hundert Jahre nach Christus lebte, hatte umfangreiches Material aus seiner Heimat zusammengetragen und eine *Phoinikika*, eine „Phönikische Geschichte", geschrieben. Sie befaßt sich bis in die fernste Vergangenheit mit dem historischen Geschehen in den Hafenstädten und Küstenrepubliken Kanaans und beschreibt zudem die phönizischen Gottheiten, Mythen und Kulte. Als Hauptquelle für sein Werk nennt Philo den phönizischen Priester Sanchuniaton, der noch vor dem Trojanischen Krieg gelebt haben soll. Als eines Tages durch ein Erdbeben die beschrifteten Säulen am Melkart-Tempel zu Tyros einstürzten, habe Sanchuniaton die uralten Inschriften kopiert.

Bischof Eusebius von Caesarea entdeckte 314 n. Chr. die Schriften Philos und berichtete darüber. Manches darin, vor allem Mythen und Kulte, schienen in der Tat unfaßbar.

Über den Baalen Kanaans stand Gott El an erster Stelle. Seine Gemahlin war Aschera, eine Göttin, die auch in der Bibel Erwähnung findet. El heiratete seine drei Schwestern, von denen eine Astarte war. Auch sie wird im Alten Testament wiederholt genannt. El tötet nicht nur seinen Bruder, sondern auch seinen eigenen Sohn; er schneidet seiner eigenen Tochter den Kopf ab, er entmannt seinen Vater, sich selber und zwingt seine Bundesgenossen, das gleiche zu tun.

Im alten Kanaan war der Sinnenkult Dienst an den Göttern, rechneten weibliche und männliche Buhlen als „Geweihte" zum Kultpersonal, kamen die Spenden für ihre „Dienste" den Tempelkassen als „Opfer für die Gottheit" zugute.

Die Propheten und Chronisten haben nichts weniger als übertrieben. Wie sehr ihre harten Worte begründet waren, wurde erst seit den großen Funden in Ras Schamra völlig klar.

An der nordsyrischen Küste liegt genau gegenüber der Ostspitze Zyperns Minet el-Beida, der „Weiße Hafen". Die Wellen des Mittelmeeres brechen sich hier in einem wundervollen Spiel der Farben, das vom hellen Grün bis zu einem tiefen Violettblau wechselt, an schneeweiß leuchtenden Kalksteinfelsen. Mächtige Wolkenbänke umlagern landeinwärts den einsamen Berggipfel des Dschebel Aqra, einst der heilige Berg Zaphon des Götterkönigs.

In der Nähe des Meeres entdeckt 1928 ein Bauer beim Pflügen einen langen unterirdischen Gang. Eine erste Untersuchung ergibt, daß er zu einer Grabkammer führt. Es handelt sich um ein Totengewölbe im Stil von Mykene.

Auf die Meldung von dem Fund reagiert Frankreich, dem als Mandatsmacht Syrien untersteht, mit schon gewohnter Schnelligkeit. René Dussaud, Konservator der orientalischen Altertümer im Louvre, setzt Claude Schaeffer mit einigen anderen Fachleuten zum „Weißen Hafen" in Marsch. Aufregende Entdeckungen stehen ihnen bevor!

1200 Meter von Minet el-Beida entfernt erhebt sich ein künstlicher Hügel. Munter plätschernd umsäumen ihn die Arme eines Bachs. Seit jeher heißt er im Volksmund *Rasesch-Schamra*, „Fenchelkopf". Tatsächlich wuchert Fenchelkraut auf dem alten Ruinenhaufen, der die Überreste der phönizischen Königsstadt Ugarit birgt. Vor mehr als dreitausend Jahren wurde sie im Ansturm der Seevölker für immer ausgelöscht.

Schaeffer hat mit seinen Grabungen auf dem „Fenchelkopf" unerhörtes Glück. Denn hier endlich taucht der langgesuchte Nachweis für

die vielberufenen Kulte Kanaans auf. Zwischen zwei Tempeln, von denen der eine dem Gott Baal, der andere dem Gott Dagon geweiht war, findet er inmitten reicher Kaufmannshäuser das Haus des Hohenpriesters von Ugarit, der über eine stattliche Bibliothek verfügte, wie die vielen erhalten gebliebenen Schrifttafeln zeigen. Schaeffers geübter Blick erkennt sofort, daß die Schreiber sich teilweise eines bisher unbekannten phönizischen Alphabets bedienten. Die Entzifferung wird überraschend schnell schon 1930 von drei Gelehrten – dem Deutschen H. Bauer von der Universität Halle und den Franzosen C. Virolleaud und E. Dhorme – bewältigt. Es handelt sich um Texte in einer nordkanaanäischen Sprache, die wie das Aramäische und das Hebräische zum Nordwestsemitischen gehört. Während die in Ugarit gefundenen Briefe und Verträge meist in akkadischer Silbenkeilschrift abgefaßt sind, enthalten die in der ugaritischen Keilalphabetschrift geschriebenen Tafeln vorwiegend mythologische und kultische Texte.

Die in dieser einzigartigen Dokumentation beschriebenen Mythen und Gebräuche strotzen von blutigem Geschehen um Götter und Halbgötter und zeigen, welch besondere Bedeutung den Riten für die Fruchtbarkeitsgöttinnen in Kanaan zukam.

Der Kult, den Kanaan mit der Fruchtbarkeit trieb, erstreckte sich bis in den Alltag. Unter vielen der ausgegrabenen Häuser befindet sich ein Totengewölbe, in dem die Einwohner von Ugarit ihre Verstorbenen beisetzten. Seltsam geformte Tonröhren gehen in die Tiefe; den Toten wurden auf diesem Weg Wasser, Wein und Öl, Fleisch und Blut geopferter Tiere gespendet.

Grausam und wild sind Astarte und Anath, Fruchtbarkeits- und Kriegsgöttinnen zugleich. Das Baal-Epos aus Ugarit schildert die Göttin Anath: *Mit Macht mähte sie die Bewohner der Städte nieder, sie erschlug das Volk der Meeresküste, sie vernichtete die Männer des Ostens.* Sie trieb die Männer in ihren Tempel und schloß die Tore, damit niemand entkommen konnte. *Sie schleuderte Stühle auf die Jünglinge, Tische auf die Krieger, Fußbänke auf die mächtigen Männer.* Sie watete bis zu den Knien, ja bis zum Hals in Blut. Zu ihren Füßen lagen Menschenköpfe, über ihr flogen Menschenhände wie Heuschrecken umher. Sie band sich die Köpfe ihrer Opfer als Zierde auf den Rücken, die Hände an ihren Gürtel. *Ihre Leber schwoll vom Lachen, ihr Herz war voller Freude, die Leber von Anath war voll von Frohlocken…* War sie befriedigt, wusch sie ihre Hände in geronnenem Menschenblut, um sich wieder anderen Dingen zuzuwenden. Anath ist Schwester und Gemahlin des Baal, des Gottes der Stürme und der Niederschläge. Sein Symboltier ist der Stier. Baal befruchtet das Vieh auf den Weiden mit Regen, damit es fett wird. Er ist auch um dessen Fortpflanzung besorgt. Wenn er im Wechsel der Jahreszeiten stirbt, überwältigt wird

Die phönizische Handelsmetropole Ugarit (Ras Schamra) an der syrischen Küste fiel um 1190 v. Chr. dem Ansturm der „Seevölker" zum Opfer. Die 1928 einsetzenden Ausgrabungen legten neben Palast- und Tempelbezirken auch ausgedehnte Wohnquartiere frei (oben rechts). Das Ausfalltor der Festung besitzt wie die Grabkammern unter den Häusern ein „falsches" Gewölbe aus vorkragenden Steinlagen.

Die reichen Hafen- und Handelsstädte Phöniziens waren nicht nur Umschlagplätze von Waren, sondern auch von Ideen und künstlerischen Formen. Die Vermittlerrolle zwischen Ägypten, Kreta und der Ägäis im Westen und den mesopotamischen Kulturen im Osten zeugte hier eine merkwürdige Mischkultur und religiösen Synkretismus. Ein typisches Beispiel für die „Internationalität" wie auch für die sinnlich verlockenden Kulte von Städten wie Ugarit ist eine Elfenbeinschnitzerei im Louvre. Man schreibt die Arbeit einer mykenischen Werkstatt zu, die sich in Ugarit niedergelassen hat. Der weitverbreitete Typus einer „Herrin der Tiere", den später die griechische Artemis übernimmt, mischt sich hier mit den Eigenschaften einer Liebes- und Fruchtbarkeitsgöttin.

wie der Bulle unter dem Messer des Opferers, übernimmt sein Sohn diese Aufgaben. *Da taten die Israeliten, was dem Herrn mißfiel und dienten den Baalen* (Richter 2,11). In Hazor konnte das Abbild eines jener Götzen in Israel selbst geborgen werden. Man fand es inmitten der heidnischen Kultplätze, wie sie sich nach den Berichten der Bibel die Kinder Israel an vielen Orten für den Dienst an den fremden Göttern geschaffen hatten. Inmitten eines durch flache Steine eingesäumten Bezirks mit zwei Brandopferstellen aus vorisraelitischer Zeit stand neben Waffen ein Tonkrug. Er enthielt zusammen mit anderen bronzenen Votivfiguren auch die Gestalt einer sitzenden Gottheit – eines Baal.

In Ugarit fand Schaeffer auch kleine Bilder und Amulette der Astarte. Sie sind aus Ton und Gold und nackt. Schlangen und Tauben, im Alten Orient ihrer Fruchtbarkeit wegen berühmt, sind ihre Symbole.

Die Fruchtbarkeitsgöttinnen wurden vor allem auf Bergen und Anhöhen verehrt. Hier errichtete man ihn die *Ascheren,* pflanzte man „heilige Pfähle", Bäume, unter denen sich die Kulte abspielten, wie es auch in der Bibel wiederholt angedeutet wird: *Denn auch sie machten sich Höhen, Steinmale und Ascherabilder auf allen hohen Hügeln und unter allen grünen Bäumen* (1. Könige 14,23).

Erst seit die Forschungsergebnisse über die Götter Kanaans, die Kulte Phöniziens vorliegen, können wir voll ermessen, welch gewaltigen sittlichen Kampf die Kinder Israel zu bestehen hatten.

Wie groß war doch für ein einfaches Bauernvolk die Versuchung, wie gefährlich waren die Verlockungen! Mehr als einmal hatten die

Baalskulte schon tief Fuß gefaßt, waren sie bis zum Tempel Jahwes, bis zum Allerheiligsten, vorgedrungen.

Ohne sein strenges Sittengesetz, ohne den Glauben an den einen Gott, ohne die überragenden Gestalten seiner Propheten hätte Israel diese Auseinandersetzung mit den Baalen, mit den Dirnenkulten der Fruchtbarkeitsgöttinnen, mit den Ascheren und Höhen nie bestehen können!

DIE WELTMACHT NINIVE VERSINKT

Meinst du, du seist besser als die Stadt No-Amon, die da lag am Nil und vom Wasser umgeben war, deren Mauern und Bollwerk Wasserfluten waren? Kusch und Ägypten waren ihre unermeßliche Macht, Put und Libyen waren ihre Hilfe. Dennoch wurde sie vertrieben und mußte gefangen wegziehen. Ihre Kinder sind auf allen Gassen zerschmettert worden, und um ihre Edlen warf man das Los, und alle ihre Gewaltigen wurden in Ketten und Eisen gelegt. Nahum 3,8–10

Im Jahre 664 v. Chr. heimsten die Assyrer den größten Triumph in ihrer ganzen Geschichte ein. König Assurbanipal eroberte das – nach Homer – hunderttorige Theben, die bis dahin für uneinnehmbar gehaltene Hauptstadt Oberägyptens. Ein Ereignis, das in der Welt des Alten Orients ungeheures Aufsehen erregte. Der Assyrer plünderte die Metropole, deren Tempel unermeßliche Reichtümer bargen. *Die ganze Stadt eroberte ich… Silber, Gold, Edelsteine, den ganzen Besitz seines Palastes, bunte Gewänder, Linnen, prachtvolle Pferde, Sklaven und Sklavinnen, zwei große Obelisken aus glänzender Bronze mit einem Gewicht von 2500 Talenten, die Tore des Tempels nahm ich von ihrer Stelle und brachte sie nach Assyrien. Eine ungeheure Beute von unschätzbarem Werte nahm ich von Theben mit…*

Die assyrische Kriegsmaschine hatte die weitgerühmte Tempelstadt am Nil verheert. Ausgrabungen bestätigen vollauf die vom Propheten Nahum und von dem Eroberer selber geschilderte Katastrophe. Die oberägyptische Metropole erholte sich von diesem Schlag niemals mehr.

Nach diesem Eroberungszug lag den Assyrern die damalige Welt zu Füßen. Vom Oberlauf des Nil bis zu den Bergen Armeniens und zur Euphratmündung waren die Völker unterjocht, die Staaten zu Vasallen erniedrigt.

Kaum hatte Assyrien den Gipfel der Macht erklommen, da begann die Kraft des Großreichs zu erlahmen. Assurbanipal ist schon kein Eroberer und Kriegsherr mehr vom Format seines Vaters Asarhaddon, geschweige seines gewaltigen Großvaters Sanherib. Assurbanipal, der *große und berühmte Asenappar* (Esra 4,10), hat bereits andere Interessen. Nach der langen Reihe blutbefleckter Tyrannen hat sich dieser eine Assyrer ein unschätzbares Verdienst erworben. Er ließ die großen Werke der akkadischen Literatur – zu denen das babylonische Weltschöpfungsepos gehört – abschreiben; er ließ Wörterbücher und Grammatiken der verschiedenen Sprachen verfassen, die in seinem riesigen Reich gesprochen wurden. Die von ihm angelegte Bibliothek zu Ninive ist die größte und bedeutendste des Alten Orients überhaupt. Ohne diese kostbare Sammlung wäre die Menschheit um vieles ärmer, was an Gedankengut und Dichtung bis in die früheste Zeit des „Fruchtbaren Halbmondes" zurückreicht.

Dennoch war die Wildheit in diesem letzten bedeutenden Sproß der assyrischen Herrschergeschlechter nicht völlig gezähmt. Neben Kunst und Literatur liebt er die Jagd. Assurbanipal ist Großwildjäger im echten Sinne des Wortes, und seine Nachfahren in diesem Metier würden schwerlich neben ihm bestehen können. Nicht mit Flugzeug und gepanzertem Jeep, nicht mit der zielfernrohrbewehrten Elefantenbüchse, die aus sicherer Entfernung, wo kein Prankenhieb oder Stoßzahn droht, den tödlichen Schuß erlaubt, rückt dieser Großwildjäger der Antike den Bestien zu Leibe. Auf den wundervoll lebendigen Großreliefs, die noch in seinen Palästen am Tigris standen, jagt er sie im leichten zweirädrigen Jagdwagen oder auch nur zu Pferde mit Pfeil und Bogen oder mit dem Handspieß. *Dreißig Elefanten, 257 wilde Tiere, 370 Löwen* zählt nach den Keilschrifttexten Assurbanipals stolze Strecke.

Weh der mörderischen Stadt... Da liegen viele Erschlagene und eine Unzahl von Leichen... (Nahum 3,1–3). So kündigt der Prophet das Ende von Ninive an, das Ende des Weltreichs jahrhundertelanger blutiger Tyrannei. Mit Assurbanipals Tod beginnt jäh der Zusammenbruch. Die großen neuen Mächte der Indoarier und der Semiten nehmen verbündet das Riesengebilde in die Zange, zerschlagen es und teilen die Mammutbeute unter sich auf.

Im Nordosten war in den Gebirgen Irans das Reich der Meder entstanden. Da *übernahm Kyaxares die Herrschaft,* schreibt Herodot, *der ganz Asien jenseits des Halys unter sich vereinigte. Jetzt sammelte er alle, die er*

beherrschte, und zog aus gegen Ninive, um diese Stadt einzunehmen.

Im Südosten des Zweistromlandes war den Assyrern der zweite ernst zu nehmende Gegner erwachsen. Vom Rand des Kulturlandes südlich der Euphratmündung, wo auch *Ur in Chaldäa* lag, waren semitische Stämme, die Chaldäer, eingedrungen und hatten dem alten Reich um Babel frische Kräfte zugeführt. Merodach-Baladan, der schon ein Jahrhundert zuvor von sich reden und Assur schwer zu schaffen machte, war einer der ihren gewesen. Inzwischen war es seinen Landsleuten gelungen, in immer neu einströmenden Wel

len das ganze Land zu durchsetzen. 625 v.Chr. bemächtigte sich ein Chaldäer der Herrschaft über den Süden Mesopotamiens. Nabopolassar wird König und Begründer des Neubabylonischen Reichs. Auch die Chaldäer kennen zunächst nur ein Ziel, die Zerschlagung Assyriens.

Um die gleiche Zeit, da im Norden und im Süden die zwei Mächte auf der Lauer liegen, um Assyrien den Todesstoß zu versetzen, bricht aus dem kaukasischen Raum eine wilde Horde in den „Fruchtbaren Halbmond" ein, dringt durch Medien vor und über-

schwemmt das assyrische Reich – die Skythen. Plündernd und brandschatzend stoßen sie von Mesopotamien über Palästina bis zu den Grenzen Ägyptens vor.

Durch die Küstenebene am Mittelmeer stürmt der unbändige Zug skythischer Reiter. Gerüchte voller Angst und Schrecken sind ihnen vorausgeeilt. Der Prophet Zephanja sieht schaudernd, was kommen wird. *Denn Gaza wird verlassen und Aschkelon verwüstet werden; Aschdod soll am Mittag vertrieben und Ekron ausgewurzelt werden* (Zephanja 2,4).

Unter einer Weinlaube im Park eines Palastes liegt Assurbanipal auf einem weich gepolsterten Ruhebett. Mit der Rechten führt er eine Trinkschale zum Mund, in der Linken hält er eine Blume. Vor ihm sitzt seine Gemahlin Assurscharrat auf einem kostbaren Thronsessel. Diener tragen Speisen herbei oder betätigen Wedel, und eine Musikantin spielt auf der Harfe.

Welch friedliches Bild, hinge nicht an einem Baum ein abgeschlagenes menschliches Haupt. Es ist der Kopf des Königs von Elam, denn der Assyrerkönig feiert gerade seinen Sieg über die Elamiter in der Schlacht bei Susa. Das Alabasterrelief im Britischen Museum stammt aus dem Nordpalast zu Ninive.

Sie gingen auf Ägypten los, erzählt Herodot, und wie sie im palästinensischen Syrien waren, kam ihnen Psammetich, Ägyptens König, entgegen und hielt sie mit Geschenken und Bitten von weiterem Vordringen ab. Und wie darauf die Skythen auf ihrem Rückzug in der syrischen Stadt Askalon waren, blieben einige wenige zurück und plünderten das Heiligtum der Aphrodite Urania. Diejenigen Skythen nun, welche das Heiligtum in Askalon plünderten, und ihre jederzeitigen Nachkommen, schlug die Göttin mit einer Weiberkrankheit.

Nach einem Jahrzehnt ist das asiatische Reitervolk wie ein böser Spuk wieder verschwunden. Archäologische Spuren des Skytheneinfalls in Palästina sind freilich noch nicht aufgetaucht. Auch der Name der Stadt Skythopolis kann nicht als Beleg gelten, denn er stammt aus hellenistischer Zeit.

Nun rücken Meder und Neubabylonier von zwei Flanken her gleichzeitig aus Norden und Süden gegen die Assyrer vor. Assur, die mächtige Stadt und Burg am Tigris, fällt 614 v.Chr. als erste. *Der König von Babylon und sein Heer, die dem Meder zu Hilfe gezogen*

Auf einem sechseckigen Tonprisma von 37,5 Zentimetern Höhe, das der englische Oberst Taylor 1830 in Ninive entdeckte, berichtet der Assyrerkönig Sanherib unter anderem von seinem Angriff auf Jerusalem im Jahre 701 v.Chr.: „Was Hiskia vom Lande Juda anbelangt, der sich meinem Joch nicht gebeugt hat, so habe ich 46 seiner starken, ummauerten Städte belagert und erobert… Ihn selbst schloß ich in Jerusalem, seiner königlichen Stadt, ein wie einen Vogel im Käfig…"

waren, kamen nicht rechtzeitig zur Schlacht. Der König von Babylon und Kyaxares sahen einander auf den Trümmern der Stadt, lautet es in einer neubabylonischen Chronik, *und schlossen Freundschaft und Bundesgenossenschaft miteinander… Große, unermeßliche Beute machten sie in der Stadt, verwandelten die Stadt in einen Trümmer- und Schutthügel.*

612 v.Chr. sind die verbündeten Meder und Neubabylonier am Ziel: Nach einem *gewaltigen Kampf wurde die Stadt erobert;* Ninive fiel der Zerstörung anheim! *Und der Herr wird seine Hand ausstrecken nach Norden und Assur umbringen. Ninive wird er öde machen, dürr wie eine Wüste,* hatte der Prophet Zephanja gesagt (Zephanja 2,13), und nun war es geschehen. Die Befehlszentrale Ninive war zerstört und verbrannt, die durch Jahrhunderte mit Eroberungszügen und Besatzung, mit Folter, Terror und Massendeportationen nur Blut und Tränen über die Alte Welt gebracht hatte. Der „Fruchtbare Halbmond" atmete auf. Jubel erfüllte die gequälten Völker – neue Hoffnungen keimten empor.

Auch in Juda. Schon als nach Assurbanipals Tod der verhaßte assyrische Koloß vom ersten Zittern der Ohnmacht geschüttelt wurde, hatte König Josia kurzerhand die fremden Staatskulte in Jerusalem aufgehoben (2. Könige 23). Das war mehr als nur ein Akt religiösen Widerstands. Es bedeutete klar die Aufkündigung des Vasallenverhältnisses, für das die zwangsweise importierten Götter Ninives als Symbol galten. Josias Reformen bereiteten einem neuen religiösen und nationalen Lebensgefühl den Boden.

Völlig unerwartet tritt indessen ein Ereignis ein, das alles jäh wieder zu vernichten droht, *…zog Pharao Necho, der König von Ägypten, herauf gegen den König von Assyrien an den Strom Euphrat. Und der König Josia zog ihm entgegen, aber Necho tötete ihn in Megiddo, als er ihn sah* (2. Könige 23,29). Dieser Bibeltext ist ein geradezu klassisches Beispiel dafür, wie ein einziges Wort den Sinn eines Berichtes völlig verdrehen kann. Hier stempelt das fälschlich verwendete kleine Wort den König Josia zum Helfershelfer der verhaßten Tyrannen. Irgendwann einmal wurde beim Abschreiben das hebräische Wort *'al* (gegen) mit *'äl* (zu) verwechselt. In Wirklichkeit zog Pharao Necho dem Assyrer zu Hilfe. Erst durch einen zufälligen Fund kam der Assyriologe C.I. Gadd hinter diesen historischen Schreibfehlerteufel.

Gänzlich außerhalb der archäologischen Schablone war der Fundort – ein Museum. Gadd übersetzte 1923 im Britischen Museum ein Keilschriftstück, das vor Jahren im Zweistromland ausgegraben worden war.

Es lautete folgendermaßen: *Im Monat Du'uz (Juni/Juli) holte sich der König von Assyrien ein großes ägyptisches Heer und zog wider Haran, um es zu erobern… Bis zum Monat Ulul (August/September) kämpfte er gegen die Stadt, erreichte aber nichts.*

Das *große ägyptische* Heer war die Streitmacht des Pharaos Necho.

Nach dem Fall von Ninive hatten sich Reste der assyrischen Streitmacht nach Nordmesopotamien zurückgezogen. Ihr König unternahm den verzweifelten Versuch, das Verlorene von dort aus noch einmal zurückzuerobern. Dazu war Pharao Necho ihm zu Hilfe geeilt. Als aber nach zweimonatigem Kampf nicht einmal die Stadt Haran eingenommen werden konnte, zog Necho wieder ab.

Das Auftauchen ägyptischer Truppen in Palästina löste in König Josia den Entschluß aus, die Waffenhilfe der Ägypter für die verabscheuten Assyrer, koste es, was es wolle, zu verhindern. So kam es zu dem Aufmarsch der kleinen judäischen Streitmacht gegen das weit überlegene ägyptische Heer, der bei Megiddo tragisch endete.

Auf dem Rückweg nach Ägypten spielte sich Pharao Necho als Herr von Syrien und Palästina auf. In Juda statuiert er ein Exempel, um keinen Zweifel darüber zu lassen, von wem das Land jetzt abhängig ist. Joahas, der Sohn und Nachfolger Josias, wird der Königswürde entkleidet und als Gefangener an den Nil gebracht. An seiner Stelle setzt Necho einen anderen Sohn des Josia auf den Thron, Eljakim, dessen Name er in Jojakim umwandelt (2. Könige 23,31–34).

Von Pharao Necho könnten die Ägyptologen bislang keine Triumphhymnen vorweisen. *Das Kleid, in welchem er gerade diese Taten vollbrachte,* erfuhr Herodot eineinhalb Jahrhunderte später von ägyptischen Priestern, *habe er zum Dank für die Teilnahme griechischer Söldner an seinem Heereszug dem Apollotempel in Milet geweiht.* Im besiegten Land ließ er eine Stele zurück. Sie trägt in hieroglyphischer Schrift seinen Namen. Ihre Bruchstücke blieben in Sidon liegen.

Schon vier Jahre darauf – 605 v.Chr. – war Nechos Traum von der Oberherrschaft über „Asien", wie seine Vorgänger es immer genannt hatten, ausgeträumt. Noch während er in Palästina Tribute kassierte, war bereits an anderer Stelle über seine „Eroberung" entschieden worden. Nach dem gemeinsamen Sieg hatten Meder und Neubabylonier das Reich der Assyrer unter sich aufgeteilt. Die

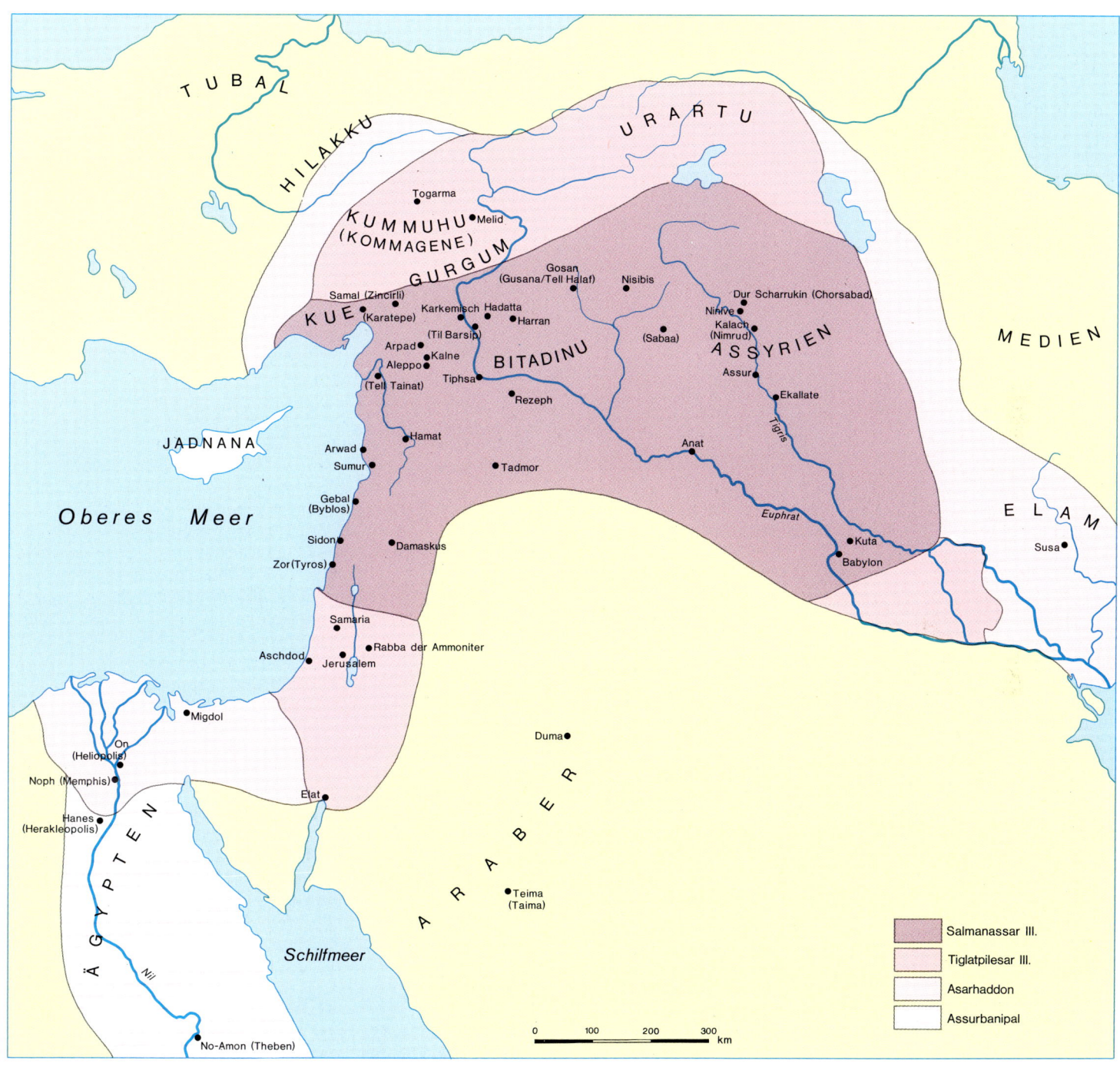

Das Neuassyrische Reich vom 9. bis 7. Jahrhundert v.Chr.

Legende:
- Salmanassar III.
- Tiglatpilesar III.
- Asarhaddon
- Assurbanipal

Meder annektierten den Norden und Nordosten, Babylon den Süden und Südwesten. Damit fiel Syrien-Palästina an König Nabopolassar. Inzwischen alt geworden und den Strapazen nicht mehr gewachsen, entsandte er den chaldäischen Kronprinzen, seinen Sohn Nebukadnezar, die neuen Länder in Besitz zu nehmen.

Necho unternahm zwar einen Abwehrversuch, aber er mißlang kläglich. Bei Karkemisch, in derselben Gegend, wo er vier Jahre zuvor dem letzten Assyrerkönig hatte beistehen wollen, wurde er an dem berühmten Euphratübergang von Mesopotamien nach Nordsyrien vernichtend geschlagen (Jeremia 46,2).

Fluchtartig zog Necho durch Palästina zurück, vom Spott des Propheten Jeremia begleitet (Jeremia 46).

Nach der schmählichen Flucht sah Juda den Necho nicht wieder. *Und der König von Ägypten zog nicht mehr aus seinem Lande; denn*

Männer, Frauen und Kinder einer von den Assyrern eroberten Stadt auf dem Weg ins Exil. Die Deportierten werden während einer Rastpause vom Wachpersonal verpflegt. Das Alabasterrelief im Vorderasiatischen Museum in Berlin stammt aus Ninive.

der König von Babel hatte ihm alles genommen, was dem König von Ägypten gehörte, vom Bach Ägypten bis an den Strom Euphrat (2. Könige 24,7). Der chaldäische Kronprinz konnte seinen Sieg bei Karkemisch nicht voll nutzen. Da ihn im Verlauf der Schlacht die Nachricht vom Tod seines Vaters ereilte, mußt er nach Babylon zurück. Nachdem Nebukadnezar die Thronfolge angetreten hatte, hielten ihn für die nächsten Jahre wichtige Regierungsgeschäfte im eigenen Land fest. So blieb Juda einstweilen eine neue Besatzung erspart.

Darüber, was sich um die Wende des 6. Jahrhunderts im einzelnen in Juda abgespielt hat, fehlen zeitgenössische Berichte. Auch die Bibel gibt kein klares Bild, wann zum Beispiel die Chaldäer zuerst im Land aufgetaucht sind, von wann an sie Tribute forderten. Die neubabylonischen Könige hinterließen nicht wie ihre Vorgänger, die Assyrer, aufschlußreiche Annalen.

JUDAS LETZTE TAGE

Zu seiner Zeit zog herauf Nebukadnezar, der König von Babel, und Jojakim war ihm untertan drei Jahre. Aber er wurde wieder abtrünnig von ihm.   2. Könige 24,1

Um die sechste Jahrhundertwende v. Chr. vollzieht sich das unheilvolle geschehen, das in wenigen Jahren auch Juda als Staat für immer aus der Geschichte des Alten Orients tilgt. In beklem-

mender Hast brechen nun die Ereignisse über den winzigen Vasallenstaat am Jordan und seine Bewohner herein, die Judas bitterste Leidenszeit zur Folge haben. Sie enden mit dem Weg ins Exil, mit der Verschleppung nach Babylonien.

Am Anfang stehen Tributverweigerung und Aufstand gegen den neuen Herrn. 597 v. Chr. kommt es in Juda zur offenen Rebellion. Nebukadnezar greift zunächst nicht persönlich ein. Vielleicht schien es ihm nicht wichtig genug; in einem großen Reich sind örtliche Aufstände keine Seltenheit. Er läßt es zuerst bei dem Einsatz von Männern aus Moab, Ammon und Syrien bewenden, denen er reguläre chaldäische Truppen zur Unterstützung mitgibt. Sie scheinen jedoch nicht Herr der Lage geworden zu sein. Dann erst eilt Nebukadnezar selbst nach Juda.

Er befindet sich bereits mit einer ansehnlichen Streitmacht auf dem Anmarsch nach Palästina, da stirbt überraschend Jojakim. Wie es scheint, ist er der einzige König von Juda, von dem wir bisher ein Konterfei haben. Im Ramat-Rahel bei Jerusalem, wo man eine königliche Zitadelle aus der Zeit Jojakims fand, kam eine Scherbe mit einer Umrißzeichnung ans Licht, die man für ein Bildnis Jojakims hält. Jojakims Sohn tritt die Nachfolge an: *Achtzehn Jahre alt war Jojachin, als er König wurde, und er regierte drei Monate zu Jerusalem... Und er tat, was dem Herrn mißfiel... Und Nebukadnezar kam zur Stadt, als seine Kriegsleute sie belagerten... Und er führte weg nach Babel Jojachin...* (2. Könige 24,8–15).

597 v. Chr. werden König Jojachin und seine Angehörigen als Gefangene nach Babylon

deportiert. Aber wer vermöchte die Zuverlässigkeit dieser Feststellung in der Bibel noch nach zweieinhalb Jahrtausenden nachzuprüfen? Dennoch bot sich der Forschung kurz vor Beginn des 20. Jahrhunderts eine Chance, über den Verbleib der judäischen Königsfamilie genaues zu erfahren.

Im Jahre 1899 rüstet die Deutsche Orient-Gesellschaft eine große Expedition unter Leitung des Architekten Robert Koldewey zu dem berühmten Ruinenhügel *Babil* am Euphrat aus. Sie gestaltet sich unvergleichlich zeitraubend; in 18 Jahren wird die berühmteste Metropole des Altertums, die Residenz Nebukadnezars, freigelegt. Ebenso eines von den „sieben Weltwundern", nämlich die von späteren griechischen Reisenden vielgerühmten „Hängenden Gärten", und der sagenhafte „Turm zu Babel". Im Palast Nebukadnezars und dem in seiner unmittelbaren Nähe gelegenen Ischtar-Tor kommen zahllose Inschriften zutage.

Doch bringen sie den Gelehrten eine gewisse Enttäuschung. Im Gegensatz zu den ausführlichen Aufzeichnungen assyrischer Herrscher, in denen auch häufig Namen und Schicksale israelitischer und judäischer Könige festgehalten sind, erwähnen die neubabylonischen kaum etwas anderes als religiöse und bauliche Ereignisse ihrer Zeit. Sie enthalten beispielsweise keinen Anhaltspunkt über das Geschehen in Juda.

Drei Jahrzehnte nachdem die großartigen Funde vom *Babil* längst in Archiven und Museen ihren Platz gefunden hatten, kam aus der unmittelbaren Nähe des Ischtar-Tores eine Menge einzigartiger Dokumente zum Vorschein – in Berlin!

Auf der von der Spree umflossenen Museumsinsel im Herzen der deutschen Hauptstadt war das wundervolle Ischtar-Tor aus Babylon im großen Lichtsaal des Kaiser-Friedrich-Museums wiederaufgebaut worden. Drohend und unheimlich standen die grellgelben Leiber der Löwen in langer Reihe auf den buntglasierten Kacheln der Prozessionsstraße des Gottes Marduk. Wie einst am Euphrat leitete sie die staunenden Menschen des 20. Jahrhunderts zu dem der Göttin Ischtar geweihten Prachttor mit den Drachen und Wildstieren.

Während oben im Lichtsaal Besucher aus aller Welt tief beeindruckt vor dem hohen leuchtenden Doppeltor standen und, wie vor Zeiten Nebukadnezar, unter seinen Bogen hindurch durch die Prozessionsstraße wandelten, harrten in den Kellerräumen des Museums einige dreihundert Keilschrifttafeln der Entzifferung.

Koldeweys Mitarbeiter hatten sie in Nebengebäuden des Nebukadnezar-Palastes nahe dem Ischtar-Tor geborgen, numeriert und in Kisten verpackt. Zusammen mit Bergen buntglasierter Ziegel, mit Löwen-, Drachen- und Wildstierreliefs traten sie die weite Reise nach Berlin an, wo ein launischer Zufall es gefügt hatte, daß die alten Tafeln nun wohlverpackt an der Spree, fast genauso wie in Babylon, nur wenige Meter unter dem Tor der Ischtar lagerten.

Der Assyriologe E. F. Weidner macht sich nach 1933 an die Durchsicht der Tafeln und Scherben in den Kellerräumen des Kaiser-Friedrich-Museums. Dann übersetzt er sie Stück für Stück. Sie enthalten nichts als Hoflisten, Abrechnungsbelege aus der königlichen Verpflegungskammer, Buchungen antiker Bürokratie, lauter nüchtern-alltägliche Dinge. Trotzdem hockt Weidner unverdrossen Tag für Tag im Keller unter dem Ischtar-Tor und übersetzt unermüdlich.

Unversehens erfährt seine recht eintönige Arbeit jedoch eine Belebung. Unter dem stumpfsinnigen Verwaltungskram findet Weidner unbezahlbar kostbare Notizen des antiken Amtsschimmels. In vier verschiedenen Quittungen über Lebensmittelausgaben stößt er auf einen vertrauten biblischen Namen: *Ja´-u-kinu* – Das ist Jojachin:

Ein Irrtum ist ausgeschlossen, denn Jojachin wird mit seinem vollen Rang als *König des (Landes) Juda* bezeichnet. Die babylonischen Tonquittungen tragen außerdem als Datum das 13. Regierungsjahr des Königs Nebukadnezar. Das bedeutet 592 v.Chr., also fünf Jahre nach dem Fall von Jerusalem und der Deportation. Zudem hat der babylonische Verpflegungsintendant in drei Fällen fünf Söhne des Königs aufgeführt, die der Obhut eines Dieners mit dem jüdischen Namen „Kenaiaj" anvertraut sind.

Als weitere Rationsempfänger aus Nebukadnezars Magazinen sind *acht Leute des Landes Juda* vermerkt, die möglicherweise zum Gefolge König Jojachins gehörten, darunter ein Gärtner mit dem Namen Salamjaama.

Jojachin, abgesetzter König von Juda, hat samt Familie und Gefolge zu Babylon im Palast Nebukadnezars gelebt, so darf nach der Entdeckung von Weidner geschlußfolgert, der biblische Bericht im 2. Buch der Könige ergänzt werden. *Und ihm wurde stets sein Unterhalt vom König von Babel gegeben, wie es für ihn verordnet war, sein ganzes Leben lang bis an sein Ende* (Jeremia 52,34).

Eine sensationelle Ergänzung zu jenem Geschehen bringt im Jahre 1955 das Studium von 2500 Jahre alten Keilschrifttafeln, die unbeachtet und vergessen seit langem im Briti-

Eine Keilschrifttafel aus Babylon berichtet von der Gefangennahme König Jojachins und der Einsetzung Zedekias durch Nebukadnezar.

Mehrere Tontafelbruchstücke aus Babylon registrieren Lebensmittellieferungen an den gefangenen König Jojachin und seine Söhne.

Tönerne „Meldeblöcke", die im Schutt des Torbaus von Lachisch gefunden wurden, geben Kunde von den dramatischen letzten Tagen vor der Eroberung der Festung durch die Babylonier.

Wie Israel und Juda gelangten auch die östlich benachbarten Königreiche der
Amoriter, Edomiter und
Moabiter trotz aller Gegen-
wehr unter die Oberherr-
schaft der vorderasiatischen
Großreiche der Assyrer und
dann der Neubabylonier und
Perser. Am Fuß der Zitadelle
von Amman, dem biblischen
Rabbat-Ammon, wurden
1949 zwei Statuen entdeckt,
die wahrscheinlich Ammoni-
terkönige darstellen. Der
eine (links) trägt eine helm-
artige Kopfbedeckung, die
der Atefkrone des ägypti-
schen Osiris ähnelt. Bei der
anderen Statue nennt eine
Inschrift in phönizischen
Buchstaben den Namen des
Dargestellten, Jerach-Azar,
und den seines Großvaters
Schanib, von dem wir wis-
sen, daß er König von
Ammon gewesen ist.

schen Museum geschlummert hatten. Bei ihrer Entzifferung stößt der Altertumsforscher D. J. Wiseman zu seiner großen Überraschung auf folgende Meldung aus der Kanzlei des babylonischen Königs: *Im siebten Jahr, im Monat Kislev, bot der König … sein Heer auf und zog nach dem Lande Chatti (Syrien). Gegenüber der Stadt der Judäer warf er sein Lager auf und eroberte am zweiten Adar (16. März 597) die Stadt. Den König (Jojachin) nahm er gefangen, einen König nach seinem Herzen (Zedekia) betraute er mit ihr. Ihre schwere Abgabe nahm er und ließ sie nach Babylon bringen.*

Das ist der Originalbericht der chaldäischen Chronik über die erste Eroberung Jerusalems durch Nebukadnezar, wie sie von der Bibel im 24. Kapitel des 2. Buches der Könige überliefert ist.

Seit der Gefangennahme Jojachins und der ersten Deportation nach Babylon waren elf Jahre verstrichen. Nun ist die Zeit gekommen, die Judas Untergang besiegelt.

Und Zedekia wurde abtrünnig vom König von Babel. Im neunten Jahr seiner Herrschaft, am zehnten Tag des zehnten Monats, zog heran König Nebukadnezar, der König von Babel, mit seiner ganzen Macht gegen Jerusalem, und sie belagerten die Stadt und bauten Bollwerke um sie her (2. Könige 25,1).

Die letzte Szene in der Tragödie dieses kleinen Volkes bietet ein Musterbeispiel, wie biblischer Bericht und Forschungsbefund das gleiche Geschehen aus verschiedener Sicht beleuchten, wie genau neben dem offiziellen Bericht im 2. Buch der Könige und in der Chronik auch die Angaben des Propheten sind. Jeremia streift in knappen Zügen Situationen aus dem aufregenden und beklemmenden Ablauf der letzten Tage, die durch Funde in Palästina als verblüffend genau und historisch echt erhärtet werden.

Nach der ersten Eroberung Jerusalems im Jahre 597 v. Chr. ließ Nebukadnezar Juda als Vasallenstaat weiterbestehen. Nachfolger des in Gefangenschaft geführten Jojachin auf dem Thron wurde dessen Onkel Matthanja, vom Chaldäerkönig in Zedekia umbenannt. Die Deportation der Stammesbrüder noch vor Augen, die bitteren Erfahrungen von einhalb Jahrhunderten, das trostlose Schicksal des Nordreichs Israel noch in lebhafter Erinnerung, ist der Widerstandswille dennoch nicht erloschen.

Sehr bald schon werden Stimmen laut, die gegen Babel hetzen, die eine Wiedergewinnung des Verlorenen ankündigen. Warnend erhebt der Prophet Jeremia seine Stimme (Jeremia 28,1–4), aber die babylonfeindlichen, proägyptischen Kreise sind es, die sich immer mehr Gehör verschaffen. Sie wiegeln das Volk auf und gewinnen schließlich auch Einfluß auf den energielosen und wankelmütigen König. Mit den angrenzenden Vasallenstaaten werden Verbindungen aufgenommen. Bei König Zedekia in Jerusalem findet ein Treffen der *Boten* aus Edom, Moab und Ammon wie auch aus den Seestädten Tyros und Sidon statt (Jeremia 27,3).

Der Umstand, daß 588 v. Chr. ein neuer Pharao, Apries, den Thron besteigt, hat offenbar den Entschluß zum Aufstand beeinflußt (Jeremia 44,30). Der neue Herrscher über Ägypten muß Juda Waffenhilfe zugesichert haben, denn *Zedekia wurde abtrünnig vom König zu Babel* (2. Könige 25,1).

Im *zehnten Monat* des gleichen Jahres 588 – es war das *neunte Jahr* des Königs Zedekia – trifft Nebukadnezar mit einem starken Heer aus Babylon ein. Blitzschnell rollt der Straffeldzug gegen das rebellische Juda ab.

Die chaldäischen Divisionen aus Fußvolk, schnellen Reiterverbänden und Streitwagenkorps brechen jeden Widerstand, erobern Stadt um Stadt. Bis auf die Hauptstadt Jerusalem und die Grenzfesten Lachisch und Aseka im Süden ist schließlich das ganze Land unterworfen.

Jerusalem, Lachisch und Aseka sind entschlossen, bis zum äußersten weiterzukämpfen. *…als das Heer des Königs von Babel schon Jerusalem und alle Städte Judas belagerte, die übriggeblieben waren, nämlich Lachisch und Aseka; denn diese waren noch übriggeblieben von den festen Städten Judas* (Jeremia 34,7).

Eindrucksvolle Zeugen führten der Nachwelt die letzte Phase des hoffnungslosen Kampfes nachhaltig vor Augen.

Dreißig Kilometer südwestlich Jerusalems schiebt sich das grüne Tal von Ela weit in die Judaberge hinein. Der *Eichengrund*, wie es bei Luther heißt, war der Schauplatz des Zweikampfes des jungen David gegen den Philisterriesen Goliath (1. Samuel 17,19ff.). Immer noch rinnt und gurgelt zwischen Eichengebüsch das Bächlein, aus dem David *fünf glatte Steine* für seine Schleuder sammelte.

Sanft steigen von dem Rinnsal her die Hänge zu einer 300 Meter hohen Kuppe an. Hier oben erstreckt sich der Blick über die Getreidefelder und Ölbaumplantagen der alten Philisterebene bis zu dem am westlichen Horizont silbern aufschimmernden Mittelmeer. An dieser Stätte identifiziert 1898 der Engländer Dr. Frederick J. Bliss eine Zitadelle mit acht

Auch dieser streng stilisierte Kopf aus der Zeit um 700 v. Chr. im Museum von Amman stellt wohl einen Ammoniterkönig dar. Die federähnlichen Gebilde seitlich der Helmkappe leiten sich von der hohen Kegelkrone des Osiris her. Ähnliche hoheitliche Kopfbedeckungen sind in Syrien und Phönizien mehrfach belegt und bedeuten dort kein Götterattribut.

starken Türmen als das alte Aseka, eine der genannten, nicht besiegten Grenzfesten. Genau 20 Kilometer südlich davon bergen die Ruinen von Lachisch noch weit kostbarere Zeugen. Der Archäologe J. L. Starkey entreißt sie mit der britischen Welcome-Marston-Expedition in den dreißiger Jahren dem Schutt des mächtigen Torbaus der Stadt, da, wo der Kampf am erbittertsten tobte. 18 Ostraka, beschriftete Tonscherben, enthalten Nachrichten von Außenforts, von Beobachtungs- und Stützpunkten judäischer Truppen, die noch nicht niedergerungen sind. Tönerne Meldeblöcke aus den Tagen des *zehnten Monats* 588 v. Chr., die an *Jaosch, den Kommandanten der Festung Lachisch,* gerichtet sind. Die hastig hingekritzelten Mitteilungen machen mit jeder Zeile die ungeheure Spannung vor dem Zusammenbruch spürbar. Einer dieser letzten Augenzeugenberichte lautet: *Möge Jahwe meinen Herrn hören lassen gute Nachricht gerade jetzt ... wir achten auf die Signalstation von Lachisch, nach den Zeichen, die mein Herr gegeben hat ... wir sehen die Signale von Aseka nicht mehr.* Diese Botschaft sagt dem Kommandanten Jaosch von Lachisch, daß Aseka gefallen ist. Nebukadnezar konnte nun die Pioniertruppen für den Sturm auf die vorletzte Festung abziehen.

Über das schreckensvolle Ende von Lachisch verschaffen sich die britischen Archäologen der Welcome-Marston-Expedition nach sechs mühseligen Grabungskampagnen im Januar 1938 Aufschluß.

701 v. Chr. berannten die Sturmtruppen des Assyrerkönigs Sanherib die Mauern von Lachisch mit rammspornbewehrten, gepanzerten Widdern. Nebukadnezars Spezialtruppen wendeten eine völlig andere Technik an, um die Übergabe der Stadt zu erzwingen. Die Untersuchung der babylonischen Zerstörungsschicht ergibt zu Starkeys Verwunderung den Befund: Asche. Asche in unglaublichen Mengen. Manche Schichten sind viele Meter stark und heute noch – nach 2500 Jahren – höher als die Reste der klobigen Festungsmauern und -wälle. Die Pioniere Nebukadnezars waren Spezialisten der Brandtechnik, wahre Meister im Entfachen von Riesenfeuersbrünsten!

Was an Holz aufzutreiben war, schleppten sie herbei, entblößten die Umgebung von Lachisch von Hainen und Bäumen, schlugen meilenweit die Hügel kahl, stapelten das Brandmaterial haushoch vor den Mauern und zündeten es an. Zahllose Ölbaumhaine fielen ihren Äxten zum Opfer, denn die Aschenschicht enthielt Unmengen verkohlter Olivenkerne.

Tag und Nacht schlug die Riesenlohe in den Himmel, leckte ein Feuerring über die Mauern hoch. Ununterbrochen fuhren die Belagerer Holz nach, bis die Steine in der Gluthitze barsten, das Mauerwerk nachgab.

Dann fiel auch Lachisch, und allein Jerusalem widerstand noch, auf das sich nun die Kampfkraft der Babylonier konzentrieren konnte. Die neue Brandtechnik anzuwenden, verbot sich von selbst. Denn der Baumbestand um Jerusalem zur Zeit der Patriarchen und der Eroberung Josuas war bis auf kümmerliche Haine und Gestrüpp längst abgeholzt (Josua 17,15–18). Jerusalem mußte daher mit den erprobten Ramm- und Belagerungsgeräten sturmreif gemacht werden.

Achtzehn Monate lang wurde Jerusalem belagert und heldenhaft verteidigt: *So wurde die Stadt belagert bis ins elfte Jahr des Königs Zedekia* (2. Könige 25,2).

Was die Belagerten aushalten ließ, obgleich schon längst der Hunger in der Stadt wütete und seine Opfer forderte, war die verzweifelte Hoffnung auf Hilfe aus Ägypten.

Diese Hoffnung schien sich zu erfüllen, denn die Babylonier zogen plötzlich ab. *Es war aber das Heer des Pharao aus Ägypten aufgebrochen, und als die Chaldäer, die vor Jerusalem lagen, davon hörten, waren sie von Jerusalem abgezogen* (Jeremia 37,5). Tatsächlich kam damals, wie auch Herodot erwähnt, eine Streitmacht des Pharao Apries aus dem Nilland herauf. Ihr Marschziel war jedoch nicht Jerusalem, Apries rückte vielmehr zu Wasser und zu Lande gegen die phönizischen Seestädte vor. Fragmente ägyptischer Denkmäler belegen seine damalige Anwesenheit in Tyros und Sidon.

So kam es, wie Jeremia vorausgesagt hatte: *Siehe, das Heer des Pharao, das euch zu Hilfe ausgezogen ist, wird wieder heim nach Ägypten ziehen* (Jeremia 37,7). Nach wenigen Tagen stand der Feind wieder vor Jerusalem, die Belagerung wurde mit aller Erbitterung fortgesetzt, der Zusammenbruch war nicht mehr aufzuhalten.

Da brach man in die Stadt ein. Und der König und alle Kriegsmänner flohen bei Nacht durch das Tor zwischen den zwei Mauern auf dem Wege, der zu des Königs Garten geht (2. Könige 25,4).

Der Fluchtweg läßt sich rekonstruieren. In dem Augenblick, da der Feind durch eine Mauerbresche in die Stadt eindrang, zogen sich die Verteidiger zunächst in den zweifach ummauerten südlichen Teil der Festung zurück, und erst nach Anbruch der Dunkelheit flohen sie durch ein Außentor ins Freie und weiter über die Hügel nach Jericho. König Zedekia wurde dabei gefaßt und vor den Großkönig geschleppt, der in seinem Hauptquartier in Ribla am Orontes weilte. *Und sie erschlugen die Söhne Zedekias vor seinen Augen und blendeten Zedekia die Augen* (2. Könige 25,7) – hartes babylonisches Kriegsrecht für Verräter. Mehrfach ist die grausame Bestrafung durch Blenden auf Reliefdarstellung bezeugt.

Jerusalem fällt der Plünderung anheim; Königspalast und Tempel werden in Brand gesteckt, Stadtmauer und Befestigungsanlagen geschleift. Der Vernichtungsbefehl erging an *Nebusaradan, den Obersten der Leibwache* (2. Könige 25,8), der im babylonischen Hofbericht als *Nabu-seri-indinnam* erscheint. Wieder wurde im Jahre 587 v. Chr. ein Teil der Bevölkerung deportiert (2. Könige 25,11). Nebukadnezar setzte das Königshaus David ab, das ununterbrochen vier Jahrhunderte geherrscht hatte. Das Land Juda wurde babylonische Provinz. Zurückgebliebene entfachten von ihren Verstecken in den Bergen aus einen Maquiskampf, dem der von Babylon eingesetzte Statthalter, ein Jude namens Gedalja, zum Opfer fiel. Einige meinen, die Vergeltung dafür war die dritte Deportation, die letzte (Jeremia 52,30). Kleine Gruppen von Judäern verstanden es, sich ihr durch die Flucht nach Ägypten zu entziehen (2. Könige 25,26; Jeremia 43,7). Glaubt man der bibli-

schen Schilderung, so senkte sich damals der Vorhang der Geschichte über einem entvölkerten Land.

Gegen die biblische Überlieferung von der Wegführung ins Exil haben Gelehrte wie die Engländer S. A. Cook und C. C. Torrey ihr Veto erhoben. Ihrer Ansicht nach hat es nie eine Massendeportation aus Juda gegeben, lediglich einige Vornehme seien in babylonische Gefangenschaft gekommen. William F. Albright wurde dagegen nicht müde, in seinen Schriften immer wieder zu betonen, wie schwer, wie umfangreich die Zerstörungen in Juda waren: „Viele Städte wurden zu Beginn des 6. Jahrhunderts v. Chr. zerstört und nie wieder besiedelt; andere wurden zu jener Zeit zerstört und zu einem etwas späteren Zeitpunkt teilweise wieder bewohnt; noch andere wurden zerstört und erst nach einer langen Periode des Verlassenseins wieder besiedelt. Es gibt nicht einen einzigen bekannten Fall, in dem eine Stadt in Juda während der Exilzeit ununterbrochen bewohnt war."

Auch wenn inzwischen eine ganze Reihe fortbestehender Siedlungen nachgewiesen werden konnte, wie zum Beispiel Mizpa, wo der babylonische Statthalter residierte – sechseinhalb Jahrhunderte nachdem Israel unter Josua das Gelobte Land betreten hatte, waren seine Stämme in alle Winde verstreut. Mit dem Ende des Südreichs Juda endet auch die Geschichte Alt-Israels – die Geschichte der Juden beginnt.

Eine Rekonstruktionszeichnung versucht, den machtvollen Eindruck wiederzugeben, den die Stadt Assur zu ihrer Glanzzeit geboten haben muß. Die halbinselartige Felsnase im Nordosten der Stadt wird vom Tigris und einem künstlich angelegten Flußarm umflossen. Hinter den gewaltigen Stadtmauern ragten der Tempel des Stadtgottes Assur (zuletzt von Sargon II. und Sanherib vergrößert) und rechts davon die Zikkurat für Enlil und Assur empor. Die beiden einst so stolzen Bauwerke sind heute jämmerliche Ruinenberge.

VOM EXIL BIS ZUM MAKKABÄERREICH

> *Baut Häuser und wohnt darin;*
> *pflanzt Gärten und eßt ihre Früchte;*
> *nehmt euch Frauen und zeugt Söhne und Töchter,*
> *nehmt für eure Söhne Frauen, und gebt eure*
> *Töchter Männern, daß sie Söhne und Töchter*
> *gebären; mehret euch dort, daß ihr nicht weniger*
> *werdet. Suchet der Stadt Bestes, dahin ich euch habe*
> *wegführen lassen … denn wenn's ihr wohlgeht,*
> *so geht's auch euch wohl.*
>
> Jeremia 29,5–7

DIE GROSSE SCHULE IM EXIL

Es war ein wohlüberlegter Rat, den der Prophet Jeremia aus Jerusalem an die Ältesten, die Priester, die Propheten, an das ganze Volk, das auf Befehl Nebukadnezars nach Babylon weggeführt worden war, schrieb. Ihm folgend, suchten und fanden sie *der Stadt Bestes;* es erging ihnen nicht schlecht. Das Exil in Babylon war mit dem harten Dasein der Kinder Israel am Nil, in Pitom und Ramses zur Zeit Mose, nicht vergleichbar. Von wenigen Ausnahmen abgesehen, gab es keine schwere Fronarbeit (Jesaja 47,6). Nirgendwo ist von Ziegelarbeit am Euphrat die Rede; dabei verfügte Babylon über die wohl größte Ziegelfabrikation der damaligen Welt. Denn zu keiner Zeit wurde in Mesopotamien soviel gebaut wie unter Nebukadnezar.

Wer sich Jeremias Rat zur Richtschnur nahm, fuhr gut, einige sogar sehr gut. Eine Familie, die es zu etwas gebracht hatte, hinterließ der Nachwelt ihre tönernen, verstaubten Geschäftsakten. „Murashu & Söhne" – Internationale Großbank – Versicherungen, Pacht- und Leihverträge, Mobilien und Immobilien – Verwaltungssitz Nippur – Filialen an allen Plätzen, das war ihre Firma, weltberühmt und renommiert, die „Lloyds" von Mesopotamien! Ja, die Murashus – displaced persons aus Jerusalem – hatten es seit 587 v.Chr. zu etwas gebracht. Sie wurden ein alteingesessenes Haus; noch in der Perserzeit war ihre Firma in Mesopotamien ein Begriff. Die „Geschäftspapiere" von „Murashu & Söhne" sind reich an aufschlußreichen Details über das Leben der Deportierten, wie Namen, Beschäftigungen, Besitztümer.

Gelehrte der Pennsylvania University entdeckten einen Teil der abgelegten Urkunden bei der Ausgrabung des Geschäftshauses die-

Wie Gerasa in Jodanien erhielten zahlreiche Städte beiderseits des Jordan durch Säulenstraßen, Tempel und Theater ein griechisches Gepräge.

Schon zur Glanzzeit des Hethiterreiches haben Stammesgruppen und Sippen dieses Volkes in Palästina gelebt. Wo Stadtfürsten mit indogermanischen Namen erwähnt werden, wie zum Beispiel in Akko, Megiddo, Saron, Askalon oder Gaza, darf man Hethiter vermuten. Das Ende des Großreichs überlebte in den Randbezirken eine Reihe hethitischer Kleinfürstentümer, die dann Zug um Zug unter assyrische Oberhoheit gelangten. Die versprengten Reste des einst mächtigen Volkes gingen allmählich im Völkergemisch Syriens und Kanaans auf. Das Steinrelief aus Sendschirli im Archäologischen Museum von Istanbul zeigt einen späthethitischen Kleinfürsten bogenschießend auf seinem Streitwagen.

ser Firma in Nippur. Sie befanden sich in großen Tonkrügen, die nach den Safevorschriften der damaligen Zeit sorgfältig mit Asphalt verschlossen waren. Nicht nur Assyriologen hatten an den Texten ihre helle Freude.

In den Büroräumen bei „Murashu & Söhne" herrschte reger Betrieb; über 150 Jahre lang genossen sie bei ihren Klienten hohes Ansehen, ob es sich nun um Pächter großer Ländereien oder um Sklaven handelte. Wer nicht schreiben konnte, setzte, wenn es nach langem Hin und Her zur feierlichen Unterzeichnung kam, anstelle seines Namens den Abdruck seines Fingernagels unter das Dokument. Das entsprach damals unter Zeugen den bekannten „drei Kreuzen", dem Analphabetensymbol unserer Zeit.

Eines Tages erschienen bei „Murashu & Söhne" drei Juweliere. *Elil-aha-iddina und Belsunu und Hatin sprachen zu Elil-nadin-sum, Sohn des Murashu, also: „Was den Ring mit Smaragdfüllung, der aus Gold gemacht ist, betrifft, so haften wir auf die Dauer von zwanzig Jahren für Nichtherausfallen des Smaragds aus dem Goldring. An dem Tag, da der Smaragd aus dem Goldring noch vor Ablauf von zwanzig Jahren fällt, werden Elil-aha-iddina, Belsunu und Hatin dem Elil-nadin-sum eine Entschädigung von zehn Minen Silber zahlen."* Unterzeichnet ist das Schriftstück von sieben Personen. Vor dem Namen des Notars weist der Ton drei Fingernagelabdrücke auf. Es sind die „Unterschriften" der drei schreibunkundigen Juweliere.

Der Exiljude Mannudannijama kam zu „Murashu & Söhne", weil er einen Pachtvertrag mit einem Babylonier über eine stattliche Viehherde abschließen wollte: *13 alte Schafböcke, 27 zweijährige Schafböcke, 152 große trächtige Schafe, 40 einjährige Schaflämmer, einen alten Ziegenbock, einen zweijährigen Ziegenbock ... im ganzen 276 Stück „weißes" und „schwarzes", großes und kleines Kleinvieh ... gegen Abgabe ... Für Weide, Pflege und Bewachung genannten Kleinviehs haftet Mannudannijama ... Nippur, den 25. Ulul. Gezeichnet: Fingernagel des Mannudannijama.*

Auch Kautionen für in Haft genommene Schuldner wurden bei dem Bankhaus hinterlegt; es hatte seine Spezialabteilungen für alle Wechselfälle des Lebens!

Der Zinssatz betrug 20 Prozent, nicht von Murashu eingeführt, wohlgemerkt. Das war der damals übliche Satz.

„Murashu & Söhne" können als Beispiel für den Beruf gelten, der von der Zeit des Exils an den Kindern Israel verhaftet ist. Er wurde für

enthalt in größeren oder großen Gemeinwesen, innerhalb deren sie eine Gemeinschaft für sich bilden und ihrem Gottesdienst obliegen konnten. Das verlieh ihnen Zusammenhalt und Fortbestand.

Die Söhne Israels hätten sich keine bessere Lehrstelle wünschen können. Für die Städte und Großstädte in aller Welt, die von nun an die Heimat der Heimatlosen werden, war Babylon als internationaler Mittelpunkt von Handel, Industrie und Verkehr die große Schule. Die Metropole, deren Ruinen nach zweieinhalbtausend Jahren noch die ehemalige Macht und Größe ahnen lassen, hatte in der Alten Welt nicht ihresgleichen.

Hundert Kilometer südlich des geschäftigen Bagdad ist die Wüste aufgerissen, durchwühlt und durchfurcht. So weit das Auge reicht, dehnt sich ein Gewirr von Gräben, Schutthaufen und Schächten, die von der 18 Jahre dauernden Kampagne deutscher Archäologen Zeugnis ablegen, bei der es Robert Koldewey gelang, das sagenhafte Babel der Bibel wieder in das Licht des Tages zu heben.

Sieben Jahrzehnte nach der Grabung bietet die Stätte einen trostlosen chaotischen Anblick. Wind und Sand der Wüste decken langsam aber unaufhaltsam das riesenhafte Skelett der alten Metropole wieder zu. Nur auf einer Seite ragen noch ein paar klobige Türme in scharfgeschnittenen Konturen empor. Jetzt sind ihre ehemals buntgekachelten Ziegelmauern kahl. Hier am Ischtar-Tor

---

sie der Beruf par excellence: der des Kaufmanns, des Händlers. In ihrer Heimat hatte es nur Bauern, Viehzüchter und auch Handwerker gegeben. Das Gesetz Israels kannte keine Bestimmungen über den Handel; er war ihnen fremd. Das Wort „Kanaanäer" war für sie identisch mit „Krämer", „Kaufmann", deren Sünden die Propheten weidlich geißelten (Hosea 12,8; Amos 8,5–6).

Die Umstellung auf diesen bisher verpönten Beruf war klug. Denn neben dem zähen Festhalten am Gesetz Jahwes erwies er sich letztlich als Rettung für den Fortbestand Israels als Volk. Als Bauern und Siedler wären sie, einzeln verstreut im fremden Land, versippt und verschwägert mit Andersartigen, in wenigen Generationen aufgesogen worden und untergegangen. Der neue Beruf bedingte ihren Auf-

Oben links: Tracht und Bewaffnung des Kriegers auf dem Relief aus Sendschirli in der Südtürkei sind hethitisch: Kegelmütze, Bortenschurz und Schnabelschuhe, langer Speer, Schwert und „pontischer" Schild. Den Bart trägt er nach assyrischer Mode.

Oben rechts: Aus dem nordsyrischen Tell Halaf stammt das späthethitische Relief eines Steinschleuderers. Diese primitive Hirtenwaffe konnte bei zielsicherer Beherrschung recht durchschlagend wirken.

"Etemenanki" („Grundstein von Himmel und Erde") hieß einst das stolzeste Bauwerk Babylons. Die Relikte des „Turms von Babel" sprechen diesem Anspruch blanken Hohn. Zur Zeit des biblischen Berichts, der dieses Bauwerk zum Inbegriff menschlicher Hybris machte, stand der Stufenturm noch; seine gigantische Ziegelmasse konnten auch die Perser 479 v.Chr. nicht zerstören. Erst als im Lauf der Jahrhunderte Ziegelräuber die Backsteinverkleidung abgetragen hatten, begann der Kern aus Trockenziegeln zu zerfallen. Rund 90 Meter betrug die Kantenlänge des Bauwerks, und auf die gleiche Höhe schätzt man seinen „Gipfel". Die siebente Stufe trug ein tempelartiges Gebäude, das vermutlich der „Heiligen Hochzeit" zu Neujahr diente. Die Anfänge dieser berühmtesten Zikkurat gehen auf die Zeit um 2000 v.Chr. zurück, mehrfach sind Erneuerungen belegt; den letzten Wiederaufbau betrieben die neubabylonischen Könige Nabopolassar, Nebukadnezar II. und Nabonetos zwischen 624 und 539 v.Chr.

begann die lange Prozessionsstraße. Wo sie endete, kündet auf der anderen Seite der Stadt ein mächtiger Buckel von einem der höchsten Bauwerke der Alten Welt, vom Turm zu Babel.

Glanz und Pracht, Macht und Größe der Stadt, die *wider den Herrn gesündigt* (Jeremia 50,14) hat, fielen der Zerstörung anheim, gingen unter. Und nie wieder wurde sie bewohnt. Konnte sich die Weissagung des Jesajabuchs vollkommener erfüllen?

So soll Babel, das schönste unter den Königreichen, die herrliche Pracht der Chaldäer, zerstört werden von Gott wie Sodom und Gomorra, daß man hinfort nicht mehr da wohne noch jemand da bleibe für und für ... sondern Wüstentiere werden sich da lagern, und ihre Häuser werden voll Eulen sein; Strauße werden da wohnen ... und wilde Hunde werden in ihren Palästen heulen und Schakale in den Schlössern der Lust... (Jesaja 13,19–22).

Längst haben auch die Schakale, die Eulen und erst recht die Strauße die Stätte verlassen. Selbst der mächtige Euphrat hat ihr den Rücken gekehrt, in dessen Wassern sich die trutzigen Mauern und der himmelhohe Turm einst spiegelten. Er suchte sich ein neues Bett. Nur eine Silhouette von Palmen in der Ferne zeigt seinen neuen Lauf. Die kleine Arabersiedlung *Babil* bewahrt in ihrem Namen die Erinnerung an die stolze Stadt; sie liegt einige Kilometer nördlich der Ruinen.

Sie hüteten als kostbare Schätze Dokumente von unvergleichbarem Wert; dank ihnen ist es der Nachwelt möglich, sich ein genaues Bild

von der Zeit des jüdischen Exils, die gleichzeitig Babels höchste Blüteperiode war, zu machen.

Das ist das große Babel, das ich erbaut habe zur Königsstadt durch meine große Macht zu Ehren meiner Herrlichkeit (Daniel 4,27). Diese Worte, die Daniel dem König Nebukadnezar in den Mund legt, übertreiben nicht. Kaum ein Herrscher der Vergangenheit hat so emsig gebaut. Von kriegerischen Dingen, Eroberungen und Feldzügen ist wenig die Rede. Im Vordergrund steht immer wieder die Bautätigkeit Nebukadnezars. Hunderttausende Ziegel tragen seinen Namen. Babel übertraf in der Tat alle Städte des Alten Orients, es war größer als Theben, Memphis oder Ur, größer selbst als Ninive.

Die innere Stadt, die voll von dreistöckigen und vierstöckigen Gebäuden ist, wird von lauter geraden Straßen durchschnitten, in der anderen Richtung sowohl als in der Quere, wo sie an den Fluß herüberreichen, so hatte Herodot es noch selber gesehen. Der Stadtplan von Babel erinnert an die Reißbrettschablone amerikanischer Großstädte.

Von Palästina her, das stolze Jerusalem nicht ausgenommen, kannten die Deportierten nur schmale, winklige Straßen, eigentlich nur Gassen. In Babel dagegen lernten sie Straßen kennen, wie Avenuen so breit und gradlinig wie mit dem Lineal gezogen. Jede einzelne trug den Namen eines der Götter aus dem babylonischen Pantheon. Da gab es die Marduk-Straße und die Zababa-Straße auf dem linken Flußufer. Sie kreuzten im rechten Winkel die Straßen des Mondgottes Sin und des

Enlil, des *Herrn der Welt*. Auf dem rechten Ufer verlief von Ost nach West die Adad-Straße. Sie schnitt die Straße des Sonnengottes Schamasch.

Babel war nicht nur die Handels-, sondern auch die Kultmetropole, wie aus einer Inschrift ersichtlich wird: *Im ganzen gibt es in Babylon 53 Tempel der großen Götter, 55 Kapellen des Marduk, 300 Kapellen für die Erdgottheiten, 600 für die Himmelsgottheiten, 180 Altäre für die Göttin Ischtar, 180 für die Götter Nergal und Adad und 12 andere Altäre für verschiedene Götter.*

Solche Vielgötterei mit Kulten und Riten, die bis zur öffentlichen Prostitution reichten, müssen der Stadt nach den heutigen Begriffen geradezu ein jahrmarktähnliches Gepräge verliehen haben.

Aber der häßlichste Brauch der Babylonier, weiß Herodot zu berichten, ist folgender: Es muß jede Frau des Landes sich ins Heiligtum der Aphrodite setzen und einmal im Leben mit einem Fremden sich vermischen… Und erst wenn sie sich vermischt und der Göttin ihren Dienst getan hat, kommt sie davon nach Hause; und von jetzt an ist kein Geschenk so groß, daß du sie damit gewännest. Alle aber, die begabt sind mit Schönheit und Größe, kommen schnell davon; aber die Anmutlosen darunter verwarten eine lange Zeit, ohne das Gesetz erfüllen zu können; ja die einen und andern warten eine Zeit von drei und vier Jahren.

Den Exiljuden blieben die ungewohnten Versuchungen und Verlockungen, die zum Alltag in Babel gehörten, unauslöschlich im Gedächtnis. Über die Jahrhunderte hinweg bis zur Zeit Christi war die Prachtmetropole für sie *das große Babylon, die Mutter der Hurerei und aller Greuel auf Erden* (Offenbarung 17,5). Der Begriff „Sündenbabel" ist im Sprachschatz vieler Sprachen verankert.

Dreißigtausend Kubikmeter Schutt mußten die deutschen Forscher beiseite räumen, bis sie einen Teil des Marduk-Tempels am Euphrat freigelegt hatten, der unter Nebukadnezar wieder ausgebaut worden war. Das Heiligtum maß einschließlich der Nebengebäude 450 mal 550 Meter! Dem Tempel gegenüber erhob sich die Zikkurat, der Stufenturm des Marduk-Heiligtums.

Und sie sprachen untereinander: Wohlauf, laßt uns Ziegel streichen und brennen! – und nahmen Ziegel als Stein und Erdharz als Mörtel und sprachen: Wohlauf, laßt uns eine Stadt und einen Turm bauen, dessen Spitze bis an den Himmel reiche, damit wir uns einen Namen machen (1. Mose 11,3–4).

Sogar die von der Bibel für den Turmbau zu Babel angegebene Mauertechnik entspricht den Forschungsergebnissen. Beim Bau wurden, wie die Untersuchungen bestätigen, vor allem im Fundament tatsächlich nur asphaltierte Ziegel verwendet. Das war offenbar für die Sicherheit des Gebäudes „aus baupolizeilichen Gründen" erforderlich. Denn beim Bau in Flußnähe mußten die regelmäßigen Hochwasser und die ständige Bodenfeuchtigkeit bedacht werden. Mit „Erdharz" – das ist Asphalt – wurden daher Fundament und Mauerwerk wasserundurchlässig und widerstandsfähig gemacht.

Der „Löwe von Babylon" wurde 1776 von Beduinen gefunden. Die fast zwei Meter hohe Basaltskulptur des über einen liegenden Mann hinwegschreitenden Löwen ist unvollendet geblieben. Der Zustand entspricht der üblichen Halbfertigkeit, in der man Skulpturen aus dem Steinbruch zum Bestimmungsort brachte, um sie dort fertigzustellen. Die Vermutung, es könnte sich um ein verschlepptes Beutestück hethitischer Provenienz handeln, ist für eine Zeit, die unfertigen Kunstwerken noch keinen ästhetischen Reiz abgewinnen konnte, wohl verfehlt. Eher dürfte die persische Eroberung Babylons den Bildhauer bei der Arbeit unterbrochen haben.

Plan der Stadt Babylon in spätbabylonischer Zeit nach E. Unger. Da der Euphrat im Lauf der Jahrtausende sein Flußbett wesentlich erhöhte und mit ihm auch der Grundwasserspiegel anstieg, ist das tief unter dem heutigen Niveau liegende Babylon der Zeit Hammurabis kaum erforschbar. Auch die spätbabylonische Stadt wurde längst nicht vollständig ausgegraben. Der Plan von 1931 ist eine Rekonstruktion aus gesichertem Bestand, Sondierungsbefunden und Beschreibungen. Den Besucher des Grabungsareals erwartet also keineswegs ein übersichtlich organisierter „Stadtbummel", wie der Plan oder die Modelle im Museum suggerieren. Dennoch dienen sie nicht nur dem Vorstellungsvermögen, sondern auch der Orientierung in dem chaotischen Gelände. Der etwa rechteckige Stadtkern von rund 2500 x 1500 Meter Ausdehnung wurde vom Euphrat durchflossen. Die beiden Stadtteile waren in der Verlängerung der Adad-Straße durch eine Brücke verbunden. Vor den Wassergräben der Stadtmauern erstreckten sich Vorstädte. Der „Sommerpalast" Nebukadnezars II. befindet sich weit nördlich außerhalb unter einem Schutthügel, der noch heute Babil heißt. Das Zentrum mit seinen Heiligtümern und der Residenz lag am Ostufer des Euphrat. Allein von hier führten sechs Tore nach drei Himmelsrichtungen. Der Palast schloß im Norden an das Ischtar-Tor an; er war ein Teil der Stadtbefestigung und ragte mit der Nordburg in ein Flußknie hinein. An der Stadtseite war ihm ein Graben vorgelagert. An der Stelle, wo die Prozessionsstraße begann, vermutet man die berühmten „Hängenden Gärten", die freilich mit Semiramis nichts zu tun haben.

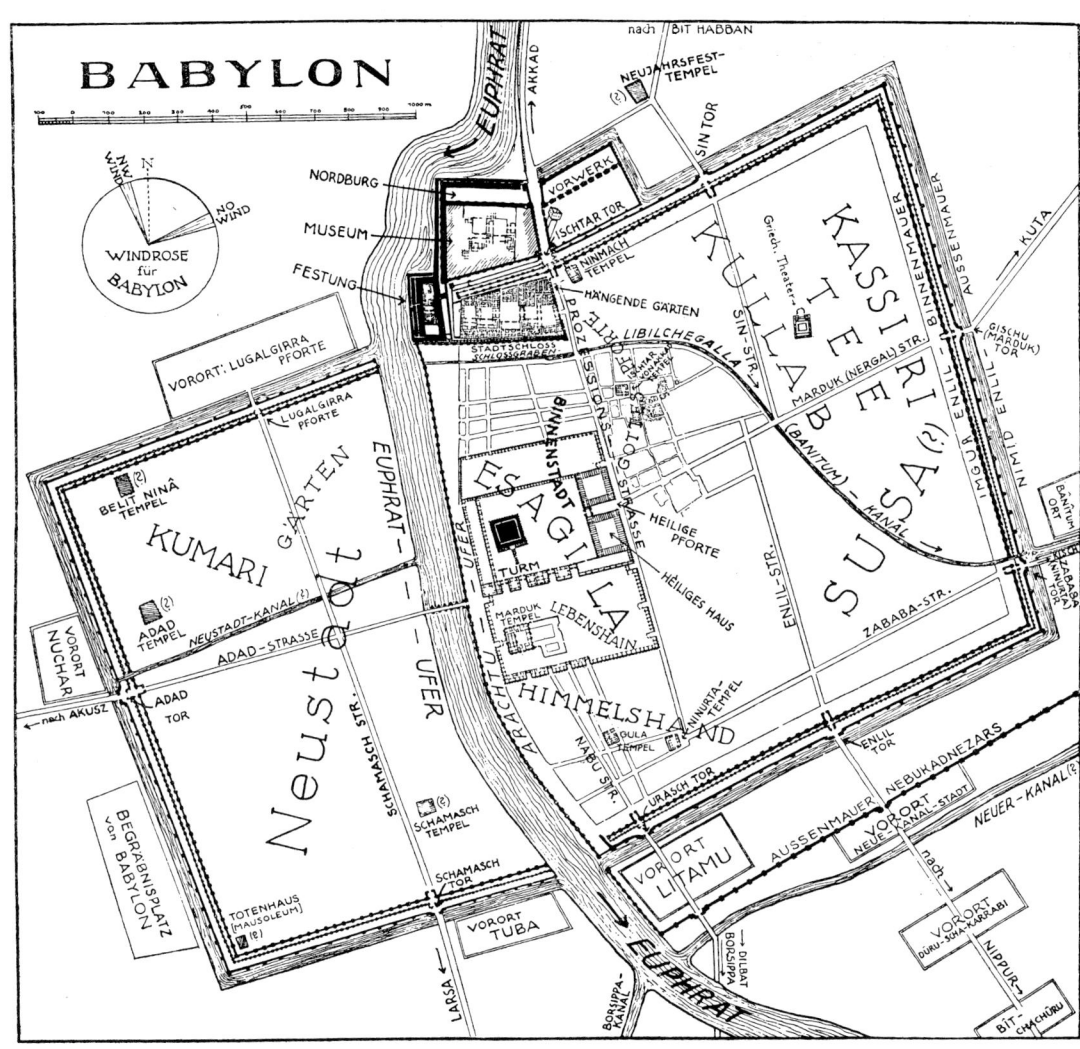

Die biblische Erzählung vom Bau des Turms in grauer Vorzeit entstand wohl in einer Zeit, als der Turm, *dessen Spitze bis an den Himmel* reicht, im Verfall begriffen war. So konnte er zum Inbegriff der Vergeblichkeit menschlicher Hybris werden. Mehr als einmal wurde er zerstört und wieder aufgebaut. Nach dem Tod Hammurabis versuchten die Hethiter, den gewaltigen Bau demdboden gleichzumachen. Nebukadnezar hat ihn nur renoviert. Sieben Stufen türmten sich übereinander. Das im Tempel aufgefundene Täfelchen eines Architekten stellt ausdrücklich fest, daß Länge, Breite und Höhe einander gleich seien und nur die abgestuften Terrassen verschiedene Abmessungen hätten. Die Seitenlänge des Fundaments wird mit etwas mehr als 89 Metern angegeben. 91,5 Meter haben die Archäologen gemessen. Demnach muß der Turm annähernd 90 Meter hoch gewesen sein.

Auch der Turm zu Babel stand im Dienste eines dunklen Kults. Herodot teilt darüber

mit: *Auf der obersten Stufe ist ein großer Tempel, und in dem Tempel liegt ein großes Lagerpolster wohlgebettet, und davor ist ein Tisch gesetzt von Gold. Ein Standbild ist darinnen, aber keines aufgerichtet, auch übernachtet daselbst kein Mensch außer einer Frau von den Einwohnern, die sich gerade der Gott aus allen erwählt, wie die Chaldäer, die Priester dieses Gottes, sagen. Auch behaupten ebendieselben, was sie mich nicht glauben machen, der Gott selbst besuche den Tempel und ruhe auf dem Lagerpolster aus, wie das der Fall auch im ägyptischen Theben ist, nach Aussage der Ägypter; denn dort schläft auch eine Frau im Heiligtum des Thebäischen Zeus...*

Auf den Straßen und Plätzen zwischen den Tempeln, Kapellen und Altären blühte das Geschäft, florierte der Handel. Feierliche Prozessionen, hochbeladene Karawanen, Händlerkarren, Priester, Pilger, Kaufleute wogten bunt und lärmend durcheinander. Kultdienst und Geschäft berührten sich im babyloni-

schen Alltag so nahe, daß sie sich oft ineinander verzahnten, wie in den Tempeln. Was hätten die Priester mit all den Opfern, all den „Zehnten", die täglich auf die Altäre wanderten und wovon vieles leicht verderblich war, auch anders tun sollen, als sie möglichst rasch zu Geld zu machen. Wie in Ur, verfügten die Tempelverwaltungen auch in Babel über eigene Magazine, eigene Verkaufslager. Um die Einnahmen gewinnbringend anzulegen, betrieben sie sogar eigene Banken.

Vor den Doppelmauern, die so breit waren, *daß ein Viergespann herumfahren kann,* wie Herodot berichtet, lagen die „Handelskammern". Am Flußufer wurden die Preise fixiert, die Tauschwerte der zu Schiff eintreffenden Güter festgelegt. *Karum,* „Kai" hieß auf babylonisch der Platz, den wir Börse nennen. Mit dem Kai, mit der Börse übernahm das Abendland auch die Maß- und Gewichtssysteme der Handelszentrale Babel!

Mochten die Juden auch *der Stadt Bestes* gesucht und gefunden haben, mochten sie in den Städten Babyloniens für die kommenden Generationen viel gelernt und ihren Gesichtskreis erweitert, ihren Lebensstandard verbessert haben, was den kommenden Generationen in vielfältiger Hinsicht dienen mochte – die Sehnsucht nach der fernen kleinen Heimat am Jordan blieb unstillbar in ihrem Herzen. Sie konnten die Stadt Davids, sie konnten ihr Jerusalem nicht vergessen. *An den Wassem zu Babel saßen wir und weinten, wenn wir an Zion gedachten* (Psalm 137,1).

Das ist keine leere Phrase. Denn im Laufe der folgenden Jahrhunderte traten Tausende den beschwerlichen Rückweg an. Sie bauten die zerstörte Stadt und den Tempel Jahwes

Oben: Betritt man die Stadt Babylon von Norden her durch das Ischtar-Tor (im Vordergrund), so liegt gleich links an der Prozessionsstraße der rekonstruierte Tempel der vogelgestaltigen Göttin Ninmah.

Links: Nur die Rekonstruktionszeichnung vermittelt noch eine Vorstellung vom Hauptheiligtum der Stadt, dem Tempel und der Zikkurat des Gottes Marduk. Von Westen, der Neustadt also, blickt man über den Euphrat mit seinem befestigten Ostufer und der einzigen Stadtbrücke. Stufenturm und Tempel liegen jeweils in riesigen ummauerten Höfen. Hinter der Zikkurat öffnet sich die Heilige Pforte zur Prozessionsstraße. Dahinter dehnt sich ein enormes, bislang kaum erforschtes Wohnviertel.

Das Ischtar-Tor war bei weitem die prächtigste Toranlage von Babylon, führte hier doch die Prozessionsstraße von der Zikkurat zum Neujahrstempel vor der Stadt hindurch. Zweifellos repräsentierte es auch den anschließenden Palast. Das gesamte Tor wie auch der Straßenkorridor waren mit farbig glasierten Reliefziegeln verkleidet, deren Originale sich im Vorderasiatischen Museum in Berlin befinden. In Babylon wurde eine Nachbildung errichtet. Die würdig schreitenden Tiere sind den wichtigsten Gottheiten zugeordnet: die Löwen der Ischtar, der Stier dem Wettergott Adad, der Drache dem Stadtgott Marduk.

wieder auf. Ohne den brennenden Wunsch nach der verlorenen Heimat wäre das nie geschehen.

DIE SONNE DES ALTEN ORIENTS ERLISCHT

Siehe, es wird eine Plage kommen von einem Volk zum anderen, und ein großes Wetter wird sich erheben von den Enden der Erde.
                                    Jeremia 25,32

Der Zeiger der Weltenuhr nähert sich dem Jahr 500 v. Chr. Der Alte Orient hat über drei Jahrtausende auf dem Buckel. Die Völker im „Fruchtbaren Halbmond" und am Nil sind vergreist, ihre schöpferische Substanz ist erschöpft, sie haben ihre Aufgabe erfüllt, und die Zeit reift heran, da sie vom Schauplatz der Geschichte

abtreten. Die Sonne des Alten Orients ist im Untergehen, und seine Völker werden sich dumpf der kommenden Nacht bewußt.

In den Müdegewordenen flackert die Tatkraft ein letztes Mal auf; noch einmal sammeln sie die Kräfte. Von Ägypten bis zu den Ländern an Euphrat und Tigris geht es wie ein letztes Aufbäumen gegen das Versinken in Bedeutungslosigkeit. Besannen sie sich rückblickend auf ihre tragende Rolle im Welttheater? Fast möchte es so scheinen; ihre Herrscher schauen zurück auf die großen Vorbilder einer glanzvollen Vergangenheit. Sie glauben durch neue Machtimpulse das Unabwendbare aufzuhalten.

Die Pharaonen Necho und Apries machten Anstrengungen, Syrien-Palästina wiederzuerobern. Das Alte Reich und die Asienfeldzüge Thutmosis' III. waren das Ideal der 26. Dynastie. Große Flotten wurden gebaut und der Versuch unternommen, den alten Kanal zwischen dem Nil und dem Roten Meer wiederherzustellen.

Fruchten die neuen Machtimpulse auch nichts, bleibt auch den Waffen der Erfolg versagt, so wirken doch die Anleihen bei den Vorbildern der großen Zeit der Pyramidenerbauer auf anderen Gebieten belebend. Maler und Bildhauer kopieren die Werke großer Vorgänger. Pharaonennamen aus dem 3. Jahrtausend werden in neue Skarabäen eingeritzt. Uralte Amts- und Hoftitel werden wieder eingeführt, der Verwaltungs- und Beamtenapparat wird sozusagen „auf antik" umgestellt.

Ähnliches geschieht an der Mittelmeerküste in Phönizien. 814 v. Chr., nach der Tradition, nach dem archäologischen Befund wohl etwas später, wird Karthago als nordafrikanische Kolonie der Stadt Tyros gegründet. Zu diesem Zeitpunkt hat die phönizische Seehandelsmacht ihren einmaligen Höhepunkt erreicht. Vom Schwarzen Meer bis zur Meerenge von Gibraltar besitzt sie Handelsniederlassungen und Stützpunkte an den Küsten des Mittelmeers. Hundert Jahre später haben schon die Griechen das phönizische Welthandelserbe teilweise angetreten. Vielleicht schreibt Sanchuniation jetzt seine „phönizischen Altertümer", vielleicht kopiert er jetzt alte Inschriften und Texte, die Philo von Byblos lange danach als Geschichtsquelle benutzt.

Mit Assurbanipal steht das Reich der Assyrer im Zenit seiner Macht; es dehnt sich vom Persischen Golf bis nach Oberägypten aus. Der Tiger des Alten Orients ist satt, und der Herrscher des gewaltigsten Eroberervolks läßt sich in einer Weinlaube, auf weiche Polster gebettet, porträtieren, wie ihm eine

Schale Wein kredenzt wird. Die Zusammenstellung der größten Bibliothek des Alten Orients ist sein Hobby. In seinem Auftrag werden die Magazine alter Tempel nach verlorenen Dokumenten durchstöbert. Seine Schreiber fertigen Abschriften von Tausenden von Tafeln aus der Zeit des großen Sargon I. Das Hobby seines Bruders Schamasch-schumukin von Babylonien ging noch weiter. Er ließ sogar die aktuellen Ereignisse in der uralten Sprache der Sumerer aufschreiben.

Auch Nebukadnezar, den letzten Großen auf dem Thron zu Babel, plagt die Sehnsucht nach längst Vergangenem. Seine Hofberichter mußten Inschriften auf altbabylonisch abfassen, was kein Mensch mehr sprach oder lesen konnte. Baukunst und Literatur gelangten unter den Chaldäern noch einmal zur Blüte.

Die Himmelsbeobachtung machte im Dienste der Astrologie ungeahnte Fortschritte. Es gelang, Sonnen- und Mondfinsternisse vorauszubestimmen. In der babylonischen Astronomenschule wurden gegen 750 v. Chr. Aufzeichnungen über Himmelskörper angelegt und ohne Unterbrechung über 350 Jahre fortgesetzt, die längste je durchgeführte astronomische Beobachtungsreihe. Die Berechnungen übertreffen an Genauigkeit bis ins 18. Jahrhundert hinein noch die europäischer Astronomen.

Nabonid, der letzte babylonische Herrscher, ließ zerfallene Kultstätten und Tempel restaurieren, alte Inschriften entziffern und übersetzen. Er renovierte, wie aus den Funden am Tell al-Muqayyar hervorging, den altersschwach gewordenen Stufenturm in Ur.

Die Prinzessin Belschaltinanna, Schwester des biblischen Belsazar, hatte die gleichen Interessen wir ihr Vater Nabonid. Wolleey entdeckte in einem Tempelnebengebäude in Ur, wo sie als Priesterin waltete, ein regelrechtes Museum mit Fundstücken aus südmesopotamischen Staaten – wohl das erste Museum der Welt. Sie hatte sogar ihre Sammlung Stück für Stück sorgsam auf einem Tonzylin-

Die Reliefziegel, aus denen sich die Tierdarstellungen am Ischtar-Tor zusammensetzen, wurden fabrikmäßig in Modeln geformt. Aus denselben Formen stammen auch die unglasierten Reliefs der Torfundamente. Die leuchtenden Schmelzfarben wurden aus Metalloxyden, Feldspat- und Kieselmehl gemischt, auf die bereits gebrannten Ziegel aufgetragen und bei hoher Hitze zur Glasur geschmolzen. Chemisch-technische Rezepte für solche Glasuren sind uns sogar in Keilschrifttexten überliefert.

stem bis zur Astronomie, auch die Schrift, das Alphabet und – die Bibel.

KYROS, DER KÖNIG DER PERSER

So spricht der Herr zu seinem Gesalbten, zu Kyrus, den ich bei seiner rechten Hand ergriff, daß ich Völker vor ihm unterwerfe und Königen das Schwert abgürte, damit vor ihm Türen geöffnet werden und Tore nicht verschlossen bleiben. Jesaja 45,1

Im Jahr 540 v. Chr. schlug das persische Heer des Großkönigs Kyros den Babylonier Nabonid, ein Jahr später nahmen die Perser Babylon ein. Die Hauptstadt des babylonischen Reichs scheint den neuen Machthabern kampflos zugefallen zu sein, ja man hat sie wohl gar als Befreier begrüßt. Davon berichtet in babylonischer Sprache eine keilschriftliche Urkunde, der sogenannte Kyros-Zylinder im Britischen Museum: „Als ich in Babylon friedlich einzog, in Jubel und Frohlokken im Palaste der Fürsten den Wohnsitz der Herrschaft aufschlug, machte mir Marduk, der große Herr, das weite Herz der Babylonier geneigt ... Die Einwohner Babylons befreite ich von dem Joche, das sich für sie nicht ziemte ..." Tatsächlich hatte der letzte Babylonierkönig Nabonid mit seiner verfehlten Religionspolitik die Marduk-Priesterschaft nachhaltig verärgert und ganz Babylon gegen sich aufgebracht. Zur Gefahr waren auch die zahlreichen verschleppten Ausländer geworden. Kyros ließ sie 538 v. Chr. in ihre Heimatländer zurückkehren.

der registriert, nach Woolleys Worten der „älteste bekannte Museumsführer".

Nur ein Volk – in viele Teile aufgelöst und zu jener Zeit weit über den „Fruchtbaren Halbmond" verstreut – erliegt nicht der Sattheit, der Erschlaffung: Die Söhne Israels, Nachkommen der Patriarchen, sind voll brennender Hoffnung, haben ein festes Ziel. Sie gehen nicht unter; sie finden die Kraft, sich hinüberzuretten in neue Jahrtausende – bis auf den heutigen Tag.

Eineinhalbtausend Jahre lang ging vom „Fruchtbaren Halbmond", dem ältesten Kultur- und Zivilisationszentrum der Menschheit, hellstes Licht aus. Um 500 v. Chr. senkt sich das Dunkel unmerklich, aber unaufhaltsam über die Länder und Völker, die den Samen bargen für alles, was kommen wird – in anderen Ländern.

Neuer Schein glänzt schon von den Bergen Irans; die Perser kommen. Die großen semitischen Staaten und Ägypten haben ihre geschichtliche Aufgabe erfüllt; der bedeutendste und entscheidendste Abschnitt der jungen Menschheit half den Boden bereiten für die indogermanischen Reiche, die das Abendland gebären – Europa.

Vom äußersten südöstlichen Zipfel des Kontinents wandert das Licht immer weiter nach Westen. Von Griechenland nach Rom, über die Alpenbarriere, über Westeuropa hinauf nach Skandinavien und zu den Britischen Inseln. Ex oriente lux!

Auf seinem Weg blühen in wenigen Jahrhunderten neue Kulturen und Zivilisationen auf, erreicht die Kunst ungeahnte Höhen an Schönheit und Harmonie, dringt der menschliche Verstand in der Philosophie und Naturwissenschaft der Griechen zu Gipfeln empor, die dem Alten Orient versagt waren.

Auf seinem Wege trägt das Licht auch das vielfältige, bunte Erbe des Alten Orients mit hinauf, vom nützlichen Maß- und Gewichtssy-

Sechs Jahre nach Nebukadnezars Tod besteigt Nabonid 556 v. Chr. den babylonischen Thron. Er wird der letzte Herrscher aus dem Zweistromland sein. Denn Ereignisse im iranischen Hochland deuten darauf hin, daß die Weltgeschichte rasch auf einen großen Umsturz zusteuert. Bereits fünf Jahre nach Nabonids Thronbesteigung beginnt mit der Herrschaft der Perser die neue Ära.

Die Meder – mit den Babyloniern seit dem Fall Ninives 612 v. Chr. Erben des zerschlagenen Assyrerreichs – werden unversehens von ihrem persischen Nachbarvolk und Vasallen bezwungen. Mederkönig Astyages wird von Kyros, nach Herodot sein eigener Enkel, besiegt.

Die Großen der Antike pflegten ihr Kommen auf besondere Weise anzukündigen; häufig fielen sie schon mit den bemerkenswerten Umständen ihrer Geburt aus dem üblichen zeitgenössischen Rahmen. Kyros' Schicksal entschieden demnach zwei ungewöhnliche Träume. Überall im Alten Orient gingen sie von Mund zu Mund, und so kamen sie auch Herodot zu Ohren, der erzählt:

Astyages ... bekam eine Tochter, welcher er den Namen Mandane gab. Von dieser kam es dem Astyages im Schlafe vor, sie lasse so viel Wasser, daß sie damit seine Stadt anfüllte, ja ganz Asien überschwemmte. Nun legte er den Traumdeutern unter seinen Magiern das Nachtgesicht vor und erschrak, als er von ihnen alles einzelne vernahm. Hierauf gab er diese Mandane, da sie bereits mannbar war, keinem der Meder, aus Furcht vor dem Gesicht; sondern einem Perser gab er sie, mit Namen Kambyses ...

Als nun Mandane mit Kambyses zusammenlebte, sah Astyages im ersten Jahre ein anderes Gesicht. Es kam ihm vor, aus dem Schoß derselben Tochter wachse ein Weinstock, und der Weinstock überdecke ganz Asien. Das sah er, legte es den Traumdeutern vor

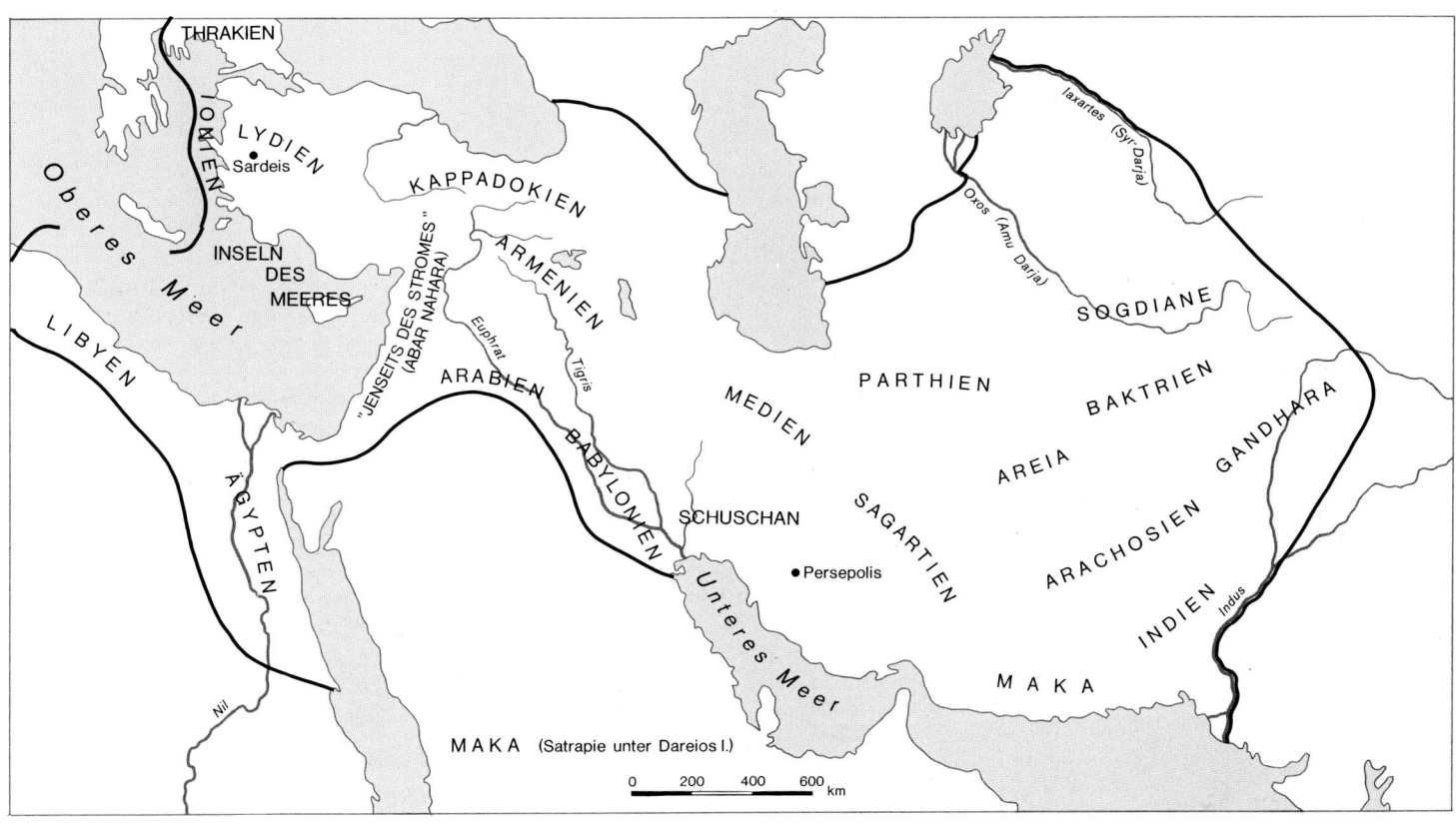

und ließ nun seine Tochter aus dem Perserland holen, die einer Geburt nahe war. Und wie sie da war, bewachte er sie, entschlossen, ihre Leibesfrucht umzubringen; denn nach seinem Gesicht hatten ihm die traumverständigen Magier gewahrsagt, daß der Sprößling seiner Tochter König werden solle an seiner Statt. Eben darüber wachte Astyages und ließ daher, als Kyros geboren war, den Harpagos rufen, der aus seinem Hause und sein Vertrautester unter den Medern ... war. Zu diesem sprach nun Astyages: „...Nimm da das Kind, das Mandane geboren hat, trag es in dein Haus und töte es..."

Harpagos brachte es ebensowenig übers Herz, den Mordauftrag des Großvaters auszuführen, wie ein Rinderhirt, an den er den Befehl weitergab. Und Kyros blieb am Leben.

Nicht nur Geburt und Jugend des Kyros sind von der Sage umsponnen. Dieser Königssohn aus dem persischen Geschlecht der Achämeniden hat stärker als irgendein anderer Fürst der Alten Welt die Phantasie der Völker beschäftigt, ihre Bewunderung erregt. Der Grieche Xenophon, der als Söldnerführer das Perserreich kennenlernte, verherrlichte die Reichsgründung des Kyros in einem Roman, der „Kyrupädie".

Die Bibel bewahrt ihn als den Lichtbringer im Gedächtnis. Sein beispiellos rascher, glänzender Aufstieg ist durch keine Gewalttat

befleckt. Seine kluge, weitherzige Politik macht ihn zu einer der sympathischsten Gestalten des Alten Orients. Die widerwärtigste Eigenschaft orientalischer Herrscher vor ihm, die despotische Grausamkeit, ist diesem Perser fremd.

Geschichtlich faßbar wird die Person des Kyros 553 v.Chr. In diesem Jahr nimmt er Ekbatana, die Hauptstadt des Mederreiches, ein. Sein königlicher Großvater Astyages muß in die Verbannung. Kyros verschmilzt Medien mit dem Perserreich. Gegen den Sieger bilden Babylonien, Lydien in Kleinasien und Sparta eine Allianz. Der lydische König Krösos – sein Name ist noch heutzutage sprichwörtlich für großen Reichtum – greift den Perser an. Kyros nimmt die lydische Hauptstadt Sardes ein und besiegt ihn.

Der Weg nach Babylonien ist frei, Babel liegt lockend vor ihm.

Auf dem Boden dieser Situation konnte später eine mysteriös-unheimliche Erzählung wachsen, die – von der Bibel überliefert – die Phantasie der abendländischen Völker rege beschäftigt hat:

König Belsazar machte ein herrliches Mahl für seine tausend Mächtigen und soff sich voll mit ihnen. Und als er betrunken war, ließ er die goldenen und silbernen Gefäße herbringen, die sein Vater Nebukadnezar aus dem Tempel zu Jerusalem weggenommen hatte,

Das Perserreich mit seinen Satrapien.

281

Nahe der ersten achämenidischen Reichshauptstadt Pasargadae („Perserlager"), der Stätte seines Sieges über den Mederkönig Astyages, ließ sich König Kyros ein schlichtes Hausgrab auf gestuftem Sockel als Mausoleum errichten. Der Begründer des Perserreichs wird „der Große" genannt und in der Bibel mit Lob überhäuft, weil er die Rückkehr der Israeliten aus dem „Babylonischen Exil" veranlaßt hat. Ein Feldzug gegen die Skythen kostete ihm 529 v. Chr. das Leben. Sein Grab wurde zur Zeit Alexanders d. Gr. erstmals geplündert; angeblich ließ der Makedone den Täter Orxines hinrichten.

damit der König mit seinen Mächtigen, mit seinen Frauen und mit seinen Nebenfrauen daraus tränke… Und als sie so tranken, lobten sie die goldenen, silbernen, ehernen, eisernen, hölzernen und steinernen Götter. Im gleichen Augenblick gingen hervor Finger wie von einer Menschenhand, die schrieben gegenüber dem Leuchter auf die getünchte Wand in dem königlichen Saal. Und der König erblickte die Hand, die da schrieb. Da entfärbte sich der König, und seine Gedanken erschreckten ihn, so daß er wie gelähmt war und ihm die Beine zitterten. Und der König rief laut, daß man die Weisen, Gelehrten und Wahrsager herbeiholen solle. Und er ließ den Weisen von Babel sagen: Welcher Mensch diese Schrift lesen kann und mir sagt, was sie bedeutet, der soll mit Purpur gekleidet werden und eine goldene Kette um den Hals tragen und der Dritte in meinem Königreich sein (Daniel 5,1–7).

Mene mene tekel u-parsin lauteten die berühmt gewordenen Worte an der Wand. Sie besagen: *Gott hat dein Königtum gezählt und beendet; man hat dich auf der Waage gewogen und zu leicht befunden; dein Reich ist zerteilt und den Medern und Persern gegeben* (Daniel 5,25–28).

Als Josef in Ägypten die Träume des Pharao von den sieben fetten und sieben mageren Kühen und von den Ähren auszulegen wußte, wurde er der zweite Mann im Reich.

Was bedeutete das als Lohn für die Enträtselung der wundersamen Schrift in Aussicht gestellte *der Dritte in meinem Königreich sein*? Diese Bibelstelle war unverständlich und fand ihre Erklärung erst mit Hilfe der Archäologie.

Wer Belsazar war, ist heute aus Keilschrifttexten seines eigenen Vates gesichert. Er war nämlich nicht, wie das Danielbuch (5,2) sagt, Nebukadnezars, sondern Nabonids Sohn, der in einer Inschrift sagt: *Und in das Herz von Belschazzar, meinem erstgeborenen Sohn, dem Sproß meiner Lenden, setze die Furcht vor deiner erhabenen Gottheit, daß er keine Sünde begehen möge und daß er genug haben möge von der Fülle des Lebens.* Damit ist klar, daß Belsazar Kronprinz, mithin der zweite Mann in Babylonien war. Er konnte demnach nur den dritthöchsten Rang ausloben.

Die Erzählung von Belsazars Gastmahl und der Schrift an der Wand spiegelt aus prophetischer Sicht eine zeitgenössische politische Lage: 539 v. Chr. wandte sich Kyros gegen

Nabonid, das babylonische Heer unterlag. Damit waren die Stunden des letzten großen Reichs in Mesopotamien gezählt.

Herunter, Jungfrau, du Tochter Babels, setze dich in den Staub! Setze dich auf die Erde, wo kein Thron ist, du Tochter der Chaldäer (Jesaja 47,1).

Ein Jahr nach der Schlacht hält Perserkönig Kyros Einzug im bezwungenen Babylon. Hethiter, Kassiten, Assyrer hatten der Riesenstadt schon öfter das gleiche Schicksal bereitet. Diese Eroberung fällt allerdings aus der Schablone; in den Kriegsmethoden des Alten Orients ist sie ohne Beispiel. Diesmal steigen keine Brandsäulen hinter zerschlagenen Mauern auf, wird kein Tempel, kein Palast geschleift, kein Haus geplündert, niemand wird niedergemetzelt oder gepfählt. Der Tonzylinder des Kyros erzählt in babylonischer Schrift, wie es diesmal zuging.

Als ich in Babylon friedlich einzog, in Jubel und Frohlocken im Palaste der Fürsten den Wohnsitz der Herrschaft aufschlug, machte mir Marduk, der große Herr, das weite Herz der Babylonier geneigt, während ich täglich auf seine Verehrung bedacht war. Meine weit ausgedehnten Truppen zogen in Babylon friedlich umher, ganz Sumer und Akkad ließ

Oben: Bei Bisotun, westlich von Hamadan (Ekbatana), ließ Dareios I. eine Siegesmeldung in eine Felswand hauen. Hier hatte eine der Schlachten gegen die aufständischen Meder um den Magier Gautama stattgefunden.

Links: Grab Artaxerxes I. in Naqsch-I-Rustam. Ab Dareios I. schufen sich die achämenidischen Könige Felsgräber mit geräumigen Kammern und einer repräsentativen Relieffassade in Kreuzform. Das Schema der Fassaden bleibt immer gleich: Über dem Türbereich mit seinen vier Säulen stützen Gardeleute als Vertreter der Völker des Reichs eine Thronbühne, auf der der König vor den Gott Ahuramazda tritt.

283

Die Hauptresidenz der persischen Großkönige war Susa, die ehemalige Hauptstadt des Reichs Elam. Von dem riesigen Palast der Könige Dareios I. und Artaxerxes II. sind nur die Grundmauern geblieben. In assyrischer und babylonischer Tradition wurden die Mauern der wichtigsten Repräsentationsräume mit farbigen Reliefziegeln verkleidet. Neben Löwen, Flügelstieren und Greifen schritten vor allem die Krieger aus der „Garde der Unsterblichen" die Wände entlang. Aus einer Bauinschrift des Dareios, die die Herkunft der verwendeten Materialien wie der Handwerker und Künstler auflistet, geht auch hervor, daß die gebrannten Ziegel und glasierten Reliefs von Babyloniern hergestellt wurden.

sich von niemandem schrecken. Um das Innere Babylons und alle seine Städte kümmerte ich mich gern. Die Einwohner Babylons ... befreite ich von dem Joche, das sich für sie nicht ziemte. Ihrer Wohnung Verfall besserte ich aus, löste ihre Trauer ... Ich bin Kyros, der König der Gesamtheit, der große König, der mächtige König, König von Babylon, König von Sumer und Akkad, König der vier Weltgegenden ...

Die letzten Sätze muten fast an, als habe der biblische Chronist den Wortlaut des Tonzylinders gekannt. So spricht Kyrus, der König von Persien: Der Herr, der Gott des Himmels, hat mir alle Königreiche der Erde gegeben ... (2. Chronik 36,23).

Daß Herrscher die Toleranz, auch die kultische, auf ihr Panier schrieben, war ungewöhnlich und zeichnete erstmals den Perserkönig aus. Nach seinem Einzug in Babylon läßt Kyros sofort die Bilder und Schreine der volkstümlichen Gottheiten wiederherstellen. Er ist auf die tägliche Verehrung des Hauptgottes der Stadt, Marduk, bedacht. In der Stadt Ur tut er das gleiche. Auf einem zerbrochenen Tonzylinder, der in den Ruinen erhalten blieb, sagt Kyros selbst: Sin, der Erleuchter von Himmel und Erde, mit seinem günstigen Zeichen gab er in meine Hände die vier Gegenden der Welt. Ich brachte die Götter in ihre Schreine zurück.

Seine Toleranz kam auch den Juden zugute. Nach langen Jahrzehnten des Exils sollte nun ihr sehnlichster Wunsch Erfüllung finden.

RÜCKKEHR NACH JERUSALEM

Im ersten Jahr des Königs Kyrus befahl der König Kyrus, das Haus Gottes in Jerusalem wieder aufzubauen als eine Stätte, auf der man opfert, und seinen Grund zu legen: Seine Höhe sechzig Ellen und seine Breite auch sechzig Ellen ... Esra 6,3

D as ist die Erlaubnis zur Rückkehr nach Jerusalem! Der Text des königlichen Erlasses ist in Reichsaramäisch, der neuen offiziellen Verwaltungssprache der Perser, abgefaßt. Dieser in das Buch Esra, Kapitel 6, übernommene Erlaß steht entschieden im Einklang mit der tatsächlichen persischen Politik.

Es handelte sich um einen Akt der Wiedergutmachung. Daß die Peser sich als Nachfolger der Babylonier fühlten, geht auch aus den Ausführungsbestimmungen hervor: *Die Mittel sollen vom Hause des Königs gegeben werden. Auch soll man zurückgeben die goldenen und silbernen Geräte des Hauses Gottes, die Nebukadnezar aus dem Tempel zu Jerusalem genommen und nach Babel gebracht hat; man soll sie zurückbringen in den Tempel zu Jerusalem an ihre Stätte im Hause Gottes* (Esra 6,4–5).

Mit der Durchführung des Befehls betraute Großkönig Kyros den Statthalter Scheschbazar (Esra 5,14), einen Judäerfürsten und wahrscheinlich Angehörigen des Hauses David. Man nimmt an, daß er mit Schenazzar, dem vierten Sohn des Königs Jojachin, identisch ist (1. Chronik 3,18).

Es ist verständlich, daß fünfzig Jahre nach der Deportation nicht alle von der Erlaubnis Gebrauch machen, in das Land der Väter zurückzukehren. Immerhin bedeutete es ein Wagnis, aus dem reichen Land Babylonien, in dem sie Fuß gefaßt hatten und die meisten von ihnen aufgewachsen waren, den harten Weg in die Trümmer eines verwüsteten Landes anzutreten. Dessenungeachtet sammelt sich nach zeitraubenden Vorbereitungen im Frühjahr des Jahres 537 v.Chr. eine lange Karawane zum Marsch in die alte Heimat. *Die ganze Gemeinde zählte insgesamt 42360, ausgenommen ihre Knechte und Mägde;*

diese waren 7337; dazu 200 Sänger und Sängerinnen. Und sie hatten 736 Rosse, 245 Maultiere, 435 Kamele und 6720 Esel (Esra 2,64–67).

Ob es sich freilich bei dieser „Rückkehrerliste" wirklich um das Verzeichnis der Teilnehmer an einem gewaltigen Treck vom Euphrat nach Judäa handelt, ist fraglich. Bei Nehemia erscheint das Ganze fast wortwörtlich noch einmal, nur die Zahl der Sänger und Sängerinnen weicht geringfügig ab. In diesem Fall aber handelt es sich um eine Volkszählungsliste, ein Bevölkerungsregister der persischen Untersatrapie, zu der Juda unter den Persern geworden war!

Wie dem auch sei und wie viele nach den langen Jahren des Exils auch nach Juda zurückkehrten – wir können uns ihren Zug in das Land westlich vom Jordan lebhaft vorstellen. Fast 1300 Kilometer sind von Babylon bis zum fernen Jerusalem zu bewältigen, ununterbrochen vom feinen Dunst aufgewirbelter Staubmassen getreulich begleitet! Eines Tages passieren sie die Stätte des alten Mari. Sie erreichen die Stelle, wo am jenseitigen Ufer der Balich, an dessen Unterlauf Haran liegt, in den Euphrat mündet.

Und von da an ziehen die Heimkehrer den gleichen Pfad, den viele Jahre vor ihnen Abraham gezogen sein soll auf dem Wege vom Land seiner Väter nach Kanaan, über Damaskus, am Fuß des Hermon entlang zum See Genezareth. Es kommt der Tag, an dem aus den braunen Kuppen der Judaberge die weithin noch immer in Trümmern liegende Stadt Zion vor ihnen auftaucht – Jerusalem!

Voller Enthusiasmus wurde bald nach der Ankunft in Jerusalem das Fundament für den neuen Tempel gelegt. Dann aber stockte das Werk (Esra 5,16). Die Begeisterung der Rücksiedler ebbte rasch ab; zu hart und karg war das Leben in dem entvölkerten Land, wo eingestürzte Häuser nur kümmerliche Unterkunft boten. Hinzu kam die Sorge ums tägliche Brot, so daß zunächst *ein jeder nur eilt, für sein Haus zu sorgen* (Haggai 1,9). Jedem brannten zuviel eigene Nöte auf den Nägeln. Nur langsam ging der Wiederaufbau voran. Die ersten Ansiedler waren, wie der hinterlassene Hausrat zeigt, arm und gering an Zahl. Deutlich spiegeln die Ausgrabungsfunde die Härte jener ersten Zeit wider.

Kyros, der Befreier, fällt 529 v. Chr. auf einem Zug nach Osten und wird in seiner Residenz Pasargadai beigesetzt. Sein Palast war in Form einzelner Pavillons erbaut; jeder lag inmitten eines prachtvollen Gartens; das Ganze war von hohen Mauern umschlossen. Am Südhang einer langen Bergkette steht im herben Hochlandgras aus Kyros' Tagen noch

ein kleiner, unscheinbarer Steinbau. Sechs Quader bilden die Stufen zu einem schmalen Raum, über dessen Eingang früher eine Inschrift bat: *O Mann, wer immer du bist und wann du auch kommst, denn ich weiß, daß du kommen wirst – ich bin Kyros, und ich gewann den Persern ihr Weltreich. Mißgönne mir nicht dieses Fleckchen Erde, das meinen Körper bedeckt.*

Vergeblich! Die schmale Steinkammer, in der ein goldener Sarkophag die sterblichen Überreste des großen Persers umschloß, gähnt heute ebenso leer wie die Stelle über dem Eingang, die die Inschrift trug. Bisweilen ziehen Hirten mit ihren Herden gleichgültig an diesem vergessenen Ort vorbei wie in alten Zeiten durch die weite Hochebene, in der noch der Löwe das Jagdrevier beherrscht.

Dem Kyros folgt sein Sohn Kambyses II. Unter ihm wird Persien mit der Eroberung von Ägypten zum größten Reich, das die Welt je gesehen hat: Es reicht von Indien bis zum Nil.

Erst unter seinem Nachfolger Dareios I. wird – seit der Fundamentlegung sind fast zwei Jahrzehnte verstrichen – in Jerusalem der Wiederaufbau des Tempels endgültig in Angriff genommen. Auf Anfrage des für Juda zuständigen Verwaltungsbeamten, des Satrapen von Transeuphrat, bestätigt Dareios I. ausdrücklich den Erlaß des Kyros. Der amtliche Schriftwechsel darüber mit dem persischen Hof ist im 5. und 6. Kapitel des Buches Esra zu finden.

Manche Gelehrte bezweifeln allerdings die Geschichtlichkeit dieser Urkunden. Wenn jedoch die betreffenden Schriftstücke nicht echt sind, dann handelt es sich dem Inhalt wie

Die Schicht aus der Zeit der persischen Herrschaft ist eine der jüngsten in der uralten Stadt Susa. Die Tiefgrabungen reichen bis in die Anfänge des 4. Jahrtausends v. Chr. zurück. Etwa 2500 v. Chr. wurde Susa Hauptstadt des „altelamischen" Reichs, dem die Großmächte des benachbarten Mesopotamiens eine recht unruhige Geschichte und etliche Fremdherrschaften bescherten. Das „neuelamische" Reich griff seit dem 13. Jahrhundert v. Chr. seinerseits nach Nordwesten aus. Von einem der zahlreichen Kriegs- und Beutezüge nach Babylonien brachten die Elamiter die berühmte Gesetzesstele des Königs Hammurabi mit, die französische Archäologen 1901 in Susa fanden.

Rechts: Dareios I. und sein Nachfolger Xerxes (hinter dem Thron stehend) sind auf dem Relief eines Türpfeilers im Palast von Persepolis dargestellt. Vertreter der königlichen Garde stützen die Thronbühne. Über dem Baldachin schwebt das geflügelte Symbol des Reichsgottes Ahuramazda.

Vorhergehende Doppelseite: Persepolis, die von Dareios I. und seinen Nachfolgern nördlich von Schiraz errichtete Residenz der persischen Großkönige, war niemals Zentrum des Reiches; der Verwaltungsapparat blieb in Susa. Die gewaltige Terrassenanlage war stark ummauert. Außer den repräsentativen Säulenhallen der Apadana und dem Saal der hundert Säulen umfaßte der Palast einen ausgedehnten Vorratstrakt, eine Schatzkammer, Wohnbereiche, Höfe, Marstall und eine Bibliothek.

der Form nach um recht geschickte Nachahmungen – sogar das Reichsaramäisch, die Geschäftssprache des Achämenidenreichs, verwendet die Bibel hier. Wie immer man diese Frage entscheiden mag, zahlreiche andere zeitgenössische Texte belegen, wie sehr Dareios die heimischen Kulte der seinem Reich einverleibten Völker förderte. Dies gilt nicht nur für Palästina, sondern auch für Kleinasien und Ägypten.

So heißt es auf der Inschrift des ägyptischen Oberarztes Udjahor: *Und es gab mir den Befehl der König Dareios – möge er leben immerdar! –, daß ich nach Ägypten gehen soll ... auf daß ich wieder einsetzen solle die Tempelpriester und wieder aufleben ließe, was in Verfall geraten war...*

Seinem Domänenverwalter Gadatas schreibt Dareios ausgesprochen ungehalten. Er macht ihm schwere Vorwürfe wegen seines Verhaltens gegen die Priesterschaft des Apollo-Heiligtums in Magnesia: *Ich höre, daß du*

dich nicht in allem an meine Vorschriften kehrst. Zwar bemühst du dich um meinen Boden, indem du Gewächse von jenseits des Euphrat auf kleinasiatisches Gebiet verpflanzest. Ich lobe dein Vorhaben, und großer Dank soll dir dafür am königlichen Hofe werden. Darum aber, daß du mein Verhalten den Göttern gegenüber außer acht bringst, werde ich dich, falls du es nicht anders machst, einmal den Zorn fühlen lassen, zu dem du mich gereizt hast. Denn die dem Apollo heiligen Gärtner hast du zu einer Abgabe und zur Bearbeitung profanen Bodens herangezogen in Verkennung der Gesinnung meiner Vorfahren dem Gott gegenüber, der zu den Persern gesprochen hat...

Die Anstrengungen der Rückkehrer beschränken sich für lange Jahre auf den Tempelbau zu Jerusalem. Mit dem Bau wurde Ende 520 v.Chr. begonnen. Am 12. März 515 v.Chr. ist er vollendet.

Mit der Stadtmauer lassen sie sich Zeit bis zum nächsten Jahrhundert. Erst unter Nehemia, der 444 v.Chr. durch Perserkönig Artaxerxes I. als Gouverneur für Juda eingesetzt wird, nehmen sie die Arbeiten an der Mauer auf, die in ungewöhnlich kurzer Zeit beendet sind. *Und die Mauer wurde ... in zweiundfünfzig Tagen fertig* (Nehemia 6,15). Ein Neubau in 52 Tagen – undenkbar! Nehemia selbst erzählt, daß *die Mauern eingerissen waren und die Tore vom Feuer verzehrt* (Nehemia 2,13). Sie wurden also nur ausgebessert. Und das mußte in Eile geschehen. Denn die benachbarten Stämme, vor allem die Samariter, wollten die Wiederbefestigung Jerusalems mit allen Mitteln verhindern. Die Juden mußten ständig auf der Hut sein; *mit der einen Hand taten sie die Arbeit, und mit der andern hielten sie die Waffe* (Nehemia 4,11).

Die eilig ausgebesserten Löcher und geflickten Risse in den Mauern spiegeln den Zeitdruck und die fieberhafte Unruhe, unter denen die Arbeiten vonstatten gingen. Der englische Archäologe J. Garrow Duncan grub Teile der Mauer auf dem kleinen Südosthügel über der Gihon-Quelle wieder aus. In seinem Bericht heißt es: „Die Steine sind klein, unbehauen, unförmig und ungleich. Einige davon sind ungewöhnlich klein und scheinen nur Splitter zu sein, abgebrochen von größeren Blöcken, gerade so, als benutzten sie jede Art von Material, das zur Hand war. Die großen Lücken und Hohlräume sind ausgefüllt mit einer wahllosen Mischung von Lehmputz vermengt mit kleinen Splittern von Steinen..."

In der Zeit, da Nehemia als Gouverneur in Jerusalem weilte, soll das Feuer für den Brandopferaltar im Tempel wiederaufgefunden worden sein (1. Makkabäer 1,19ff.). Nach

Leviticus 6,12 durfte es nie verlöschen, ist es doch vom Himmel gefallen, von Jahwe ausgegangen! Nehemia *schickte derselben Priester Nachkommen, die das Feuer verborgen hatten, daß sie es wieder suchten.* Diese hätten aber *kein Feuer, sondern ein dickes Wasser gefunden.* Als sie dieses dicke Wasser auf Nehemias Geheiß dann *über das Holz und das Opfer, das auf dem Holz lag, gossen, da zündete sich ein großes Feuer an; des wunderten sich alle.* Kaum jemand schenkte der nachstehenden Bemerkung: *Und die Leute des Nehemia nannten das Wasser Nephthar,* größere Beachtung. Daß diese Bibelstelle einen Hinweis auf ein ganz konkretes Bodenvorkommen enthält, das den Israeliten bereits bekannt gewesen sein muß, weiß man erst, seit in den fünfziger Jahren in Israel Erdölvorkommen, Naphtha, wie das aus dem Babylonischen stammende Wort dafür heißt, gefunden wurden.

Der Wiederaufbau des Tempels und der alten Davidstadt nach der Rückkehr aus dem Babylonischen Exil sind unverkennbare Anzeichen dafür, daß Israel sich trotz aller messianischen Erwartungen bewußt ist, daß die Zeiten des Königtums vergangen sind und nur der innige Zusammenhalt in der Kultgemeinschaft den Fortbestand des kleinen Volkes zu gewährleisten vermag, was die politischen Zeitläufe auch immer bringen mögen. Zielstrebig schufen sie die heilige Stätte als Mittelpunkt für die in der Heimat wohnenden und für die in alle Welt verstreuten Juden. Der Hohepriester des neuen Tempels zu Jerusalem erlangte eine dominierende Stellung und wurde unter den Ptolemäern zum Etnaschen, zum „Volksherrscher". Der kleine Priesterstaat in Palästina nahm keinen nennenswerten Anteil mehr am Weltgeschehen der kommenden Jahrhunderte. Israel wandte der Politik den Rücken.

Mit persischer Billigung wird das „Gottesgesetz" für Israel, für alle Juden überhaupt, verbindlich (Esra 7,23–26), das heißt, das Judentum wird als staatlich anerkannte Rechtsgemeinschaft konstituiert. Was das Esrabuch darüber sagt, wird durch ein anderes Dokument aus der Zeit erhärtet.

Im Jahre 1905 werden auf der palmenbestandenen Nilinsel Elephantine bei Assuan drei Papyrusurkunden entdeckt. Sie sind in Reichsaramäisch geschrieben und stammen aus dem Jahre 419 v. Chr. Eine davon ist ein Osterbrief des Perserkönigs Dareios II. mit einer Anweisung, wie das Passahfest zu begehen sei. Empfänger des Briefes war die jüdische Militärkolonie in Elephantine. Als Absender zeichnet Hananja, *Referent für jüdische Angelegenheiten am Hofe des persi-*

schen Statthalters in der Satrapie Ägypten. Zwei Jahrhunderte üben die Perser die Herrschaft über Jerusalem aus. Die Geschichte Israels scheint in dieser Epoche keinen Schwankungen unterworfen gewesen zu sein. Weder die Bibel nimmt von ihr Notiz, noch sagen die Schuttschichten Wesentliches über diesen langen Zeitraum aus. Große Bauwerke, Gegenstände handwerklicher Kunst fehlen in der archäologischen Ausbeute der entsprechenden Schicht jedenfalls völlig. Scherben einfachen Hausgeräts beweisen nur, wie ärmlich, wie kümmerlich das Leben damals in Juda war.

Allerdings tauchen im Verlauf des 4. Jahrhunderts v. Chr. Münzen auf. Sie tragen die stolze Inschrift *Yehud,* „Juda". Offenbar hatten die Perser dem Hohenpriester das Recht zur Prä-

Die Reliefs an den Treppen zur Apadana von Persepolis zeigen die persischen und medischen Krieger der Garde sowie in langer Folge die Vertreter sämtlicher Satrapien mit ihren Tributen.

gung von Silbermünzen eingeräumt. Nach dem Vorbild attischer Drachmen sind sie mit der Eule von Athen geschmückt. Ein Beweis, wie stark sich – lange vor Alexander dem Großen – überall im Orient griechischer Handel und Einfluß durchzusetzen vermochte.

UNTER DEM EINFLUSS VON HELLAS

Alexander, der Sohn des Philippus, König von Mazedonien, der erste Monarch in Griechenland, ist ausgezogen aus dem Lande der Griechen und hat große Kriege geführt, viele feste Städte erobert und Dareios, den König der Perser und Meder, geschlagen…
1. Makkabäer 1,1

Allmählich verlagert sich im 4. Jahrhundert v.Chr. das politische Machtzentrum aus dem „Fruchtbaren Halbmond" nach Westen. Die Ouvertüre zu dieser weltgeschichtlichen Entwicklung bildeten bereits ein Jahrhundert vorher zwei berühmte Schlachten, in denen Griechen den vordringenden Persern Einhalt geboten. Bei Marathon, 490 v.Chr., unterlag ihnen das Heer Dareios' I. Bei Salamis vor Athen schlugen sie zehn Jahre darauf die Flotte seines Nachfolger Xerxes.
Bei Issos, in der Nähe des nordsyrischen Hafens Iskenderun, des früheren Alexandrette, reißen 333 v.Chr. mit dem Sieg Alexanders des Großen über den Perserkönig Dareios III. die Griechen die Führungsrolle im Mächtekonzert der damaligen Welt an sich. Alexanders erstes Ziel ist Ägypten. Mit einer Kerntruppe von 32000 Fußsoldaten und 5000 Reitern zieht der Vierundzwanzigjährige gen Süden, zu Wasser von einer Flotte

Als die Diadochen das Reich Alexanders des Großen unter sich aufteilten, fiel Palästina zunächst an die ägyptischen Ptolemäer. Nach dem Sieg Antiochos III. (oben rechts) über Ptolemaios im Jahre 198 v.Chr. rissen die Seleukiden das Land an sich und begannen es eifrig zu hellenisieren. Für die Juden bedeutete dies eine ernsthafte Bedrohung ihres Glaubens, die unter Antiochos IV. (oben links) mit Tempelschändung und Zwangseinführung hellenistischer Kulte ihren Höhepunkt erreichte.

aus 160 Schiffen begleitet. Zweimal wird Alexander an der syrisch-palästinensischen Küste aufgehalten.
Das eine Mal in Tyros. Die phönizische Stadt wacht, schwerbefestigt und durch hohe, starke Mauern geschützt, von einer kleinen Insel aus über die Küste.
Alexander vollbringt hier ein wahres Wunderwerk an Kriegstechnik, indem er einen 600 Meter langen Damm durch das Meer zur Stadt auf der Insel bauen läßt. Zur Sicherung der Arbeiten müssen fahrbare Schutzschilde, sogenannte „Schildkröten", eingesetzt werden. Dennoch wird das Anlegen des Damms durch ununterbrochenen Geschoßregen empfindlich gestört. Inzwischen zimmern Pioniere an der Küste wahre Ungetüme, *Helepolen*, das sind fahrbare Geschoßtürme mit vielen Stockwerken übereinander. Sie nehmen die Bogenschützenabteilungen und leichte Artillerie auf. Eine Fallbrücke an der Frontseite dieser Türme ermöglicht überfallartigen Sturmangriff auf die feindlichen Mauern. Es

ptolemäischer Machtbereich
seleukidischer Machtbereich
besonders dicht von Juden besiedeltes Gebiet
Stadt mit jüdischer Bevölkerung
Grenzen im Jahre 240 v.Chr.

GRIECHEN-
Delphoi (Delphi)
LAND
Sikyon
Korinth   Peiraieus (Piräus)
Sparta   Samos
Delos   Myndos
Melos
KRETA
Gortyna
Mittelmeer
Alexandreia
PTOLEMÄER ÄGYPTEN
Pergamon
PHRYGIEN
Sardeis
Ephesus
KARIEN
Halikarnassos
PAMPHYLIEN
LYKIEN   Side
Phaselis
Rhodos
KAPPADOKIEN
Halys
SELEUKIDEN
Tarsos
Antiocheia
SYRIEN
Arados (ar-Ruad)
ZYPERN
Damaskus
Jerusalem
ARABIEN
Euphrat
Tigris
Ekbatana (Hamadan)
Pumbeditha
Nehardeia   Ktesiphon
BABYLONIEN
Babylon
Nippur   Susa
0   100   200   300 km

sind die höchsten Belagerungstürme, die je in der Kriegsgeschichte eingesetzt wurden. Sie haben zwanzig Stockwerke, und mit 50 Metern Höhe ragt ihre oberste Plattform weit über die höchste Stadtmauer hinaus.

Als diese waffenstarrenden Ungetüme nach siebenmonatiger Vorbereitung langsam und schwerfällig auf Tyros zurollen, ist das Schicksal der als uneinnehmbar geltenden Seefeste besiegelt.

Denn Tyrus baute sich ein Bollwerk und sammelte Silber wie Sand und Gold wie Dreck auf der Gasse. Aber siehe, der Herr wird es erobern und wird seine Macht ins Meer stürzen (Sacharja 9,3–4). *Und Gaza wird sehr angst werden…* (Sacharja 9,5). Tatsächlich ist es Gaza, die alte Philisterstadt, die dem Makedonenkönig das zweite Mal Halt gebietet. Doch dauert diese Belagerung nur zwei Monate. Dann ist der Weg zum Nilland frei.

Der jüdische Geschichtsschreiber Josephus Flavius weiß zu berichten, Alexander der Große sei nach der Einnahme der Festung Gaza nach Jerusalem gekommen. Vom Volk und Hohenpriester Jaddua ehrenvoll empfangen, habe er dem Tempel ein Opfer angeboten und dem Volk Vergünstigungen gewährt.

Zu einem Abstecher nach Jerusalem dürfte der Welteroberer jedoch, ohnehin schon neun Monate durch den Widerstand in Tyros und Gaza aufgehalten, kaum Zeit gefunden haben. Nach dem Fall von Gaza eilte er auf dem kürzesten Weg nach Ägypten, die Eroberung des Binnenlandes seinem Feldherrn Parmenion überlassend, der sich auch ohne Schwierigkeiten des Gebiets bemächtigte. Nur der Statthaltersitz der Provinz Samaria

mußte gewaltsam bezwungen werden. Zur Strafe wurde sie mit einer makedonischen Kolonie besiedelt.

Jerusalem und die Provinz Juda scheinen sich dem neuen Machthaber ohne weiteres gefügt zu haben. Jedenfalls weiß keine bisher bekanntgewordene zeitgenössische Quelle etwas von einem Widerstand.

Der Alexanderbesuch in Jerusalem dürfte eine Legende mit einem immerhin wahren Kern sein. Sie legt beredtes Zeugnis davon ab, daß auch der griechische Eroberer die Lebensformen im Priesterstaat Juda toleriert; die Kultgemeinde bleibt unbehelligt.

Das entspricht ganz dem, was die Forschung feststellen kann. Im Juda jener Zeit finden sich weder Spuren einer griechischen Eroberung noch einer Besatzung. Nur im benachbarten Samaria entstand gegen 322 v.Chr. eine starke Festung der Hellenen. Die Ausgräber legten eine ganze Reihe von runden Türmen frei. Sie lehnen sich an den alten Kasemattenwall aus der Zeit, in der Samaria noch Hauptstadt des Königreichs Israel war.

In Ägypten, das ihn wie ein Befreier empfängt, bleibt Alexander den Winter 332 auf 331 v.Chr. Er gründet die Stadt Alexandria an der Westspitze des Nildeltas, der die Rolle der Weltstadt des neuen Zeitalters zugedacht ist. Sie blüht rasch zum Mittelpunkt eines neuen Geisteslebens auf, das die besten Köpfe der griechischen und orientalischen Welt in seinen Bann zieht.

Bei Baubeginn erläßt Alexander eine Anordnung, die für die Zukunft von allergrößter Bedeutung ist. Er gewährt den Juden – Nachkommen von Flüchtlingen aus der Babylo-

Städte mit jüdischen Gemeinden im seleukidischen und ptolemäischen Machtbereich (Grenzen um 240 v.Chr.) und in Griechenland.

Bei Ausgrabungen vor der herodianischen Südmauer des Tempelbergs wurden die Fundamente einer Treppenanlage freigelegt, die zum Tor über dem „Robinson-Bogen" führte.

nas die ersten griechischen Häfen und Handelsniederlassungen aus. Im 5. Jahrhundert v. Chr. bereits bereisten und studierten hochgebildete Hellenen die Länder des Alten Orients: Herodot und Xenophon, Hekataios und Ktesias.

Erkannten oder verstanden die Männer im Priesterstaat die Zeichen der Zeit nicht mehr? Oder verschlossen sie in Abwehr des Kommenden bewußt die Augen?

Um so jäher mußte ihr Erwachen sein, als sie Griechenland nur wenige Schritte vom Tempelheiligtum entfernt begegneten, als sie nicht länger darüber hinwegsehen konnten, daß sich die jüdische Jugend mit Lust dem aus Hellas importierten Diskuswerfen ergeben hatte! Sportkämpfe nach griechischem Vorbild fanden alsbald bei der Jugend ein begeistertes Echo.

Nicht durch Übermacht oder Waffengewalt oder sittenlose Verlockungen wurde Griechenland den Juden gefährlich; die Gefahr lag vielmehr in dem freieren Atemzug einer unerhört modernen Welt. Hellas hatte mit Perikles, Aischylos, Sophokles, Euripides, mit Phidias und Polygnot, mit Plato und Aristoteles eine neue Stufe der menschlichen Entwicklung erklommen.

Unbekümmert um die neue Ära des Menschengeschlechts ging der kleine Priesterstaat beharrlich seinen eigenen Weg, hielt zäh und unbeirrt fest am Überlieferten, an der Tradition. Trotz alledem blieb ihm die Auseinandersetzung mit dem neuen Denken nicht erspart.

Hernach ist Alexander gestorben... Nach seinem Tod ist das Reich auf seine Fürsten gekommen... und machten sich alle zu Königen. Und sie und ihre Nachkommen regierten lange Zeit. Und große Kriege sind zwischen ihnen gewesen... (1. Makkabäer 1,8–10).

Der Begriff „Diadochenkämpfe" behauptet sich selbst in der Politik des 20. Jahrhunderts noch. Auch in der Originalausgabe sind sie keineswegs ein Ruhmesblatt für den Berufsstand des Feldherrn. Die Heerführer des großen Alexander räumten ohne Skrupel seine gesamte Familie, den Halbbruder Philipp Arrhidaios, die Mutter Olympias, die Witwe Roxane und den nachgeborenen Sohn durch Mord aus dem Wege. Die Auseinandersetzungen gipfelten in der Zerstückelung des Imperiums in drei Reiche: Das Makedonische Reich im Norden Griechenlands beherrschte die von Antigonos begründete Dynastie.

Das Seleukidenreich erstreckte sich von Thrakien über Kleinasien, Syrien bis an die Grenze von Indien. Als Hauptstädte dieses zweiten und weitaus größten Nachfolgestaates wurden Seleukia am Tigris und Antiochia

nierzeit – die gleichen Rechte wie seinen Landsleuten! Von den Nachfolgern des großen Makedonen übernommen, trägt diese Anordnung dazu bei, daß Alexandria in der Folge eines der wichtigen Sammelbecken des Judentums wird.

Erst in der Apostelgeschichte 18,24 taucht der Name der von Alexander gegründeten Stadt in der Bibel auf: *Es kam aber nach Ephesos ein Jude mit Namen Apollos, aus Alexandria gebürtig, ein beredter Mann und gelehrt in der Schrift.*

Auf dem Wege zu einem der größten Eroberungszüge, die die Geschichte kennt, zieht Alexander noch einmal durch Palästina. Alle Länder des Alten Orients werden ihm untertan; er dringt bis zum Indus vor, fast bis zu den Füßen des Himalajamassivs. Auf dem Rückweg packt ihn ein Fieber. Alexander stirbt – dreiunddreißig Jahre alt – am 13. Juni 323 v. Chr. in Babylon.

Angesichts der Tatsache, daß das Griechentum lange vor Alexander tausendfach seine Fühler nach Mesopotamien und Ägypten ausstreckte, wundert man sich über die Zurückhaltung der Juden. Im Priesterstaat scheint die Zeit stillgestanden und ausschließlich die Thora, das göttliche Gesetz, das Leben der kleinen Kultgemeinde bewegt zu haben.

Längst gab es in den Heeren der Pharaos Psametich II. und des Chaldäerkönigs Nebukadnezar griechische Söldner. Längst schon breiteten sich an den Küsten Syriens und Palästi-

am unteren Orontes in Nordsyrien gegründet. Das dritte war das Ptolemäerreich am Nil mit der Hauptstadt Alexandria. Es wurde von einer Dynastie regiert, deren letzte Vertreterin Kleopatra über die Zeiten hinweg einen gewissen Ruf genießt, weil sie es verstanden hatte, so bedeutende Zeitgenossen wie Cäsar und Antonius den Kopf zu verdrehen.

Zwei ungewöhnlich weitschauende Herrscher, Ptolemaios I. und sein Sohn Ptolemaios II. Philadelphos, entwickeln ihre Hauptstadt Alexandria zu einer Pflegestätte hellenischer Kultur und Wissenschaft, deren Ruf weit über die Grenzen ihres Reichs dringt. Sie zieht auch Emigranten aus Juda in ihren Bann, die in diesem Schmelztiegel tief in die Schönheit der Sprache der Griechen eintauchen. Diese Sprache allein läßt sie in den Genuß der überwältigenden Fortschritte menschlichen Denkens und Fühlens gelangen. Die internationale Sprache der Wissenschaft und des Handels wird zur Sprache von Zehntausenden heimatlos gewordener Israeliten.

Die heranwachsende Generation kennt ihre Muttersprache nicht mehr, das Hebräische. Sie vermag beim Gottesdienst in der Synagoge dem göttlichen Wort nicht mehr zu folgen. Daher reift in der ägyptischen Diaspora der Entschluß zur Übersetzung der hebräischen Schriften. Um 250 v. Chr. wird die Thora ins Griechische übertragen, eine Tat von unermeßlicher Tragweite für die abendländische Menschheit!

Den Juden in Ägypten war die Übersetzung der Bibel in die griechische Sprache ein so unfaßbar fortschrittliches Ereignis, daß sich die Legende seiner bemächtigte. Sie wird in einem Brief des Aristeas von Alexandrien erzählt.

Zu Ptolemaios II. Philadelphos, der seinen Stolz dareinsetzte, eine Sammlung der schönsten Bücher der Welt zu besitzen, sagte nach dieser Legende eines Tages der Bibliothekar, er habe in 995 Büchern die beste Literatur aller Völker zusammengetragen, aber die größten Bücher von allen, die Fünf Bücher Mose, befänden sich noch nicht darunter. Daraufhin habe der Herrscher Gesandte zum Hohenpriester geschickt und um eine Abschrift dieser Bücher gebeten. Zugleich möge er ihm auch Männer senden, die sie ins Griechische übertragen könnten. Der Hohepriester sei der Bitte nachgekommen und habe außer der Thoraabschrift zweiundsiebzig gelernte und weise Schreiber geschickt. Große Festlichkeiten seien zu Ehren der Männer aus Jerusalem veranstaltet worden, deren Weisheit und Wissen den König und seine Hofleute sehr erstaunten. Nach den Festen hätten sie sich an die ihnen gestellte

ungeheuer schwierige Aufgabe begeben, für die es weder ein Vorbild noch ein Wörterbuch gab. Draußen im Meer, auf der Insel Pharos vor Alexandria, zu Füßen eines der „Sieben Weltwunder" – des 180 Meter hohen Leuchtturms, den Ptolemaios II. als weithin sichtbares Signal für die Schiffahrt hatte aufrichten lassen – habe jeder für sich in einer Zelle gearbeitet. Als die Gelehrten das Werk vollbracht hatten und die Übersetzungen miteinander verglichen, hätten alle zweiundsiebzig wörtlich übereingestimmt. Die griechische Übersetzung der Bibel wird daher *Septuaginta* genannt, was „Die Siebzig" bedeutet.

Was bisher nur im Heiligtum, nur in der alten Sprache und nur für das eine Volk verkündet worden war, wurde nun Menschen anderer Zunge, anderer Völker zugänglich und ver-

Griechenstädte in Palästina im 3. und 2. Jahrhundert v. Chr.

ständlich. Die bisher ängstlich gehütete Tür war damit weit aufgestoßen, und das Judentum, das sich seit der Perserzeit Proselyten geöffnet hatte, konnte nun neuen Zuzug in der hellenistisch-römischen Welt gewinnen.

Judas Zugehörigkeit zum Ptolemäerreich währte länger als hundert Jahre. Dann erzwangen die Seleukiden von Antiochia die seit langem angestrebte Ausdehnung nach Süden. Nach einer siegreichen Schlacht über Ptolemaios V. an den Jordanquellen 195 v.Chr. nahm Antiochos III., der Große genannt, Palästina in Besitz, und Juda wechselte damit abermals den Oberherrn.

Allmählich ging die fremde Saat auch im Priesterstaat auf. Die vielfältigen Einflüsse griechischer Geisteshaltung, die seit dem Eroberungszug Alexanders das Volk durchsetzten, machten sich zunehmend geltend.

Als Antiochos der Edle die Regierung übernommen hatte, erschlich sich Jason ... das hohepriesterliche Amt ... und führte bei seinen Landsleuten sogleich griechische Gebräuche ein... Gerade unter der Burg baute er eine Kampfbahn und verordnete, daß sich die stärksten jungen Leute darin üben sollten. Und das griechische Wesen nahm so überhand durch den gottlosen Hohenpriester Jason, daß die Priester des Opfers und des Tempels nicht mehr achteten,

sondern zur Kampfbahn liefen und zusahen, wie man den Diskus warf und andere Spiele trieb... (2. Makkabäer 4,7–14).

Die *Kampfbahn* – Martin Luther übersetzte *Spielhaus* – war nichts weiter als ein Stadion. Warum also soviel Aufhebens von einem Sportplatz? Leibesübungen in Jerusalem, Diskuswerfer und Sprinter in der Heiligen Stadt, das klingt zwar ungewöhnlich fortschrittlich, aber weshalb sollte Jahwe daran ein Mißfallen finden, wieso konnte ein Hoherpriester deshalb als gottlos verschrien werden?

Zwischen der Art von heute, Sport zu betreiben, und der von damals besteht ein kleiner, doch sehr wesentlicher Unterschied. Er liegt nicht etwa in den Übungen selbst, die sind seit über 2000 Jahren fast die gleichen geblieben. Der Unterschied liegt in der Bekleidung. Getreu dem olympischen Vorbild wurden die gymnastischen Spiele, wie das griechische Wort besagt, völlig nackt betrieben. Der Körper durfte nur mit einer dünnen Ölschicht „bedeckt" werden!

Allein die Nacktheit mußten alle Strenggläubigen in Juda als Herausforderung betrachten. Undenkbar, daß das sportliche Treiben im Angesicht des Tempels, nur wenige Schritte vom Allerheiligsten entfernt, nicht als harter Affront angesehen worden wäre und heftigen Widerstand hervorgerufen hätte. Zeitgenössischen Berichten zufolge ließ der Hohepriester Jason das Stadion mitten in Jerusalem unmittelbar am Saum der Tempelanhöhe, *im Tal*, errichten.

Aber damit hatte es noch keineswegs sein Bewenden. Es dauerte nicht lange, und jüdische Wettkämpfer machten sich eines schweren Vergehens gegen das Gesetz schuldig, sie *hielten die Beschneidung nicht mehr* (1. Makkabäer 1,16).

Griechisches Schönheitsempfinden und die in aller Öffentlichkeit zur Schau getragene Beschneidung jüdischer Wettkämpfer waren zwei unvereinbare Dinge. Die jüdischen Mannschaften erregten – nicht in Jerusalem, da war man unter sich – Hohn und Spott, ja sogar Abscheu, sobald sie bei auswärtigen Wettkämpfen in Erscheinung traten. Vom *Kampfspiel zu Tyros ... das alle fünf Jahre gefeiert wurde*, berichtet 2. Makkabäer 4,18, allerdings geht es hier nicht um eine jüdische Wettkämpfermannschaft, sondern um eine Festdelegation, die lediglich Geschenke zu überbringen hatte.

Viele müssen unter dem Abscheu, der sie traf, so gelitten haben, daß sie nach einem Ausweg suchten und durch einen chirurgischen Eingriff den natürlichen Zustand wiederherstellten.

Den Leibesübungen kam damals eine weit umfassendere Bedeutung zu als dem Sport im heutigen Sinne. Sie waren kultische, den fremden Göttern Zeus und Apollo der Griechen geweihte Spiele. Die Reaktion des strenggläubigen Judentums auf diese erneute echte Bedrohung konnte nur hart sein. Die neuen Herren im Lande, die Seleukiden, gaben nur allzu bald allen Anlaß dazu.

UM DIE FREIHEIT
DES GLAUBENS

Da raubte er mit seinen unreinen Händen die heiligen Gefäße und alles, was die anderen Könige dem Tempel gestiftet hatten zu Schmuck und Zierde, das raffte er mit seinen sündigen Händen hinweg.
        2. Makkabäer 5,16

König Antiochos IV., Epiphanes genannt, plündert und entweiht 168 v. Chr. den Tempel in Jerusalem. Tempelplünderungen waren sein besonderes Metier, wie Zeitgenossen bezeugen. Der griechische Geschichtsschreiber Polybios vermerkt in seiner vierzigbändigen „Weltgeschichte", Antiochos IV. habe *die meisten Heiligtümer beraubt.*

Oben: Die hellenistische Säulenarchitektur der in den Jahrhunderten um die Zeitenwende errichteten Synagogen, wie zum Beispiel in Baram, zeigt den nachhaltigen griechischen Einfluß auf die Kultur Palästinas.

Links: Korinthisches Kapitell mit jüdischen Ritualsymbolen von der Synagoge in Kapernaum.

Der Tempelschatz genügte indessen dem Seleukiden nicht. Er schickte obendrein seinen obersten Steuerbeamten Apollonios mit bewaffneter Macht nach Jerusalem. Der *plünderte die Stadt und verbrannte die Häuser, riß die Mauern nieder und führte Weib und Kind und Vieh weg* (1. Makkabäer 1,33–34; 2. Makkabäer 5,24ff.).

Nichts von dem, was ein Volk in einer wechselvollen Geschichte an schrecklichen und schmählichen Dingen erleben kann, war Israel in der Vergangenheit erspart geblieben. Aber nie zuvor, weder unter den Assyrern noch unter den Babyloniern, hatte es ein Schlag getroffen ähnlich der Anordnung, die Antiochos Epiphanes erließ und mit der er den Glauben Israels vernichtend treffen wollte. *Antiochos sandte auch Briefe nach Jerusalem und in alle Städte Judas, darin gebot er, daß sie den Gottesdienst der Heiden annehmen sollten* (1. Makkabäer 1,46).
Im Tempel Jahwes wurde der Kult des Zeus Olympios eingerichtet.
Auf die Ausübung aller jüdischen Kulthandlungen, auf die herkömmlichen Opfer, den Sabbat, die Beschneidung stand die Todesstrafe. Die heiligen Schriften wurden vernichtet. Das war die erste gründlich betriebene Religionsverfolgung in der Geschichte!
Israel aber gab aller Welt das Beispiel, wie ein Volk, das sich nicht selbst aufgeben will, auf derartigen Gewissenszwang reagieren kann und muß.
Schwache Charaktere, die den Weg des geringsten Widerstands gehen, gab es allerdings auch damals. Viele jedoch *ließen sich lieber töten, daß sie sich verunreinigten* (1. Makkabäer 1,66). Erst der unbeirrte Glaubenseifer eines alten Mannes warf die Fackel des Aufruhrs ins Land.
Modein hieß ein kleiner Ort, 30 Kilometer von Jerusalem am Westrand des Judagebirges, heute der Marktflecken el-Medieh. Hier lebte der *Priester Mattathias* mit seinen fünf Söhnen. Als die Hauptleute des Antiochos auch nach Modein kamen, um die Einwohner zu zwingen, *von Gottes Gesetz abzufallen und zu opfern und zu räuchern*, weigerte sich Mattathias standhaft, dem Befehl zu folgen, und als er einen Landsmann opfern sah, *entbrannte sein Eifer um das Gesetz. Und er lief hinzu*

Oben links: Eine der Bauplastiken der Synagoge von Kapernaum stellt ein Tempelchen auf Rädern dar, vielleicht die Bundeslade oder ein fahrbarer Thoraschrein.

Oben rechts: Das Makkabäerreich zur Zeit des Alexander Jannäus (103–76 v.Chr.).

und tötete bei dem Altar den Juden und den Hauptmann des Antiochos und warf den Altar um (1. Makkabäer 2,1–25). Damit gab er den Anstoß zum offenen Widerstand, zum Kampf auf Leben und Tod um die Freiheit des Glaubens – zu den *Kriegen der Makkabäer*. Mattathias gelingt mit seinen Söhnen die Flucht. In Verstecken in den Bergen und Höhlen sammeln sie eine Schar von Glaubensgenossen um sich, mit denen sie einen erbitterten Guerillakrieg gegen die Obrigkeit führen. Beim Tode des alten Priesters wird sein Sohn *Judas* mit dem Zunamen *Makkabäus*, das heißt „Hammer", der Anführer.
Im Bergland von Juda erringen die Aufständischen ihre ersten Erfolge. Sie sind wahrhaft bewundernswert. Die kleine, ungeübte und schlecht bewaffnete Schar bezwingt die

gedrillten und zahlenmäßig überlegenen Besatzungstruppen. Bet-Horon, Emmaus und Bet-Zur werden eingenommen. Die Seleukiden ziehen sich zurück, bis Verstärkung von Antiochia eintrifft. Judas Makkabäus befreit 164 v.Chr. Jerusalem und stellt die alte Ordnung im Tempel wieder her. Der Altar wird wieder aufgebaut, die Opfer für Jahwe werden wie eh und je dargebracht (1. Makkabäer 4,43ff.).

Auf Kriegszügen, die immer weiter über die Grenzen der Provinz Juda hinausführen, kommt Judas Makkabäus nach Galiläa, in das Ostjordanland, wo Israeliten wohnen, die treu zur Kultgemeinde halten. Auf dem Wege nach Idumäa im Süden von Juda wird das alte Hebron belagert und zerstört. Das anhaltende Kriegsglück des Judas Makkabäus zwingt König Antiochos V. Eupator, Sohn des Epiphanes, mit einer großen Kriegsmacht einzugreifen. In der Entscheidungsschlacht, die zehn Kilometer südwestlich von Bethlehem bei Bet-Zacharia stattfindet, setzen die Seleukiden ihre Kriegselefanten, flankiert von Kavallerieabteilungen, ein. Dieser ungeheuren Übermacht nicht gewachsen, unterliegen die Makkabäer. Ein innerer Zwist drängt die

Sieger jedoch zum Friedensschluß, der ungeahnt günstige Bedingungen für die Besiegten vorsieht. Die Anordnungen Antiochos' IV. Epiphanes vom Jahre 167 v.Chr. verlieren ihre Gültigkeit, die freie Ausübung des Gottesdienstes wird zugesichert und die Kultgemeinde in Jerusalem wieder anerkannt (1. Makkabäer 6,30ff., 58ff.).

Die Ziele des jüdischen Aufstandes sind erreicht. Damit nicht genug, streben die Makkabäer neben der Glaubensfreiheit auch nach der politischen Unabhängigkeit. Die Nachfolger des Judas Makkabäus, seine Brüder Jonatan und Simon, entfachen den Kampf von neuem, der unter Simon 142 v.Chr. damit endet, daß Syrien auch die politische Freiheit zubilligt (1. Makkabäer 15,1ff.).

Eine Festung, die im Mittelpunkt der Kämpfe steht und mehrmals den Besitzer wechselt, ist Bet-Zur. Die Ausgrabungsergebnisse entsprechen dem im 1. Buch der Makkabäer geschilderten geschichtlichen Sachverhalt.

Chirbet et-tubeka heißt heute die ehedem heiß umkämpfte Stätte. Sie beherrscht die alte Straße von Jerusalem nach Hebron an

Der Mosaikfußboden aus einer Synagoge in Bet-Schean stellt den Thoraschrein dar, den siebenarmige Leuchter, Schofarhörner und Opferschaufeln flankieren (Israel-Museum, Jerusalem).

Rechts: Phönizische Grab-bauten in Amrit aus dem 1. Jahrhundert v.Chr.

Rechte Seite: Blick auf den Ölberg und in das Kidrontal mit dem „Grab Absaloms" (links) und dem „Grab des Zacharias" (rechts). Die aus dem gewachsenen Felsen herausgearbeiteten Grab-monumente mit hellenisti-scher Säulenarchitektur ent-standen um die Zeiten-wende.

der Grenze zwischen Juda und dem südlich gelegenen Idumäa. 1931 finden die amerika-nischen Archäologen W. F. Albright und O. P. Sellers hier eine große Menge Münzen. Ein-hundertsechsundzwanzig von insgesamt über dreihundert sind mit den Namen Antio-chos Epiphanes und Antiochos Eupator geprägt.

Der Hügel trägt noch die Fundamente einer mächtigen Festung, bei der drei Bauperioden unterscheidbar sind. Von der untersten, älte-sten sind nur Fragmente erhalten. Sie stam-men aus der Perserzeit. Die darüberliegende Anlage ist das Werk von Judas Makkabäus aus der ersten Zeit des siegreichen Aufstan-des. *Er befestigte auch Bet-Zur, damit das Volk eine Festung innehätte* (1. Makkabäer 4,61).

Nach der Elefantenschlacht bei Bet-Zacharia ließ Antiochos V. Eupator die Grenzfeste besetzen. *Da nahm der König Bet-Zur ein und legte Kriegsvolk hinein, das diese Festung halten sollte* (1. Makkabäer 6,50).

Auch die Seleukidentruppen haben unmiß-verständliche Spuren ihres Aufenthalts hinter-lassen. Wie die Archäologen in den Trüm-mern der von Judas Makkabäus errichteten Mauern feststellten, sind es Überbleibsel ihrer Kantinenbetriebe. Zur Verpflegung dieser Soldaten gehörte Wein, edler Rebensaft von

den Hügeln Griechenlands. Sogar woher der Wein bezogen worden war, konnten Albright und Sellers noch von den Krughenkeln unter den massenweise umherliegenden Scherben ablesen. Ein Weinhändler aus Rhodos muß der Hauptheereslieferant gewesen sein.

Das war im Jahr 162 v. Chr. Ein Jahr darauf lie-ßen die Seleukiden Bet-Zur neu befestigen. Über den zerstörten Mauern der Makkabäer entstand eine neue Zitadelle mit charakteri-stisch hellenistischem Mauerwerk. Ihr Feld-herr Bakchides *fing an, die Städte im Land zu befestigen… Desgleichen ließ er Bet-Zur befe-stigen … und legte auch Kriegsvolk hinein* (1. Makkabäer 9,50–52).

Die biblische Überlieferung schließt mit der Ermordung Simons, des Bruders des Judas Makkabäus. Die geistige und politische Füh-rung Judas geht mit dem Amt des Hohenprie-sters auf Simons Sohn Johannes über. Er wurde Johannes Hyrkanos genannt. *Der Hohepriester Johannes und die Gemein-schaft der Judäer – Der Hohepriester Johan-nes, das Haupt der Gemeinschaft der Judäer* steht auf den Münzen, die er prägen ließ, und die man im Lande fand.

Den sorgsamen Aufzeichnungen des Jose-phus Flavius verdankt die Geschichtsschrei-bung auch eine genaue Unterrichtung über diesen Makkabäer und seine Nachfolger.

In ununterbrochenen Kriegen schieben sie die Grenzen Judas zielbewußt immer weiter vor. Unter Alexander Jannäus haben sie ihren Herrschaftsbereich ungefähr auf das Gebiet der einstigen beiden Königreiche Israel und Juda ausgedehnt.

Die Seleukiden waren je länger, je weniger ernst zu nehmende Gegner. Es fehlte ihnen die Kraft, sich auch noch den Makkabäern entgegenzustemmen, nachdem Rom – seit der Niederringung Hannibals und Karthagos, unumschränkter Beherrscher des westlichen Mittelmeers – Schritt für Schritt seine Macht-position über Griechenland nach Kleinasien hinein ausweitete.

Nach seinem Sieg über Mithridates von Pon-tos, den gefährlichsten Gegner Roms im Osten, dringt schließlich der römische Gene-ral Pompeius durch das Reich der Seleukiden nach Palästina vor. Nach einer Belagerung von drei Monaten ziehen die römischen Legionen 63 v. Chr. in Jerusalem ein.

Das Seleukidenreich – längst nur noch ein Schatten seiner einstigen Größe – wird von Pompeius liquidiert und zur römischen Pro-vinz Syrien umgewandelt. In Palästina führt er eine Gebietsneuordnung durch, die dem jüdi-schen Staat schwere Einbußen auferlegt. Auch hier gilt nun der Wille des neuen Herrn der Welt: Rom.

Alexandria am Westrand des Nildeltas war seit der Gründung durch Alexander den Großen im Jahre 332 v. Chr. eine kosmopolitische Stadt. Als weltoffener Umschlagplatz für Waren und Ideen zog die glanzvolle Residenz der Ptolemäerkönige ein internationales Publikum an, das wesentlich vom hellenistischen Intellekt geprägt war und nationalistische Scheuklappen ablehnte. Der modernen Gedankenfreiheit entzog sich auch die große und äußerst vitale Judengemeinde Alexandrias nicht: Hier wurde erstmals das Alte Testament ins Griechische übersetzt und manche kühne Variante der traditionellen Lehre entwickelt. Jüdische Gelehrsamkeit, philosophische und sophistische Spekulationslust und die ungemein komplizierten altägyptischen Götterlehren setzten sich in Alexandria auseinander und mündeten in jene scharfsinnige frühchristliche Theologie, deren divergierende Tendenzen später für etliche Konzilien Anlaß gaben.

Kriege, Aufstände und Eroberungen sowie der gestiegene Wasserstand des Nil haben von der antiken Vergangenheit der einstigen Weltstadt nur wenig Sichtbares übriggelassen.

Amarna in Mittelägypten war unter dem Namen Achet Aton die Residenz König Echnatons (1364–1347 v. Chr.). Außer den Grundmauern von Tempeln, Palästen und Wohnhäusern sind dort noch die Felsgräber hoher Beamter am Gebirgsrand zu sehen. Die reichen Funde gingen nach Kairo und Berlin. Besonders aufschlußreich sind die zahlreichen Keilschrifttäfelchen aus dem Archiv des Auswärtigen Amtes. Es sind großenteils Briefe vorderasiatischer Fürsten, die in bewegten Worten die chaotischen Zustände im zunehmenden Machtbereich der Hethiter sowie die außenpolitische Passivität Echnatons beklagen. Ob diese Schreiben je beantwortet wurden, wissen wir nicht; die erbetene finanzielle oder militärische Hilfe Ägyptens blieb jedenfalls aus.

Amman, die Hauptstadt des haschemitischen Königreichs Jordanien, an der Stelle des alten *Rabba*, der Hauptstadt der Ammoniter, deren Geschichte um 2000 v. Chr. begann. Ältestes Siedlungsgelände war der Zitadellenhügel, darunter breitete sich die „Wasserstadt" aus. Obwohl die Sprache der Ammoniter dem Hebräischen verwandt war, blieb ihr Verhältnis zu den Israeliten immer gespannt bis feindselig. Zwar mißlang Josua zur Zeit der Landnahme die Eroberung Rabbas, doch bezwang und tötete er den angeblich riesenhaften König Og von Basan, dessen „Eisenstein"-Sarg in Rabba bewundert wurde. König David nahm die Stadt schließlich ein, und sie scheint zeitweilig den Königen von Juda tributpflichtig gewesen zu sein. Kostbare Gräberfunde lassen darauf schließen, daß Amman zur Zeit der asyrischen Fremdherrschaft eine besondere Blüte erlebte, die babylonischen Feldzüge hatten jedoch zur Folge, daß die Stadt offenbar weitgehend verlassen wurde. Der Ägypterkönig Ptolemaios Philadelphos gründete sie im 3. Jahrhundert v. Chr. unter dem Namen Philadelphia neu. Der von ihm begonnene Ausbau als hellenistische Metropole wurde nach der Eroberung durch Antiochos III. (218 v. Chr.) und unter der Römerherrschaft fortgeführt. Aus dieser Epoche stammen die meisten sichtbaren Altertümer der Stadt wie Theater, Odeon und Nymphäum sowie Reste eines Baal-Ammon-Heiligtums auf der Zitadelle und Teile der Befestigung.

Antionchia am Orontes (heute Antakija, Südtürkei) wurde um 300 v. Chr. von Seleukos I. Nikator gegründet und entwickelte sich rasch zu einer der blühendsten Diadochenstädte. Wesentlichen Anteil an diesem Aufschwung hatten Juden, deren Zuwanderung von den Seleukiden nachdrücklich gefördert wurde. Den besten Eindruck vom Wohlstand der hellenistisch-römischen Zeit vermitteln die Funde im Museum, insbesondere vorzügliche Mosaikarbeiten.

Trotz der Dominanz eines berühmten und orgiastisch gefeierten Apollo- und Daphne-Kults erblühte in Antiochia eine der ersten großen Christengemeinden.

Assur war die erste Hauptstadt des Assyrerreiches. Die Stadt, deren Geschichte bis in die Anfänge des 3. Jahrtausends zurückreicht, lag auf einem halbinselartigen Vorgebirge am westlichen Tigrisufer und beherrschte sowohl den Fluß als auch einen künstlichen Nebenarm des Tigris. Unter der Oberherrschaft von Sumer, Babylon und Mitanni war Assur seines Handels wegen zwar wohlhabend, aber ohne geschichtliche Bedeutung. Seine erste Mauer bekam es vermutlich um 2300 v. Chr., eine Erneuerung der Befestigung ist in die Zeit des Hammurabi um 1700 v. Chr. zu datieren. Im Laufe der folgenden Jahrhunderte dehnte Assur seine Handelsbeziehungen und Einflußsphäre aus, zu einer dominierenden Macht gelangte es aber erst unter Salmanassar I. (um 1273–1244 v. Chr.), der Urartu eroberte, und seinem Sohn Tukulti-Ninurta (um 1243–1207 v. Chr.), dem die Erstürmung Babylons glückte. Zu seiner Regierungszeit wurde die Hauptstadt neu und glanzvoll ausgebaut, den Mauern ein Wassergraben vorgelegt und dem Reichs- und Kriegsgott Assur eine Zikkurat mit Tempel geweiht. Innenpolitische Querelen verzögerten den weiteren Aufstieg des Reichs um fast ein Jahrhundert, bis Tiglatpileser I. (um 1112–1074 v. Chr.) den Glanz erneuerte. Zum Schrecken des gesamten Vorderen Orients wurde Assyrien erst seit dem 9.–8. Jahrhundert v. Chr., als seine Raub- und Eroberungszüge mit beispielloser Grausamkeit den gesamten Westen überzogen und über Palästina bis nach Oberägypten vordrangen. Assur verlor zwar im 9. Jahrhundert v. Chr. seinen Rang als Hauptresidenz, wurde nun aber zur heiligen Tempelstadt. 34 Heiligtümer zählt eine Urkunde auf, die als „Götteradreßbuch" bezeichnet wird. Die deutschen Ausgrabungen (1903–14) konnten ihre Angaben weitgehend bestätigen.

Nach dem Untergang des Assyrerreichs verschwand auch Assur aus der Geschichte. Unter den Parthern erlebte die Stadt nochmals eine bescheidene Blüte, litt dann schwer unter den Eroberungen durch Trajan (116 n. Chr.) und Septimius Severus (198 n. Chr.) und wurde nach der Zerstörung durch den Sassanidenkönig Schahpur I. (257 n. Chr.) endgültig verlassen.

Eindrucksvollstes Bauwerk des Ruinengeländes von Assur ist die Zikkurat, die ursprünglich dem Gott Enlil geweiht war, im 13. Jahrhundert v. Chr. aber an Gott Assur übereignet wurde, dessen ebenfalls uralter Tempel nicht weit davon entfernt lag. Westlich davon fand man die Reste des Anu-Adad-Tempels, dem zwei Stufentürme zugeordnet waren. Dazwischen liegen die Ruinen des alten Königspalastes des 2. Jahrtausends, in dessen Grundmauern seit dem 11. Jahrhundert v. Chr. einige Könige beigesetzt wurden. Der Neue Palast im

Westteil der Stadt entstand wohl seit dem 13. Jahrhundert v. Chr., ein dritter Palast (des Sanherib) lag am Tigrisufer, ist aber großenteils in den Fluß gestürzt. Ein bedeutendes Heiligtum war auch der Ischtar-Tempel; die Göttin besaß jedoch in Assur mehrere Kultstätten.

Auaris war nach den ägyptischen Quellen des 17. und 16. Jahrhunderts v. Chr. die Residenzstadt der asiatischen „Hyksos", die dem Land am Nil die unruhige „zweite Zwischenzeit" beschert haben und ein Jahrhundert lang ganz Unterägypten beherrschten. Den Berichten zufolge lag Auaris im Ostdelta des Nil. Lange Zeit glaubte man, es mit Tanis identifizieren zu können. Neuerdings hält man Tell ed-Daba (nahe Kantir) für die alte Hyksosstadt; die Ruinen einer starken Festung sind jedenfalls eindeutig dieser Zeit zuzuweisen.

Babylon, das biblische Babel, liegt etwa 80 Kilometer südlich von Bagdad am Euphrat. Der Name wird als „Tor der Götter" gedeutet. Die Stadt dürfte schon in sumerischer Zeit gegründet worden sein, blieb aber unbedeutend bis zur Epoche der Amurru-Dynastie (ab etwa 1830 v. Chr.), deren berühmtester König, Hammurabi, Babylon als Residenz glanzvoll ausbaute und zur Hauptstadt von ganz „Sumer und Akkad" machte. Trotz des machtpolitischen Niedergangs des Reichs zur Kassiten- und Assyrerzeit sowie mehrfacher Zerstörung blieb die Stadt ein bedeutendes kulturelles und religiöses Zentrum. 612 v. Chr. wurde Babylon unter Nabopolassar Hauptstadt des Neubabylonischen Reichs, dessen bekanntestem Herrscher, Nebukadnezar (605–562 v. Chr.), sie ihre zweite Glanzperiode verdankt. Unter seinem Nachfolger Belsazar erlag das Reich den Persern; Kyros nahm 539 v. Chr. Babylon ein. Bei einem Aufstand gegen Xerxes wurde die Stadt schwer verwüstet. Der Plan Alexanders des Großen, sie wieder aufzubauen und zur Metropole seines griechisch-orientalischen Reichs zu machen, scheiterte an seinem frühen Tod in Babylon. Die Stadt verfiel zur öden Ruinenlandschaft, Ziegelräuber trugen sie weitgehend ab. Vergessen wurde Babylon gleichwohl nie; spätantike wie mittelalterliche Reisende berichten darüber. 1850 begann die Erforschung, 1899 die deutsche Grabung, die 1960 der Irak übernahm.

Da die altbabylonischen Schichten heute überwiegend im Grundwasser liegen, gehören die sichtbaren Relikte der neubabylonischen Zeit an. Die größte Enttäuschung ist für den Besucher der berühmte „Turm von Babel", dessen Rudimente, von Fröschen umquakt, im Wasser liegen. Aufgrund der Maßangaben auf einer keilschriftlichen Tontafel läßt sich errechnen, daß die siebenstufige Zikkurat einst 90 Meter hoch war. Außer einigen Göttertempeln und den Ruinen des Stadtpalastes von Nebukadnezar II. brachten die Ausgrabungen auch große Teile des doppelten Stadtmauerrings ans Licht, der von neun wehrhaften Toren unterbrochen wurde. Sie waren nach den wichtigsten Göttern benannt. Die prächtigste Gestaltung erhielten das Ischtar-Tor und die 300 Meter lange Prozessionsstraße mit den glasierten Ziegelreliefs der heiligen Tiere: Hadad-Stier, Marduk-Drache und Ischtar-Löwe.

Byblos, phönizische Hafenstadt im heutigen Libanon, 40 Kilometer nördlich von Beirut. Der semitische Name *Gebal* (Hügel) bezeichnet die Lage über der Küste. Wichtigste Lebensgrundlage der Stadt war seit der Jungsteinzeit der Überseehandel mit dem ägäischen Raum und vor allem mit Ägypten, das vorwiegend von hier Zedernholz bezog. Die Bedeutung dieser Holzimporte vom Libanon ist in ägyptischen Quellen oft dokumentiert, insbesondere zu Zeiten politischer Wirren, wenn die Loyalität der phönizischen Stadtfürsten nachließ und der Handel darniederlag. Auch das Bau- und Kunsthandwerk war in Byblos ein blühender Erwerbszweig, warb doch Salomo dort Fachleute für den Tempelbau an. Die Grabungen (seit 1919) brachten eine starke Stadtmauer, den Tempel der Stadtgöttin Balaat Gebal mit vielen Weihegaben und die reichen Königsgräber ans Licht. Was an Luxusartikeln darin gefunden wurde, ist vorwiegend ägyptischer Herkunft. Als größte kulturhistorische Leistung der Stadt gilt die Entwicklung einer reinen Buchstabenschrift, die den komplizierten Schreibarten der anderen Hochkulturen bald überlegen war. Durch die Griechen adaptiert, wurde sie zur Vorläuferin unseres Alphabets. Das griechische Wort *biblion* für Buch, das zur Bezeichnung der Heiligen Schrift wurde, erinnert bis heute an Byblos.

Damaskus, die Hauptstadt Syriens, liegt in einer fruchtbaren Flußoase zwischen dem Hermon und der syrischen Wüste an einer wichtigen Karawanenstraße. Die Stadt wird in den Amarnabriefen mehrfach erwähnt. Seit Ende des 11. Jahrhundert v. Chr. war sie Hauptstadt des Aramäerreichs und gehörte kurzzeitig zu König Davids Großreich. Schon unter Salomo entglitt Damaskus jedoch wieder der israelitischen Macht und war fortan ein unbequemer Nachbar an der Nordgrenze Israels. 732 v. Chr. von Tiglatpileser III. erobert, wurde Damaskus assyrische Provinzstadt. Die Fremdherrschaften der Perser, Seleukiden, Nabatäer und Römer gestatteten zwar keinen machtpolitischen Status mehr, förderten aber Wirtschaft und Wohlstand. Zu dieser Zeit lebte eine große jüdische Gemeinde in der Stadt, vor deren Toren sich die Bekehrung Pauli ereignete. Durch mehrfache Überbauung in den beiden letzten Jahrtausenden ist das alte Damaskus archäologisch fast unerforschbar; seiner dürftigen Hinterlassenschaft begegnet man im Museum.

Ebla (Tell Mardih), 70 Kilometer südlich von Aleppo, war von etwa 3000 bis 1400 v. Chr. ein florierender Stadtstaat. Das Handelszentrum wurde von Königen regiert, in deren Palast die italienischen Archäologen 1975 das Staatsarchiv mit mehr als 18000 Keilschrifttafeln aus der Zeit um 2400 bis 2250 v. Chr. fanden. Ein Teil der Texte ist in einer noch unzureichend erforschten „paläokanaanäischen Sprache" verfaßt, die lesbaren sumerischen Aufzeichnungen berichten von Holz-, Getreide-, Textil- und Kupferhandel mit Palästina. Dabei werden auch kanaanäische Städte wie Megiddo, Lachisch, Gaza, Hazor und *Urusalima* (Jerusalem) genannt. Stark umstritten ist vorläufig die Interpretation von frühsemitischen Eigennamen wie *Abrama, Ismael, Ischrael* oder des Königsnamens *Ebrum* (um 2300 v. Chr.), den die israelischen Historiker gerne mit Eber, einem Vorfahren Abrahams, identifizieren möchten. Auf Eber (oder Heber) nämlich führen die Hebräer ihren Namen zurück.

Ekbatana ist der griechische Name der Mederhauptstadt *Hangmatana* (heute Hamadan, Iran), die später den persischen und parthischen Königen wegen ihrer Lage in 1800 Metern Höhe als Sommerresidenz diente. Von der Stadt, die Herodot überschwenglich rühmt, und ihren „sieben Mauerringen" ist fast nichts übriggeblieben; gründliche Untersuchungen stehen freilich noch aus. Der Überlieferung nach hat hier Ester, die Gemahlin des Xerxes (485–465 v. Chr.), eine jüdische Kolonie gegründet. Die Bevölkerung von Hamadan verehrt noch heute ein Grab der Ester und ihres Oheims Mardochai. Nach anderer Auffassung geht die Judenkolonie erst auf die jüdische Gemahlin Jezdegerds I. (399–421 n. Chr.) zurück.

Elephantine, die Hauptstadt des ersten oberägyptischen Gaus, lag auf einer Nilinsel am Ausgang des ersten Katararkts bei Assuan. Bei den jüngsten Grabungen fand man das Urheiligtum der Kataraktgöttin Satet, das mindestens bis in die Zeit um 3000 v. Chr. zurückreicht. Zusammen mit ihrem Gemahl Chnum und der nubischen Fruchtbarkeitsgöttin Anuket bildete Satet eine der üblichen Göttertriaden. An dieser Stelle, wo die alten Ägypter zumindest einen Teil der Nilquellen vermuteten, kam den Göttern die bedeutende Aufgabe zu, für die alljährliche lebenswichtig Nilflut zu sorgen.
War seit Ende des Mittleren Reichs auch die politische Macht der Gaufürsten gebrochen, so behielt der Ort als Ausgangspunkt der Nubienexpeditionen, als Verladestation des Rosengranits und als Verehrungsstätte des Chnum hohe Bedeutung. Zur Zeit der Perserherrschaft war auf Elephantine eine jüdische Garnison stationiert, die einen Jahwe-Tempel besaß. Die Papyrusfunde aus dieser Zeit geben in aramäischer Sprache und Schrift wichtige Auskunft über den jüdischen Kult. Unter der Regierung des Dareios zerstörte die Chnum-Priesterschaft den Jahwe-Tempel, da sie die Schlachtung des Passahlamms als Affront gegen ihren Gott, der in Gestalt eines Widders verehrt wurde, und als Sakrileg empfand. Das Garnisonsheiligtum wurde jedoch im Auftrag des Großkönigs umgehend neu errichtet.

En Gedi liegt westlich des Toten Meeres, 55 Kilometer südlich von Jericho. Die bislang ergrabenen fünf Siedlungsschichten der Oase reichen nicht vor die Zeit des Königs Josia, also vor das 7. Jahrhundert v. Chr. zurück. Der be-

scheidene Tell bot keiner größeren Stadt Platz. Keramikfunde lassen darauf schließen, daß die Bewohner sich der Parfümherstellung gewidmet haben, war die Gegend doch für ihre duftenden Kräuter bekannt.
Während der babylonischen Invasion wurde der Ort um 580 v. Chr. zerstört und vorübergehend aufgegeben. Die jüngeren Siedlungsschichten stammen aus persischer, herodianischer, römischer und byzantinischer Zeit.

Geser war eine der ältesten und bedeutendsten Städte Kanaans. Der Tell liegt 30 Kilometer nordöstlich von Jaffa, wurde schon 1873 identifiziert und seitdem von verschiedenen Archäologen erforscht. Nach den jüngsten Erkenntnissen von William Dewer (Hebrew Union College, Jerusalem, 1965–73) war Geser spätestens seit dem 3. Jahrtausend v. Chr. besiedelt. Im 16. Jahrhundert v. Chr. entstand eine hochgelegene Kultanlage mit monolithischen Stelen. Die Stadt wird sowohl in den Eroberungslisten Thutmosis' III. (um 1468 v. Chr.) als auch in den Amarnabriefen und auf Merenptahs Israelstele erwähnt. Im 12. Jahrhundert v. Chr. scheint sie philistäisch (unter ägyptischer Hoheit) geworden zu sein. Josua hat Geser jedenfalls nicht erobert, vermutlich auch David nicht, denn angeblich kam die Stadt erst als Mitgift einer pharaonischen Prinzessin der 21. Dynastie in den Besitz des Königs Salomo. Zu seiner Zeit bekam Geser eine starke Kasemattenmauer, besonders eindrucksvoll ist noch heute eine enorme Toranlage mit beiderseits drei Torkammern. Ob der 66 Meter lange Tunnel zur Wasserstelle salomonisch ist oder erst unter Ahab angelegt wurde, ist noch umstritten. Geser wurde sowohl von Scheschonk als auch von Tiglatpileser III. erobert, jedoch immer wieder besiedelt. Erst seit hellenistischer Zeit verschwand die Stadt allmählich aus der Geschichte.

Fayum (altägyptisch *Merwer*, griechisch *Moëris*), die Großoase südwestlich von Kairo, ist eine Senke, die 44 Meter unter dem Meeresspiegel liegt. Ihr Wasser bezieht die Oase aus dem sogenannten Josefsfluß (*Bahr Jusuf*), der fälschlich oft als „Josefskanal" bezeichnet wird. Er zweigt in der Höhe von Dairut vom Nil ab, fließt über 300 Kilometer etwa parallel zum Nil und fällt schließlich in die

abflußlose Senke. Das Fayum war ursprünglich also ein enormer See; sein Name leitet sich vom altägyptischen Wort *pajom* (Meer) her. Um die Wasser- und Sumpflandschaft des Fayum zu kultivieren, bedurfte es also einer Regulierung des Bahr Jusuf. Sie wurde von Königen der 12. Dynastie vorgenommen, insbesondere Amenemhet III. (1844–1797 v. Chr.) hat sich um die Oase verdient gemacht; er hat sich an ihrem Rand seine Pyramide errichten lassen (Hawara) und wurde im Fayum göttlich verehrt. Durch weitere Schleusenbauten konnten Ptolemaios II. (282–246 v. Chr.) und seine Gemahlin Arsinoë den Fruchtlandanteil des Fayum nochmals wesentlich erweitern. Als letzter Rest der einstigen Seenlandschaft verblieb bis heute der Birket Karun (Karunsee) am Nordrand der Oase.

Haran war einst eine wohlhabende Handelsstadt an der Straße Ninive-Aleppo. Der Ort, heute auf türkischem Staatsgebiet, liegt 32 Kilometer südlich von Edessa (Urfa) am Balich, einem Nebenfluß des Euphrat. Die in den fünfziger Jahren vorgenommenen Grabungen haben eine Besiedlung in die Zeit um 2000 v. Chr. datieren können – Bestätigung eines Textes aus Mari, der um dieselbe Zeit einen Tempel des Mondgottes Sin in Haran erwähnt. Dieses Heiligtum, das unter Salmanassar III., Assurbanipal und Nabonid von Babylon erneuert wurde, liegt vermutlich unter den Mauern der mittelalterlichen Fatimiden- und Kreuzritterfestung. In Haran sollen sich Abraham und sein Vater Terach, aus Ur kommend, zunächst niedergelassen haben. Von hier aus sei Abraham nach Kanaan aufgebrochen, hier habe auch Jakob mit Lea und Rachel, den Töchtern Labans, gelebt. Die antiken Ruinen um das Dörfchen Haran mit seinen Termitenhügelhäusern stammen zumeist aus der Römerzeit, als der damals *Karrhai* (*Carrhae*) genannte Ort in den Auseinandersetzungen mit Parthern und Armeniern eine bedeutende Rolle spielte. Kaiser Caracalla wurde 216 n. Chr. hier ermordet. Erkennbar sind aber noch die Stadtmauern mit ihren sieben Toren, deren Errichtung auf König Adad Nirari I. von Assyrien (um 1300 v. Chr.) zurückgeht.

Hattusa war die Hauptstadt des hethitischen Großreichs. Ihre Ruinen liegen beim türkischen Dorf Bogazköi, etwa 150 Kilometer östlich von Ankara. Die Stadt war stark befestigt, besonders im Norden, dem einzigen Zugang. An den anderen Seiten fällt der 1200 Meter hohe Bergrücken des Siedlungsareals steil ab. Die Grabungskampagnen der Deutschen Orientgesellschaft (1906–07, 1911–12, 1931–39, Wiederaufnahme 1952) haben fünf Schichten festgestellt. Die frühesten Siedler in der Mitte des 3. Jahrtausends v. Chr. werden als „protohattisch" bezeichnet; ihre Herkunft und Zugehörigkeit ist ungeklärt. Um 2000 v. Chr. wurde die Stadt von den Hethitern erobert und wohl im 17. Jahrhundert v. Chr. zur Hauptstadt des „Alten Reiches" erhoben. Im „Neuen Reich", das sich um 1450 v. Chr. durch Dynastiewechsel etablierte, erlebte sie ihre Blütezeit. Es entstanden mindestens fünf Haupttempel und der großartige Königspalast. Von hier aus unterwarfen die Hethiter große Teile des Alten Orients. Die Bedrängnis der Mitanni und der Kleinkönige in Phönizien und Kanaan geht aus den Amarnabriefen deutlich hervor. Nach der außenpolitischen Passivität zu Ende der ägyptischen 18. Dynastie versuchten erst die Könige Sethos I. und sein Sohn Ramses II. ihre Machtinteressen wieder durchzusetzen. Nach der unentschiedenen Schlacht von Kadesch am Orontes 1285 v. Chr. zwang wohl die Drohung einer Völkerwanderung von Norden her den Hethiterkönig Chattusili zu einem Friedensvertrag mit Ägypten, dessen Text gleichlautend in Hattusa und Karnak veröffentlicht wurde. Mit der Hochzeit Ramses' II. und einer hethitischen Prinzessin wurde die neue Freundschaft besiegelt. Das Hethiterreich ging indes schon gegen 1200 v. Chr. im Ansturm der „Seevölker" unter. Die Hauptstadt Hattusa führte in der Ära der Phryger und der Perser nur noch ein Schattendasein und wurde schließlich verlassen.

Zu den eindrucksvollsten Resten Hattusas zählten die Stadt- und Residenzmauern, die Tempelruinen und Teile der Wohnviertel. Unweit der Stadt liegt das Felsheiligtum Yazilikaya, in dem der höchste hethitische Gott, der Gewittergott Teschub, samt seiner verzweigten Familie, mithin fast das gesamte hethitische Pantheon verehrt wurde. Die beweglichen Funde der Ausgrabungen sind im Museum von Ankara ausgestellt. Besonders wichtig ist das Staatsarchiv aus dem Königspalast, dessen geschichtswissenschaftliche Nutzbarkeit wir der Entzifferungsleistung des tschechischen Linguisten B. Hrozny (1915) verdanken.

Hazor liegt 23 Kilometer nördlich von Tiberias an einer einst wichtigen Straßenverbindung von Ägypten nach Mesopotamien, der *Via Maris*. Ägyptische und syrische Quellen nennen die Stadt schon im 19./18. Jahrhundert v. Chr., und soweit reichen auch die ältesten der neun erforschten Siedlungsschichten zurück. Eindrucksvollstes Relikt dieser kanaanäischen Stadt sind die gewaltigen Erdwälle, die den Tell schützen. Nach der Zerstörung durch Josua im 13. Jahrhundert v. Chr. wurde die Unterstadt aufgegeben, die Oberstadt dafür mehrfach überbaut und besonders unter Salomo und Ahab sehr gefördert. Das prächtige Zitadellentor aus dem 10. bis 9. Jahrhundert v. Chr. mit seinen „protoäolischen" Volutenkapitellen ist heute im Israel-Museum zu Jerusalem zu sehen, doch beeindrucken am Ort noch eine große dreischiffige Halle aus der Zeit Ahabs und die Vierzimmerhäuser („Yahels Haus", „Haus der Familie Machbiram") aus der Schicht Jerobeams II. 763 v. Chr. wurde Hazor von einem Erdbeben heimgesucht, dessen Auswirkungen im Grabungsgelände an den schiefen Mauern deutlich zu erkennen sind. Die Brandschicht der Zerstörung durch den Assyrerkönig Tiglatpileser III. im Jahre 732 v. Chr. ist fast einen Meter stark. Spätere Überbauungen reichen bis in die hellenistische Zeit, sind jedoch ohne Bedeutung.
Die größte Entdeckung in Hazor gelang 1968 dem Archäologen Yigael Yadin: die unter König Ahab angelegte Wasserversorgung der Stadt. Ein Treppenschacht mit anschließendem Felstunnel führt 40 Meter tief unter den Fuß des Tells. Die Anlage ist so breit, daß vielleicht sogar Esel zum Transport des Wassers verwendet werden konnten.

Heliopolis („Sonnenstadt") ist der griechische Name für das altehrwürdige Sonnenheiligtum *Iunu* (biblische *On*) an der Südspitze des Nildeltas. Seine hohe Bedeutung reicht mindestens bis in die 3. Dynastie (um 2700 v. Chr.) zurück. Gewiß verfügte die Priesterschaft des Heiligtums später nicht mehr über soviel Macht und Einfluß wie im Alten Reich, aber sie genoß weiterhin höchstes Ansehen. Es ist daher bezeichnend für den Rang, den der biblische Josef in Ägypten erklimmen konnte, daß er Schwiegersohn eines Hohenpriesters von Heliopolis wurde. Von der einstigen Pracht der Kultstätte erhielten sich beim Dorf el-Matarija nordöstlich von Kairo nur bescheidene Reste. Außer einem Obeliskfragment des Königs Teti (6. Dynastie) bezeichnet ein großer Obelisk Sesostris' I. (12. Dynastie) den Platz einstiger Macht des Sonnengottes Re.

Jericho gilt als älteste Stadt Palästinas. Die fruchtbare Oase im Jordangraben war jedenfalls seit der Altsteinzeit besiedelt. Die Hinterlassenschaft dieser frühen Kultur ist im Rockefeller-Museum zu Jerusalem ausgestellt. Schon um 7000 v. Chr. schlossen sich die Siedler zu einem Gemeinwesen städtischer Prägung zusammen und befestigten es. Ältestes architektonisches Zeugnis an der Tell es-Sultan genannten Grabungsstätte ist ein massiger Steinturm, der noch neun Meter hoch aufrecht steht. Nur wenig jünger ist die zwei Meter starke Stadtmauer, die schon damals ein Areal von wenigstens 30 000 Quadratmetern umschloß. Eine bronzezeitliche Befestigung dürfte dem 3. Jahrtausend v. Chr. angehören. Schon die ersten Ausgräber (Sellin und Watzinger 1907–09) stellten sechs Siedlungsschichten fest; 1930–36 fand Garstang die Nekropole und weitere Mauern – alle jedoch suchten vergeblich nach der Mauer von Jericho, die unter den Trompetenstößen der Israeliten eingestürzt sein soll. Auch die sorgfältigen Grabungen von Kathleen M. Kenyon (1952–58), denen wir die Frühdatierung der ältesten Stadtbefestigung verdanken, konnten keine Zerstörungshinweise der Zeit Josuas entdecken. Jericho scheint damals bereits zur Bedeutungslosigkeit abgesunken zu sein und blühte auch nach der israelitischen Landnahme nicht mehr auf. Vielleicht war die „Josua-Mauer" aus Trockenziegeln errichtet, und ihre Ruinen wurden von Regen und Wind abgetragen.
Ebenfalls unter dem Namen Jericho läuft eine israelische Grabung an der Mündung des Wadi el-Qelt ins Jordantal. Unter dem Winterpalast des Königs Herodes, der dort im Jahr 4 v. Chr. starb, fand Ehud Netzer 1980 einen Hasmonäerpalast, eine Doppelanlage, die ver-

mutlich den verfeindeten Brüdern Aristobulos II. und Hyrkanos II. gehört hat.

Jerusalem wird seit Ende des 3. Jahrtausends v. Chr. mehrfach in syrischen und ägyptischen Quellen als *Urusalim* erwähnt. Diese Jebusiterstadt war klein, lag aber strategisch ungemein günstig auf einem Hügelrücken zwischen Kidrontal und Tyropoion (griechisch „Käsemachertal"). Die jebusitische Akropolis auf dem Ofelhügel verfügte zudem über eine ganzjährig wasserführende Quelle, die Gihonquelle.
Im 15. Jahrhundert v. Chr. wurde die Stadt von Thutmosis III. erobert und blieb wohl längere Zeit von Ägypten abhängig. In der Auseinandersetzung mit Josua wurde König Adonisedek zwar besiegt und getötet, seine Stadt aber wehrte sich erfolgreich gegen die Einnahme und konnte erst um 1000 v. Chr. von König David erobert werden. Dem biblischen Bericht nach drang Davids Feldherr Joab durch den Felstunnel in die Stadt, den die Jebusiter als Quellgang angelegt hatten. Obwohl nun als *Davids Stadt* kultisches wie politisches Zentrum des Königreichs, blieb Jerusalem zunächst in den Grenzen des verstärkten jebusitischen Mauerrings. Erst König Salomo erweiterte die Stadt ab 975 v. Chr. nach Norden hin, errichtete seinen Palast etwa an der Stelle der heutigen Aksa-Moschee und nördlich nebenan den Tempel, als dessen Grundstein traditionell der große Block unter dem Felsendom gilt. Entsprechend dem Zuwachs an Stadtareal und Bevölkerung mußten auch die Befestigungen erheblich erweitert werden; der Mauerverlauf dieser Zeit ist allerdings längst nicht überall gesichert.
Durch die dichte Überbauung des alten Jerusalem und das Veto der moslemischen Religionsbehörden gegen Grabungen am Tempelberg sind die Archäologen in ihrer Arbeit stark behindert. Dennoch konnten durch französisch-englische und israelische Grabungen seit den sechziger Jahren viele neue Erkenntnisse gewonnen und manch ehrwürdige Theorie widerlegt werden. Vor allem an den Steilhängen zum Kidrontal liegen nun beträchtliche Teile der alten Mauern zutage, darunter auch jene ominöse Steinpyramide, die als Futtermauer unterhalb des Palastes Salomos diente. Hier wurden auch die sehr zerstörten sogenannten „Königs-

gräber" freigelegt sowie etliche israelitische Wohnhäuser, die über jebusitischen Grundmauern stehen.
Die Teilung des Reichs Salomos und kriegerische Ereignisse wie der Plünderungszug Scheschonks I. behinderten die Entwicklung Jerusalems. Ob die Stadterweiterung bis zum Abhang des Hinnomtals noch ins 10. Jahrhundert v. Chr. oder erst in die Zeit Hiskias (725 bis 697 v. Chr.) fällt, ist noch umstritten. Unter Hiskia und seinem Nachfolger Manasse (697–642 v. Chr.) wurden Jerusalems Befestigungsanlagen jedenfalls massiv verstärkt, und Hiskia ließ einen langen Felstunnel als Wasserleitung von der Gihonquelle zum Siloah-Teich schlagen. Diese Vorsorgemaßnahmen bewahrten Jerusalem zwar vor der assyrischen Eroberung durch Sanherib (701 v. Chr.), nicht aber vor der Katastrophe von 587 v. Chr., als Nebukadnezar Stadt und Tempel zerstörte und die Elite der Bevölkerung ins „Babylonische Exil" führte. Erst als das Perserreich unter Kyros die babylonische Herrschaft abgelöst hatte, wurde nach einem Dekret des Großkönigs 520 v. Chr. mit dem Neubau des Tempels begonnen, in der Mitte des 5. Jahrhunderts v. Chr. auch mit der Wiederherstellung der Stadtmauer (wohl in kleinerem Umfang). Außer einem Mauerstück oberhalb von Salomos gestufter Steinpyramide ist aus der Zeit des zweiten Tempels kaum noch etwas zu sehen.
Nach dem Eroberungszug Alexanders des Großen wurde Jerusalem zuerst ptolemäisch, dann seleukidisch. 169 v. Chr. wurde die Stadt von dem Seleukidenherrscher Antiochos IV. erobert und geplündert, im Tempel ein Zeusaltar errichtet. Diese Entweihung konnte durch den Aufstand unter Judas Makkabäus 164 v. Chr. zwar behoben werden, eine neue Blüte erlebte Jerusalem aber erst unter der Herrschaft Herodes' des Großen, der sein Reich vom römischen Senat 37 v. Chr. verliehen bekam.
Mit gigantischem Aufwand gestaltete der König seine Hauptstadt aus – freilich in hellenistisch-römischem Stil. Palast, Agora, Theater, Amphitheater und Säulenhallen wurden neu errichtet, ab 20 v. Chr. auch der Tempel, der allerdings 64 n. Chr. noch nicht vollendet war. Schon die enorme Erweiterung der Tempelplattform war ein gewaltiges Unternehmen; für die Stützmauern wurden Blöcke von riesigem Format verwendet.

Die berühmte Klagemauer gehört zu diesem Bauabschnitt.
Hatte sich die Forschung bis vor kurzem fast ausschließlich um den Tempelberg bemüht, so wurden in jüngster Zeit auch Wohnhäuser der herodianischen Zeit freigelegt und teilweise zugänglich gemacht. Das „Verbrannte Haus", das „Palastartige Herrenhaus" und das „Herodianische Haus" sind Beispiele dieser Epoche, die ihr jähes Ende mit der Zerstörung Jerusalems durch Titus im Jahre 70 n. Chr. fand.

Kantir, Dorf im östlichen Nildelta, bei dem deutsche und österreichische Ausgräber die bislang spärlichen, aber hochinteressanten Überreste der Residenzstadt Ramses' II. entdeckten. Gußformen für Schilde, „Hochöfen", Teile von Streitwagen, Pferdetrensen sowie beschriftete Wandkacheln lassen heute keine Zweifel mehr, daß die Ramsesstadt *Pi-Ramesse* bei Kantir lag. Vorher hatte man geglaubt, Tanis als Residenz des großen Pharao identifizieren zu können. Dort liegen zwar Baublöcke und Obelisken mit seinem Namen, doch wurden sie von den Herrschern der 21. und 22. Dynastie von dem nur 20 Kilometer südlich gelegenen Pi-Ramesse in die neue Hauptstadt verschleppt. Da man Ramses II. mit dem „Pharao der Bedrückung" identifiziert, wäre Kantir die Stadt, bei deren Aufbau Israel Fronarbeit zu leisten hatte, hätte von hier aus auch der Exodus, der Auszug der Israeliten aus Ägypten, stattgefunden.

Lachisch (Tell ed-Duweir) liegt am Rande der Judäischen Berge 32 Kilometer östlich von Aschkelon. Der Tell ist nur von Südwesten her zugänglich, im übrigen von tief eingeschnittenen Tälern umgeben. Die strategische Position an zwei Fernstraßen ließ Lachisch zwar bedeutend, niemals aber Hauptstadt werden. 701 v. Chr. wurde es vom Assyrerkönig Sanherib belagert. Noch größere Verwüstung dürfte die Eroberung durch den babylonischen König Nebukadnezar II. 586 v. Chr. angerichtet haben. Aus der Brandschicht dieser Katastrophe stammen die Lachisch-Briefe, Tonscherben mit Aufzeichnungen der verzweifelten Verteidiger.
Die Ausgrabungen von 1932–38 (J. L. Starkey) und seit 1966 (Archäologisches Institut in Tel Aviv) legten zahlreiche Siedlungsschichten frei, deren älteste

bis ins 3. Jahrtausend v. Chr. zurückreichen. Über einem kanaanäischen Monumentalbau erhob sich ab dem 10. Jahrhundert v. Chr. die judäische Palastburg, von der nur die Fundamente erhalten sind. Ein 44 Meter tiefer Brunnen versorgte die Stadt auch im Kriegsfall mit Wasser; er lag innerhalb der eindrucksvollen Befestigungsanlagen. Gut sichtbar sind auch die von den Truppen Sanheribs wie Nebukadnezars einst berannten Tore. Nach dem Babylonischen Exil wurde Lachisch zur Perserzeit ab etwa 520 v. Chr. wieder besiedelt, blieb jedoch ein recht bescheidener Ort, der seit dem 2. Jahrhundert v. Chr. allmählich aufgegeben wurde.

Mari, die schon im 2. Jahrtausend v. Chr. untergegangene syrische Stadt, erlebte zwischen 2000 und 1700 v. Chr. seine Glanzzeit. Damals kontrollierte das Amoriterreich von Mari die Verbindungen zwischen Mesopotamien und dem Mittelmeer. Der Zufallsfund einer beschrifteten Statue lenkte 1933 die Aufmerksamkeit des französischen Archäologen André Parrot auf den großen Tell Hariri nahe dem Euphrat. 1933–39 und 1951–64 ergrub er die Reste dieser einst mächtigen Stadt.

Bis ins Ende des 4. Jahrtausends reicht die Siedlungsgeschichte von Mari zurück. Trotz wechselnder Herrschaftsverhältnisse (Akkad, Ur, Amoriter) erhielt sich die Stadt immer einen bedeutenden Status, der erst mit der Zerstörung durch Hamurabi von Babylon 1695 v. Chr. ein abruptes Ende fand. Spätere Kleinsiedlungen der Assyrer, Seleukiden und Parther über den Ruinen spielten keine Rolle mehr.

Zu den aufsehenerregenden Funden Parrots zählen die Reste eines zweimal erneuerten Stufenturms, dessen älteste Teile vom Beginn des 3. Jahrtausends stammen, verschiedene Tempelanlagen, darunter zwei für Ischtar sowie der weitläufige Palast des Königs Zimrilim. In der vielräumigen Anlage fand man Wandmalereien mit Kultszenen, Statuen und ein umfängliches Archiv, desssen über 20 000 Tontafeln wichtige Auskünfte über Handel und Wandel der Patriarchenzeit enthalten.

Marib war viele Jahrhunderte lang die Hauptstadt der südarabischen Sabäer, die vermutlich im 13. Jahrhundert v. Chr. eingewandert sind. Östlich von Sanaa,

der heutigen Hauptstadt des Jemen, in 1160 Meter Höhe gelegen, kontrollierte Marib mehrere „Weihrauchstraßen" sowie das wichtige Wadi Dana. In frühere Zeit noch als die Erwähnung Maribs in den assyrischen Quellen reicht die biblische Erzählung von der Königin von Saba und ihrem Besuch bei König Salomo zurück. Eine äthiopische Legende weiß zu berichten, daß die Königin nach ihrem Aufenthalt in Jerusalem einen Sohn namens Menilek gebar, der später König von Äthiopien wurde und, als er seinen Vater Salomo in Jerusalem besuchte, die Tafeln mit den Zehn Geboten aus der Bundeslade entwendete. Bis zuletzt berief sich die äthiopische Dynastie auf ihre salomonische Abstammung. Das Reich Saba war bis ins 5. Jahrhundert v. Chr. eine Theokratie unter der Leitung von Priesterfürsten mit dem Titel *Mukarrib*. Erst um 420 v. Chr. nahm Karib il Watar II. den Königstitel (*Malik*) an. Zu seiner Zeit begann eine sabäische Großmachtpolitik, die auch zur Kolonisierung Äthiopiens führte.

Vom Tempel des Mondgottes Ilmuqah erhielt sich in Marib noch eine imposante Reihe eng stehender Monolithpfeiler. Das erstaunlichste Bauwerk ist jedoch der große Staudamm mit seinem ausgeklügelten Schleusensystem, der zweimal jährlich das Wasser der kurzen Monsunregen im Wadi Dana aufstaute und auf die höhergelegenen Felder der Oase leitete. Die Stauanlage von Marib entstand im 6. Jahrhundert v. Chr., basiert aber auf wesentlich älteren Bewässerungstraditionen. Über ein Jahrtausend lang tat der Damm seinen Dienst; Schäden und Reparaturen sind mehrfach erwähnt. 575 n. Chr. jedoch brachen die Mauern. Die Flutkatastrophe ist im Koran erwähnt. Die einst fruchtbare Gegend verödete, Marib wurde verlassen.

Megiddo war einer der strategischen Angelpunkte an der *Via Maris*; dementsprechend häufig wurde der Ort erobert. Die Archäologen (1903–05 Gottlieb Schumacher, 1925–39 Chicago Oriental Institute, seit 1960 Hebräische Universität Jerusalem) legten nicht weniger als zwanzig Siedlungsschichten frei, die Megiddos wechselvolle Geschichte bis ins 4. Jahrtausend v. Chr. zurückverfolgen lassen.

Aus der Zeit der kanaanäischen Könige

stammen drei Heiligtümer, Stadttore und die Reste von Palästen. 1479 v. Chr. wurde Megiddo von Thutmosis III. erobert und blieb unter intensivem ägyptischen Einfluß bis gegen 1150 v. Chr. (Schichten VIII–VI). Außer einer Stelenbasis Ramses' VI. zeugt von dieser Zeit vor allem ein Schatz von Elfenbeinschnitzereien, die ins Rockefeller-Museum nach Jerusalem gebracht wurden. Megiddo widerstand den Eroberungsversuchen Josuas. Schicht V ist offenbar philistäisch. Erst König David gelang die Einnahme der Stadt, und Salomo baute sie zur Hauptstadt des 5. Gaus seines Reichs aus. Dieser Schicht (IV A) widmeten die israelischen Archäologen natürlich größte Aufmerksamkeit: Kasemattenmauer, nördliches Stadttor, Nord- und Südpalast sowie Wohnhäuser sind die eindrucksvollsten Relikte dieser Zeit. Die berühmten „Ställe Salomos" stammen wohl erst aus der Regierungszeit König Ahabs, der Megiddo nach dem Raubzug des Pharao Scheschonk erneuern mußte. Er ließ auch die Wasserversorgung der Stadt sicherstellen und einen 37 Meter tiefen Schacht mit anschließendem 66 Meter langem Tunnel zum Grundwasser anlegen. Seit 733 v. Chr. war Megiddo assyrisch und diente als Hauptstadt der Provinz. 609 v. Chr. unterlag König Josia von Juda hier dem Pharao Necho II. und kam dabei ums Leben. Seitdem blieb der Tell unbesiedelt.

Nimrud ist im Alten Testament unter dem Namen *Kelach* erwähnt und wird dort zu den Gründungen des legendären Nimrod gezählt. Tatsächlich reicht die Siedlungsgeschichte der Stadt zumindest ins 3. Jahrtausend v. Chr. zurück. Bedeutung erlangte Nimrud freilich erst als eine der großen Residenzstädte der assyrischen Könige.

Das riesige Grabungsareal liegt 40 Kilometer südlich von Ninive und wurde von britischen Archäologen 1845–48 und 1949–63 untersucht; seit 1970 forscht man in polnisch-irakischer Zusammenarbeit. Das Hauptinteresse gilt natürlich der Blütezeit Nimruds, die vom 13. Jahrhundert v. Chr. bis zu seinem Untergang bei der medisch-babylonischen Eroberung im Jahr 612 v. Chr. reicht.

Die Grabungen widmeten sich bislang überwiegend der Oberstadt mit ihren Tempeln und Palästen. Sie war von einer außerordentlich starken Mauer umgeben, die stellenweise noch 12 Meter hoch aufrecht steht. Im Nordwesten erhoben sich die Zikkurat sowie die Tempel des Ninurta und der Ischtar. Der Nordwestpalast konnte als Residenz Assurnasirpals II. identifiziert werden. Im „Zentralpalast" Salmanassars III. fanden sich Berichte von den Angriffen auf Israel und Juda. Viele der Skulpturen, Elfenbeinarbeiten und Metallgefäße, die hier aufgestellt waren, sind Beutestücke aus Palästina. Auf dem „Schwarzen Obelisken", einer reliefierten und beschrifteten Basaltstele, die schon 1846 gefunden wurde und ins Britische Museum kam, ist König Jehu von Israel vor Salmanassar III. kniend dargetellt. Neben dem „Abgebrannten Palast", wohl aus dem 13. Jahrhundert v. Chr., erhob sich der Tempel des Schreibergottes Nabu. Hier wurden die Vasallenverträge mit den unterworfenen Völkern aufbewahrt.

Ninive liegt am östlichen Tigrisufer, dem modernen Mossul (Irak) gegenüber. Obwohl die Stadt erst seit etwa 2200 v. Chr. schriftlich erwähnt wird, zählt die Bibel Ninive zu den uralten Gründungen des mythischen Nimrod. Die Grabungen bestätigen eine erste Siedlung aus der Zeit um 4500 v. Chr., über der sich fast 25 Meter hoch spätere Stadtschichten türmen.
Der auffallende Schutthügel hatte schon seit dem 17. Jahrhundert die Aufmerksamkeit von Forschungsreisenden erregt, aber die ersten Untersuchungen 1820 und 1842–43 brachten nicht viel. Erst die Grabungen von Layard und Rassam 1845–54 stießen auf die Paläste Sanheribs und Assurbanipals und sicherten anhand der Inschriften die Identifizierung von Ninive. Seitdem sind etliche Nachgrabungen unter der Regie des Britischen Museums vorgenommen worden; seit den sechziger Jahren führt der Irak die Arbeiten selbst fort, und ihr Ende ist nicht abzusehen.
Zu den ältesten Bauten von Ninive zählt der Ischtar-Tempel, der spätestens von Sargons Sohn Manischtusa (um 2300 v. Chr.) gegründet worden war und später mehrfach erneuert wurde. Mit dem Aufblühen des assyrischen Reichs unter Salmanassar I. wurde Ninive um 1260 v. Chr. Residenz und stieg zur Weltstadt auf. Fast jeder bedeutende König errichtete hier einen Palast. Zur höchsten Blütezeit unter Sanherib (705–681 v. Chr.) bedurfte Ninive einer Stadtmauer von

über 12 Kilometern Länge mit fünfzehn monumentalen Toren. Die Inschriften seiner Bauten erwähnen sowohl die Eroberung von Lachisch als auch den (erfolglosen) Angriff auf Jerusalem. Den letzten großen Palast errichtete Assurbanipal; er legte auch das Tontafelarchiv mit 25 000 Keilschrifttexten an.
Der von den Propheten Nahum und Zefanja vorhergesagte Untergang von Ninive fand 612 v. Chr. statt. Die vereinigten Heere der Meder und Babylonier zerstörten die Stadt so gründlich, daß sie fortan ein gemiedener Trümmerhaufen blieb. Zur Römerzeit wußte nicht einmal der Syrer Lukian mehr die geographische Lage der einst so berühmten Stadt zu nennen.

Nuzi, heute Jorgan Tepe im Irak, war schon im 3. Jahrtausend v. Chr. eine blühende Handelsstadt, deren sumerischer Name *Gasur* lautete. Ihre Glanzzeit erlebte die Stadt unter der Oberherrschaft der churritischen Mitanni im 15. und 14. Jahrhundert v. Chr. Sieben Tempel soll sie – nun Nuzi genannt – in ihren Mauern geborgen haben. Von einem Palast fand man sogar noch Freskenreste. Darüber hinaus entdeckten die amerikanischen Ausgräber (1925– 31) über 4000 beschriftete Tontafeln aus dem 15. Jahrhundert v. Chr. mit Verträgen und Geschäftsberichten, die detailliert über Handel und Rechtsbräuche dieser Zeit Auskunft geben. Besonders interessant sind privatrechtliche Dokumente, die Erbschaft und Testament, Ehe und Mitgift, Adoption, Tausch von Grundbesitz oder Personen und anderes betreffen, finden sich dabei doch viele Parallelen zu Rechtspraktiken, die im biblischen Bericht über die Patriarchenzeit geschildert werden.

Persepolis war wohl die glanzvollste Residenz der persischen Achämenidenkönige, zumindest bieten seine ansehnlichen Überreste noch heute dem Besucher ein anschauliches Bild. Dareios I. gab den alten Palast in Pasargadae auf und ließ ab 520 v. Chr. den Neubau errichten; sein Sohn Xerxes erweiterte und vollendete die prachtvolle Anlage. Obwohl das recht abgelegene Persepolis weder wirtschaftlich noch politisch je die Bedeutung von Susa erlangte, scheint es den Gründern wie auch ihren Nachfolgern als Lieblingsresidenz gegolten zu haben. Als Alexander der Gro-

ße 330 v. Chr. Persepolis erobert hatte, brannte der Palast ab; die Ursache war vermutlich Brandstiftung. Man versuchte den barbarischen Akt als Vergeltung für die Zerstörung Athens durch die Perser im Jahre 480 v. Chr. zu rechtfertigen. Später wurde zwar die Unterstadt wieder besiedelt, die Palastruinen jedoch sandeten allmählich zu.
Die Ausgrabungen ab 1931 unter Leitung von E. Herzfeld legten ein ausgedehntes Areal von säulengestützten Hallen, Höfen und prächtigen Toren frei. Neben altorientalischen Traditionen werden auch ägyptische und ionischgriechische Einflüsse deutlich. Besonders gut erhalten sind die Reliefs an der Nordtreppe der Apadana mit der Garde der „Unsterblichen" und an der Osttreppe mit Tributbringern aus sämtlichen Satrapien des Reichs.

Samaria in Zentralpalästina ist eine der wenigen Städte, die die Israeliten selbst gegründet haben. Der dominierende, fast 100 Meter hohe Berg war – abgesehen von einem bescheidenen frühbronzezeitlichen Dorf – bis in die Zeit Omris erstaunlicherweise unbesiedelt geblieben. Omri und sein Sohn Ahab ummauerten die Stadt, erbauten eine Zitadelle, einen Palast (Elfenbeinfunde im Rockefeller-Museum in Jerusalem) sowie einen Baal-Tempel. Zwar konnte die starke Festung im 9. Jahrhundert v. Chr. einem Ansturm der Aramäer von Damaskus standhalten, doch wurde sie 722/21 v. Chr. nach dreijähriger Belagerung von den Assyrern eingenommen und Verwaltungszentrum der nun Samaria genannten Provinz. Die sichtbare Hinterlassenschaft der ersten Blütezeit Samarias ist dürftig, allzu gründlich war wohl die Zerstörung durch Johannes Hyrkanos im Jahr 107 v. Chr.. Die eindrucksvollen Ruinen, die in Samaria heute sehenswert sind, stammen überwiegend aus den Zeiten des Herodes und des Septimius Severus. Kaiser Augustus hatte 25 v. Chr. die Stadt Herodes geschenkt, und dieser nannte sie zum Dank von nun an Sebaste (das griechische *Sebastos* entspricht dem lateinischen *Augustus*) und errichtete – noch zu Lebzeiten des Kaisers – über dem alten Baal-Tempel ein Augustus-Heiligtum. Eine Mauer am Fuß des Hügels umschloß nun ein großes Stadtgebiet, das überaus prächtig mit Säulenstraßen, Forum, Basilika, Theater und Stadion ausgestattet war. In Samaria heiratete Herodes seine Lieblingsfrau Mariamne, hier ließ er sie auch hinrichten. Da nach einer Legende des 4. Jahrhunderts n. Chr. Johannes der Täufer in Samaria bestattet sein soll, hielt sich in der verfallenden Stadt noch ein Kultbetrieb bis ins Mittelalter hinein.

Schikmona war die einzige israelitische Hafenstadt an der nördlichen Mittelmeerküste. Die Grabung seit 1963 unter Leitung von Yosef Elgavish in der Nähe des Ozeanographischen Instituts Haifa ist längst nicht abgeschlossen.
Die Stadt wurde vermutlich im 14. Jahrhundert v. Chr. von Ägypten aus gegründet, um die Küstenstraße an dieser schmalen Stelle zwischen Karmel und Meer zu kontrollieren. Um 1000 v. Chr. wurde der Stützpunkt israelitisch; die 5 Meter starke Kasemattenmauer, von der ein ganzes Stück freigelegt wurde, paßt jedenfalls ins Bild der salomonischen Festungsarchitektur. Zwei große Gebäude könnten als Gouverneurspalast und Herberge gedeutet werden, auch Straßen und Wohnhäuser wurden entdeckt. Schikmona endete mit der Assyrerzeit im 8. Jahrhundert v. Chr., wurde jedoch seit der Perserherrschaft erneut besiedelt und erst bei der arabischen Eroberung 638 n. Chr. endgültig zerstört und verlassen.

Sidon, phönizische Hafenstadt 45 Kilometer südlich von Beirut. Das eher idyllische Städtchen *Saida* läßt von seiner großen Vergangenheit kaum etwas ahnen. Die ältere Architektur stammt aus der Kreuzfahrer- oder aus moslemischer Zeit. Die Grabungsplätze liegen verstreut und teilweise weit außerhalb des Ortes. Immerhin reicht der Siedlungsgrund bis in die Altsteinzeit zurück und in der Genesis heißt Sidon wohl nicht zu Unrecht *Erstgeborene Kanaans*. Zur Blütezeit des Handels mit Ägypten scheint Sidon die führende Stadt der Phönizier gewesen zu sein, auch wenn seine Flotte seit dem 17. Jahrhundert v. Chr. auf kretische Konkurrenz stieß. Seit der Eroberung durch Tiglatpileser I. 1100 v. Chr. verlor Sidon seine Vormachtstellung an Tyros und geriet unter wechselnde Fremdherrschaften der Assyrer, Babylonier, Perser, Griechen und Römer. Bei einem mißglückten Aufstand gegen Artaxerxes III. wurde die Stadt um 350 v. Chr. zerstört, 40000

Einwohner sollen bei dem Brand ums Leben gekommen sein. Waren auch die Gewinne aus dem Überseehandel längst dahin, so erholte sich Sidon immer wieder durch seine Glasindustrie und vor allem durch die Purpurproduktion, die auch Israel belieferte. Eindrucksvolles Zeugnis dafür ist der Murexhügel südlich der Zitadelle, der 45 Meter hoch aus den Gehäusen der Purpurschnecke (Murex) aufgehäuft wurde.

Susa, heute *Schusch*, im südwestpersischen Chusistan war einst die Hauptstadt des Reichs Elam. Um 645 v. Chr. wurde sie von Assurbanipal zerstört, blühte dann aber als Residenz der persischen Achämeniden erneut glanzvoll auf. Dareios I. errichtete sich hier im milden Tiefland einen Winterpalast. In einer dreisprachigen Urkunde (neubabylonisch, neuelamisch, altpersisch) werden die Leistungen der verschiedenen Völkerschaften des persischen Herrschaftsgebiets beim Palastbau aufgezählt. Nach der Eroberung durch Alexander den Großen genoß Susa unter den Seleukiden, Parthern und Sassaniden zwar noch einen erheblichen Status, verlor aber allmählich an politischer und wirtschaftlicher Bedeutung. Heute ist Schusch eine eher ländliche Stadt.
Die archäologische Forschung hat seit 1884 eine Stadtfläche von etwa 200 Hektar freigelegt, man schätzt das gesamte Siedlungsareal aber auf mindestens fünffache Größe. Die tiefsten Schichten des alten Susa reichen bis in die Anfänge des 4. Jahrtausends v. Chr. zurück. 1901 wurde die berühmte Gesetzesstele des Hammurabi von Babylon, die von den Elamiten nach Susa verschleppt worden war, entdeckt. Ihre größte Ausdehnung erlangte die Stadt wohl zur Perserzeit. Die einzelnen Viertel der Akropolis, des Residenzbezirks, der Handwerker- und Händlerstadt waren streng voneinander geschieden. Damit bestätigte der Grabungsbefund weitgehend den Bericht des Buches Ester aus der Zeit des Xerxes. Demnach hat die jüdische Gemeinde in Susa wie auch in Ekbatana erhebliche Achtung und großen Einfluß genossen. Aus Susa stammt vermutlich die Einführung des Purimfestes, das in Nachahmung des persischen Neujahrsfestes im März gefeiert wird.
In der Feste Susa im Lande Elam erlebt der Prophet Daniel eine seiner Visionen, nach schiitischer Tradition ist er hier

auch begraben. Sein Mausoleum in Schusch ist noch heute eine bedeutende Wallfahrtsstätte der persischen Moslems und gleicht zeitweise einer Karawanserei.

Tell Arad liegt 10 Kilometer westlich der modernen israelischen Stadt Arad. Die kanaanäische Stadt des 3. und 2. Jahrtausends v. Chr. lag auf einem Doppelhügel, lebte wohl weitgehend von ihrer Keramikproduktion und bestand aus großzügigen Steinhäusern in regelmäßiger Anordnung. Die Stadtmitte bezeichnet ein großes Wasserbecken.
Nach der Eroberung durch Josua wurde Arad unter Salomo mit einer für die Zeit typischen Kasemattenmauer befestigt. Ein wenig älter könnte der Tempel sein, den man auf der Zitadelle identifiziert hat. Ein großer Altar aus unbehauenen Steinen, Opferblutrinnen im Hof, eine Halle mit Ablagebänken, Schrein, Feueraltäre und ein Säulenportikus lassen keinen Zweifel an der Ehrwürdigkeit des Ortes. Die israelischen Ausgräber (seit 1962) haben ihre Funde teilweise restauriert und damit auch dem Laien gut kenntlich gemacht. 587/86 v. Chr. wurden Stadt und Heiligtum durch Nebukadnezar II. zerstört. Eine neue Festung wurde erst in hellenistischer Zeit errichtet, verfiel aber wohl bald wieder.

Tell Beerscheba („Brunnen der Sieben") reicht der Tradition nach bis in die Zeit der Patriarchen zurück. Man gräbt noch in einem Brunnenschacht außerhalb der Stadtmauer, ohne bislang (bei 40 Metern Tiefe) seine Sohle erreicht zu haben. Ob hier Abrahams „Schwurbrunnen" entdeckt wurde, muß erst bewiesen werden.
Die früheste Siedlungsschicht der seit 1969 von Aharoni erforschten Stadt reicht bestenfalls in die Richterzeit zurück; die Befestigungsanlage mit Kasemattenmauern entstand erst im 10. Jahrhundert v. Chr. Trotz der Zerstörungen durch Pharao Scheschonk und durch Sanherib ließ sich die Stadtanlage gut rekonstruieren. Eine Ringstraße verläuft parallel zur Stadtmauer; an ihr liegen die Fundamente typisch israelitischer Vierzimmerhäuser. Nahe dem massiven Stadttor fand man geräumige Lagerhäuser für Wein, Öl und Getreide. Ein Kanalnetz speiste die große Zisterne unter dem Torbau. Figürliche Kultgegenstände ägyptischer Prägung lassen

auf eine ältere Kultstätte schließen, die noch nicht entdeckt werden konnte. Nach der Zerstörung durch Sanherib wurde am Fuß des Hügels eine neue unbefestigte Siedlung angelegt, die jedoch ohne Bedeutung blieb und kaum mehr als dörflichen Charakter besaß.

Tell Dan liegt nahe einer der Jordanquellen im Norden Israels und war auch zur Zeit der israelitischen Landnahme die nördlichste Siedlung im Grenzgebiet der Aramäer. Israeliten vom Stamme Dan übernahmen hier eine viel ältere Stadt, die schon im 19. Jahrhundert v. Chr. unter dem Namen *Lais* in ägyptischen Texten erscheint. Aus dieser Zeit ist noch ein gut erhaltenes Lehmziegeltor zu sehen. In den Schichten der kanaanäischen wie auch der israelitischen Stadt wurden viele Bronzeschmelztiegel gefunden. Metallverarbeitung dürfte ein wesentlicher Erwerbszweig von Dan gewesen sein.

Die erste israelitische Siedlungsschicht von Tell Dan berichtet von bescheidenem, wohl halbnomadischem Dasein. Immerhin verstärkten die Bewohner die Erdwälle mit Lagen von Bachkieseln, aus denen auch Lagersilos angelegt wurden. Erst in der folgenden Phase der Konsolidierung errichtete man feste Hausfundamente, meist auf Basaltplatten. Nach einer Brandkatastrophe gegen Ende des 12. Jahrhundert v. Chr. wurde die Stadt im 11. bis 10. Jahrhundert v. Chr. ummauert. Eine deutliche Verkleinerung der Hausgrundrisse deutet auf Enge durch Bevölkerungswachstum hin. Unter König Ahab entstand im 9. Jahrhundert v. Chr. eine verstärkte Befestigungsanlage, wohl gegen die Aramäergefahr, mit eindrucksvollem Tor und Bastionen. Im 8. Jahrhundert v. Chr. wurde Dan von den Assyrern erobert und versank fortan in politische Bedeutungslosigkeit. Als Kultort lebte die Stadt jedoch noch bis in die römische Zeit fort.

Der „Kulthöhe" (*bama*) widmeten die israelischen Ausgräber unter Leitung von Avraham Biran seit 1966 besondere Aufmerksamkeit. Sie wurde im Nordteil des Tells entdeckt und geht im Kern wohl auf König Jerobeam I., den Gründer des Königreichs Israel, zurück. Als kultisches Gegengewicht zu Jerusalem ließ er nach dem Bibelbericht in Bethel und Dan jeweils goldene Stieridole („Kälber") aufstellen. Die große Plattform

wurde zweimal erweitert (unter Ahab im 9. und unter Jerobeam II. im 8. Jahrhundert v. Chr.), mißt 19 x 19 Meter und ist in sorgfältigen Steinlagen ummauert. Krüge und Opfergefäße lassen an der kultischen Funktion der Anlage keinen Zweifel. In hellenistischer Zeit scheint hier der Stadtgott Dan verehrt worden zu sein. Die Römer errichteten auf der „Höhe" vermutlich ein Nymphäum.

Tell Qasile ist heute der Kern des Museums Ha'aretz in Tel Aviv. Die Grabungen begannen 1948 und legten Straßen, Wohnhäuser, ein öffentliches Gebäude sowie Schmelzöfen des 10. bis 8. Jahrhunderts v. Chr. frei. Vom Hafen Tell Quasile aus – so glauben die Ausgräber – hat Salomo einst das Zedernholz vom Libanon zum Tempelbau nach Jerusalemkarren lassen. Mittlerweile sind auch die Schichten der philistäischen Vorgängerstadt erforscht. Sie reichen ins 12. Jahrhundert v. Chr. zurück; ihr markantestes Dokument sind Reste eines Tempels, dessen Säulenbassen noch gut erkennbar sind.

Theben (*Thebai*) ist der griechische Name der oberägyptischen Reichshauptstadt, die seit dem Mittleren Reich zeitweise als Residenz diente, insbesondere aber das Zentralheiligtum des Reichsgottes Amun war. Die Ägypter nannten sie *Weset* oder einfach *Nut* („Stadt"); in der Bibel wird sie *No* genannt, zur Römerzeit führte sie den Titel *Diospolis Magna* („Große Zeusstadt"). Die Stadt erstreckte sich auf beiden Seiten des Nil und umfaßte die Residenz-, Wohnstadt- und Tempelbezirke auf dem Areal des heutigen Luxor ebenso wie auf dem Westufer die ausgedehnten Friedhöfe, die Totentempel und die Residenz Amenophis' III. Zur Ramessidenzeit wurden die beiden Stadtteile verwaltungstechnisch getrennt, heute versteht man unter Theben nur die Westseite („Theben-West"). Das Tempelareal von Karnak (nördlich von Luxor) umfaßt das gewaltige Heiligtum des Amun sowie eigene Tempelanlagen für die Gottesgemahlin Mut, den Kindgott Chons und den Kriegsgott Month. Da an den Heiligtümern von der 11. Dynastie bis in die Ptolemäerzeit hinein gebaut, erweitert, verändert oder restauriert wurde, ist die Baugeschichte wie auch das Erscheinungsbild ungemein kompliziert und verwirrend.

Nach altägyptischer Theologie wurden Kriege und Eroberungszüge grundsätzlich im Auftrag und zu Ehren Amuns unternommen, dem dann auch die Beute und eine Dokumentation des Geschehens zustand. So sind uns an den Tempelwänden von Karnak auch „Expeditionen" ägyptischer Könige nach Palästina und Vorderasien überliefert. Allein Thutmosis III. (1490–1436 v. Chr.) hat nicht weniger als 17 Feldzüge nach Vorderasien unternommen und dabei auch Megiddo erobert. Seine Erfolge sind (fragmentarisch) in den sogenannten Annalen und Fremdvölkerlisten festgehalten. In einem eigenen Gebäude, dem „Botanischen Garten", sind darüber hinaus fremde Tier- und Pflanzenarten dargestellt, die man in Vorderasien entdeckt und teilweise zum Wohl der ägyptischen Landwirtschaft importiert hat.

Nach der Echnaton-Epoche hatte auch Sethos I. (1303–1290 v. Chr.) Anlaß, die abtrünnigen Stadtstaaten des Nahen Ostens wieder zur Botmäßigkeit zu zwingen. An der äußeren Nordostecke des großen Säulensaales ist die Kapitulation der Festung Kanaan und das Fällen der für Ägypten so wichtigen Zedern geschildert. Auf der nördlichen Außenwand sind die Kriegsereignisse und vor allem der Triumph festgehalten: unendliche Reihen Gefangener und kostbare Beutestücke. Ein anschauliches Bild der erneuerten Grenzbefestigung zwischen Ägypten und Palästina schließt das Dokument ab.

Dem üblichen Schema ägyptischer Siegesdarstellungen mit dem Totschlagen der Feinde, als Gefangene personifizierten Städten und der Widmung an Amun folgt auch die monumentale Urkunde Scheschonks I. (946–924 v. Chr.), des biblischen Schischak, an der äußeren Südwand des Säulensaales. Sein Plünderungszug nach Palästina, der Sieg über Rehabeam von Juda und der Raub des Tempelschatzes von Jerusalem blieben Episode und führten nicht zur Dauerherrschaft über das Land.

Der Luxortempel diente hauptsächlich dem Opetfest, der alljährlich gefeierten Heiligen Hochzeit von Amun und Mut. Am Pylon ließ Ramses II. seinen Feldzug gegen die Hethiter und die Schlacht bei Kadesch dokumentieren.

Während die Herrschergräber im „Tal der Könige" ausschließlich dem jenseitigen Dasein der Könige gewidmet sind und ausführlich die Unterwelt schildern, kommt in den sogenannten Totentempeln am Rand der gigantischen Nekropole auch die Historie zu Wort. So fand man im Tempel Merentptahs (1224 bis 1204 v. Chr.), des Sohnes Ramses' II., die berühmte „Israelstele", das einzige Dokument Ägyptens, auf dem der Name Israel erscheint. Besonders ausführlich verzeichnet die Nordwand des Totentempels Ramses' III. in Medinet Habu die Abwehr der „Seevölker", zu denen auch die Philister zählten.

Sehr aufschlußreich sind auch die Schilderungen der Amtsgeschäfte hoher Beamter. So läßt beispielsweise Rechmire, Wesir unter Thutmosis III. und Amenophis II., in seinem Grab zu Schech Abd el-Kurna in langen Reihen ausländische Gesandte mit ihren Tributen antreten – auch wenn es sich um ganz normale Handelspartner ohne Lieferpflichten handelt. Unter ihnen findet man auch Leute aus dem Raum Syrien-Palästina. Daß zur Zeit der Könige Amenophis III. und Amenophis IV.-Echnaton auch Ausländer am ägyptischen Hof zu allerhöchsten Ehren aufsteigen konnten, zeigen im Grab des Wesirs Ramose einige höchst ausdrucksvolle Semitenköpfe von Höflingen, die an einer „Lobgold"-Verleihung teilnehmen.

Tyros an der Küste des Libanon war eine der bedeutendsten Hafen- und Handelsstädte der Phönizier. Die Überlieferung datiert die Gründung der Stadt in prähistorische Zeit zurück, was sich archäologisch bislang jedoch nicht bestätigen ließ, da große Teile durch Überflutung, Versandung und Überbauung der Forschung schwer zugänglich sind. Die Insellage machte Tyros nahezu uneinnehmbar. Seine jahrhundertelange Loyalität zu Ägypten dürfte von Handelsinteressen diktiert worden sein und kaum, wie ägyptische Quellen behaupten, politische Abhängigkeit bedeutet haben. Nach dem Machtverfall Sidons im 11. Jahrhundert v. Chr. wuchs Tyros zur führenden Macht Phöniziens heran, pflegte freundschaftlichen Umgang mit den Königen David und Salomo und unterstützte den Tempelbau in Jerusalem durch Materiallieferungen und Facharbeiter. Der Großpriester der Astarte und König Ittobaal I. gab Ahab von Israel seine Tochter Isebel zur Frau; sie führte in Israel den Baal-Kult ein. Zu dieser Zeit etablierte sich Tyros auch als Kolonialmacht am Mittelmeer.

Krönung diese Expansion war die Gründung von *Kart Hadasht* (Karthago) durch Dido-Elisa. Als sich die Kolonien allmählich selbständig machten, wurde Tyros nachhaltig geschwächt. So fiel die Stadt 700 v. Chr. kurzzeitig an die Assyrer, hielt jedoch einer dreizehnjährigen Belagerung Nebukadnezars stand. Damals wurde die Festlandstadt endgültig aufgegeben, der Verbindungsdamm zur Insel abgebrochen und Neu-Tyros unter König Ittobaal III. glanzvoll ausgebaut und stark ummauert.

Die siebenmonatige Belagerung Alexanders des Großen 332 v. Chr. konnte nur durch einen erneuten Dammbau erfolgreich abgeschlossen werden. Unter der Herrschaft der Seleukiden und der Römer blieb Tyros zwar wohlhabend, fand jedoch zu seiner alten Bedeutung nicht mehr zurück. Zur Kreuzfahrerzeit wurde die Stadt wegen ihrer strategischen Lage noch einmal wichtig, wurde jedoch 1291 aufgegeben und seitdem als Steinbruch benutzt.

Ugarit war aus den Amarnabriefen schon seit 1887 als bedeutende phönizische Königsstadt bekannt. Der Zufallsfund eines pflügenden Bauern bei Ras Schamra an der syrischen Mittelmeerküste rief 1928 französische Archäologen zu dem 20 Meter hohen Tell, und schon 1933 konnte Claude Schaeffer die Stadt als das alte Ugarit identifizieren. Fünf starke Siedlungsschichten, die in sich mehrfach unterteilt werden, stellten die Ausgräber fest.

Die heute sichtbaren Befestigungsanlagen und Palastmauern stammen überwiegend aus der letzten Blütezeit der Stadt im 14.–13. Jahrhundert v. Chr. Zeigen die beiden untersten Schichten starke Abhängigkeit von Mesopotamien, so folgt nach einer Brandschicht um 2300 v. Chr. die phönizische Besiedlung. Wie die anderen Küstenstädte Kanaans lebte auch Ugarit weitgehend vom Handel mit Ägypten, Kreta und der Ägäis, jedoch auch von einer hochentwickelten Bronzeverarbeitung.

Um 1365 v. Chr. vernichteten Erdbeben und Brände die Stadt (Brief aus Tyros an Amenophis IV.) und wenig später mußte sich Ugarit den Hethitern anschließen, bei der Schlacht von Kadesch 1286/85 sogar gegen Ramses II. antreten. Um 1200 v. Chr. ging die Stadt im Wanderumssturm der „Seevölker" unter. Erst vom 6. bis 4. Jahrhundert v. Chr. wurde

sie vorübergehend von Griechen neu besiedelt.

Von besonderer Bedeutung sind die reichen Archive aus Ugarit mit einer großen Zahl mythologischer Texte.

Ur war im 3. Jahrtausend v. Chr. eine der mächtigsten und reichsten Städte Mesopotamiens und beherrschte zeitweise ganz Babylonien. Die ältesten Siedlungsspuren reichen bis in die Zeit um 5000 v. Chr. zurück. Ausschlaggebend für die Bedeutung der Stadt war die Lage am Euphrat, der bis dorthin für Hochseeschiffe befahrbar war, Grundlage ihres Reichtums also der Fernhandel, der seine Blüte zwischen 3000 und 1600 v. Chr. erlebte. Etwa 1000 Jahre später änderte der Euphrat seinen Lauf, Ur verlor mit seinem Hafen auch die Lebensgrundlage und wurde allmählich verlassen. Die Ausgrabungsstätte liegt heute 12 Kilometer vom Fluß entfernt.

Die Hauptattraktionen der Stadt im südlichen Irak sind die ansehnlichen Reste einer Zikkurat und Tempelanlagen des Mondgottes Nannar sowie die berühmten Königsgräber, deren überaus kostbare Ausstattung ins Museum nach Bagdad überführt worden ist. Schon der erste Ausgräber, J. E. Taylor, war davon überzeugt, hier das biblische *Ur in Chaldäa* gefunden zu haben, den Wohnort des Haran und Geburtsort Abrahams, der von Ur aus nach Kanaan zog.

Uruk ist unter dem Namen *Erech* erstmals in der Bibel erwähnt und wird dort zum Herrschaftsgebiet des Nimrod, des ersten Gewaltherrschers auf Erden, gerechnet. In Uruk herrschte auch der mythische Held Gilgamesch, dessen Taten im frühesten erhaltenen Großepos besungen werden.

Die deutschen Grabungen haben im ausgedehnten Ruinenfeld von Warka (nahe dem Euphrat, südöstlich von Babylon) die alten Überlieferungen im wesentlichen bestätigt: Besiedlung seit dem ausgehenden 4. Jahrtausend v. Chr., erste bedeutende Blüte ab 3000 v. Chr., Heiligtümer des obersten Gottes Anu mit Zikkurat und der hochverehrten Liebes-, Kampf- und Gestirnsgöttin Eanna (Ischtar) sowie Palastbauten und Stadtmauern. Noch zur Zeit der Griechen galt Uruk (*Orchoë*) als ein Zentrum der Astronomie, möglicherweise wurde hier die Berechnung der Planetenbahnen entwickelt.

ISRAELS FRÜHZEIT, ZEIT DES GEEINTEN REICHES

Israel

um 1230 Einbruch israelitischer Stämme unter Josua
etwa 1200–1012 Richterzeit bis auf Samuel, Philisterkämpfe

1012–1004 Saul

1004–998 David König in Hebron
997–965 David König in Jerusalem
965–926 Salomo
962–955 Tempelbau
926 Teilung des Reichs

Umwelt

1290–1224 Ramses II.
1224–1214 Pharao Merenptah, Sieg über die „Seevölker"
Untergang des Hethiterreichs
1193–1162 Ramses III., Sieg über die „Seevölker"
um 1116 Tiglatpileser I. begründet die assyrische
Großmacht

um 950 Hiram I. von Tyros

DAS GETEILTE REICH

Juda	Israel	Umwelt
926–910 Rehabeam	926–907 Jerobeam I.	922 Palästinischer Feldzug des Pharao Scheschonk (Schischak)
910–908 Abija	907–906 Nadab	König Mescha von Moab
908–868 Asa	906–883 Bascha	
	883–882 Ela	
	882–878 Kampf zwischen Tibni und Omri	
	882–871 Omri	
	876 Gründung Samarias	
868–847 Joschafat	871–852 Ahab Prophet Elia	873–842 Ittobaal (Etbaal) von Tyrus 858–824 Salmanassar III. von Assur
	853 Ahab kämpft bei Karkar gemeinsam mit Damaskus gegen Salmanassar III.	
852 Joram Mitregent	852–851 Ahasja	
847–845 Joram	851–845 Joram	
845 Ahasja	845 Revolution des Jehu	
845–840 Atalja	845–818 Jehu	845–801 Hasaël von Damaskus
	841 Tribut des Jehu an Salmanassar III.	
840–801 Joasch		
801–787 (773) Amazja	818–802 Joahas	
um 788 Kampf zwischen Amazja und Joasch	802–787 Joasch	nach 801 Ben-Hadad von Damaskus
787–736 Asarja (Usija)	787–747 Jerobeam II.	
756–741 Jotam Mitregent und König	Prophet Amos Prophet Hosea	
	747 Sacharja Schallum	
	747–738 Menahem	745–727 Tiglatpileser III. (Pul) von Assur
741–725 Ahas Mitregent und König	738 Tribut an Tiglatpileser III.	
736 Tod Usijas, Berufung des Propheten Jesaja	737–736 Pekachja	
733 Syrisch-ephraimitischer Krieg	735–732 Pekach	734 Zug gegen die Philister
	732–723 Hosea	733–732 Züge gegen Damaskus und Israel
725–697 Hiskia	722 Eroberung Samarias. Ende des Reichs Israel	726–722 Salmanassar V. von Assur

JUDA BIS ZUR ZERSTÖRUNG JERUSALEMS

Juda	*Umwelt*
725–697 Hiskia	721–705 Sargon von Assur
	711 Entsendung des Tartan gegen die Philister
701 Belagerung Jeruslames durch Sanherib, Prophet Micha	704–681 Sanherib von Assur
696–642 Manasse	690–669 Tirhaka von Ägypten
	680–669 Asarhaddon von Assur erobert 671 Ägypten (Memphis)
641–640 Amon	655 Elam unter assyrischer Herrschaft
639–609 Josia, Prophet Zefanja	
628 Beginn der Reform des Josia	
627 Berufung des Propheten Jeremia	
622 Auffindung des Gesetzbuches, Zentralisation des Opferkults in Jerusalem	
	612 Eroberung Ninives durch Babylonier und Meder
609 Josia fällt im Kampf gegen Necho bei Megiddo, Joahas König	609–594 Pharao Necho von Ägypten
608–598 Jojakim	
605 Niederschrift der Reden des Propheten Jeremia	605 Sieg des Kronprinzen Nebukadnezar über die Ägypter bei Karkemisch
	604–562 Nebukadnezar von Babylon
604 Jojakim unterwirft sich Nebukadnezar	604 Zug gegen Syrien, Einnahme Aschkelons
601 Abfall Jojakims	601 unentschiedener Kampf Nebukadnezars gegen Ägypten
etwa 6.12.598 bis 16.3.597 Jojachin	
16.3.597 Einnahme Jerusalems, Gefangennahme Jojachins erstes Exil	597 Zug Nebukadnezars gegen Jerusalem
597–587 Zedekia	
594 Koalition gegen Babylon	594–588 Psammetich II. von Ägypten
593 Berufung des Propheten Hesekiel	
589 Erneuter Abfall von Babylon	
Januar 588 Beginn der Berlagerung Jeruslaems durch Nebukadnezar	
588 Die Ägypter unter Hofra von den Babyloniern zurückgeschlagen	588–569 Hofra von Ägypten
etwa August 587 Jerusalem erobert zweites Exil	561–560 Amelmarduk (Ewil-Merodach)
März 560 Freilassung Jojachins	

JUDA IN PERSISCHER ZEIT

Juda	*Persien*
Prophet Deuterojesaja (Jesaja 40–55)	558 Kyros König von Persien; seit 553 König von Medien
	29.10.539 Einzug in Babel
538 Edikt des Kyros	24.3.538–August 530 König in Babel
erste Rückkehr von Exilanten nach Jerusalem	12.4.529–522 Kambyses, erobert 525 Ägypten
Beginn des Tempelbaus	
520 Statthalter Serubbabel	521–486 Dareios I.
Hoherpriester Jeschua,	
Propheten Haggai und Sacharja	
1.4.515 Tempelweihe Prophet Maleachi	
	485–465 Xerxes (Ahasveros)
	464–424 Artaxerxes (Artahsasta)
458 Esra (398?)	
445–433 Nehemia; Mauerbau	

VOM ALTEN ZUM NEUEN TESTAMENT

Palästina   *Das Reich Alexanders*

                                                                336 Alexander der Große wird König von Makedonien
332 Alexander in Jerusalem   332 Alexander erobert Tyros und besetzt Syrien und
                                                                Ägypten
332–323 Palästina unter makedonischer Herrschaft   331 Gründung von Alexandria. Einnahme Babylons durch
                                                                Alexander
323–312 Palästina unter der Herrschaft verschiedener   323–301 Aufteilung des Alexanderreichs durch seine
Nachfolger Alexanders   Nachfolger, die sog. Diadochen

Palästina   *Ägypten*   *Syrien und Mesopotamien*

312–198 Palästina unter ägyptischer   323–283 Ptolemaios I. Lagos,   312–280 Seleukos I. Nikator,
Herrschaft   Begründer der Dynastie der Ptolemäer   Begründer der Dynastie der
                                       (bis 30 v.Chr.)   Seleukiden (bis 64 v.Chr.)
                                       285–246 Ptolemaios II. Philadelphos   280–261 Antiochos I. Soter
                                       274–271 Erster Syrischer Krieg um
                                       den Besitz von Palästina
                                       260–253 Zweiter Syrischer Krieg   261–246 Antiochos II. Theos
                                       246–221 Ptolemaios III. Euergetes   246–226 Seleukos II.
                                       246–241 Dritter Syrischer Krieg
218–217 Palästina unter syrischer   221–205 Ptolemaios IV. Philopator   226–223 Seleukos III.
Herrschaft   205–181 Ptolemaios IV. Epiphanes   223–187 Antiochos III. der Große
217 Ptolemaios IV. besiegt Antiochos III.
und zwingt ihn zur Aufgabe Palästinas
198 Schlacht bei Paneas. Palästina   190 Antiochos III. unterliegt den
endgültig unter syrischer Herrschaft   Römern in der Schlacht bei Magnesia
                                                                            187–175 Seleukos IV. Philopator
175 Einsetzung Jasons als Hoherpriester 181–145 Ptolemeios VI. Philometor   175–164 Antiochos IV. Epiphanes

Palästina   *Syrien und Mesopotamien*

171 Menelaos wird Hoherpriester
169 Antiochos beraubt den Jerusalemer Tempel   169 Erster Feldzug gegen Ägypten
168 Apollonias plündert und zerstört Jerusalem. Bau der   168 Zweiter Feldzug gegen Ägypten
sog. Akra (Burg). Verbot des jüdischen Gottesdienstes und
Darbringung heidnischer Opfer im Tempel
166–161 Judas Makkabäus Führer des jüdischen Kampfs
gegen die Syrer
166/5 Antiochos IV. beauftragt den Reichsverweser
Lysias mit der Leitung des Kampfs gegen die Juden
165 Lysias schließt Frieden mit Judas. Übergabe Jerusalems
außer der Akra an die Juden. Reinigung und Wiederweihe
des Tempels
163/2 Judas und seine Brüder kämpfen gegen syrische   164–162 Antiochos V. Eupator
Truppen in verschiedenen Gegenden des Landes.   162–161/50 Demetrios I.
Antiochos V. und Lysias ziehen gegen Jerusalem. Alkimus
wird Hoherpriester
161 Judas besiegt Nikanor, fällt jedoch bald danach gegen
Bakchides. Jonatan, Bruder des Judas, übernimmt die
Leitung des Kampfs
153 Jonatan übernimmt das Amt des Hohenpriesters   153 Alexander Balas erhebt sich gegen Demetrios
151/50 Jonatan wird als abhängiger Teilherrscher anerkannt   151/40–46/45 Alexander II. Balas
148/45–139 Demetrios, Sohn Demetrios' I., tritt gegen
Alexander auf
146–140 Machtkämpfe zwischen Demetrios und Tryphon,
dem Vormund Antiochos VI.

143 Ermordung Jonatans durch Tryphon
142/3 Simon, Bruder des Jonatan und Judas, Hoherpriester
und Fürst der Juden. Anerkennung der Unabhängigkeit
durch Demetrios II.
141 Simon durch Volksbeschluß erblicher Hoherpriester,
Feldherr und Fürst. Dynastie der Makkabäer bzw. Hasmonäer
135 Erdmordung Simons
135–104 Johannes I. Hyrkanos, Sohn des Simon,
unterwirft die Idumäer und Samariter
104–103 Aristobulos I. nimmt den Königstitel an
103–76 Alexander Jannäus, Bruder des Aristobulos, kämpft
gegen die Nabatäer und Pharisäer
76–67 Salome Alexandra, Witwe des Aristobulos und
Jannäus, Königin. Ihr Sohn Hyrkanos II. Hoherpriester.
Die Pharisäer werden zur herrschenden Partei
67–63 Aristobulos II., Hoherpriester und König
63 Hyrkanos und Antipater verbünden sich mit den
Nabatäern. Pompejus nimmt Aristobulos gefangen und
erstürmt den Tempel. Hyrkanos II. erneut Hoherpriester
unter römischer Oberaufsicht. Ende des makkabäischen
Königtums. Palästina unter römischer Herrschaft

139–128 Antiochos VII. Sidetes
133 Pergamon fällt an Rom
129 Die Parther besetzen Babylon

64 Pompejus macht den syrischen Reststaat zur
römischen Provinz Syria

ZEITTAFEL ZUR ENTSTEHUNG DER BIBEL

Epoche	Zeit	Bibelpartien
„Landnahme"	13. Jh. v.Chr.	Miriamlied (2. Mose 15,21)
Richterzeit	ca. 12.–11. Jh. v.Chr.	Deboralied (Richter 5)
Königszeit	David (1004–965 v.Chr.)	Anfänge der Psalmendichtung
		Beginn der israelitischen Geschichtsschreibung und der Verschriftung der vor- und frühgeschichtlichen Traditionen
	Mitte 8. Jh. v.Chr.	Beginn der Schriftprophetie mit Amos und Hosea Kernbestand des „Protojesaja" (Jesaja 1–39) und des Michaelbuchs
Hiskia von Juda (725–697 v.Chr.)	Josia von Juda (639–609 v.Chr.)	Kernbestand des „Deuteronomium" (5. Mose) und der Bücher Habakuk, Nahum, Zephania
Erstes Exil	Deportation König Jojachins 597 v.Chr.	Jermia (Urrolle) und ein geringer Teil des Hesekielbuchs
„Babylonisches Exil"	586–538 v.Chr.	Klagelieder, Kernbestand der deuterojesajanischen Sammlung (Jesaja 40–55), „Deuteronomisches Geschichts- werk" (Deuteronomium, Josua, Richter, Samuel, Könige)
Restauration bis zur Einweihung des „Zweiten Tempels"	538–515 v.Chr.	Kernbestand der tritojesajanischen Sammlung (Jesaja 56–66), Haggaj, Sacharja 1–8)
Perserzeit	538 v.Chr. bis zu Alexander dem Großen (336–323 v.Chr.)	Priesterliche Texte des Pentateuchs (6.–5. Jh. v.Chr.), Maleachi (um 460 v.Chr.), Reform Esras (458 oder 398 v.Chr.), Abschluß des Pentateuchs (Ende 5. Jh. v.Chr.), Jona (4. oder 3. Jh. v.Chr.), Joel (3. Jh. v.Chr.), Chronistisches Geschichtswerk (3. Jh. v.Chr.)
Hellenismus	von Alexander dem Großen bis zur Einverleibung Ägyptens durch Rom (30 v.Chr.)	Sacharja 9–14 (um 332 v.Chr.), Sprüche, Hoheslied, Abschluß der Prophetenbücher (außer Daniel), Prediger (3. Jh. v.Chr.) Beginn der griechischen Übersetzung des Alten Testaments, der Septuaginta (zwischen 285 und 246 v.Chr.)
Makkabäer	167/166 v.Chr. bis zum Eingreifen des Pompejus (63 v.Chr.) bzw. bis zu Herodes dem Großen (37–4 v.Chr.)	Jesus Sirach (zwischen 190 und 175 v.Chr.), Esterbuch und Danielbuch (zwischen 170 und 160 v.Chr.) Vielleicht erste Kanonisierung der Bibel (zwischen 166 und 160 v.Chr., unter Judas Makkabäus)

Adams, J.M.K.: Ancient Records and the Bible, 1946.

Aharoni, Y. und M. Avi-Yonah: Der Bibel-Atlas, 1982.

Albright, W.F.: Archaeology and the Religion of Israel, 1953; Die Bibel im Licht der Altertumsforschung, 1957; Archaeology of Palestine, 1954; Von der Steinzeit zum Christentum, 1949.

Archäologie zur Bibel, Ausstellungskatalog, Frankfurt 1981.

Avi-Yonah, M. (Hrsg.): Encyclopaedia of Archaeological Excavations in the Holy Land. Jerusalem, 1975; Geschichte des Heiligen Landes, 1969.

Bailey, A.E.: Daily Life in Bible Times, 1943.

Barrois, A.G.: Manuel d'archéologie biblique, 2 Bände, 1939–52.

Begrich, J.: Die Chronologie der Könige von Israel und Juda, 1929.

Das Große Bibellexikon, 3 Bände, 1987 ff.

Bodenheimer, F.S. und O. Theodor: Ergebnisse der Sinai-Expedition 1927, 1929.

Boschke, F.: Die Schöpfung ist noch nicht zu Ende, 1962.

Bossert, H.Th.: Altanatolien, 1941.

Canyon, Fr.: Bible and Archaeology, 1955.

Clemen, C.: Die phönikische Religion nach Philo von Byblos, 1939.

Comay, J.: The Temple of Jerusalem, 1975.

Contenau, G.: La civilisation phénicienne, 1949; La vie quotidienne à Babylone et en Assyrie, 1953; Les civilisations anciennes du Proche Orient, 1945; Manuel d'Archéologie orientale, 4 Bände, 1927–47.

Cornfeld, G. und G.J. Botterweck: Die Bibel und ihre Welt, 1969.

Dalman, G.: Heilige Stätten und Wege, 1935; Licht vom Osten, 1923; Arbeit und Sitte in Palästina, 7 Bände, 1928–42.

Davis, J.D.: Dictionary of the Bible, 1953.

Dussaud, R.: Les Découvertes de Ras Shamra et l'Ancien Testament, 1941.

Egelkraut, H. (Hrsg.): Das Alte Testament. Entstehung – Geschichte – Botschaft, 1989.

Eisfeldt, O.: Handbuch zum Alten Testament, 1935.

Ellermeier, F.: Prophetie in Mari und Israel, 1968.

Fritz, V.: Israel in der Wüste, 1970.

Galling, K.: Biblisches Reallexikon, 1937; Textbuch zur Geschichte Israels, 1950.

Garstang, J.B.E.: The Story of Jericho, 1940.

Gese, H. u.a.: Die Religion Altsyriens, 1970.

Glueck, N.: The Other Side of the Jordan, 1940; The River Jordan, 1946.

Goldschmidt, L.: Der Babylonische Talmud, 1935.

Gordon, C.H.: The Living Past, 1941; Ugaritic Literature, 1949.

Gorys, E.: Das Heilige Land, 1985.

Götze, A.: Hethiter, Churriter und Assyrer, 1936.

Gressmann, H.: Die älteste Geschichtsschreibung und Prophetie Israels, 1921; Altorientalische Texte und Bilder zum Alten Testament, 1927.

Haag, H.: Bibellexikon, 1968.

Harper: Bible Dictionary, 1952.

Heitel, A.: The Gilgamesh-Epos and the Old Testament, 1953.

Herders großer Bibelatlas, 1989.

Herrmann, S.: Israels Aufenthalt in Ägypten, 1970.

Jannsen, E.: Juda in der Exilzeit, 1956.

Jansen, H.L.: Die Politik Antiochus' IV., 1943.

Kaiser, O.: Altes Testament. Vorexilische Literatur, 1973; Einleitung in das Alte Testament, 1984; Der Prophet Jesaja, 1984; Israel und Ägypten, 1963; Zwischen den Fronten, Texte aus der Umwelt des Alten Testaments, 1972.

Kapelrud, A.S.: The Ras Shamra Discoveries and the Old Testament, 1965.

Kenyon, K.M.: Jerusalem – die heilige Stadt von David bis zu den Kreuzzügen. Ausgrabungen 1961–67, 1968; Archaeology in the Holy Land, 1970; Royal Cities of the Old Testament, 1971; Digging up Jerusalem, 1974.

Landay, J.M.: Schweigende Städte – heilige Steine. Archäologische Entdeckungen im Land der Bibel, 1973.

Magall, M.: Archäologie und Bibel, 1986.

Magnusson, M.: Auf den Spuren der Bibel, 1977.

Miller, M.S. und J.L.: Encyclopedia of Bible Life, 1944.

Moldenke, H.N. und A.L.: Plants of the Bible, 1952.

Murphy, J. und O'Connor: Das Heilige Land, 1981.

Negev, A.: Archäologisches Lexikon zur Bibel, 1972.

Noth, M.: Die Welt des Alten Testaments, 1953; Geschichte Israels, 1954.

Orlinski, H.N.: Ancient Israel, 1954.

Parrot, A.: Mari une ville perdue, 1936; Archéologie méso-potamienne, 1946; Entdeckung begrabener Welten, 1954; Studia Mariana, 1950; Sintflut und Arche Noah, 1955.

Pritchard, J.B.: Ancient Near Eastern Texts relating to the Old Testament, 1950; Solomon and Sheba, 1974.

Redford, D.B.: A Study of the Biblical Story of Joseph, 1970.

Rehork, J.: Archäologie und biblisches Leben, 1972.

Rogerson, J.: Land der Bibel. Weltatlas der Alten Kulturen, 1985.

Rothenberg, B.: Timna – das Tal der biblischen Kupferminen, 1973.

Rowley, H.H.: The Re-discovery of the Old Testament, 1945; The Old Testament and Modern Study, 1952; From Joseph to Josua, 1948.

Schubert, K.: Die Kultur der Juden im Altertum, 1970–77.

Soden, W.v.: Die Welt des Orients, 1948.

Thompson, Th.L.: The Historicity of the Patriarchal Narratives. The Quest for the Historical Abraham, 1974.

Vaux, R. de: Histoire ancienne d'Israel, 1971.

Watzinger, C.: Denkmäler Palästinas, 2 Bände, 1933–35.

Weippert, H.: Palästina in vorhellenistischer Zeit, 1988.

Wright, G.E.: Biblische Archäologie, 1958.

Würthwein, E.: Die Königsbücher, 1976.

Zeitschriften: Annual of American Schools of Oriental Research (AASOR); Der Alte Orient (AO); American Journal of Archaeology (AJA); Biblical Archaeologist (BA); Bulletin of the American Schools of Oriental Research (BASOR); Beiträge zur Wissenschaft vom Alten und Neuen Testament (BWANT); Israel Exploration Journal; Journal of the Society of Oriental Research (JSOR); Zeitschrift des Deutschen Palästinavereins (ZDPV); Revue Biblique (RB); Syria, Zeitschrift für die alttestamentliche Wissenschaft (ZAW).